97, 101,

Albert K. Wimmer

ANTHOLOGY OF MEDIEVAL GERMAN LITERATURE

synoptically arranged with contemporary translations

with introductions and commentary by Albert K. Wimmer and W.T.H. Jackson

ANTHOLOGY OF MEDIEVAL GERMAN LITERATURE
synoptically arranged with contemporary translations

by

Albert K. Wimmer
with introductions and commentary by Albert K. Wimmer and W.T.H. Jackson

Library of Congress Catalog Card Number
87-050524

ISBN
(PPBK) 1-55605-010-0
(HDCR) 1-55605-011-9

PREFACE

The author of *Anthology of Medieval German Literature,* Professor Albert K. Wimmer, was kind enough to ask me for a preface: «Habent sua fata libelli»! I am happy to oblige for several reasons. The reading of Older German Literature in the United States is definitely on the decline. This handsome collection of reading material was specifically composed to help reverse this deplorable trend. Here comes along a meticulously planned and carved selection, finally replacing its predecessor, the formerly popular *An Anthology of German Literature 800-1750* by Peter Demetz and the late W.T.H. Jackson (Englewood Cliffs: Prentice Hall, NJ., 1968), the copyright of which had expired. This intellectual forerunner has long been out of print, and yet, for various technical reasons, it could not be reused in its then existent form. In the opinion of many teachers of Older German Literature in the U.S. there existed a gap which readers manufactured in the Federal Republic could not close. It took Wimmer's courage and persistence to compose a new edition from scratch, and come up with a solution which combines representative selections from modern up-to-date editions with contemporary German translations (which leave Pegasus in the stable), all done by acknowledged German medieval scholars—a sore point in Professor W.T.H. Jackson's forerunner part, which contained nary an original line and relied too often on Wilhelm Hertz's nineteenth-century translations. They had a peculiar 'mossy' ring not conducive to converting students' beginning interest into permanent liking of our literature.

The selections here made public are historically well-spaced and didactically very useful, making it a handsome companion which at the same time contains a grain of esthetic beauty, welcomed by the colleagues in the field. On the other hand, the selections ought also to be pleasing to the students, who can now familiarize themselves more accurately than ever before in the U.S. with fundamental generic distinctions of older German epic and lyric poetry. The classroom teacher does not necessarily have to follow the outline in a slavish fashion, and the reader may 'browse around' a little, before a more scientific interest might take a hold. A whole class could decide which area to stress, and hopefully which of the texts might be read in their entirety.

Last but not least, I am happy to preface this fine anthology for professional reasons. I was present when the former anthology made my former boss at Yale and his secretary very nervous; I taught it often until the edition could no longer be purchased; I had frequently made notes in my copy which I could pass along to younger and more enthusiastic quarters at Notre Dame. With these prefacing words I am saying « aulde lang syne » to this beautiful German poetry, long my almost daily companion. The call to clarify in writing the culture of German cities in the form of an atlas (in the literary Dutch sense) made it imperative to resettle in the old country which I left thirty years ago. This is my public farewell then to Older German Literature as I liked to teach it in the Yale tradition and at the University of Florida. I wish all prospective readers well, and to this anthology all the success it deserves:

> "Und biten umb unser schulde dich,
> daz dû uns sîst genædiclich... "
>
> Walther von der Vogelweide, "Got, dîner Trinitâte" (L. 7, 33-34)

Christian J. Gellinek
Professor of German
Arbeitsstelle Deutsche Stadtkultur
University of Florida
Institut für vergleichende Städteforschung
University of Münster, FRG

FOREWORD

When the volume *An Anthology of German Literature 800-1750* by Peter Demetz and the late W.T.H. Jackson first appeared in 1968, it filled a vacuum on the textbook market. Its weaknesses were its omissions as well as its unsatisfactory and often questionable choice of German translations of nineteenth century vintage. Nevertheless, the anthology became the standard anthology for college courses—at times, even beginning graduate students in literary survey and introductory medieval courses had to employ this text. When it went out of print a void was again created a void which this anthology of medieval German literature is intended to fill.

This completely new collection retains the fundamental strengths of the Demetz/Jackson anthology with a new approach, since it combines synoptically arranged original texts with translations done by specialists, in an effort to weld the recent labors of German literary scholars to the demands created by a renewed interest in the Middle Ages. Though some of the primary selections of the Demetz/Jackson anthology were retained, the value of this new anthology lies particularly in its judicious breadth, the result of carefully selected additions of examples from early Middle High German poetry (*Rolandslied*, the *Melker Marienlied,* Heinrich von Melk's *"Von des tôdes gehugede "*), early native lyrics, both anonymous and named (Der von Kürenberg, Dietmar von Eist, Meinloh von Sevelingen), Reinmar, Hartmann von Aue, enlarged selections from Hartmann von Aue's *Iwein,* Wolfram von Eschenbach's *Parzival,* and Gottfried von Straßburg's *Tristan,* «Mären» (*"Das Schneekind,"* extended selections from *Helmbrecht* and *Herzmære*), the mystic tradition (Eckhart, Seuse, Tauler), *Das Osterspiel von Muri*, the fifteenth century shrovetide play *Ein Vastnachtspil* (Keller Nr. 9), the poetry of Oswald von Wolkenstein, and expanded selections from *Ackermann aus Böhmen* and *Reineke Fuchs.* Careful line notations will permit continuous referral back to the original to facilitate close analysis and discussion, thus combining an extreme degree of readability with the kind of critical faithfulness only the original can provide.

Concerning the original texts, no attempt has been made to standardize spelling throughout the anthology; indeed, the reader may even discover discrepancies within individual works of specific authors. However, in each of these instances that edition was chosen which is most widely accepted among scholars of medieval German literature.

I wish to thank the University of Heidelberg Library for the permission to reproduce the miniatures from the Große Heidelberger Liederhandschrift, and the following publishers for permission to use copyrighted material:

Artemis & Winkler, Walter de Gruyter, Deutscher Klassiker Verlag, Deutscher Taschenbuch Verlag, Eugen Diederichs Verlag, S. Fischer Verlag, Carl Hanser Verlag, Herder Verlag, S. Hirzel Verlag, Insel Verlag, Johannesverlag Einsiedeln, Kümmerle Verlag, Max Niemeyer Verlag, Philipp Reclam Verlag, Rowohlt Taschenbuch Verlag, Wissenschaftliche Buchgesellschaft.

I would like to convey my special gratitude to the Institute for Scholarship in the Liberal Arts at the University of Notre Dame for financial support, to the staff of the Theodore M. Hesburgh Library, especially to Betsy Moon, to my colleagues Randolph J. Klawiter and Nicholas J. Meyerhofer for their tireless efforts, invaluable suggestions and scrutinous reading of the manuscript, to Dino S. Cervigni, Roger Brooks and Susan Drexler-Wimmer for their kind editorial assistance, to Alice Benjamin, Martha Fokey, and Arlene Umbaugh for their diligent copy work, to John H. Morgan for his faith in the project, and Christian J. Gellinek for writing the preface and for unselfishly offering suggestions, cheerful support and encouragement.

It is my fervent hope that this anthology will advance interest in medieval German literature and will offer its readers a deeper understanding of the past.

Albert K. Wimmer
University of Notre Dame

TABLE OF CONTENTS

INTRODUCTION

The literature of any culture may be said to begin a long time before its first extant works were written down in manuscript form; the earliest manuscripts of German literature extend back to the eighth century. We can be sure of this because there exist in other Germanic languages, notably Gothic, Old English, and Old Norse, similar works that clearly belong to a common Germanic tradition. The events they recount, so far as they are historical, took place during the «Völkerwanderung», the mass-movement of Germanic peoples (375-568), that is, before the Germanic tribes split into the people we now designate as German, Scandinavian, and Anglo-Saxon. There can be no doubt that these troubled times gave impulse to creating songs, sagas, and legends, and that singers and poets—often summarily referred to as «skops»—gave them artistic form. Historical events were interwoven with mythological elements and motifs from other cultures, but there is a great deal of material common to all the Germanic literatures. It should be noted in this context that the appearance of any literature of note was contingent upon the de facto, if only superficial, incorporation of the Germanic tribes into the Church (DeBoor). It was during this early period that there developed the peculiar form known as alliterative poetry or «Stabreimdichtung», whose characteristics are the use of regular alliteration of stressed syllables and a four-beat line, associated in Norse poetry with the poetical device of kennings or descriptive periphrases of nouns.

Although we are aware of the existence of this body of oral poetry and can trace its influence on works that are extant, it is risky to attempt to reconstruct Germanic works or to posit a «Germanic hero» type, in the sense that such heroes are supposedly endowed with qualities not found in other literatures. In fact, the heroes of Germanic works, so far as we can determine, share many of their characteristics with early heroes of other cultures. Nevertheless, they do possess some distinguishing moral and social values which will be considered later.

Medieval literature in Germany is generally divided into Old High German, early Middle High German, the classical period of Middle High German literature, and later Middle High German Literature, often also including earliest New High German Literature. The first of these divisions, which covers the period from about 775 to about 1075, is more of a linguistic than a literary division. It actually includes works written in several dialects, and one of the most important poems of the period, the *Heliand,* is written in Old Low German (that is, Old Saxon). The second period encompasses widely divergent literary monuments of the late eleventh and early twelfth centuries. The classical period, during which almost all the outstanding works of medieval German literature were written, extends from about 1170 to 1230. Its important cultural and literary characteristics are clearly defined. The long period from 1230 to 1500 produced a great deal of poetry and an increasing amount of prose.

Most of the works of the Old High German period that have come down to us are Christian didactic works, translations of works basic to the conversion of the Germanic tribes, and pieces concerning the creed and confessions of sin. Important from the literary point of view are the translations of Gospel harmonies, such as the translation of the Gospel harmony of the Syrian Tatianus, and those of the harmonies written by the early Church Fathers. Such works spread to ancient Germany the Christian Latin tradition of learning. They broadened the vocabulary of the fledgling German language by direct borrowing or loan translation of technical religious terms, and they introduced Christian morality. The Old High German period is thus in one important respect a time of absorbing material from a 'neighboring' culture. At first the number of people directly affected by these changes was small, for only monasteries had the opportunity to wrestle with the literary aspects of Christianity. It is unlikely that the effect on the population as a whole was very great during the beginning stages, since translations were, in the main, devoted to ecclesiastic literature. The clergy may have despised popular literature, but they certainly feared it, and hence such works were seldom written down. The «Spielleute», the professional singers of poetry, however, continued to be esteemed, and the strength of the native tradition is demonstrated by the *Hildebrandslied*, the only representative we possess of a type that must have been very common—the heroic lay («Heldenlied»). In a terse and alliterative style it narrates a grave story of the conflict of duties, between kinsmen and feudal lord, one of the staple subjects of Germanic poetry. It typifies one of the most important features of this kind of poetry with its effort to influence the audience by the representation of exemplary actions of noble ancestors. This function was to continue long after the 'heroic' style of poetry had become modified by other influences.

There can be little doubt that the ideal of «Gefolgschaftstreue» (Lat. comitas), i.e. a bond between thanes and lord, remained a powerful influence even after the introduction of Christianity. The concept of external honor—«äußere Ehre»—enhanced a man's reputation as his most precious possession, and the preservation of his honorable reputation determined his standing in the community. Honor remained the most important motivating force in the majority of medieval narrative works. The modified Christian concept of honor—«innere Ehre»—as a reconciliation of man's conduct with his conscience, is not as often present in medieval German literature as one might expect.

Do we find traces of Germanic religion and mythology in early German literature at all? The *Merseburger Zaubersprüche*, for instance, name some gods, but they hardly attained a lasting literary stature. Several figures in later works, such as the *Nibelungenlied*, have mythological antecedents, as perhaps the god of light in the figure of Siegfried. Yet the connection to mythology cannot be said to have an overriding significance for the interpretation of these works as literature.

On the other hand, it is necessary to note that the influcence of so many authors such as Virgil, Ovid, Statius (whose *Silvae*, a collection of occasional poetry, and the epic *Thebaid* were so popular in the Middle Ages that Dante places him in Purgatory together with Lucan and Horace), and Cicero increased as medieval culture developed, and works once accessible only to the learned few soon became the property of an increasing literate minority in the German speaking area. Of even greater importance was the influence of Latin rhetoric. Its rules had not only been propounded by the writers of ancient Greece and adapted by Cicero and Quintilian, but the training in what we could now call literary appreciation and style was received in monastery schools. These schools exercised their students in various types of embellishments and in the use of standard commponplaces such as the ideal landscape, the war of love, female beauty, and heroic battle. E.R. Curtius, in his *Europäische Literatur und Lateinisches Mittelalter*—first published in 1948—, has given the name «topoi» ("Klischees, die literarisch allgemein verwendbar sind") to this type of formalized commonplace. The use of «topoi» as themes on which variations could be played is an important aspect of medieval literature. The impact of classical literature, however, occurred through training in the part of the «trivium» called rhetoric rather than through the reading of classical authors in their entirety.[1]

Another more indirect influence also came to German authors through works written in French. The works of the twelfth century owe a debt to the writers in French and Provençal. The themes of both epic and lyric poetry and even the details of the stories are largely derived from French models, and the style and treatment, the lyric meters, and the imagery are of Romance origin. These matters will be discussed in more detail later.

Although the masterpieces of the German Middle Ages often lack specific Christian references, the impact of religious values is always present. The Augustinian contrast between the eternal and the transitory secular world is as implicit in the Arthurian romance as it is in *The City of God*. Christian concepts of virtue and vice are interlaced with ingredients of a knight's courtly behavior. The highly developed use of allegorization, that is, the interpretation of individual events and actions in terms of general concepts, influenced secular as well as religious works. Secular love can be described in terms alluding to a mystical love of God, the pursuit of the Holy Grail in terms of the Christian search for Heaven. There is a controversy among scholars as to the formal aspects of Christianity in medieval literature, and whether works not obviously moral or didactic in tone express normal medieval ways of thinking. But it would be equally questionable to imagine that any work, however secular in conception, could be written without being permeated by the prevailing intellectual climate, which was thoroughly Christian.

---

[1]The «artes liberales»—arts befitting a free man—of late antiquity consisted of the «trivium» (grammar, rhetoric, dialectics) and the «quadrivium» (arithmetic, geometry, music, astronomy). They formed the basis of education until medieval Scholasticism deemphasized their value and replaced them with the study of philosophy and theology.

OLD HIGH GERMAN LITERATURE   800-1050

It has already been pointed out that there is little in the Old High German period which can be classified as literature. In this anthology the period is represented by the *Hildebrandslied*, passages from two Gospel harmonies, *Heliand* and the *Evangelienbuch* of Otfried von Weißenburg, and the *Ludwigslied*. The various creeds, *Pater nosters*, and confessions are linguistic and cultural, but not literary monuments. To be sure, the *Wesso-brunner Gebet* (c. 790) does contain some fine descriptions, and the *Muspilli* (early ninth century) has an account of the Day of Judgment that has provided generations of scholars with the opportunity of speculating about its immediate and ultimate origins.

The end of the century is marked by the appearance of some shorter poems of a religious nature, most of which are really vernacular versions of Latin poems, e.g. the *Georgslied, Christus und die Samariterin*, and the *Galluslied*. Although didactic in purpose, their style is simple and largely narrative. The best of these short poems is the *Ludwigslied*.

It is hardly necessary to state that throughout the period in which these works were being written there was also a flourishing Latin literature of much greater sophistication. Both poetry and prose experienced a revival under Charlemagne and his immediate successors, a period sometimes referred to as the Carolingian Renaissance. The term is misleading, for there was little of real moment produced. The most significant contribution of the period is that it assured that the classical heritage did not perish and that it was made available to a wider public. During the tenth and early eleventh centuries the impetus for writing in the vernacular seems to have weakened, and little of significance appeared that was not written in Latin. This was at least in part due to the chaotic state of society, a condition that ensured that any literary works produced were written in monasteries or at least by persons close to the Church. One or two of the Latin works are significant, not because they were written by Germans but because they very probably incorporated material from native Germanic sources. The *Waltharius*, an account of the escape of Walther of Aquitaine from the court of Attila and his fight with Gunther and Hagen near Worms, belongs in this category. Some scholars have claimed that the poem is little more than a cento of scenes and passages from Vergil and Statius, but this is not true. It is essentially a Germanic poem written in Latin and is of great value in showing that there already existed in western Germany a tradition of a weak King Gunther and a strong and undaunted Hagen. Unfortunately, arguments about its date and authorship (nineth or tenth century; Geraldus or Ekkehard of St. Gallen) have distracted attention from its literary importance. *Ruodlieb*, a fragmentary poem about a young man who finds wisdom and fortune abroad, is also from about the mid-tenth century.

The only author who wrote in German during this period who is of any importance is Notker der Deutsche, or Notker Labeo (950-1022). He was a schoolmaster and commentator at St. Gallen whose work is of more significance for the development of the language and for education than for literature.

Das Hildebrandslied

The *Hildebrandslied* has had a most eventful existence. The sixty-eight-line fragment was found on the flyleaves of a religious work preserved at Kassel. Two scribes had copied it at Fulda between 830 and 840, possibly as a writing exercise, onto the last and then the first empty page of a tome during the tenure of abbot Hrabanus Maurus. During the Second World War the leaves were stolen and only one has been recovered and returned to Kassel. Fortunately the work had been copied, and many facsimiles are available. The poem is important because it is the only known example of what must have been a common type in the Germanic period: the short heroic lay or «Heldenlied». It should be emphasized that such lays were complete poetic works, transmitted orally, and their style is such that merely tacking them together would never have produced an epic such as *Beowulf* or the *Nibelungenlied*. Although part of the beginning and the last parts of the *Hildebrandslied* are missing, it clearly could not have been much more than a hundred lines long. It tells in this short space the whole story of the meeting between the father Hildebrand and his son Hadubrand, of the father's discovery that he is to face his own son in combat, of his attempt to avoid the impending conflict without telling his son who he is, and of the final outcome. The narration is economical and terse. There is relatively little descriptive ornament and no digression.

The story itself is widespread in Indo-European literature, and its dramatic possibilities are fully exploited in the poem. The father can easily recognize his son but he cannot reveal himself without compromising the army for which he is fighting. Loyalty to his lord decrees that he should win even though his opponent is his own son. The son, on the other hand, wishes to defeat the celebrated Hildebrand and will not listen to his father's offer to exchange gifts, that is, call off the fight. Unfortunately, it is clear that the version we possess was copied by a scribe who did not understand the dialect in which his original had been written; there is great confusion of dialects within the poem, and some lines are incomprehensible. The efforts to determine the original dialect and the conditions under which the poem was written down have sometimes verged on the ridiculous, but it is now generally believed that the poem as we have it may well have been Langobardic and that its present form may be due to its having been copied at or near Fulda.

The verse form of the poem is «Stabreim», that is, a line of two distinct halves, each of which has two major stresses. The number of unstressed syllables is indefinite. The sound that begins the syllable on which the third main stress falls is the «Hauptstab» and must appear at the beginning of at least one other stressed syllable in the first half-line (e.g. "Hiltibrant enti Hadubrant untar heriun tuem"). Usually there is triple alliteration of this sort in the full line. Most modern critics, following the theory of Andreas Heusler, believe that each half line contained two full beats of musical time, not counting those unstressed syllables that occur before the first stress. In making this count, a normally stressed syllable is regarded as a quarter beat but it may be lengthened to a half beat. Unstressed syllables represent either a quarter beat or an eighth beat. The meter of the *Hildebrandslied* is thus the same as that found in the Anglo-Saxon *Beowulf* and the Old Saxon *Heliand*, but the vicissitudes of transmission have produced considerable irregularities, so that some lines cannot be scanned according to the rules.

Das Hildebrandslied

    Ik gihorta dat seggen,
    dat sih urhettun   ænon muotin:
    Hiltibrant enti Hadubrant   untar heriun tuem.
    sunufatarungo   iro saro rihtun,
5 garutun se iro gudhamun,   gurtun sih iro suert ana,   5
    helidos, ubar hringa,   do sie to dero hiltiu ritun.
    Hiltibrant gimahalta, Heribrantes sunu,— her uuas heroro man,
    ferahes frotoro—   her fragen gistuont
    fohem uuortum,   hwer sin fater wari
10 fireo in folche,   10
    "eddo hwelihhes   cnuosles du sis.
    ibu du mi enan sages,   ik mi de odre uuet,
    chind in chunincriche.   chud ist mi al irmindeot."
    Hadubrant gimahalta,   Hiltibrantes sunu:
15 "dat sagetun mi   usere liuti,   15
    alte anti frote,   dea érhina warun,
    dat Hiltibrant hætti min fater,   ih heittu Hadubrant.
    forn her ostar giweit,   floh her Otachres nid,
    hina miti Theotrihhe   enti sinero degano filu.
20 her furlaet in lante   luttila sitten,   20
    prut in bure   barn unwahsan,
    arbeo laosa.   her raet ostar hina.
    des sid Detrihhe   darba gistuontun
    fateres mines: dat uuas so friuntlaos man.
25 her was Otachre   ummet tirri,   25
    degano dechisto   miti Deotrihhe.
    her was eo folches at ente: imo was eo fehta ti leop.
    chud was her   chonnem mannum.
    ni waniu ih iu lib habbe."
30 "wettu irmingot", quad Hiltibrant,   "obana ab heuane,
    dat du neo dana halt mit sus sippan man
    dinc ni gileitos!"
    want her do ar arme   wuntane bauga,
    cheisuringu gitan,   so imo se der chuning gap,

Das Hildebrandslied

Ich hörte [glaubwürdig] berichten,[1] daß zwei Krieger, Hildebrand und Hadubrand, [allein] zwischen ihren beiden Heeren, aufeinanderstießen. Zwei Leute von gleichem Blut, Vater und Sohn, rückten da ihre Rüstung zurecht,

(5) sie strafften ihre Panzerhemden und gürteten ihre Schwerter über die Eisenringe, die Männer, als sie zu diesem Kampf ritten. Hildebrand, Heribrands Sohn, begann die Rede—er war der Ältere, auch der Erfahrenere—, mit wenigen Worten fragte er,

(10) von welchen Leuten im Volk der Vater des anderen sei, "oder [sag mir] zu welchem Geschlecht du zählst. Wenn du mir nur einen [Namen] nennst, weiß ich schon, wer die andern sind, die Angehörigen im Stammesverband.[2] Ich kenne das ganze Volk." Hadubrand, Hildebrands Sohn, antwortete:

(15) "Es haben mir unsere Leute gesagt, alte und erfahrene, die schon früher lebten, daß mein Vater Hildebrand heiße. Mein Name ist Hadubrand. Einst ist mein Vater nach Osten gezogen, auf der Flucht vor Odoakars Haß, zusammen mit Theoderich und vielen seiner Krieger.[3]

(20) Er hat in der Heimat, in seinem Haus hilflos und ohne Erbe seine junge Frau [und] ein kleines Kind zurückgelassen. Er ist nach Osten fortgeritten. Danach sollte Dietrich den Verlust meines Vaters noch sehr spüren: er war so ohne jeden Freund.

(25) [Mein Vater aber,] Dietrichs treuester Gefolgsmann, hatte seinen maßlosen Zorn auf Odoakar geteilt. Immer ritt er dem Heer voran. Jeder Kampf war ihm so sehr willkommen. Die Tapfersten kannten ihn. Ich glaube nicht, daß er noch am Leben ist."

(30) "Ich rufe Gott vom Himmel", sprach Hildebrand da, "zum Zeugen an, daß du bisher noch nicht einen so nah Verwandten zum Gegner gewählt hast." Darauf löste er Ringe vom Arm, aus Kaisergold geschmiedet, wie sie ihm der König,

---

[1] The formal opening "Ich hörte berichten" is intended to show the historical and hence authentic nature of the happenings. Even though some part of the poem is missing, it probably began with those words.

[2] Hildebrand's inquiry was normal in a combat of this sort. He wishes to know whether he is fighting a worthy opponent.

[3] Odoakar is probably to be identified with Odoacer or Ottovacar (434?-493 A.D.) who deposed the last Roman emperor, Romulus Augustulus, in the West in 476 and made himself viceroy of the Byzantine emperor and ruler of Italy. He became increasingly independent and between 489 and 493 his power was destroyed by Theodoric the Ostrogoth (Dietrich), himself acting as the representative of Byzantium. It will be observed that the situation in the *Hildebrandslied,* and indeed in all the poems in which Dietrich is involved, is the exact reverse of history. Neither Odoacer nor Theodoric was ever connnected with Attila, who died in 453. The Ostrogoths were, however, subject to the Huns from 370 to 453, and thus such a tradition could have arisen. Theodoric was in fact a hostage at Byzantium as a boy—a far cry from the court of the Huns.

35 Huneo truhtin: "dat ih dir it nu bi huldi gibu."   35
Hadubrant gimahalta,   Hiltibrantes sunu:
"mit geru scal man   geba infahan,
ort widar orte.
du bist dir, alter Hun,   ummet spaher;
40 spenis mih mit dinem wortun,   wili mih dinu speru werpan
pist also gialtet man,   so du ewin inwit fortos.
dat sagetun mi   seolidante
westar ubar wentilseo,   dat inan wic furnam:
tot is Hiltibrant,   Heribrantes suno."
45 Hiltibrant gimahalta,   Heribrantes suno: 45
"wela gisihu ih in dinem hrustim,
dat du habes heme   herron goten,
dat du noh bi desemo riche   reccheo ni wurti.—
welaga nu, waltant got", quad Hiltibrant,   "wewurt   skihit!
50 ih wallota sumaro enti wintro   sehstic ur lante,   50
dar man mih eo scerita   in folc sceotantero.
so man mir at burc enigeru   banun ni gifasta.
nu scal mih suasat chind   suertu hauwan,
breton mit sinu billiu—   eddo ih imo ti banin werdan.
55 doh maht du nu aodlihho,   ibu dir din ellen taoc,   55
in sus heremo man   hrusti giwinnan,
rauba birahanen,   ibu du dar enic reht habes."—
"der si doh nu argosto", quad Hiltibrant,   "ostarliuto,
der dir nu wiges warne,   nu dih es so wel lustit,
60 gudea gimeinun.   niuse de motti,   60
hwerdar sih hiutu   dero hregilo rumen muotti,
erdo desero brunnono   bedero uualtan!"
do lettun se ærist   asckim scritan
scarpen scurim,   dat in dem sciltim stont.
65 do stoptun to samane   staimbort hludun,   65
heuwun harmlicco   huitte scilti,
unti im iro lintun   luttila wurtun,
giwigan miti wabnum []

(35) der Herrscher der Hunnen, geschenkt hatte: "Das schenke ich dir aus Freundschaft." Hadubrand, Hildebrands Sohn, entgegnete aber: "Ein Mann soll [solche] Gaben mit dem Speer aufnehmen: Spitze gegen Spitze! Alter Hunne, du bist überaus listig;

(40) wiegst mich mit deinen Worten in Sicherheit, um mich dann [um so besser] mit deinem Speer zu treffen. Du bist schon so alt, und doch bist du immer [noch] voll Hinterlist.—Ich weiß es von Seefahrern, die westwärts übers Meer [gekommen sind], daß ein Kampf mir meinen Vater genommen hat: tot ist Hildebrand, der Sohn Heribrands!"

(45) Hildebrand, Heribrands Sohn, sagte da: "An deiner Rüstung sehe ich deutlich, daß du zuhause einen mächtigen Herrn hast und daß du dieses Herrschers wegen noch nicht in die Verbannung hast gehen müssen.—O waltender Gott",[4] fuhr Hildebrand fort, "das Schicksal will seinen Lauf!

(50) Ich bin sechzig Sommer und Winter außer Landes gegangen. Da hat man mich immer in die Schar der Bogenschützen gestellt. Nachdem mich vor keiner Burg der Tod ereilt hat, soll es nun geschehen, daß mich mein eigener Sohn mit dem Schwert erschlägt, mich mit seiner Waffe zu Boden fällt—oder daß ich ihm den Tod bringe.

(55) Doch kannst du nun leicht, wenn deine Kraft ausreicht, von einem so alten Krieger die Rüstung gewinnen, die Beute an dich bringen, wenn du irgendein Recht darauf haben wirst.—Der wäre nun wirklich einer der Feigsten unter denen, die nach Osten gegangen sind", sprach Hildebrand, "der dir den Kampf verweigern wollte, da du so darauf brennst,

(60) auf den Kampf zwischen uns. So erprobe nun der, dem es auferlegt ist, wer von uns beiden den Harnisch verlieren muß, wer von uns beide Brünnen[5] gewinnen wird!" Da ließen sie zunächst die Eschenlanzen gegeneinander rasen, mit einem so harten Stoß, daß sie sich fest in die Schilde gruben.

(65) Darauf ließen sie ihre laut dröhnenden Schilde selbst aufeinanderprallen. Sie schlugen voll Ingrimm auf die weißen Schilde ein, bis ihnen das Lindenholz zu Spänen zerfiel, von den Waffen zerschlagen []

---

[4]"waltender Gott," i.e. powerful god, which is certainly not, as some critics think, a proof of Christian influence.

[5]Brünne: protective piece of mail around throat and neck; here it is used in the sense of armor.

Ninth Century Gospel Harmonies

Heliand

ANFANG DER BERGPREDIGT

> Tho umbi thana neriendon Krist   nahor gengun
1280 sulike gesidos,   so he im selbo gecos,   1280
> uualdand undar them uuerode.   Stodun uuisa man,
> gumon umbi thana godes sunu   gerno suuido,
> uueros an uuilleon: uuas im thero uuordo niut,
> thahtun endi thagodun,   huuat im thesoro thiodo drohtin,
1285 uueldi uualdand selb   uuordun cudien   1285
> thesum liudiun te liobe.   Than sat im the landes hirdi
> geginuuard for them gumun,   godes egan barn,
> uuelda mid is spracun   spahuuord manag
> lerean thea liudi,   huuo sie lof gode
1290 an thesum uueroldrikea   uuirkean scoldin.   1290

DIE SELIGPREISUNGEN

> Sat im tho endi suuigoda   endi sah sie an lango,
> uuas im hold an is hugi   helag drohtin,
> mildi an is mode,   endi tho is mund antloc,
> uuisde mid uuordun   uualdandes sunu
1295 manag marlic thing   endi them mannum sagde   1295
> spahun uuordun,   them the he te theru spracu tharod,
> Krist alouualdo   gecoran habda,
> huuilike uuarin allaro   irminmanno
> gode uuerdoston   gumono cunnies;

Ninth Century Gospel Harmonies

Heliand

The *Diatessaron*, or Gospel harmony, of Tatianus was probably the literary form in which the life of Christ was best known to the men of the ninth century, and it is not surprising, therefore, that there were several versions of it: a prose rendering in Old High German and two epics, the Old Saxon *Heliand*, and the *Evangelienbuch* of Otfried von Weißenburg. The date of the *Heliand* is disputed, but it can hardly be far removed from 850. Otfried wrote his poem between 863 and 871. Although both works are epics based on the life of Christ, that is, on the same source material, they differ fundamentally in form and treatment. The *Heliand* is written in the Germanic epic «Stabreimdichtung» tradition and owes a great deal to the Anglo-Saxon epics of the Caedmon school. Its style and vocabulary are those of heroic poetry, and Christ is described in the terms appropriate to such poetry. This has led many critics to suppose that the poem is a "Germanization" of the life of Christ, intended to win over the recently converted tribes to accepting Christ as a hero. Such an interpretation is probably inaccurate, because the poet simply wrote in his customary style, and the epithets he used to describe Christ belong to this style. The work follows its source closely, and its attitudes and doctrine are altogether orthodox. It is not unlikely that it was a kind of «tour de force», an exercise to show that the life of Christ could be expressed in terms of heroic poetry.

ANFANG DER BERGPREDIGT

Da traten um Christus den Erlöser

(1280) die Gefährten enger zusammen, die der Herrscher sich selbst aus der Menge erwählt hatte. Die Weisen umstanden [ihn], die Männer [standen] mit großem Verlangen um den Sohn Gottes,[1] sie [waren] in freudiger Spannung: ihr Wunsch war es, seine Worte [zu hören], sie schwiegen und überlegten, was ihnen der Herr dieser Völker,

(1285) [was] der Herrscher diesen Leuten zuliebe in [seiner] Rede verkünden wollte. Da saß der Herr des Landes den Männern zugewandt, Gottes eigener Sohn, wollte die Leute mit seiner Ansprache Worte der Weisheit in Fülle lehren, [lehren] wie sie für Gottes Lob (1290) in diesem Weltreich arbeiten sollten.

DIE SELIGPREISUNGEN

Er saß und schaute sie lange schweigend an, der heilige Herr war ihnen gnädig gesonnen, freundlich in seinem Herzen; er tat nun seinen Mund auf, und es verkündigte der Sohn des Herrschers

(1295) viele herrliche Wahrheiten und sagte mit weisen Worten den Männern, denen, die er, Christus der Allmächtige, zu dieser Ansprache dorthin geladen hatte, wer von allen aus dem Menschengeschlecht Gott die liebsten seien;

---

[1]This is reminiscent of the Germanic «thing», or assembly, where warriors stood in silent deliberation around their leader. It is interesting to note that Iceland's parliament is still referred to as «Althing».

1300 sagde im tho te sode,   quad that thie salige uuarin,   1300
      man an thesoro middilgardun,   thie her an iro mode uuarin
      arme thurh odmodi: "them ist that euuiga riki
      suuido helaglic,   an hebanuuange
      sinlib fargeben."   Quad that oc salige uuarin
1305 madmundie man: "thie motun thie marion erde   1305
      ofsittien that selbe riki."   Quad that oc salige uuarin
      thie hir uuiopin iro uuammun dadi: "thie motun eft uuillion gebidan,
      frofre an iro rikia.   Saligæ sind oc, the sie hir frumono gelustid,
      rincos, that sie rehto adomien.   Thes motun sie uuerdan an them rikia
                                                                      [drohtines
1310 gefullit thurh iro ferhton dadi: sulicoro motun sie frumono bicnegan   1310
      thie rincos, thie hir rehto adomiad,   ne uuilliad an runun besuuican
      man, thar sie at mahle sittiad.   Salige sind oc them hir mildi uuirdit
      hugi an helido briostun: them uuirdit the helego drohtin
    mildi mahtig selbo.   Salige sind oc undar thesaro managon thiodu
1315 thie hebbiad iro herta gihrenod: thie motun thane hebenes uualdand   1315
      sehan an sinum rikea."   Quad that oc salige uuarin
      "thie the fridusamo undar thesumu folke libbiad   endi ni uuilliad eniga
                                                                      [fehta geuuirken,
      saca mid iro selboro dadiun: thie motun uuesan suni drohtines genemnide,
      huuande he im uuil genadig uuerden;   thes motun sie niotan lango
1320 selbon thes sines rikies."   Quad that oc salige uuarin   1320
      thie rincos the rehto uueldin,   "endi thurh that tholod rikioro manno
      heti endi harmquidi: them is oc an himile []
      godes uuang forgeben   endi gestlic lib
      aftar te euuandage,   so is io endi ni cumit
1325 uuelan uunsames."   So habde tho uualdand Crist   1325
      for them erlon thar   ahto getalda
      salda gesagda;   mid them scal simbla gihuue
      himilriki gehalon,   ef he it hebbien uuili,
      ettho he scal te euuandaga   aftar tharbon
1330 uuelon endi uuillion,   sidor he these uuerold agibid,   1330
      erdlibigiscapu   endi sokit im odar lioht,
      so liof so led,   so he mid thesun liudiun her
      giuuercod an thesoro uueroldi,   al so it thar tho mid is uuordun sagde
      Crist alouualdo,   cuningo rikiost
      [...]

(1300) offenbarte ihnen, daß die selig seien, die Männer auf dieser Erde, die hier aus Demut arm in ihrem Gemüt sind: "ihnen gehört das ewige Reich voll Heiligkeit, auf himmlischer Au[2] [ist ihnen] ewiges Leben verheißen." Er sprach, daß auch selig seien

(1305) die Sanftmütigen: "die sollen die herrliche Erde, das Reich in Besitz nehmen." Er sprach, daß ebenso selig seien, die hier ihre Sünden beklagen: "die sollen Gnade erlangen, Trost in ihrem Reich. Selig sind auch, deren Freude hier ist, gerecht zu urteilen. Deshalb soll ihnen im Reiche des Herrn

(1310) ihr Rechttun vergolten werden; sie sollen so viel Gutes erhalten, die Männer, die hier gerecht richten, die nicht bei der Beratung betrügen wollen, wenn sie zu Gericht sitzen. Selig sind desgleichen, die in ihrem Herzen hier voll Freundlichkeit sind: ihnen wird sich der heilige Herr, der Mächtige, [ebenfalls] freundlich erweisen.
Selig sind auch in diesem großen Volk,

(1315) die ihr Herz geläutert haben: sie sollen den Herrscher des Himmels in seinem Reich sehen." Er sprach, daß auch selig seien, "die friedfertig in diesem Volk leben, und keinerlei Kampf beginnen wollen, [keine] Auseinandersetzung vor Gericht wegen ihres Handelns: sie sollen Söhne des Herrn genannt werden; denn er will sich ihnen gnädig zeigen; darum sollen sie sich lange

(1320) seines Reiches erfreuen." Er sprach, daß ebenso selig die Männer seien, die als Richter tätig sind "und deswegen Haß und Verleumdung der Mächtigeren erfahren: ihnen ist im Himmel die Gottesaue und geistiges Leben in Ewigkeit verheißen, wo es kein Ende gibt

(1325) für die köstlichste Wonne." So hatte da Christus der Herrscher vor den Männern acht Seligkeiten genannt; durch sie soll sich jeder zu jeder Zeit das Himmelreich erringen, wenn er es erlangen will, oder er muß in Ewigkeit

(1330) auf Besitz und [andere] Wünsche verzichten, wenn er diese Welt, die Geschicke des irdischen Lebens hinter sich läßt und das andere Licht sucht, Freude oder Leid, je nachdem er bei diesen Menschen, hier auf dieser Welt gehandelt hat, gemäß den Worten, die Christus der Allmächtige, der mächtigste der Könige [] da gesagt hat.

---

[2]Au: meadow

DIE STILLUNG DES SEESTURMS

    [...] Thuo bigan thes uuedares craft,
ust up stigan,   uthiun uuahsan,
suang gisuerc an gimang,   thie seu uuarth an hruoru,
uuan uuind endi uuater;   uueros sorogodun,
2245 thiu meri uuarth so muodag,   ni uuanda thero manno nigen   2245
lengron libes.   Thuo sia landes uuard
uuekidun mit iro uuordon   endi sagdun im thes uuedares craft,
badun that im ginathig   neriendi Crist
uurdi uuid them uuatare,   "eftha uui sculun hier te uunderqualu
2250 sueltan an theson seuue."   Self upp aræs   2250
thie guodo godes suno   endi te is iungron sprak,
hiet that sia im uuedares giuuin   uuiht ni andrædin:
"Te hui sind gi so forhta?" quathie.   "Nis iu noh fast hugi,
gilobo is iu te luttil.   Nis nu lang te thiu,
2255 that thia stromos sculun   stilrun uuerthan   2255
gi thit uueder uunsam."   Thuo hie te them uuinde sprak
ge te them seuua so self   endi sia smultro hiet
bethia gibareon.   Sia gibod lestun,
uualdandes uuord: uueder stillodun,
2260 fagar uuarth an them fluode.   Thuo that folc under im,   2260
uuerod uundroda,   endi suma mid uuordon sprakun,
huilic that so mahtigro   manno uuari,
that im so thie uuind endi thie uuag   uuordu hordin,
bethiu is gibodscipies.   Thuo habda sia that barn godes
2265 ginerid fan thero nodi: thie naco furthor scred,   2265
hóhurnid scip;   helithos quamun,
thia liudi te landæ,   sagdun lof gode,
maridun is megincraft. [...]

DAS BEKENNTNIS DES THOMAS

    [...] Thuo én thero tuelifio,
Thuomas gimalda —uuas im githungan mann,
diurlic drohtines thegan: "Ne sculun uui im thia dad lahan", quahtie,
3995 "ni uuernian uui im thes uuillien,   ac uuita im uuonian mid,   3995
thuoloian mid usson thiodne: that ist thegnes cust,
that hie mid is frahon samad   fasto gistande,
doie im thar an duome.   Duan us alla so,
folgon im te thero ferdi: ni latan use fera uuid thiu
4000 uuihtes uuirdig,   neba uui an them uuerode mid im   4000
doian mid uson drohtine.   Than lebot us thoh duom after,
guod uuord for gumon."   So uurthun thuo iungron Cristes,

DIE STILLUNG DES SEESTURMS
[...] Da zog ein gewaltiges Unwetter auf, ein Sturm erhob sich, die Wogen wuchsen, schwarze Wolken jagten durcheinander, die See geriet in Aufruhr, Wind und Wasser kämpften miteinander; die Männer gerieten in Furcht,
(2245) das Meer begann zu wüten, keiner der Männer glaubte, länger am Leben [bleiben zu können]. Da weckten sie den Herrn des Landes und machten ihn auf die Gewalt des Unwetters aufmerksam, sie flehten, daß ihnen Christus der Retter in seiner Gnade gegen die Flut [beistehe]; "oder wir werden hier in größter Qual

(2250) auf dieser See sterben." Der heilige Sohn Gottes stand auf und sprach zu seinen Jüngern, er gebot, daß sie von ihrer Angst vor dem Toben des Wetters ablassen sollten. "Warum seid ihr so furchtsam?" fragte er. "Eure Überzeugung ist noch nicht gefestigt, euer Glaube ist noch zu klein. Es wird nicht mehr lange dauern,

(2255) bis die Fluten sich [wieder] beruhigen werden und das Wetter freundlich [wird]." Danach redete er den Wind und auch die See an und befahl ihnen, sich ruhig zu verhalten. Sie folgten dem Befehl, dem Wort des Herrn: Die Wetter wurden still,

(2260) friedlich wurde es auf dem Wasser. Da wunderte sich die Schar, und einige sprachen aus, welch mächtiger Mann das sein müßte, daß ihm der Wind und das Wasser aufs Wort, auf seinen Befehl hin gehorchten. Da hatte der Sohn Gottes sie

(2265) aus der Gefahr gerettet: der Nachen, das hochgehörnte Schiff,[3] fuhr weiter; die Männer erreichten das Land, priesen Gott und verkündeten seine Macht [...]

DAS BEKENNTNIS DES THOMAS
[...] Da sprach einer der Zwölf, Thomas [mit Namen]—er war ein achtbarer Mann und liebenswerter Jünger des Herrn: "Wir dürfen", sprach er, "nicht tadeln, was er unternimmt,

(3995) nicht aufhalten, was er will, sondern laßt uns bei ihm bleiben, mit unserem Herrn ausharren; das ist das Beste, was ein Jünger tun kann: daß er mit seinem Herrn standhält und in der Stunde der Entscheidung für ihn stirbt.[4] Laßt uns alle so handeln [und] ihm auf seinem Weg folgen. Wir sollen unser Leben

(4000) nicht so hoch einschätzen, wenn wir in einer Schar mit ihm, unserem Herrn sterben. Dann bleibt uns doch unser Nachruhm, ein gutes Andenken bei den Menschen." So wurden die Jünger Christi,

---

[3]Nachen, das hochgehörnte Schiff: a boat looking like a Viking longboat with its gracefully curved prow and stern post.
[4]Here and below in l. 4001 the poet reminds his audience of the Germanic concept of «Gefolgschaftstreue».

erlos adalborana   an enualden hugie,
herren te uuillien [...]

Die Verleugnung des Petrus
      [...] Thar quam im en fekni uuif
4955 gangan tegegnes,   thiu enas Iudeon uuas,   4955
      iro theodanes thiuu,   endi tho te themu thegne sprac
      magad unuuanlic: "Huat, thu mahtis man uuesan", quad siu,
      "giungaro fan Galilea,   thes the thar genouuer sted
      fadmun gifastnod."   Tho an forhtun uuard
4960 Simon Petrus san,   slac an is mode,   4960
      quad, that he thes uuibes   uuord ni bikonsti,
      ni thes theodanes   thegan ni uuari;
      med is tho for theru menegi,   quad, that he thena man ni antkendi:
      "Ni sind mi thine quidid kude", quad he; uuas imu thiu craft godes,
4965 the herdislo fan themu hertan.   Huarabondi geng   4965
      ford undar themu folke,   antat he te themu fiure quam;
      giuuet ina tho uuarmien.   Thar im ok en uuif bigan
      felgian firinspraka: "Her mugun gi", quad siu, "an iuuuan fiund sehan:
4970 is selbes gesid."   Tho gengun imu san aftar thiu   4970
      nahor nidhuata   endi ina niudlico
      fragodun fiundo barn,   huilikes he folkes uuari:
      "Ni bist thu thesoro burgliudio", quadun sie, "that mugun uui an thinumu
                                              [gibarie gisehan,
      an thinun uuordun endi an thinaru uuison,   that thu theses uuerodes ni bist,
4975 ac thu bist galileisk man."   He ni uuelda thes tho gehan eouuiht,   4975
      ac stod tho endi stridda   endi starkan ed
      suidlico gesuor,   that he thes gesides ni uuari.
      Ni habda is uuordo geuuald;   it scolde giuuerden so,
      so it the gimarcode,   the mankunnies
4980 faruuardot an thesaru uueroldi [...]   4980

die edelgeborenen Männer, eines Sinnes und schlossen sich dem Willen des Herrn an [...]

DIE VERLEUGNUNG DES PETRUS
[...] Da kam eine Frau voller Arglist
(4955) auf Petrus zu, sie war Dienerin bei einem Juden, und diese niedrige Person sagte zu dem Mann: "Wie, du könntest", sprach sie, "[sehr gut] einer der Jünger aus Galiläa sein, [ein Anhänger] dessen, der dort an Händen und Armen gebunden steht." Da geriet

(4960) Petrus sogleich in Angst, wurde feige in seinem Herzen und antwortete, daß er die Rede der Frau nicht verstünde, noch wäre er [jemals] ein Jünger dieses Herrn gewesen; er hielt sich da vor der Menge fern von seinem Herrn [und] sagte, daß er diesen Menschen [gar] nicht kenne: "Mir sind", sprach er, "deine Reden nicht verständlich." Die Kraft Gottes,

(4965) die Standfestigkeit hatte sein Herz verlassen. Er ging zwischen dem Volk umher, bis er zu dem Feuer kam; er trat heran, um sich zu wärmen. [Aber] auch dort fing eine Frau an, ihn mit unangenehmen Fragen zu belästigen: "Hier könnt ihr", sagte sie, "euren Feind sehen: der ist offenbar ein Jünger Christi,

(4970) sein Anhänger." Da traten sogleich welche auf ihn zu, die Streit beginnen wollten, und die Kinder der Teufel fragten ihn voll Haß, aus welchem Volk er stamme: "Du gehörst nicht zu den Bewohnern dieser Stadt", sprachen sie, "das können wir schon an deinem Äußeren sehen, an deinem Benehmen [erkennen wir], daß du nicht zu diesen Leuten hier gehörst,

(4975) sondern daß du ein Galiläer bist." Er [aber] wollte das nicht zugeben, sondern blieb stehen und stritt es ab und schwor hoch und heilig einen starken Eid, daß er nicht zu der Anhängerschaft [Christi] gehöre. Er war [in diesem Augenblick] seiner Worte nicht mächtig; es sollte so geschehen, wie es der bestimmt hatte, der

(4980) für das Menschengeschlecht in dieser Welt sorgt.[5]

---

[5]It is interesting to note how Peter's denials are rationalized: it was preordained.

Otfried von Weißenburg
Das Evangelienbuch

Cur scriptor hunc librum theotisce dictaverit

Uuas líuto filu in flíze,   in managemo ágaleize,
sie thaz in scríp gicleiptin,   thaz sie iro námon breittin.
Sie thés in íó gilícho   flizzun gúallicho,
in búachon man giméinti   thio iro chúanheiti.
5 Tharána dátun sie ouh thaz dúam: óugdun iro uuísduam,   5
óugdun iro cléini   in thes tíhtonnes reini.
Iz ist ál thuruh nót   so kléino girédinot
—iz dúnkal eigun fúntan,   zisámane gibúntan—,
Sie ouh in thíu gisagetin,   thaz then thio búah nirsmáhetin,
10 ioh uuól er sih firuuésti,   then lésan iz gilústi.   10
Zi thiu mág man ouh ginóto   mánagero thíoto
hiar námon nu gizéllen   ioh súntar ginénnen.
Sar Kríachi ioh Románi   iz máchont so gizámi,
iz máchont sie al girústit,   so thíh es uuola lústit.
15 Sie máchont iz so réhtaz   ioh so fílu sléhtaz,   15
iz ist gifúagit al in éin   selp so hélphantes béin.
Thie dáti man giscríbe!   theist mannes lúst zi líbe.
nim góuma thera díhta,   thaz húrsgit thina dráhta!
Ist iz prósun slihti,   thaz drénkit thih in ríhti,

Otfried von Weißenburg
Das Evangelienbuch

Otfried wrote his work between 863 and 871. As a monk at the monastery of Weißenburg (Wissembourg in Northern Alsace) he wrote for a learned audience, and his work shows this. His composition, a Gospel harmony in five books—divided into 140 chapters—, was written in the South Rhenish Franconian dialect. It is longer than the *Heliand* by roughly 1000 lines because Otfried inserts in his narrative interpretations of the events of the life of Christ which he has taken from the standard commentaries. Such interpretations are introduced by the words «mystice» (allegorically), «moraliter» (morally, interpreted according to conduct), and «spiritualiter» (spiritually, interpreted in accordance with Christian doctrine).

While still using the Germanic long line, Otfried wrote in rhymed couplets, which imitate those of the Latin hymns. He was quite possibly the first to pioneer this type of poetry in German, although his attempts at rhyme are often not much better than assonance. However, his skill improves as the work proceeds. As a narrative poem, the *Evangelienbuch* is not as successful as the *Heliand*, but it is a pioneering effort, whereas the *Heliand* is a late representative of a style of poetry that was on the verge of dying out.

In order to show the different metric and stylistic approaches of the two poets, the prologue to the *Evangelienbuch* is given. In it Otfried responds to the question of why the *Evangelienbuch* was written in the language of the people ("cur scriptor hunc librum *theotisce* dictaverit"). The prologue is also of particular interest in that it demonstrates Otfried's efforts on behalf of an independent culture and his desire to glorify the might and the accomplishments of the Franks.

WARUM DER AUTOR DIESES BUCH IN DER VOLKSSPRACHE GESCHRIEBEN HAT.

Es haben sich schon viele mit großem Eifer bemüht aufzuzeichnen, womit sie ihren Namen bekanntmachen könnten.[1] Sie wandten stets größte Sorgfalt daran, daß man ihre Taten in Büchern darstellte.

(5) Sie setzten alle Kraft darein: sie demonstrierten ihr ganzes Können und bewiesen ihr Geschick durch die Makellosigkeit ihrer Dichtung. Es ist alles so kunstvoll geschrieben [sie haben es nach dem Prinzip der «obscuritas» erfunden und es zur Rede geordnet], daß ihre Darstellung auch demjenigen zusagen sollte

(10) und er sich [darin] zurechtfände, der sich diesen Büchern aus Freude am Lesen zuwenden würde. In dieser Hinsicht kann man hier die Namen vieler Völker aufzählen und einzeln nennen. An erster Stelle sind Griechen und Römer zu erwähnen, die [ihre Dichtung] so kunstvoll gestalten, sie ganz so einrichten, wie es dir wohl zusagt.

(15) Sie schreiben so regelrecht und so schlicht, es ist so vollkommen ineinandergefügt wie Elfenbein[schnitzereien]. So muß man schreiben! Das macht dem Menschen stets Vergnügen. Beschäftige dich mit solcher Dichtung: das wird deinen Verstand anregen! Die Schlichtheit der Prosa etwa labt dich unmittelbar,

---

[1]The entire passage is Otfried's variation on the theme that poets ensure immortality for their subjects.

20 odo métres kléini,   theist góuma filu réini.   20
   Sie dúent iz filu súazi,   ioh mézent sie thie fúazi,
   thie léngi ioh thie kúrti,   theiz gilústlichaz uuúrti.
   Éigun sie iz bithénkit,   thaz síllaba in ni uuénkit
   sies állesuuio ni rúachent,   ni so thie fúazi suachent,
25 Ioh állo thio zíti   so záltun sie bi nóti: 25
   iz mízit ana bága   al íó súlih uuaga.
   Yrfúrbent sie iz réino   ioh hárto filu kléino,
   selb so mán thuruh nót   sinaz kórn reinot.
   Ouh selbun búah frono   irréinont sie so scóno:
30 thar lisist scóna gilust   ána theheiniga ákust.—   30
   Nu es fílu manno inthíhit,   in sína zungun scríbit,
   ioh ílit, er gigáhe,   thaz sínaz íó gihóhe,
   Uuánana sculun Fráncon   éinon thaz biuuánkon,
   ni sie in frénkiskon bigínnen,   sie gotes lób singen?
35 Níst si so gisúngan,   mit régulu bithuúngan,   35
   si hábet tho thia ríhti   in scóneru slíhti.
   Ili thu zi nóte,   theiz scóno thoh gilute,
   ioh gótes uuizod thánne   thárana scono hélle,
   Tház tharana sínge,   iz scóno man ginnene,
40 in themo firstántnisse   uuir giháltan sin giuuísse!   40
   Thaz láz thir uuesan súazi: so mézent iz thie fúazi,
   zít ioh thiu régula,   so ist gótes selbes brédiga.
   Uuil thú thes uuola dráhton,   thu métar uuolles áhton,
   in thína zungun uuirken dúam   ioh sconu uérs uuolles dúan,
45 Il io gótes uuillen   állo ziti irfúllen;   45
   so scribent gótes thegana   in frénkisgon thie regula:
   In gótes gibotes súazi   laz gángan thine fúazi,
   ni laz thir zít thes ingán: theist sconi férs sar gidán.
   Díhto íó thaz zi nóti   theso séhs ziti,
50 thaz thú thih so girústes,   in theru síbuntun giréstes.   50
   Thaz Krístes uuort uns ságetun   ioh drúta sine uns zélitun,
   bifora lázu ih iz ál,   so ih bi réhtemen scal,
   Uuánta sie iz gisúngun   hárto in édilzungun,
   mit góte iz allaz ríatun,   in uuérkon ouh gizíartun.
55 Theist súazi ioh ouh núzzi   inti lérit unsih uuízzi,   55
   hímilis gimácha,   bi thiu ist thaz ánder racha.—
   Ziu sculun Fránkon, so ih quád,   zi thiu éinen uuesan úngimah,
   thie líut es uuiht ni duáltun,   thie uuir hiar óba zaltun?
   Sie sint so sáma chuani   sélb so thie Románi;

(20) die Kunst metrischer Dichtung wiederum bietet überaus reinen Genuß. Die Dichter machen [gerade] diese sehr geschmackvoll, sie messen auch die Versfüße, die Längen und Kürzen, damit ihr Werk Vergnügen bereitet.[2] Sie haben darauf geachtet, daß ihnen keine Silbe fehlt. Sie lassen sich nur von den Erfordernissen der Versfüße leiten,

(25) mit größter Sorgfalt haben sie alle [metrischen] Zeiten gezählt: eine solche Waage mißt stets ohne jede Abweichung. Sie bemühen sich dabei um solche Reinheit und um größte Kunstfertigkeit, wie man sie [sonst etwa] bei der Auslese seines Getreides beachtet. Auch die heiligen Bücher schmücken sie mit solcher Reinheit [der Form]:[3]
(30) Darin liest du [nur], was höchste Freude bereitet, ganz ohne Regelwidrigkeit.—Da nun viele angefangen haben, in ihrer Muttersprache zu schreiben, und sich darum bemühen, sich (durch schriftliche Aufzeichnungen) herauszustellen—, warum sollen nur die Franken davon absehen, Gottes Lob in fränkischer Sprache zu singen?
(35) Ist diese Sprache bisher auch noch nicht zu solcher Dichtung gebraucht, noch von keiner metrischen Regel gemeistert worden, so besitzt sie doch Geradheit in schöner Schlichtheit. Bemühe dich nur, daß es dennoch schön erklinge und Gottes Wort auf fränkisch herrlich erschalle, [bemühe dich,] daß man das was in dieser Sprache besungen wird, schön ausspricht
(40) [und daß] wir im Verständnis [des göttlichen Wortes] sicher bewahrt bleiben![4] Dieses Verständnis sollst du dir [vor allem] schmecken lassen: so geben ihm Versfüße, metrische Zeit und die Ordnung der Teile [dann] das Maß, so wird es zu Gottes eigener Predigt. Willst du das recht erwägen, auf das Maß achten, in deiner Sprache Beachtliches leisten und schöne Verse schreiben,
(45) dann bemühe dich, zu allen Zeiten Gottes Willen zu erfüllen; so erfüllen die Diener Gottes auf fränkisch die Regel: Laß deine Füße in der Heiligkeit von Gottes Gebot wandeln, laß dir nie die Zeit dazu fehlen: das heißt es, [wenn man sagt:] sogleich schöne Verse gemacht. Erfülle die sechs Zeitabschnitte [deines Lebens] mit solcher Dichtung,
(50) damit du dich auf diese Weise vorbereitest, im siebenten auszuruhn.[5] Was Christi Worte uns gesagt und seine Jünger uns gelehrt haben, stelle ich über alles, wie es meine Pflicht ist; denn sie haben es in edlen Sprachen verkündigt, haben alles mit Gott beraten und kunstvoll ausgeführt.[6]
(55) Das ist köstlich und nützlich zugleich, und es lehrt uns Weisheit, es ist eine Gabe des Himmels und darum etwas gänzlich anderes [als die profane Literatur].—Warum sollen, wie ich schon sagte, zu solcher Leistung einzig die Franken nicht befähigt sein, worin die Völker nicht zurückstanden, die wir hier oben genannt haben? Sie sind so tapfer wie selbst die Römer;[7]

---

[2]It should be remembered that such verse was strange to the Germans of this time.

[3]He is alluding here to gospel harmonies such as those of the 4th century Spanish presbyter and Latin poet, Juvencus.

[4]These lines emphasize Otfried's idea of the dual function of poetry, that is, melodiousness and orthodoxy.

[5]The seventh being eternity.

[6]that is, Hebrew, Greek, and Latin.

[7]Otfried's praise of the Franks follows the formal rules of rhetoric for the praise of a people or city.

60 ni thárf man thaz ouh rédinon,   thaz Kríachi in thes giuuídaron.   60
   Sie éigun in zi núzzi   so sámalicho uuízzi
   —in félde ioh in uuálde   so sint sie sáma balde—,
   Ríhiduam ginúagi   ioh sint ouh fílu kuani,
   zi uuáfane snelle: so sínt thie thégana alle.
65 Sie búent mit gizíugon   —ioh uuarun ío thes giuuón—   65
   in gúatemo lánte: bi thíu sint sie únscante.
   Iz ist fílu feizit   —hárto ist iz giuuéizit—
   mit mánagfalten éhtin;   níst iz bi unsen fréhtin.
   Zi núzze grébit man ouh thár   ér inti kúphar,
70 ioh bi thía meina   ísina steina,   70
   Ouh thárazua fúagi   sílabar ginúagi,
   ioh lésunt thar in lánte   góld in iro sante.
   Sie sint fástmuate   zi mánagemo guate,
   zi mánageru núzzi: thaz dúent in iro uuízzi.
75 Sie sint fílu redie   sih fíanton zirrettine;   75
   ni gidúrrun sie bigínnan,   sie éigun se ubaruuúnnan.
   Líut sih in nintfúarit,   thaz iro lánt ruarit,
   ni sie bi íro gúati   in thíonon íó zi noti,
   Ioh ménnisgon álle,   ther sé iz ni untarfálle
80 —ih uueiz, iz gót uuorahta—,   al éigun se iro forahta.   80
   Nist líut thaz es bigínne,   thaz uuidar ín ringe
   in éigun sie iz firméinit,   mit uuáfanon gizéinit.
   Sie lértun sie iz mit suuérton,   nálas mit then uuórton,
   mit spéron filu uuásso: bi thiu fórahten sie se nóh so.
85 Ni si thíot, thaz thes gidráhte,   in thiu iz mit ín fehte,   85
   thoh Médi iz sin ioh Pérsi,   núb in es thiu uuírs si.
   Lás ih íú in alauuár   in einen búachon—ih uueiz uuár—,
   sie in síbbu ioh in áhtu   sin Alexándres slahtu,
   Ther uuórolti so githréuuita,   mit suértu sia al gistréuuita
90 úntar sinen hánton   mit fílu herten bánton.   90
   [...]
105 Uuanta állaz thaz sies thénkent,   sie iz al mit góte uuirkent,   105
   ni dúent sies uuíht in noti   ána sin girati.
   Sie sint gótes uuorto   flízig filu hárto,
   tház sie thaz gilérnen,   thaz in thia búah zellen,
   Tház sie thes bigínnen,   iz úzana gisíngen,

(60) auch kann man nicht sagen, daß ihnen darin die Griechen den Rang streitig machen. Sie haben zu ihrem Vorteil die gleiche Geisteskraft—in Feld und Wald sind sie [wie jene] mutig—, [sie haben] genügend Reichtum und sind auch sehr kühn [und] stets kampfbereit: so sind alle ihre Leute.

(65) Sie leben mit allem ausgestattet—und waren es immer so gewohnt—in einem reichen Land: deshalb brauchen sie sich [wahrlich] nicht zu schämen. [Das Land] bringt—das ist eine bekannte Tatsache—vielfältige Güter hervor; das ist [freilich] nicht unser Verdienst. Zu nützlicher Verwertung gräbt man dort auch Erz und Kupfer

(70) und tatsächlich auch Kristalle; man muß hinzufügen, [daß es dort auch] zur Genüge Silber [gibt], auch lesen sie dort Gold aus dem Sand [ihrer Flüsse]. Sie verfolgen mit Ausdauer viele gute und nützliche Ziele: das tun sie aus der ihnen eigenen Einsicht.

(75) Sie sind äußerst geschickt, sich ihrer Feinde zu erwehren; wenn Feinde es wagen, sie nur herauszufordern, so haben die Franken sie schon besiegt. Kein Volk, dessen Gebiet an ihr Land grenzt, kann sich ihnen entziehen [und abwenden], ihnen untertan zu sein, so überlegen sind sie, und alle Menschen, sofern nicht das Meer [als Grenze] dazwischen liegt

(80)—ich weiß, daß Gott das so gefügt hat—, haben Furcht vor ihnen. Kein Volk wagt es, sich gegen die Franken zu erheben; sie haben ihnen [ihre Übermacht] bewiesen, mit Waffengewalt demonstriert. Sie lehrten ihre Feinde mit Schwertern, nicht etwa mit Reden, und mit äußerst scharfen Speeren: darum fürchten sie die Franken noch immer.

(85) Kein Volk sollte meinen, daß es ihm nicht um so schlechter ergehe, wenn es mit den Franken Krieg führt, und seien es sogar Meder oder Perser. Ich habe tatsächlich in einem Buch gelesen—ich weiß, daß es wahr ist—, daß sie nach Abstammung und Wert zum Geschlecht Alexanders gehören, der die Welt so sehr bedroht und mit Schwert

(90) und stärkster Fessel sich ganz unterworfen hat.[8]

[...]

(105) [...] alles, was die Franken unternehmen, das tun sie ganz mit Gott, sie tun nicht das Geringste ohne seinen Rat. Voll Eifer hören sie auf Gottes Wort, das aufzunehmen, was sie die [heilige] Schrift lehrt, daß sie es schließlich auch auswendig singen

---

[8] In an effort to reduce the cultural gap and to provide historical legitimation to the Franks Otfried attempts to trace their lineage back to the ancients.

110 ioh síe iz ouh irfúllen   mit míhilemo uuíllen.—   110
    Gidán ist es nu rédina,   thaz sie sint gúate thegana,
    ouh góte thionoti álle   joh uuísduames folle.
    Nu uuill ih scríban unser héil,   evangéliono deil,
    so uuír nu hiar bigúnnun,   in frénkisga zungun,
115 Thaz síe ni uuesen éino   thes selben ádeilo,   115
    ni man in íro gizungi   Kristes lób sungi,
    Ioh er ouh íro uuorto   gilóbot uuerde hárto,
    ther sie zímo holeta,   zi gilóubon sinen ládota.

(110) und es mit festem Willen in die Tat umsetzen können.—Damit ist nun zur Genüge dargelegt, daß sie ausgezeichnete Krieger sind und daß sie auch alle Gott dienen und von Weisheit erfüllt sind. Nun will ich niederschreiben, was zu unserem Heil ist, eine Auswahl aus den Evangelien, und zwar, wie wir es hier schon begonnen haben, in fränkischer Sprache,

(115) damit die Franken nicht als einzige davon ausgeschlossen sind, wenn in der Muttersprache Christi Lob gesungen wird, daß vielmehr auch in ihren Worten hoch gepriesen werde, der sie zu sich gerufen [und] zu seinem Glauben eingeladen hat.

Das Ludwigslied

Einan kuning uueiz ih,   Heizsit her Hluduig,
  Ther gerno gode thionot: Ih uueiz her imos lonot.
Kind uuarth her faterlos,   Thes uuarth imo sar buoz:
  Holoda inan truhtin,   Magaczogo uuarth her sin.
5 Gab her imo dugidi,   Fronisc githigini,
  Stuol hier in Urankon.   So bruche her es lango!
Thaz gideilder thanne   Sar mit Karlemanne,
  Bruoder sinemo,   Thia czala uuuniono.
So thaz uuarth al gendiot,   Koron uuolda sin god,
10   Ob her arbeidi   So iung tholon mahti.
Lietz her heidine man   Obar seo lidan,
  Thiot Urankono   Manon sundiono.
Sume sar uerlorane   Uuurdun sum erkorane.
  Haranskara tholata   Ther er misselebeta.
15 Ther ther thanne thiob uuas,   Ind er thanana ginas,
  Nam sina uaston: Sidh uuarth her guot man.
Sum uuas luginari,   Sum skachari,
  Sum fol loses,   Ind er gibuozta sih thes.
Kuning uuas eruirrit,   Thaz richi al girrit,
20   Uuas erbolgan Krist: Leidhor, thes ingald iz!
Thoh erbarmedes got,   Uuisser alla thia not,
  Hiez her Hluduigan   Tharot sar ritan:
"Hluduig, kuning min,   Hilph minan liutin!
  Heigun sa Northman   Harto biduuungan."
25 Thanne sprah Hluduig   "Herro, so duon ih,
  Dot ni rette mir iz,   Al thaz thu gibiudist."
Tho nam her godes urlub,   Huob her gundfanon uf,
  Reit her thara in Urankon   Ingagan Northmannon.
Gode thancodun   The sin beidodun,
30   Qhadhun al: "fro min,   So lango beidon uuir thin."
Thanne sprah luto   Hluduig ther guoto:
  "Trostet hiu, gisellion,   Mine notstallon!
Hera santa mih god   Ioh mir selbo gibod,
  Ob hiu rat thuhti,   Thaz ih hier geuuhti.

Das Ludwigslied

The *Ludwigslied* is one of the very few medieval poems that can be dated with almost complete accuracy. It describes the victory of the Frankish, i.e. French, king Louis III, the younger son of Louis II, the Stutterer, son of Charles the Bold of France, over the invading Norsemen at Saucourt, in northern France. The battle took place on August 3, 881. Louis died the following year, and since he is spoken of as still alive in the poem, it must have been written in late 881 or early 882.

The object of the poem is clearly to put Louis in the same tradition of Christian kingship as that which was growing up at this time around the figure of Charlemagne. The work has many of the characteristics of the «Preislied», that is, formal panegyric: reference to the childhood of its subject, to God's favor, to the corresponding piety of Louis and his complete dedication to Christian ideals. The description of his victory is markedly reminiscent of the legend of Constantine's success at the Milvian bridge in 312 A.D., the prototype of the victory in Christ's name. At the same time there is evidence of the belief of Christians that the pagan Norsemen were a scourge sent to punish the sins of the Christians.

The poem is written in a form very like that of Otfried's *Evangelienbuch*. The long lines are divided into two parts, each of which has two main and two secondary stresses, with little regard to the number of unstressed syllables. There is rhyme or at least assonance between the last words in each half-line.

Ich kenne einen König: Ludwig ist sein Name, er dient Gott mit ganzem Herzen. Ich bin gewiß, er wird es ihm lohnen. Den Vater verlor er [schon] in jungen Jahren, doch erhielt er sogleich Ersatz: Der Herr selbst nahm sich seiner an und wurde sein Erzieher.
(5) Er übergab ihm eine Mannschaft, ein herrscherliches Gefolge, [schenkte ihm] hier im Frankenland den Thron. Noch lange möge er sich dieser Gaben erfreuen!—Die Herrschaft hat er bald mit Karlmann, seinem Bruder, geteilt, die Summe der Freuden. Als das vollzogen war, wollte Gott ihn prüfen,
(10) ob er jung [noch] an Jahren, Gefahren zu bestehen vermöchte. Er ließ Heiden über See kommen, um das Volk der Franken seiner Sünden wegen zu mahnen. Die einen gingen sofort verloren, die andern wurden [zum ewigen Heil] auserwählt. Harte Strafe mußte jetzt erleiden, wer bis dahin in Sünden gelebt hatte.
(15) Der vormals ein Dieb gewesen war, begann zu fasten: dadurch rettete er sich und wurde noch ein guter Mensch. Der eine war ein Betrüger, der andere ein Räuber, ein dritter lebte ohne jede Beherrschung. Doch auch er befreite sich von diesem Makel durch Buße.— Der König war in der Ferne, das Reich war von Wirren erschüttert.
(20) Voll Zorn war da der heilige Christus. Wehe, das Reich mußte dafür büßen! Doch Gott war [auch] voll Erbarmen, er kannte ja ganz die gefährliche Lage, und so gebot er Ludwig, ohne Zögern dorthin zu reiten: "Ludwig, mein König, hilf du meinen Leuten! Die Normannen haben sie so sehr bedrängt."
(25) Da erwiderte Ludwig: "Herr, ich werde, wenn mich der Tod nicht daran hindert, alles tun, was du befiehlst."Er empfahl sich seinem Gott, erhob das Kriegsbanner und ritt gegen die Normannen ins Frankenland. Da dankten Gott, die ihn erwartet hatten.
(30) Alle sprachen: "Herr, wir warten [schon so] lange auf dich." Mit lauter Stimme aber sagte Ludwig der Gute: "Faßt euch, Freunde, ihr meine Kampfgefährten! Gott hat mich hergesandt und gebot mir selbst, wenn es euch eine Hilfe wäre, hier zu kämpfen

35   Mih selbon ni sparoti,   Uncih hiu gineriti.   35
    Nu uuillih, thaz mir uolgon   Alle godes holdon.
        Giskerit ist thiu hieruuist   So lango uuili Krist.
        Uuili her unsa hinauarth,   Thero habet her giuualt.
    So uuer so hier in ellian   Giduot godes uuillion,
40   Quimit he gisund uz,   Ih gilonon imoz,   40
        Bilibit her thar inne,   Sinemo kunnie."
    Tho nam er skild indi sper,   Ellianlicho reit her,
        Uuolder uuar errahchon   Sinan uuidarsahchon.
    Tho ni uuas iz burolang,   Fand her thia Northman.
45   Gode lob sageda,   Her sihit thes her gereda.   45
    Ther kuning reit kuono,   Sang lioth frono,
        Ioh alle saman sungun: "Kyrrieleison."
    Sang uuas gisungan,   Uuig uuas bigunnan.
        Bluot skein in uuangon,   Spilodun ther Urankon.
50 Thar uaht thegeno gelih,   Nichein soso Hluduig: 50
        Snel indi kuoni,   Thaz uuas imo gekunni.
    Suman thuruhskluog her,   Suman thuruhstah her.
        Her skancta cehanton   Sinan fianton
        Bitteres lides.   So uue hin hio thes libes!
55 Gilobot si thiu godes kraft: Hluduig uuarth sigihaft;   55
        Ioh allen heiligon thanc!   Sin uuarth ther sigikamf.
    Uuolar abur Hluduig,   Kuning uuigsalig!
        So garo soser hio uuas,   So uuar soses thurft uuas,
        Gihalde inan truhtin   Bi sinan ergrehtin.—

(35) und mich nicht zu schonen, bis ich euch retten würde. Nun ist es mein Wunsch, daß alle mir folgen, die in Gottes Gnade stehen. Unser irdisches Sein ist nach dem Willen des heiligen Christus bemessen. Will er unseren Tod, so hat er dazu die Macht. Wer tapfer hier Gottes Willen vollbringt,

(40) dem werde ich es lohnen, wenn er lebend den Kampf übersteht. Bleibt er aber im Kampf, [vergelte ich es] seinen Verwandten. Darauf nahm er den Schild und den Speer. Mutig ritt er [allen voran]. Er wollte mit seinen Feinden eine deutliche Sprache sprechen. Nach nicht allzulanger Zeit stieß er auf die Normannen.

(45) Er lobte Gott; nun soll er sehen, was er gewünscht hat! Kühn sprengte der König voran, ein heiliges Lied auf den Lippen, und alle fielen ein mit «Kyrie eleison». Der Gesang war [kaum] verklungen, da tobte schon die Schlacht los. Das Blut schien durch die Wangen, froh jagten da die Franken.

(50) Es focht ein jeder Krieger, doch keiner so wie Ludwig, so mutig und so kühn—es war ihm angeboren. Den einen, den durchschlug er, den andern durchbohrte er. Er kredenzte ohne Pause seinen Feinden wahrlich bittern Trank. Wehe immer über ihr Leben!—

(55) Gottes Allmacht sei gepriesen: Ludwig wurde Sieger. Dank sei gleichfalls allen Heiligen! Seinem Kampf wurde der Sieg zuteil. Dir aber, Ludwig, Heil, du unser König, im Kampf voll Glück!—Er war stets zur Stelle, wo seine Hilfe vonnöten war. Gott der Herr erhalte ihn stets in seiner Gnade!

pegrafer oluanten. am marer wolt er in bin gen. ernemachtes nicht gewunnen. diu ougen in nengriengen. iu in iuden. al diz in in in nu niu roter gefer er an dar ftab. done machter lan ger exc fin. roc uuel der bifcof curpin. di engel di fele hin fchieden. fi fuiren den ir lieben. zu der marterre chore. zu dem oberften trone. unfer herre emphinc in wol da. er fprach prute er regna. olant cherte gegen yfpanie.

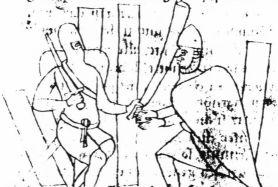

uerre uon den erfflagine. er gefaz uue ainem boume. da batte iul chume. in unfer liner hant. euger dire horn oluant. in der andern dum degen. an haiden un gexarte. mit bliue er

EARLY MIDDLE HIGH GERMAN LITERATURE

When works in the vernacular start to appear again, they are largely religious but are more original and more enterprising than the Old High German works. They are no longer translations or even adaptations, but are new works of religious devotion. Certainly they are influenced by then current theological and mystical concepts, but they are independent of any direct model. They show the authors searching for ways to use the language to express pathos, exaltation, and fear of the consequences of sin. Such works as Williram's reworking of the *Song of Songs* (c. 1060), the *Annolied* (c. 1105), which tells of the saintly life of a bishop, Anno of Köln, *Ezzos Lied* (c.1060), a brief account of the history of salvation, and *Memento Mori* (c. 1070) are of promise rather than performance. Frau Ava's *Leben Jesu* (c. 1120) is much closer to true poetry with its genuine feeling for the Virgin Mary. Finally, there is the powerful spiritual poetry of the anonymous author of the Melker *Marienlied*, and Heinrich von Melk's *Von des tôdes gehugede* (Remembrances of Death).

We may pass over other minor works to reach some of major importance. The first significant influence of French literature is to be seen in the adaptations of two works, the Alexander romance (*Alexanderlied*; c. 1150) of Alberich de Briançon by Pfaffe Lamprecht, of which we possess several versions, and the Roland epic (*Rolandslied*) by Pfaffe Konrad (c. 1170). These works are remarkable for their use of essentially secular material for religious didactic purposes and for the somewhat pedestrian way in which the adaptation is handled. Yet they are important, since here for the first time we see those elements of conduct—display, polish, and nobility of character—that were later to be associated with the courtly epic. With them German literature may be said to join the mainstream of European literature in the Middle Ages that derived its materials and style largely from classical and French sources. The German contributions remained distinct in their treatment and often produced the best example of a particular type, but they are dependent on Romance impulses.

It is unfortunate that the literature which would have been of greatest interest to students of this early Middle High German period has reached us in a fragmentary form. There were extant at this time a large number of narrative works whose main stress was on action and exotic adventure and whose central theme was very often the winning of a bride for a nobleman against the opposition of her father. Such works are known by the rather misleading term «Spielmannsepos», because it was believed that they were composed and performed by wandering professional actors who passed them on orally within their own fraternity. There is little doubt that such performers existed, and they may have recited as part of their repertoire the works we call «Spielmannsepen». If they did, the performance must have spread over several days. It is less likely that such men composed them in the rather haphazard fashion just described. The works of this class have a very clear dual structure, in which the first winning of the bride or the first 'quest' goes off smoothly. Then there is a sudden reversal of fortune, and the second quest is much more difficult. The hero comes close to destruction and is saved only by some fortunate intervention. The resemblance to the situations in the Greek romances is probably not accidental, for it seems likely that much of the material was transmitted orally from the works of late classical antiquity.

Oswald, the story of an Anglo-Saxon king's search for a bride, and *Orendel*, a bride-quest that centers around the cloak of Christ, both exist only in late medieval versions, although the originals undoubtedly date from the later twelfth century. They both show a mixture of secular adventure and religious enthusiasm. *Salman und Markolf* is a good example of a type of literature in which formal wisdom is shown to be less important than practical common sense. The bride in this story is not truly faithful; for this she is punished. Two other works also exist only in later versions. There are fragments of *Herzog Ernst*, dating to about 1170. It is an adventure story about characters of the Ottonian period, but the history is extremely confused, and the interest centers rather on tales reminiscent of the *Arabian Nights*. Much the same can be said of *Graf Rudolf* (before 1173). Both owe much to the «rebellious barons» («barons révoltés») cycle of the French «chansons de geste». The best work of this type by far is *König Rother* . It also is a bride-quest poem and stresses adventure; it has great vigor and humor, and the author knows how to keep his story moving.

In addition to the works mentioned, we know of the existence of several Germanic poems, which unfortunately have not come down to us: an early *Nibelungenlied*, a *Waltharilied*, and early Dietrich poems. There was also some versified history in the *Kaiserchronik* (c. 1150), which gives a history of the Empire from Julius Caesar to Konrad III (†1152), with special emphasis on its conversion to Christianity under Constantine the Great.

Heinrich (von Melk?)
"Von des todes gehugede"

> Nû ginc dar, wîp wolgetân,
> unt schowe dînen lieben man
> unt nim vil vlîzlîchen war
> 600 wie sîn antlutze sî gevar,   600
> wie sîn schäitel sî gerichtet,
> wie sîn hâr sî geslichtet;
> schowe vil ernstlîche,
> ob er gebâr icht vrœlîchen,
> 605 als er offenlîchen unt tougen   605

[handwritten: form of sermon satire on all classes of society.]

[handwritten at top: 620-625]

Heinrich (von Melk?)
"Von des todes gehugede"

[handwritten: Remembrances of Death]

The second part of Heinrich von Melk's poem *"Von des tôdes gehugede"* (ca. 1160), the *Memento mori* proper, begins with the ominous "Nû gedench aber, mensch, dînes tôdes"(line 455). This line sets the tone for the remaining 587 verses of the 1042 verse sermon («Reimpaarpredigt») in which the author, who refers to himself at the end as "armer chnecht," God's poor servant, castigates the mores of knights and clergy alike, and exhorts a mostly noble audience to be mindful of their death by forgoing worldly pleasures and, instead, turning to penance. The poem is one of many such pentitential sermons which characterize the final phase of early Middle High German poetry (DeBoor). In terms of its sermonizing style, the poem's roots can be traced back to the *Muspilli*, the Old High German alliterative poem in which eschatology and pentitential sermon appear as an interwoven entity (DeBoor), and to Noker of Zwiefalten's *Memento Mori* (c. 1070). Heinrich was most likely not a member of the clergy, but rather a noble lay brother at the monastery at Melk. Interestingly, it appears that the answers to the world's evils (the "vil übele mundus") are found by a layman who leads a somewhat peripheral existence, both religiously and socially speaking. In his *Parzival*, Wolfram von Eschenbach reemphasizes this notion in the character of Trevrizent.

The significance of Heinrich von Melk's poem can be seen particularly in the fact that he is the first among the authors whose names we know in portraying courtly life. Indeed, he even mentions «troutlied», (the «trûtlied» of half a century later), that is, love songs or «Minnesang» (DeBoor).

Nun geh hin, schöne Frau, und betrachte deinen lieben Mann und beachte ganz genau,
(600) welche Farbe sein Gesicht hat, wie sein Scheitel[1] gezogen, wie sein Haar gelegt ist.
Sieh ganz scharf hin, ob sein Ausdruck fröhlich ist,

(605) wie zu der Zeit,

---

[1]wie sein Scheitel gezogen ist: how his hair is parted

gegen dir spilte mit den ougen;
nû sich, wâ sint sîniu mûzige wart
dâ mit er der frowen hôhvart
lobet unt säite?
610 nû sich in wie getâner häite   610
diu zunge lige in sînem munde
dâ mit er diu troutliet chunde
behagenlîchen singen
—nûne mac si nicht fur bringen
615 daz wort noch die stimme—;   615
nû sich, wâ ist daz chinne
mit dem niwen barthâre?
nû sich, wie recht undâre
ligen die arme mit den henden
620 dâ mit er dich in allen enden   620
trout unt umbevie!
wâ sint die fûze dâ mit er gie
höfslîchen mit den frowen?
dem mûse dû diche nâch schowen
625 wie die hosen stûnden an dem bäine;   625
die brouchent sich nû läider chläine!
er ist dir nû vil fremde
dem dû ê die sîden in daz hemde
mûse in manigen enden witten.
630 nû schowe in an: al enmitten   630
dâ ist er geblæt als ein segel.
der bœse smach unt der nebel
der vert ûz dem uberdonen
unt læt in unlange wonen
635 mit samt dir ûf der erde.   635
owê, dirre chläglîche sterbe
unt der wirsist aller tôde
der mant dich, mensch, dîner brœde.
nuo sich encît umbe,
640 ê dich dîn jungiste stunde   640
begrîffe diu dir ie ze furchten was.

als er dir öffentlich und insgeheim Augen machte.[2] Nun sieh, wo sind die müßigen Worte, mit denen er den stolzen Sinn der Damenwelt pries und verkündete?[3]

(610) Nun sieh, wie ihm die Zunge im Munde liegt, mit der er diese Liebeslieder gefällig[4] zu singen verstand: jetzt vermag sie

(615) weder Wort noch Ton hervorzubringen. Nun sieh, wo ist das Kinn mit dem frischen Barthaar? Nun sieh, wie schwächlich die Arme mit den Händen daliegen,

(620) mit denen er dich überall liebkoste und umfing! Wo sind die Füße, auf denen er gesetzt[5] mit den Damen umherwandelte? Oft hast du ihm nachsehen müssen,

(625) ob seine Hose richtig über das Bein fiel: Die zeigt nun leider wenig Faltenwurf![6] Jetzt ist er dir ganz fremd, dem du früher überall die Seidenfäden ins Hemd einziehen mußtest.[7]

(630) Nun schau ihn an: Gerade in der Mitte, da ist er gebläht[8] wie ein Segel. Übler Geruch und Dunst steigt aus dem Bahrtuch[9] auf und sorg dafür, daß er nicht mehr lange

(635) bei dir auf der Erde bleiben kann. O weh, dieses beklagenswerte Sterben und der allerschlimmste Tod, die mahnen dich, Mensch, an deine Hinfälligkeit.[10] Nun sieh beizeiten vor, ehe dich deine letzte Stunde ereilt, die du seit jeher fürchten mußtest.

---

[2] als er dir öffentlich und insgeheim Augen machte: when he made eyes at you publicly and in private.

[3] This line attests, though negatively, to the existence of a certain poetic etiquette at the courts.

[4] gefällig: pleasingly

[5] gesetzt: with deliberate steps

[6] Die zeigt nun leider wenig Faltenwurf: there is little left now of their [i.e. the pants] drapery.

[7] that is, in order to ruffle the shirt.

[8] gebläht: bloated

[9] Bahrtuch: pall

[10] Hinfälligkeit: impermanence

Melker Marienlied
(anonymous)

Jû, in erde leit Aaron eine gerte,
diu gebar mandalon, nuzze alsô edile.
5 die suozze hâst du fure brâht, muoter âne mannes rât,   5
   Sancta Maria.
Jû, in deme gespreidach Moyses ein fiur gesach.
daz holz niene bran, den louch sah er obenân,
der was lanch unde breit: daz bezeichint dîne magetheit,
10   Sancta Maria.   10

Gedeon, dux Israel, nider spræit er ein lamphel,
daz himeltou die wolle betouwete almitalle:
alsô chom dir diu magenchraft, daz du wurde berehaft,
   Sancta Maria.
15 Mersterne, morgenrôt, anger ungebrâchôt,   15
dar ane stât ein bluome, diu liuhtet alsô scône:
si ist under den anderen sô lilium undern dornen,
   Sancta Maria.

Ein angelsnuor geflohtin ist, dannen du geborn bist:
20 daz was diu dîn chunnescaft. der angel was diu gotes chraft, 20
dâ der tôt wart ane irworgen, der von dir wart verborgen,
   Sancta Maria.

Ysayas, der wîssage, der habet dîn gewage,
der quot, wie vone Jesses stamme wuohse ein gerten imme
25 da vone scol ein bluome varen: diu bezeichint dich unde dîn barn,
   Sancta Maria.

Melker Marienlied
(anonymous)

This anonymous poem originated before 1150. Nothing is known of its author. Its significance, however, can be found in the fact that the praises of the Virgin Mary are entirely non-didactic—in contrast to Otfried's *Evangelienbuch,* where the Virgin Mary figures prominently in a spiritual and didactic sense—and that the poem originated independently but simultaneously with the earliest, indigenous forms of courtly poetry, prompting some scholars to view it as a precursor of the later praises of courtly ladies and their idealization by the knight-singers. Thus the popular veneration of the Virgin Mary replaced the dogmatic didacticism of a genre which had originated in conjunction with the Cluniac reform movement in the 10th century and its concentration on Christ and the Trinity (Koch, *Die deutsche Literatur: Mittelalter I*). Although still reminiscent of the Latin hymns because of its recurring refrain "Sancta Maria," with its strophic form of three rhymed couplets each the poem is considered to be the first truly lyrical work of German literature.

Oh, Aaron legte einen Stab in die Erde, der brachte Mandeln hervor, so edle Nüsse (*Nb* 17:23-24).[11]
(5) Diese Süße hast du hervorgebracht, Mutter ohne Mitwirkung eines Mannes, heilige Maria.

Oh, Moses, sah in dem Gesträuch ein Feuer (*Ex* 3:2). Das Holz verbrannte nicht, er sah die Flamme herausschlagen, die war hoch und weit ausgebreitet; das symbolisiert deine Jungfräulichkeit,
(10) heilige Maria.

Gideon, der Führer Israels, breitete ein Lammfell auf der Erde aus (*Jg* 6:36-40). Der Himmelstau betaute die Wolle ganz und gar; ebenso kam die Majestät [Gottes] über dich, so daß du schwanger wurdest, heilige Maria.

(15) Meeresstern, Morgenrot (*Sg* 6:9), ungepflügter Acker, auf dem eine Blume steht, die so herrlich leuchtet. Sie ist unter den anderen wie die Lilie unter den Dornen (*Sg* 2:2), heilige Maria.

Eine Angelschnur ist geflochten worden, an deren Ende du geboren bist:
(20) das war deine Ahnenreihe.[12] Der Angelhaken, an dem der Tod erwürgt wurde, war die Gotteskraft [Christus], der von dir [im Mutterschoß] verborgen wurde, heilige Maria.[13]

Von dir spricht Isaias, der Prophet. Der sagte (*Is* 11:1, 10), wie von Jesses Stamm diesem ein Zweig heranwüchse,
(25) aus dem eine Blüte sprießen werde; der symbolisiert dich und dein Kind, heilige Maria.

---

[11] The abbreviations for the Biblical references are those of the Jerusalem Bible.

[12] Ahnenreihe: line of ancestors

[13] The fishing line symbolizes Jesus' human nature and the hook his divinity; Death chokes on the latter as he is about to take possession of Jesus' worldly remains.

Dô gehît ime sô werde der himel zuo der erde,
dâ der esil unde daz rint wole irchanten daz vrône chint.
do was diu dîn wambe ein chrippe deme lambe,
30   Sancta Maria.   30

Dô gebære du daz goteschint, der unsih alle irlôste sint
mit sînem heiligen bluote von der êwigen nœte:
des scol er iemer gelobet sîn. vile wole gniezze wir dîn,
      Sancta Maria.

35 Du bist ein beslozzeniu borte, entâniu deme gotes worte,   35
      du waba triefendiu, pigmenten sô volliu.
      du bist âne gallen glîch der turtiltûben,
         Sancta Maria.

      Brunne besigelter,   garte beslozzener,
40 dar inne flûzzit balsamum, der wæzzit sô cinamomum.   40
      du bist der cêderboum, den dâ flûhet der wurm,
         Sancta Maria,

      Cedrus in Libano, rosa in Jericho,
      du irwelte mirre, du der wæzzest alsô verre.
45 du bist uber engil al, du besuontest den Even val,   45
      Sancta Maria.

      Eva brâht uns zwissen tôt, der eine ienoch rîchsenôt;
      du bist daz ander wîb, diu uns brâhte den lîb.
      der tiufel geriet daz mort: Gabrihel chunte dir daz gotes wort,
50   Sancta Maria.   50

      Chint gebære du magedîn, aller werlte edilîn.
      du bist glîch deme sunnen, von Nazareth irrunnen,
      Hierusalem gloria, Israhel leticia,
         Sancta Maria.

55 Chuniginne des himeles, porte des paradyses,   55
      du irweltez gotes hûs, sacrarium sancti spiritus,
      du wis uns allen wegunte ze jungiste an dem ente,
         Sancta Maria!

Da vermählte sich auf so herrliche Weise der Himmel mit der Erde, wo der Esel und der Ochse das heilige Kind wohl erkannten (*Is* 1:3). Da war dein Schoß eine Krippe für das Lamm,
(30) heilige Maria.

Da hast du den Sohn Gottes geboren, der uns dann alle mit seinem heiligen Blut von der ewigen Pein erlöst hat. Deshalb soll er immer gepriesen sein. So sehr werden wir durch dich beschenkt, heilige Maria!

(35) Du bist eine verschlossene Pforte (*Ez* 44:2), aufgetan dem Wort Gottes, du [honig] triefende Wabe (*Sg* 4:11), an Gewürzen [i.e. Tugenden] so reich (*Sg* 4:13). Du bist ohne Galle wie die Turteltaube,[14] heilige Maria.

Versiegelter Brunnen, verschlossener Garten (*Sg* 4:12),
(40) in dem Balsam fließt, der duftet wie Zimt (*Si* 24:20). Du bist wie der Zederbaum (*Si* 24:17), den der Wurm meidet, heilige Maria.

Zeder im Libanon, Rose in Jericho (*Si* 24:17f.), du auserwählte Myrrhe (*Si* 24:20), du duftest dort so weithin.
(45) Du stehst über allen Engeln, du sühntest Evas Fall, heilige Maria.

Eva brachte uns zweifachen Tod [zeitlichen und ewigen], der eine herrscht noch immer. Du bist die zweite Frau, die uns das Leben [wieder] brachte. Der Teufel gab den Rat, der Tod bedeutete. Gabriel verkündete dir das Gotteswort,
(50) heilige Maria.

Ein Kind hast du, Adel der ganzen Welt, als Jungfrau geboren. Du bist wie die Sonne (*Si* 6:9), von Nazareth aufgegangen, der Ruhm Jerusalems, die Freude Israels (*Jdt* 15:10), heilige Maria.

(55) Königin des Himmels, Pforte des Paradieses, du auserwähltes Haus Gottes, Tempel des heiligen Geistes (*Gn* 28:17), sei du uns allen am letzten Ende hilfreich, heilige Maria!

---

[14]cf. *Herzmære*, footnotes 8 and 9; *Ackermann aus Böhmen*, fn. 4.

Pfaffe Konrad
Rolandslied

The anonymous *Kaiserchronik* (c. 1135/50), which treats the history of the Roman and German emperors in 17,000 rhymed couplets, represents the first secular work in German. It is quickly followed by Pfaffe Lamprecht's *Alexanderlied* (c. 1140/50), in which the fabulous ("wunderlîche") Alexander is portrayed as a mighty worldly hero whose vain deeds leave him with less than the poorest man on earth (ll. 7277f.). By rewriting the French poem of Alberich of Besançon, Pfaffe Lamprecht of Trier initiated the beginning of the influence of French culture and literature on German writers, a trend which was soon to find favor with a nobility that was definitely more interested in worldly matters than asceticism and Christian doctrine. Approximately thirty years later, Pfaffe Konrad was commissioned by Duke Henry the Lion of Bavaria to translate—from French to Latin to German, "in franzischen zungen, / sô hân ich iz in die latîne bedwungin, / danne in di tûtiske gekêret"—the French *Chanson de Roland*, apparently in an effort to glorify Henry's descent from Charlemagne. In the *Rolandslied* a blend is attempted between the consciousness and the legitimation of knighthood and the demands set forth by contemporary Christianity: the martial and nationalistic nature of the French epic—Roland in the French «chanson de geste» is motivated only by the glory of France—is redirected in a way that makes Roland's heroic death at Roncevaux (778) synonymous with martyrdom:

[...] die haiden sint vor gote virtailet.	Verdammt von Gott sind die Heiden
3880 sô werdent abir mit bluote gerainet	Durch ihr Blut aber sind gereinigt
die hêren gotes marterare.	die heiligen Gottesmärtyrer
3885 [...] wî salic der ist geborn,	[...] Begnadet ist,
den got dâ zû hât erchoren,	wen Gott dazu bestimmte,
daz er in sînim dîniste beliget,	daß er in seinem Dienste stirbt:
want er im daz himilrîche ze lône gibet.	denn er gibt im das Himmelreich zum Lohne.

Below follows Pfaffe Konrad's description of Charlemagne's divine mission. We can see how knighthood is now perceived as «Gottesrittertum» (knighthood in the service of God) and how this ideal anticipates the spirit but not the dilemma of the crusading poems of the «Minnesänger» from Friedrich von Hausen to Walther von der Vogelweide.

Pfaffe Konrad
Rolandslied

Schephaere allir dinge,	Schöpfer aller Dinge,
cheiser allir chuninge,	Kaiser aller Könige,
wol du oberister êwart,	und Du, Hoherpriester,
lêre mich selbe diniu wort.	lehre Du mich selbst Deine Wahrheit.[1]
5 du sende mir ze munde	Erfülle Du mich
dîn heilege urkunde,	mit dem heiligen Geiste,
daz ich die luge virmîde,	daß ich die Lüge meide
die wârheit scrîbe	und die Wahrheit schreibe
von eineme tûrlichem man,	von einem edlen Mann,
10 wie er daz gotes rîche gewan:	davon wie er das Himmelreich gewann.
daz ist Karl der cheiser.	Es handelt sich um Kaiser Karl.
vor gote ist er,	Er ist im Himmel,[2]
want er mit gote uberwant	weil er mit Gottes Hilfe
vil manige heideniske lant,	viele heidnische Länder erobert
15 dâ er die cristin hât mit gêret	und damit die Christen erhöht hat,
alse uns daz buoch lêret.	wie uns unsere Quelle berichtet.
Karl der was Pipines sun.	Karl war der Sohn Pippins.
michel êre unde frum	Hohe Geltung und Besitz
hât der herre gewunnin,	hat der Fürst erkämpft,
20 die grimmigen heiden bedwungin,	die wilden heiden besiegt,
daz si erkanten daz wâre liecht.	so daß sie sich zur göttlichen Weisheit [bekannten.
sine wessen ê nicht,	Vorher hatten sie nicht gewußt,
wer ir schephêre was.	wer ihr Schöpfer sei.
ie baz unt baz	Immer vollkommener
25 steic der herre ze tugente	wurde der Kaiser
von kintheit ce jugente,	in der Zeit seiner Jugend und Reife
von der jugent in daz alter.	bis in sein Alter.
nu hât in got gehalten	Nun hat Gott ihn
in sîneme rîche,	in sein Reich aufgenommen;
30 dâ wont er îmir êwichlîche.	dort hat er das ewige Leben.
Dô der gotes dînistman	Als der Diener Gottes
von Yspania vernam,	von Spanien Kunde erhielt,
wie unkûsclichen si lebeten,	wie gottlos die Menschen dort waren,
die apgot an betten,	daß sie Götzen[3] anbeteten
35 daz sie got nîne vorchten,	Gott nicht fürchteten

---

[1]Konrad added this prologue

[2]Charlemagne was canonized in 1165 by decree of Frederick I.

[3]Götzen: idols

harte sich virworchtin,   und sich so schwer versündigten,
daz claget der cheiser hêre.   beklagte das der edle Kaiser.
er mante got verre,   Er bat Gott inständig
daz er durch mennisken geborn wurde,   um seine Menschwerdung für
                                                 [uns
40 an deme crûce irsturbe,   und seines Kreuzestodes
daz er die sîne erlôste,   zur Erlösung der Seinen willen,
daz er getrôste   er möge auch
di manicvaldigen haidenscaft,   die zahllosen Heiden retten,
den diu nebilvinstere nacht   denen die pechschwarze Nacht
45 den tôtlichen scat pære,   ewige Finsternis bereithielte,
daz er si dem tûvil benaeme.   und möge sie dem Teufel entreißen.

Karl bette dicke   Karl betete unablässig
mit tiefen herceblickin.   in tiefer Andacht,
sô daz lût alliz intslief,   als alle andern eingeschlafen waren.
50 vil tiure er hin ze gote rief   Inbrünstig rief er zu Gott[4]
mit trânendin ougin.   mit Tränen in den Augen.
dô sach er mit flaisclichen ougin   Da sah er mit seinen leiblichen Augen
den engel von himele.   einen Engel des Himmels.
er sprach zû dem kuninge: Der Engel sprach zum König:
55 "Karl, gotes dînistman,   "Karl, Diener Gottes,
île in Yspaniam!   ziehe nach Spanien.
got hât dich irhôret,   Gott hat dich erhört:
daz lût wirdit bekêret.   Das Heidenvolk wird bekehrt werden.
di dir abir widir sint,   Die sich dir widersetzen,
60 die heizent des tûvelis kint   werden Kinder des Teufels heißen
unt sint allesamt virlorin.   und alle verdammt sein.
die slehet der gotes zorn   Sie wird der Zorn Gottes treffen
an lîbe unt an sêle: In diesem und jenem Leben.
die helle pûwint si îmermêre."   Sie werden ewig in der Hölle
                                                 [schmachten.
65 Karl an sîneme gebete lac   Karl lag betend auf den Knien,
unz an den morgenlichin tac.   bis der Morgen kam.
dô ladet er zwelf herren,   Dann lud er zwölf Fürsten,
di di wîsistin wâren,   seine erfahrensten
die sînes heres phlegeten.   Heerführer.[5]
70 vil tugentliche si lebeten.   Die zeichneten sich in allem aus.
si wâren guote chnechte,   Es waren tapfere Krieger,

---

[4]"Inbrünstig rief er zu Gott": he fervently implored the Lord
[5]The "Heerführer" are the famed twelve retainers of the Charlemagne legend. Their number is to remind us of the twelve disciples of Jesus. In l. 130 the paladins are referred to as "Pairs" ('peers') (French «douzepers»).

des keiseres vorvechten.
ir van si gewanten
nie ze dehein werltlichen scanten.
75 si wâren helde vil guot,
der keiser was mit in wol behuot.
si wâren kûske unde reine.
den lîp fûrten si veile
durch willin der sêle.
80 sine gerten nichtis mêre,
wan durch got irsterbin,
daz himelrîche mit der martire irwerben.

Der keiser in dô sagete,
daz er willen habete
85 die haidenscaft zestôren,
di cristin gemêren.
er sprach: "wol ir mîne vil liebin,

nu scul wir gote dînin
mit lûterlichin muote.
90 wol ir helde guote,
ja hât iu got hie gegebin
ein vil volliclichez lebin;
daz hât er umbe daz getân,
sîn dînist wil er dâvon hân.
95 swer durch got arbeitet,
sîn lôn wirt ime gereitet,
dâ der keiser allir himele
vorderet hinwidere,
daz er iu virlihin hât,
100 frôlichen ir vor im stât.
swer durch got irstirbit,
ich sage iu waz er dâ mit erwirbit:
eine kuninclîche chrône
in der marterêre chôre,
105 diu lûchtet sam der morgensterne.
ûweren willin west ich gerne."

An der rede wâren
herzogin unde grâven.
da was der helt Ruolant

Vorkämpfer[6] des Kaisers;
nie hatten sie die Fahne
zu schmählicher Flucht gewandt.
Sie waren überaus tapfere Männer,
ein sicherer Schutz für den Kaiser,
rein an Leib und Seele.
Sie gaben das Leben hin
um ihres Seelenheiles willen.
Nichts wünschten sie mehr,
als für Gott zu sterben
und durch das Martyrium das
                    Himmelreich zu gewinnen.]

Dre Kaiser sagte ihnen,
daß er entschlossen sei,
das Heidentum zu vernichten
und das Christentum auszubreiten.
Er fuhr fort: "Auf denn, Geliebte des
                    [Herrn,
wir wollen Gott dienen
mit reinem Herzen.
Auf, tapfere Helden,
Gott hat euch hier
ein Leben in Fülle geschenkt.
Das hat er getan,
weil er [nun] dafür euern Dienst will.
Wer [hier] um Gottes willen leidet,
dem wird [dort] der Lohn zuteil werden,
wo der Himmelskönig
zurückfordern wird,
was er euch hier geschenkt hat.
Fröhlich werdet ihr dann vor ihm stehn!
Wer für Gott sein Leben hingibt,
hört, was der damit gewinnt:
eine Königskrone
im Chor der Märtyrer,
die wie der Morgenstern funkelt.
Nun möchte ich eure Meinung hören."

Der Ansprache wohnten
Herzöge und Grafen bei.
Der Held Roland war da

---

[6]Vorkämpfer: champion

110 und Olivir der wîgant,   und der Streiter Olivier;
     Samson der herzoge,   Herzog Samson,
     der was in grôzem lobe.   dessen Ruhm groß war;
     dâ was der herre Anseis,   Fürst Anseis war da
     der was chuone unde wîs,   ein tapferer und kluger Mann,
115 Gergers der maere,   und der berühmte Gergers,
     der was chuone unt wortspaehe.   des Schwertes und der Rede mächtig.
     dâ was zewâre   da war wirklich auch
     Wernes der grâve,   Graf [Berenger] anwesend,
     der fûrte Waschonier van,   der die Fahne der Gascogner trug,
120 er was ein helt lobesam.   ein preiswürdiger Held.
     Engelirs was dâ   Engelirs
     ûzer Prittania,   aus Britannien war da,
     der het tugentlich gemuote,   der war tapfer gesinnt
     er was ein helt guote.   und ein großer Held.
125 dâ was Anshelm,   Weiter waren da Anshelm,
     ein helt chuone unde snel,   ein kühner, starker Held
     von Moringen   aus Moringen,
     mit sînin snellen jungelingen,   und mit seinen tapferen Männern
     Gotefrit des keiseres vanere: Gottfried, des Kaisers Fahnenträger.
130 daz wâren die ûzerwelten zwelfe,   Das waren die zwölf bekannten Pairs
     die dem kaisere nie geswichen ze nicheiner nôt.
                              die dem Kaiser in keiner Gefahr von der Seite wichen,
     si dînten im alle unz an den tôt.   sondern ihm bis in den Tod dienten.

     Alsô die rede was getân,   Als die Ansprache beendet war,
     die herren sprâchen ir man.   befragten die Fürsten ihre Leute.
135 si berieten sich besunder,   Sie berieten sich einzeln,
     ob ieman wêre dar undir,   ob irgend einer unter ihnen wäre,
     der in nicht helfen wolde.   der sie nicht unterstützen wollte.
     si sprâchin daz er scolte   Der solle, so sagten sie,
     in zestete widirsagen,   ihnen auf der Stelle den Dienst aufkündigen
140 welchen trôst si zû im machten haben.   [oder sagen], wie weit sie mit
                                                                          [ihm rechnen könnten.
     si redeten alle gemeinlîchen,   Alle beteuerten darauf,
     si ne wolten in niemer geswîchen.   daß sie ihnen nicht von der Seite
                                                                          [weichen wollten.
     swaz si durch got wolten bestân,   Was sie um Gottes willen auf sich
                                                                          [genommen hätten,
     des ne wolten si nicht abe gân.   davon wollten sie nicht abgehen.
145 daz lobeten si mit ûfferhabener hant.   Das beeideten sie mit erhobener
                                                                          [Hand
     dô sprach der helt Rolant: Darauf sprach Roland, der Held:
     "wi saelic der geborn wart,   "Zu welch großem Heil wurde der geboren,

der nu dise hervart
gevrumit williclîche!
150 dem lônet got mit sîneme rîche,

der sich diesem Kriegszug jetzt
freiwillig anschließt!
Ihm wird Gott mit dem Himmelreich
[lohnen

des mager grôzen trôst hân.
ist ave hie dihein man
der gût nemen wil,
man gît im sîn vil.
155 er hât îmmer des kaiseres willin.
daz merket snelle jungelinge.”

dessen kann er sicher sein.
ist aber einer hier,
der bezahlt werden will,
so wird man ihm reichlich geben;
der Kaiser wird ihn nicht vergessen.
Das wißt, tapfere Männer.”

Also der keiser virnam,
daz im wâren willic sîne man,
di boten strichen in daz lant,
160 ir iegelich dar er wart gesant.
sie sageten starke niumaere.
die lant bestunten aller maist laere.

Sobald der Kaiser gehört hatte,
daß seine Untertanen ihm folgen wollten,
eilten auch schon Boten ins Land,
jeder in eine andere Richtung.
Sie verkündeten die große Neuigkeit.
Weite Landstrich entvölkerten sich
[gleichsam]

ja wart di selbe botscaft
lieb unde lobehaft.
165 er wêre frî oder eigen,
si chêrten ûf die heiden,
sie zeichinôten sich mit chrûcen.
ja wart unter den liuten
daz aller meiste lob.
170 si riefin alle an got,
si manten in verre,
daz in nicht mochte gewerre
der michelen heiden craft.

Diese Nachricht kam
gelegen und wurde gepriesen.
Freie und Unfreie
zogen gegen die Heiden
und hefteten sich das Kreuz an.[7]
Die Menschen
priesen alle Gott,
riefen ihn an
und baten ihn herzlich,
es möge ihnen
die Übermacht der Heiden nichts anhaben
[können;

er tete si lobelichen sigehaft.

Gott möge sie ruhmvoll siegen lassen.

175 Mit michelem magene
chom daz her zesamene.
di durh got ûzchumen wâren
unt si im vernâmen,
diu zucht also grôz wart.
180 der keiser ûf eine hôhe trat,
er sprach: “alle di ûzchumin sîn,

Mit großer Kampfkraft
sammelte sich das Heer.
Alle die für Gott ausgezogen waren
und seinen Ruf vernommen hatten,
machten den Zuzug sehr groß.
Der Kaiser trat auf eine Anhöhe
und hielt eine Rede: “Euch allen, die
[ihr aufgebrochen seid,

---

[7]A cross made of cloth was symbolically atttached to the knight's coat. Cf. Hartmann von Aue's poem “Dem kriuze zimt wol reiner muot,” I: 11 and III: 12.

den lône selbe mîn trechtîn,	lohne Gott,
also er uns geheizen hât.	wie er selbst uns verheißen hat:
swer wîp oder kint lât,	'Und wer verläßt Weib oder Kinder,
185 hûs oder eigen,	Häuser oder Äcker,
daz wil ich iu bescaiden,	wahrlich, ich sage euch,
wî in got lônen wil:	wie Gott ihm lohnen wird.
er gît ime zehenzec stunt samvil,	Er wird ihm hundertfältig geben
dar zû sîn himilrîche.	und dazu das ewige Leben.'[8]
190 nu scul wir frôlîche	Nun wollen wir ihm fröhlich
im ophferen den lîb.	unser Leben hingeben.
er ist ime gereit in alle zît,	Wir sind bereit, zu jeder Stunde den Herrn [zu empfangen.
daz er unsich entphâhe.	Damit er uns aufnehme,
nu scul wir heim gâhen	laßt unsheimgehen
195 an unser alt erben,	in unser angestammtes Erbe.
daz wir hî irwerven,	Daß wir uns hier verdienen,
daz wir daz himilrîche bûwen,	im Himmelreich zu wohnen,
des scul wir gote wol getrûwen.	darauf sei unsere Zuversicht in Gott [gerichtet.
Nu wil ich iu clagin,	Ich will vor Euch Klage führen:
200 die heiden tuont uns grôzin scadin.	Die Heiden setzen uns böse zu.
si rîtent in diu lant,	Sie fallen in unsere Länder ein,
si stiftint roub unde brant.	rauben, brandschatzen,[9]
di gotes hûs si stôrent,	zerstören die Gotteshäuser,
daz lût si hin fûrent	entführen die Menschen
205 unt opherent si den apgoten.	und opfern sie ihren Götzen.
daz ist des tûvelis spot.	Das ist des Teufels Hohn.
ir martir der ist vil.	Sie martern sie auf verschiedene Weise,
si sezzent si ze ir zil	nehmen sie zur Zielscheibe
unt schîzent dar zuo.	und schießen auf sie.[10]
210 mochte wir dâ widire icht getuo,	Sollten wir irgendetwas dagegen [vermögen,
des wêre uns nôt.	wäre unsere Pflicht, es auch zu tun.
ich bit ûch alle durch got,	Um Gottes wilen bitte ich euch alle
daz irz williclichen tuot,	um eure Bereitschaft.
habet stêtigen muot,	Seid festen Herzens,
215 habet zucht mit guote,	guter Gesinnung,
wesit dêmuote,	sei demütig,
wesit got untertân,	Gott untertan und

[8]Mt 19:29

[9]brandschatzen: to pillage

[10]nehmen sie zur Zielscheibe und schießen auf sie: use them for target practice

ûwir meisterschefte untertân.
welt ir also volkomen,
220 so vindit ir daz ze himele daz lôn
der êwigin genâden."
si sprâchin alle âmen.

euerm Herrn.
Wenn ihr das befolgt,
so werdet ihr im Himmel den Lohn
ewiger Barmherzigkeit erlangen."
Amen sagten sie alle.

THE CLASSICAL PERIOD

The period from about 1170 to 1230 was one of the most productive in the entire history of German literature. The rule of the Hohenstaufen (1137-1208: Konrad III, Friedrich I Barbarossa, Heinrich VI, Philipp von Schwaben; 1215-1254: Friedrich II),[1] the impetus of the crusading idea, relative prosperity and tranquillity, and an interest in secular literature combined with cultural influences from abroad to produce a climate extremely favorable to literature. Most important of all, there appeared several writers of a stature that was not to be equaled for several hundred years. It is no exaggeration to say that for this short time German literature dominated the European scene.

Two literary genres are of outstanding importance, the romance, that is, epics written in the vernacular,[2] and the lyric, both of which owe their form and much of their content to French influence. The period also saw the appearance of the *Nibelungenlied* and *Kudrun,* the finest examples of the «Heldenepos» or «Volksepos», that is, 'national' epic. It is common practice in German literary histories to refer to the romance as 'das höfische Epos', since its background, attitudes, stories, and ethic are dependent on French models which influenced the aristocratic members of society, in contradistinction to the 'popular' «Heldenepos». The distinction is not quite so valid as appears at first sight, but it is well established.

The term «höfisch», or 'courtly', needs definition. It was used during the Middle Ages to designate an attitude and a type of behavior conditioned by training and upbringing. Many attempts have been made to show that there was actually a code of courtly behavior in the sense of a philosophical system. Gustav Ehrismann sought to demonstrate that the knightly code was based on moral philosophy derived from Aristotle and transmitted into German literature through the translation into verse by Wernher von Elmendorf (c. 1170-80) of the *Moralium dogma philosophorum.* The Latin work, ascribed without valid reasons to Guillaume de Conches, is a collection of moral sayings from numerous ancient authors, and Ernst Robert Curtius may be right in his contention that it could not have formed the basis for a courtly code.

There is a real question whether such a code actually existed. The twelfth century certainly sought higher standards of morality among laymen and, among the upper classes, higher standards of social behavior. It is certainly possible to enumerate some specific qualities that were regarded as essential to courtly conduct: «milte» (generosity), «triuwe»

---

[1]The Hohenstaufen are also referred to as 'Waiblingen' after the name of their ancestral estate in Franconia; 'Waiblingen' is synonymous with 'Ghibeline', the name for any member of a political party in medieval Italy which supported the authority of the German emperors in Italy in opposition to the papal party, the Guelphs.
[2]It should be observed that the term 'romance' is derived from 'Romance' as in 'Romance Languages', since the earliest epics were all thought of as being inspired by French culture and ideals.

(loyalty), «tapferheit» (courage), «zuht» (good bearing), «stæte» (persistence), and «maze» (self-restraint). Yet most of these qualities would have been expected of any hero in the Norse *Edda* or the Anglo-Saxon *Beowulf* . The courtly knight's concern with his «êre» (honor, reputation) would also have been characteristic of earlier works. The difference lies in the stress on what would later be called polite behavior[3]—the ability to converse in the major languages («Kultursprachen», such as those mentioned in *Tristan*), to play musical instruments, to honor women and those weaker than oneself, to show humility to one's superiors and to the aged, and above all self-restraint, which meant that a man must control his sensuality and greed, grant mercy to a defeated enemy, and allow no quality («tugent»), not even a good one, to dominate his actions. If the knight observed all of the above, he would reach that state of exaltation that was termed «joi» in France and «hôher muot» in Germany.

This state was also characteristic of true love—«hohe Minne», which the poets of southern France called «fin amors»—. The love for a good woman was a vital part of the life and courtliness of the hero of the romance. A great deal has been written about 'courtly love', which is a nineteenth-century term coined by the French critic Gaston Paris. Much of what has been written is based on the assumption that the information given in the *De amore* or *De arte honesti amandi* ('on loving like a gentleman') of Andreas Capellanus, written about 1180, is directly applicable to all literary works in the courtly tradition. This is not so. The frequently heard statement that courtly love was adulterous, which is based on the statement by Capellanus that there could be no true love between married people, is clearly disproved by the fact that Iwein, Erec, and Parzival all find true love in marriage. In fact, only those narratives in the Tristan tradition and some of those in the Lancelot tradition depict adulterous love, and even they illustrate how it leads to disaster.

The situation is different in lyrical poetry. There the lady is shown as unattainable, and in the works of the classical period we may assume that, as a «frouwe», she is married, but the fact is nowhere stated, nor is it of importance, for the jealous husband has little or no significance in the best German poems, as distinct from much of the Provençal tradition. He would be important in the «Tagelied», or dawn-song, but few of these were written in the period we are discussing.

It cannot be stated that love was a simple phenomenon in either the lyrics or the romances. Scholars are still far from having a clear idea about what influences caused the writers of Provençal lyrics in southern France («troubadours»), of narrative poetry in northern France («trouvères»), and their imitators in other countries to present a view of women and love that contrasted rather sharply with the attitudes of the medieval Church and even with the classical treatment of love between the sexes. From the earliest times, the Church had regarded celibacy as the ideal state and marriage as second best for those

---

[3]Notice here the significance of the change from «höfisch», that is, «höflich» (courtly) to «höflich» meaning 'polite' (actually 'urban' in English, the latter being derived from Greek «polis», meaning city.

who lacked the spritual discipline necessary for celibacy. A good marriage was characterized by calm companionship rather than by sensual attraction. To this, the writers contrasted an idea of love that glorified women as beings not only of beauty but also of nobility of character, spiritual sensitivity and, unfortunately, complete aloofness. Naturally she is also of noble birth and she has the same position vis-à-vis the poet as a liege lord has to his liegeman. He adores her, obeys her every command, never expecting a reward, but always hoping that a miracle will occur and that she will accept him as her lover. Yet even this he does not really desire, for if she yielded, the very quality that made her so desirable would be lost. He is thus in a state which cannot be resolved, suspended between sorrow and joy. It should be emphasized that this state is to be found only in lyric poetry. In the narrative works the problem is not the winning of the lady's love, which usually proves reasonably easy, but the recognition that love is not a purely sensual emotion. It must be combined with the other duties of a knight's life so that his life is a harmonious whole. When love becomes obsessive, as it does with Lancelot and Tristan, it becomes a destructive force, not only destructive of the lovers but also to the very society of which they form a part; they may obey the rules, the lover may carry out every whim of his mistress, even when she demands the unreal and ridiculous, their love may in itself be a fine thing, infinitely superior to the passions of normal men, and even to the refined love of the court, but if this love is the sole preoccupation of a man and a woman, it will destroy them.

The romances are entertainment but, like all medieval literary works, they are also didactic in as much as they show us men and women struggling with a difficult problem: How can a man reconcile his Christian duty to God and his desire to save his immortal soul with his duties to an earthly secular society? St. Augustine had said that the city of this world is unimportant. Our eyes must be fixed on the City of God. Subsequently, historians modified this view without denying its validity. They had seen in the Roman Empire the divinely ordained body politic that allowed the Christian Church to develop, and sometimes they had extended this divine purpose to include their own country, as the French did with Charlemagne. The romances are concerned with a non-historical society, and it behaves according to an ideal set of values. The knights do not fight in wars, and the individual who has been trained at the court leaves it to test his own prowess in a series of independent adventures. He finds these in 'uncivilized' areas away from the court, he makes mistakes, undergoes a complete change that amounts almost to a rebirth at one point in the narrative—always leaving the structure of the romance bipartite—and finally recognizes that his life must be a series of purposeful adventures to help those to whom the enlightenment of the court has not yet come, even though they may sometimes be members of it. The emphasis is always on the individual and his struggle to attain a moral and spiritual state which will enable him to function in the ideal society of which he forms a part. We have already pointed out that in some of the romances there is a tragic failure to attain this state, although the knights who merely seek it are in every way as good as those who do attain it—except for the one important quality of «maze».

The idealized Arthurian world is Christian only in a formal sense. It has its own values, and we hear little of a struggle for the soul. It is probably for this reason that Wolfram von Eschenbach (and even Chrétien de Troyes in France) rejected it in his Parzival romance and that later romances place more and more stress on the mystique of the Grail. For whatever its origins, the Grail was a Christian symbol, a symbol of yearning for a spiritual state the courtly world could not offer, a higher spiritual ecstasy that surpassed even «hôhe minne».

Christianity is inevitably present even in the most secular of the romances. The courtly qualities are largely Christian too, although their application may be different. Gottfried von Straßburg can think of no better terminology for the love between two «edele herzen» than that of mysticism. The more serious a poet was, the more immediate seemed to him the problem of reconciling the highest secular achievement with Christianity. From these attempts emerge the famous 'three goods' of antiquity: wordly prosperity, ethico-moral conduct of upright men, and the wisdom of the philosopher. They are clearly a trinity, equally clearly—though indirectly—connected with the Platonic division of the human being into the body, the spirit, and the soul. Ehrismann saw a recurrence in the Middle Ages of «utile», «honestum», and «summum bonum», though by way of a Christian reinterpretation which was best expressed by the "driu dinc" in Walther von der Vogelweide's poem "Ich saz ûf eime steine": "varnde guot, êre, gotes hulde" (worldly prosperity, esteem, and grace). Ideas from many sources have affected the treatment of the problem, but it remained difficult for the twelfth-century men and women of the Hohenstaufen culture to see how they could reconcile their spiritual with their worldly duties. To Walther von der Vogelweide, as to many others, it seemed that the crusades offered a solution to the dilemma. This seemed especially true when the brightness faded from the courtly scene, and it was ridiculed or used for base purposes.

It was essential for anyone who believed in courtly society also to believe in a divine order. The values of courtliness were basically aristocratic, not so much because it was believed that noble birth alone would ensure good qualities and make a man fit to be a knight, but because the entire Hohenstaufen civilization was that of an élite. Knighthood was the highest quality, not royal birth, but the existence of a court, whether it was King Arthur's at Camelot, Priam's at Troy, or Alexander's in Hellenist Greece, was the essential cultural focal point. One also believed in an «ordo mundi», where everyone was in the place that God thought he or she should be, and it was believed that while each person fulfilled his or her function, the secular world could be thought of as part of the divine order. This belief, often called gradualism, offered a partial solution to the question of the purpose of the secular world, for it implied that the secular society in which they lived was as much a part of God's purpose as was the divine city in Heaven. Such a belief could be held, however, only if the social order was stable and not subverted. It is typical that the complaints of Walther von der Vogelweide are almost all directed against those who would change the order.

The ideal, evolved in the twelfth century, continued to dominate people's minds for centuries, even though they often understood only its externals—its exaggerated love scenes and its formal jousts—but not its spirit. However, this attitude toward women has remained the ideal of Western culture to this day.

The individual authors of the classical Middle High German period will be discussed in the respective introductions preceding their selections. Here it will suffice to state that Heinrich von Veldeke, a poet of the northwestern area of Germany, was the first to introduce the French romance to Germany in his *Eneit* (finished c. 1189). It is an adaptation of the French *Roman d'Enéas*.[4] Hartmann von Aue began his work with a brief didactic treatise, the *Büchlein*. About 1180 he wrote a free adaptation of the *Erec* of Chrétien de Troyes, followed by two works with Christian overtones, *Gregorius* about 1187-1189 and *Der arme Heinrich* about 1195. His last work, *Iwein*, inspired by Chrétien de Troyes's *Yvain*, is dated about 1200. Hartmann is thus the earliest of the great writers of romance. He is mentioned by his successors with admiration, attesting to the fact that he had affected them profoundly. Wolfram von Eschenbach's *Parzival* and Gottfried von Straßburg's *Tristan* were written in the first decade of the thirteenth centrury. It is impossible to determine exactly which preceded the other, and probably the authors knew parts of each other's work before it was completed. Wolfram worked on his *Willehalm* in the second decade of the thirteenth century and on his *Titurel* at approximately the same time.

Other romances appeared during this period. The Troy story was presented by Herbort von Fritzlar (c. 1195), the Lancelot story by Ulrich von Zazikhoven (c. 1194), although the loosely connected episodes of his *Lanzelet* have little in common with the well-known version of Chrétien de Troyes.

The «Heldenepos», somewhat misnamed as 'popular epic' («Volksepos»), was affected only tangentially by the rise of the courtly epic. A brief account of its main features will be found in the introduction to the *Nibelungenlied*. The only other work of any significance was *Kudrun*, preserved in the *Ambraser Handschrift*,[5] a strange mixture of motifs from various threads of the heroic tradition and of Christian virtues.

Literary activity in the Middle High German classical period was concentrated in the areas of romance and lyric. No drama written in German is extant, very little prose indeed, and hardly any didactic poetry. One special type, the beast epic, is represented by the work of Heinrich der Glichezære (1180), but his work is a mere anticipation of the developments that were to come later.

---

[4]Based on Virgil's *Aeneis*, the *Roman d'Enéas* probably was the first courtly epic which illustrated this new consciousness; it probably originated at the Anglo-Norman court of Henry II (Plantagenet) around 1160.

[5]The *Ambraser Handschrift*, which is popularly referred to as the *Ambraser Heldenbuch*, was commissioned by Emperor Maximilian, the «letzte Ritter», between 1504 and 1516.

Nibelungenlied

The exact date of the poem cannot be determined, but the traditional 1203 is a reasonably close approximation. The author's accurate geographical knowledge of the southeastern part of the German-speaking area obviously places him in this region; his knowledge of the northwest is vague. Attempts to show that the lyric poet Der von Kürenberg, Walther von der Vogelweide, or Bishop Wolfger of Passau—who also happened to be the patron of Walther at one time— may have been the author, have little solid substance, although Wolfger appears to be connected to the work via Bishop Pilgrim of Passau who is not only Kriemhild's uncle but who also happens to be the namesake of the historical Pilgrim who was bishop at Passau between 971-991.

It is perhaps unfortunate that the *Nibelungenlied* was rediscovered at just the right time to be designated by the Romantics the 'German national epic,' for criticism of it has undoubtedly suffered from the constant attempts to compare it with the *Iliad* and other 'national epics.' The efforts to show that it has something very specifically 'Germanic' that is virtually uninfluenced by non-Germanic sources or motifs and that it describes the Germanic hero and heroine, resulted in excessive concentration of scholarly efforts on determining the sources of the poem and its connections with stories about heroes of the same names in the verse *Edda*, the prose *Edda*, and the *Völsungasaga* in Old Norse and in the Scandiavian *Thidrekssaga*. More recent scholarship has fortunately moved away from these obsessions and has begun to treat the poem as a literary work.

There are clearly two distinct stories in the poem, that of Siegfried and Kriemhild and that of the fall of the Burgundians. The former is found in Scandinavian literature in a rather different form—familiar to many readers through Richard Wagner's operas. In the Norse version, Sigurd frees Brünhild from an enchantment, represented by a ring of fire. By this very act he is declared worthy of her love and is indeed betrothed to her. The various versions differ in details, but in all he marries another lady, Guthrun (who corresponds to Kriemhild), after being given a draught of forgetfulness by her mother. He secures Brünhild for Gunnar, and the two queens later quarrel, as they do in the *Nibelungenlied*. Brünhild has Sigurd killed, not by Högni (Hagen), who refuses to do so on the grounds of friendship, but by Guthorm, Gunnar's brother. Ostensibly, the reason for the murder is an insult to her honor, when in fact it is jealousy because Guthrun has married Sigurd. Brünhild herself sets fire to her house and dies in the flames after the death of Sigurd. This Norse version contains many mythological elements that are not found in the *Nibelungenlied*, and many motifs, for example, the invulnerability of Siegfried found in the German versions, are absent in it. There are numerous hints and indications that the German author was familiar with these other versions, but he deliberately made Siegfried and Kriemhild a pair of courtly lovers, and the jealousy motif has been eliminated. Brünhild is a far less important character in the German poem; in the second part she disappears from the scene and becomes a subordinate, shadowy figure. Nevertheless, it is clear that the Norse and the German versions are ultimately derived from the same sources—a Siegfried-Brünhild story, perhaps of Merovingian origin, whose principal theme was the rivalry of two women for a hero's love.

The second part has an historical basis—the destruction of the Burgundians by the Huns in 435. Yet in all the extant versions this catastrophe is secondary to the revenge motif, which forms the core of the story. In all the Norse works Guthrun marries Atli (Attila), and when he invites her brothers and Högni, she warns them not to come. They do not heed the warning because their pride will not allow them to refuse. All are killed after a heroic struggle, and Guthrun avenges her brothers by first killing Atli's children and making him unwittingly eat their flesh, and then by murdering the king himself. In these versions Atli is a cruel tyrant, and the stress is on the revenging of kinsmen by blood. Guthrun does not mourn for the dead Sigurd and apparently has no hostile feelings toward her brothers because of his murder. This version is the 'northwestern' one, in which the Burgundians are noble and the Huns treacherous and cruel. In the German *Nibelungenlied* what is substantially the same story is treated from a completely different point of view. Etzel is a gentle, even weak ruler, who is completely dominated by Kriemhild. The greatest of all the heroes is Dietrich, who is introduced into this version because he was the outstanding man among the Goths. Here it is the Burgundians who are cruel (although not in the way that Atli is portrayed in the Norse version), and the whole emphasis is on the continuing mourning for Siegfried by Kriemhild and her determination to avenge him. It cannot be claimed that the earlier versions have been changed to produce this result. It is perfectly possible that among the southeastern peoples there was always the tradition that the Burgundians met their just deserts.

Thus, although we do not know the immediate sources of the poem, we can be fairly sure that it derives ultimately from two lays of the «Völkerwanderung» period, one on the ill-starred love of Siegfried and Brünhild, the other on the fall of the Burgundians. Yet this does not exclude the possibility that many of the minor incidents and some of the modifications may be due to influence from such sources as the French «chansons de geste». Even more important is the fact that the author knew the courtly romance and was at some pains to incorporate its conventions into his work. Siegfried is knighted at a great feast, his love for Kriemhild is deliberately made to appear like the love of the knight for his lady, and even the conventional terms of the courtly works are used. It is hard to say whether the author seriously intended to make Siegfried a courtly hero. If he did so intend, he was not very successful, but if his purpose was to underscore the inadequacy of some of the courtly views of life, especially in regard to war and the conflict of peoples, he makes a good case. Siegfried is a fine warrior but he is astonishingly naïve in his handling of other people. This is not to say that the author of the *Nibelungenlied* was writing an anti-courtly poem (as some critics contend), but rather that his limited understanding of the courtly ethic made him feel that it was inadequate for depicting the serious business of actual life at court and in battle.

In other aspects, too, the author modifies the older 'heroic tradition.' One of the finest features of the work is his introduction of Rüdiger, a Christian gentleman, who is unselfish, not swayed by empty notions of honor, but deeply concerned with doing right as he sees it. His chivalry and mercy are in contrast with the traits of most of the major characters. It is he who most clearly illustrates a Christian influence. For most of the others, Christianity is something demanding little more than lip service.

Although Kriemhild is a weak character in the first part of the poem, the whole work is really devoted to a struggle between Hagen and Siegried/Kriemhild in the first part, and Hagen and Kriemhild in the second. Hagen is the important man at court, and his prestige is weakened by Siegfried's successes. His resentment shows itself in his readiness to avenge Brünhild, but even at this point we recognize the driving force of Hagen's behavior in the second part of the poem—his determination to preserve the king's honor at all cost, even if it means the king's death. To this end he employs methods that are utterly ruthless but entirely logical. The author's sympathy, which appears to be with Kriemhild when Siegfried is killed, definitely shifts to Hagen. Gunther fights bravely enough, but he is of feeble moral fiber. Without Siegfried and Hagen he would be a miserable failure.

In spite of the introduction of the courtly clichés already mentioned, the style of the *Nibelungenlied* is still largely that of heroic poetry. The vocabulary is relatively small, the recital of events factual, with a great deal of repetition of standard descriptive phrases. There is very little attempt to clarify the motivation of actions, still less to give abstract discussions of them. Much use is made of the comment by the author («Vorausdeutung», that is a foreboding remark), in which he calls the attention of his audience to the dire effects a particular action will have. The actual descriptions of persons are highly conventional; it is through their actions that we gain deeper insight into their characters.

The poem is written in the four-line «Nibelungenstrophe». Note that the last half-line of each strophe is longer by one or two syllables than the others. The strophic form tends to stop the action every four lines, and this often gives a sententious effect, particularly when the last line is one of the author's «Vorausdeutungen». The B-manuscript version is used throughout the following selections. In addition, accent marks have been added to the original in order to facilitate a proper reading of the text.

In 1748 Johann Jakob Bodmer (1698-1783) and Johann Jakob Breitinger (1701-1776) published a small volume, entitled *Proben der alten schwäbischen Poesie,* in which were included samples of the Manesse manuscript and the second half of the *Nibelungenlied,* together with the *Klage* —a lament in 4000 verses which begins where the *Nibelungenlied* leaves off. Though the *Chriemhildens Rache und die Klage* hardly found an audience, it was the collection of lyric poems that significantly influenced the poets Gleim, Bürger, Hölty, Voss, and others. In 1782, the *Nibelungenlied* and the *Klage* were published again by Christoph Heinrich Myller (1740-1807) who dedicated it to Frederick the Great; the latter, however, had no appreciation for it whatsoever, as is illustrated by his reply to Myller:

> Hochgelahrter, lieber getreuer. Ihr urtheilt, viel zu vortheil- haft, von denen Gedichten, aus dem 12., 13., 14. Seculo, deren Druck ihr befördert habet, und zur Bereicherung der Teutschen Sprache, so brauchbar haltet. Meiner Einsicht nach, sind solche, nicht einen Schuß Pulver werth; und verdienten nicht, aus dem Staube der Vergessenheit, gezogen zu wer- den. In meiner Bücher-Sammlung wenigstens, würde Ich, der- gleichen elendes Zeug, nicht dulten; sondern heraus- schmeißen. Das Mir davon eingesandte Exemplar mag dahero sein Schicksal, in der dortigen großen Bibliothec, abwarten.—Viele Nachfrage verspricht aber solchem nicht; Euer sonst gnädiger König Frch. Potsdam, d. 22. Februar 1784.

In spite of such rejection in the highest of places, including Goethe's extended refusal to read it—in fact, he did not do so until Friedrich H. von der Hagen, the noted Germanist, had published translated excerpts in the periodical *Eunomia*— , the Nibelungenlied became the most translated and edited medieval work for an entire century, indeed the textbook for the founders of German Philology—Georg Friedrich Benecke, Jacob and Wilhelm Grimm, and Karl Lachmann.

1. Aventiure

1 Uns ist in alten mæren   wunders vil geseit   1
   von helden lobebæren,   von grôzer arebeit,
   von freuden, hôchgezîten,   von weinen und von klagen,
   von küener recken strîten   muget ír nu wunder hœren sagen.

2 Ez wuohs in Búrgónden   ein vil édel magedîn,   2
   daz in allen landen niht   schœners mohte sîn,
   Kríemhílt geheizen: si wart ein schœne wîp.
   dar umbe muosen degene   vil verlíesén den lîp.

3 Der minneclîchen meide   triuten wol gezam.   3
   ir muoten küene recken,   niemen was ir gram.
   âne mâzen schœne   sô was ir edel lîp.
   der júncfróuwen tugende   zierten ándériu wîp.

4 Ir pflâgen drî künege   edel unde rîch: 4
   Gunther unde Gêrnôt,   die recken lobelîch,
   und Gîselher der junge,   ein ûz erwelter degen.
   diu frouwe was ir swester.   die fürsten hetens in ir pflegen.

5 Die herren wâren milte,   von arte hôch erborn,   5
   mit kraft unmâzen küene,   die recken ûz erkorn.
   dâ zen Búrgónden   sô was ir lant genant.
   si frumten starkiu wunder   sît in Étzélen lant.

6 Ze Wormez bî dem Rîne   si wonten mit ir kraft.   6
   in diente von ir landen   vil stolziu ritterschaft
   mit lobelîchen êren   unz an ir endes zît.
   si stúrben sît jæmerlîche   von zweier edelen frouwen nît.

7 Ein rîchiu küneginne,   frou Uote ir muoter hiez.   7
   ir vater der hiez Dancrât,   der in diu erbe liez
   sît nâch sîme lebene,   ein ellens rîcher man,
   der ouch in sîner jugende   grôzer êren vil gewan.

8 Die drî künege wâren,   als ich gesaget hân,   8
   von vil hôhem ellen.   in wâren undertân
   ouch die besten recken,   von den man hât gesaget,
   stárc únd vil küene,   in scharpfen strîten unverzaget.

1. Aventiure

(1) In alten Geschichten wird uns vieles Wunderbare berichtet: von ruhmreichen Helden, von hartem Streit, von glücklichen Tagen und Festen, von Schmerz und Klage, vom Kampf tapferer Recken[1]: Davon könnt auch Ihr jetzt Wunderbares berichten hören.

(2) Im Land der Burgunden[2] wuchs ein edles Mädchen heran, das war so schön, daß in keinem Land der Welt ein schöneres hätte sein können. Ihr Name war Kriemhild. Später wurde sie eine schöne Frau. Um ihretwillen mußten viele Helden ihr Leben verlieren.[3]

(3) Das liebliche Mädchen verdiente es, geliebt zu werden. Tapfere Recken bemühten sich um ihre Gunst: niemand konnte ihr feindlich gesinnt sein; denn die Edle war unbeschreiblich schön. Die Gaben, die ihr Natur und Stand verliehen hatten, wären auch für andere Frauen eine Zierde gewesen.

(4) Für sie sorgten drei edle, mächtige Könige, die beiden ruhmreichen Recken Gunther und Gernot und der junge Giselher, ein hervorragender Held. Das Mädchen war ihre Schwester, und die Fürsten hatten sie in ihrer Obhut.

(5) Die Herren, die auserlesenen Recken, waren freigebig, von hoher Abstammung, sehr kraftvoll und tapfer. Ihr Land hieß Burgund. Im Lande Etzels vollbrachten sie später wunderbare Taten.

(6) In Worms am Rhein hielten sie machtvoll hof. Die herrliche Ritterschaft des Landes diente ihnen bis zu ihrem Tod und erwarb sich und ihnen Ruhm und Ehre. Sie starben später elendiglich, weil zwei edle Frauen einander feind waren.

(7) Ihre Mutter, eine mächtige Königin, hieß Ute; ihr Vater, der ihnen nach seinem Tode die Länder und Schätze als Erbe hinterlassen hatte, war Dankrat, ein kraftvoller Mann; auch er hatte sich in seinen früheren Jahren bedeutendes Ansehen erworben.

(8) Wie ich erzählt habe, waren die drei Könige sehr kraftvoll. Ihnen dienten die hervorragendsten Recken, von denen man berichtet hat, starke und tapfere Kämpfer, die im harten Streit ihren Mann standen.

---

[1]The word «Recke» represents an archaic word for 'hero,' similar to «Degen» ('thane,' 'thegn') which suggests the Germanic idea of «Gefolgschaftstreue».

[2]The Burgundian tribe was in fact destroyed by the Huns, although not under Attila's leadership, in 435. Their territory did not correspond to modern Burgundy but centered, as the poem says, on Worms on the Rhine.

[3]This line is typical of hundreds in the poem which casts an air of foreboding—«Vorausdeutung»—over the work.

9 Daz was von Tronege Hagene   und ouch der bruoder sîn,   9
   Dancwart der vil snelle,   von Metzen Ortwîn,
   die zwêne marcgrâven   Gêre und Ekkewart,
   Volkêr von Alzeye,   mit ganzem ellen wol bewart.
   [...]

13 In disen hôhen êren   tróumte Kríemhíldè,   13
   wie si züge einen valken,   stárc schœne und wíldè,
   den ir zwêne arn erkrummen.   daz si daz muoste sehen!
   ir enkúnde in dirre werlde   leider nímmér geschehen.

14 Den troum si dô sagete   ir muoter Uotèn.   14
   sine kúndes niht bescheiden   baz der gúotèn:
   "den valken den du ziuhest,   daz ist ein edel man.
   in enwelle got behüeten,   du muost in schiere verlóren hân."

15 "Waz saget ir mir von manne,   vil liebiu muoter mîn?   15
   âne recken mínne   sô wil ich immer sîn.
   sus schœne wil ich belîben   unz an mînen tôt,
   daz ich von mannes minne   sol gewinnen nimmer nôt."

16 "Nu versprích ez niht ze sêre",   sprach aber ir muoter dô.   16
   "soltu ímmer herzenlîche   zer werlde werden vrô,
   daz geschíht von mannnes minne.   du wirst ein schœne wîp,
   ob dir noch got gefüeget   eins rehte guoten ritters lîp."

17 "Die rede lât belîben",   sprach si, "frouwe mîn!"   17
   ez ist an manegen wîben   vil dicke worden schîn
   wie liebé mit leide   ze jungest lônen kan.
   ich sol si mîden beide,   sone kán mir nimmer missegân."

18 Kriemhilt in ir muote   sich minne gar bewac.   18
   sît lebte diu vil guote   vil manegen lieben tac,
   daz sine wesse niemen   den minnen wolde ir lîp.
   sît wart si mit êren   eins vil küenen recken wîp.

19 Der was der selbe valke,   den si in ir troume sach,   19
   den ir beschiet ir muoter.   wie sêre si daz rach
   an ir næhsten mâgen,   die in sluogen sint!
   durch sîn eines sterben   starp vil maneger muoter kint.

(9) Da war Hagen von Tronje und auch sein Bruder, der tapfere Dankwart; da waren Ortwin von Metz, die beiden Markgrafen Gere und Eckewart und Volker von Alzey, kraftvoll wie es ein Mann nur sein konnte.

[...]

(13) In solch einer herrlichen Umgebung wuchs Kriemhild auf. Eines Nachts träumte ihr, sie zöge einen starken, prächtigen und wilden Falken[4] auf, den ihr zwei Adler zerfleischten. Daß sie das mitansehen mußte! Niemals hätte ihr auf dieser Welt etwas Schmerzlicheres geschehen können.

(14) Den Traum erzählte sie ihrer Mutter Ute. Die hätte ihrer lieben Tochter den Traum nicht besser auslegen können: "Der Falke, den Du aufziehst, das ist ein edler Mann. Wenn Gott ihn nicht in seinen Schutz nimmt, dann mußt Du ihn bald wieder verlieren."

(15) "Was erzählt Ihr mir von einem Mann, liebe Mutter? Ich will für immer auf die Liebe eines Recken verzichten! So schön und unberührt will ich bis an mein Lebensende bleiben, damit ich niemals durch die Liebe zu einem Mann Leid erfahre."

(16) "Nun widersprich doch nicht so heftig!" sagte wiederum ihre Mutter. "Wenn Du jemals in dieser Welt tiefes Glück erlangen willst, dann durch die Liebe eines Mannes. Wenn Dir Gott einen wirklich trefflichen Ritter zum Manne gibt, dann wirst Du eine schöne Frau."

(17) "Sprecht bitte nicht davon, Herrin!"[5] sagte Kriemhild. "Oftmals hat es sich an vielen Frauen gezeigt, wie schließlich Freude mit Leid bezahlt wird. Beidem werde ich aus dem Weg gehen: dann kann mir niemals etwas Schlimmes widerfahren."

(18) In ihrer kindlichen Vorstellung wollte Kriemhild ganz auf die Minne verzichten. Danach lebte das edle Mädchen noch lange Jahre, ohne jemanden kennenzulernen, den sie hätte lieben wollen. Später jedoch wurde sie in allen Ehren die Gemahlin eines tapferen Recken.

(19) Das war der Falke. In dem Traum, den ihre Mutter ihr deutete, hatte sie ihn gesehen. An ihren nächsten Verwandten, die ihn später erschlugen, nahm sie die blutigste Rache! Weil ein einziger ermordet wurde, starben unzählige andere.

---

[4]The falcon is a symbol for the lover throughout Middle High German poetry.
[5]This form of address suggests rigid etiquette.

2. Aventiure
Von Sîfride

20 Dô wuohs in Niderlanden   eins edelen küneges kint,   20
des vater der hiez Sigemunt,   sîn muoter Sigelint,
in einer rîchen bürge,   wîten wol bekant,
nidene bî dem Rîne: diu was ze Sántén genant.

21 Sîvrit was geheizen   der snelle degen guot.   21
er versúochte vil der rîche   durch ellenthaften muot.
durch sînes lîbes sterke   er reit in menegiu lant.
hey waz er sneller degene   sît zen Búrgónden vant!

22 In sînen besten zîten,   bî sînen jungen tagen,   22
man mohte michel wunder   von Sîvride sagen:
waz êren an ihm wüehse   und wie schœne was sîn lîp.
sît heten in ze minne   diu vil wætlîchen wîp.

23 Man zôch in mit dem vlîze   als im daz wol gezam.   23
von sîn selbes muote   waz túgende er án sich nam!
des wurden sît gezieret   sînes vater lant,
daz man in ze allen dingen   sô rehte hêrlîchen vant.

24 Er was nu sô gewahsen   daz er ze hove reit.   24
die liute in sâhen gerne.   manec fróuwe und manec meit
im wunschten daz sîn wille   in immer trüege dar.
holt wurden im genuoge,   des wart der herre wol gewar.

3. Aventiure
Wie Sîfrit ze Wormze kom

47 Dô gedâhte ûf hôhe minne   daz Siglinde kint   47
ez was ir aller werben   wider in ein wint.
er mohte wol verdienen   schœner frouwen lîp.
sît wart diu edele Kriemhilt   des küenen Sîvrides wîp.

48 Im rieten sîne mâge   und genúoge sîne man,   48
sît er ûf stæte minne   tragen wolde wân,
daz er dan eine wurbe   diu im möhte zemen.
dô sprach der küene Sîvrit: "sô wil ich Kriemhilden nemen,

2. Aventiure
Über Siegfried

(20) Es wuchs in den Niederlanden, in einer weithin berühmten, mächtigen Burg, die am Niederrhein lag und Xanten hieß,[6] der Sohn eines edlen Königs heran, dessen Vater Siegmund und dessen Mutter Sieglinde hießen.

(21) Siegfried hieß der tapfere, treffliche Held. Er durchstreifte viele Reiche, um sich kämpferisch zu erproben. Um seine Kraft zu beweisen, ritt er in zahllose Länder. Wie viele tapfere Helden sah er später erst bei den Burgunden!

(22) In der Blüte seiner Jahre, in seiner Jugend konnte man wunderbare Dinge von Siegfried berichten: wie sich sein Ansehen von Tag zu Tag mehrte, und wie schön er war. Die schönen Damen fanden ihn später sehr anziehend.

(23) Man erzog ihn so sorgfältig, wie es seinem Stand zukam. Doch wirklich vorbildlich wurde er aus eigener Veranlagung. Später breitete sich sein Ruhm über das Land seines königlichen Vaters so sehr aus, daß man in ihm in jeder Hinsicht den vollkommenen Herrn erblickte.

(24) Er war nun so weit herangewachsen, daß er sich öffentlich bei Hofe zeigen durfte. Die Leute drängten sich danach, ihn zu sehen. Viele Männer und Frauen wünschten sich, daß auch sein eigenes Verlangen ihn immer wieder in ihre Gesellschaft führen möchte. Es gab viele, die ihm gewogen wurden. Das erkannte der Herr bald.
[...]

3. Aventiure
Wie Siegfried nach Worms kam

(47) Da richtete der Sohn Sieglindes seine Gedanken auf Hohe Minne. Im Vergleich mit ihm verblaßten alle anderen Bewerber. Denn er wußte die Gunst schöner Damen zu gewinnen. Später wurde die edle Kriemhild die Frau des tapferen Siegfried.

(48) Da er daran dachte, sich endgültig zu binden, rieten seine Verwandten und viele seiner Gefolgsleute, er möge sich standesgemäß verheiraten.[7] Da sagte der tapfere Siegfried: "So will ich Kriemhild.

---

[6]Xanten is the capital of Siegmund's kingdom; today it is a small town on the Rhine north of the river Ruhr and not far from the Dutch border.

[7]Courtly society demanded that a king marry a woman of equal birth. Later in the poem, this issue becomes literally a matter of life and death for Siegfried.

49 Die schœnen júncfróuwen   von Burgonden lant   49
     durch ir unmâzen schœne. daz ist mir wol bekant,
     nie keiser wart sô rîche,   der wolde haben wîp,
     im zæme wol ze minnen   der rîchen küneginne lîp.”

50 Disiu selben mære   gehôrte Sigmunt.   50
     ez reiten sîne liute;   dâ von wart im kunt
     der wille sînes kindes   was im harte leit,
     daz er werben wolde   die vil hêrlîchen meit.

51 Ez gevriesch ouch Siglint,   des edelen küneges wîp.   51
     si hete grôze sorge   umbe ir kindes lîp,
     wan si wol erkande   Gúnthern und sîne man.
     den gewérp mán dem degene   sêre léidén began.

52 Dô sprach der küene Sîvrit: “vil lieber vater mîn,   52
     âne edeler frouwen minne   wolde ich immer sîn,
     ich enwúrbe, dar mîn herze   vil grôze liebe hât.
     swaz iemen reden kunde,   des ist deheiner slahte rât.”

53 “Unt wil du niht erwinden”,   sprach der künec dô,   53
     “so bin ich dînes willen   wærlîchen vrô,
     und wil dirz helfen enden   so ich áller beste kan.
     doch hât der künec Gunther   vil manegen hôchfértegen man.

54 Ob ez ánder niemen wære   wan Hagene der degen: 54
     der kan mit übermüete   der hôchverte pflegen,
     daz ich des sêre fürhte,   ez müge uns werden leit,
     ob wir werben wellen   die vil hêrlîchen meit.”

55 “Waz mac uns daz gewerren?”   sprach dô Sîvrit.   55
     “swaz ich friuntlîche   niht ab in erbit,
     daz mac sus erwerben   mit ellen dâ mîn hat.
     ich trouwe an in ertwingen   beide líut únde land.”

56 Dô sprach der fürste Sigmunt: “dîn réde diu íst mir leit: 56
     wan wurden disiu mære   ze Rîné geseit,
     dune dörftest nimmer   gerîten in daz lant.
     Gunther unde Gêrnôt   die sínt mir lángé bekant.

57 Mit gewalte niemen   erwerben mac die meit”,   57
     sô sprach der künec Sigmunt; “daz ist mir wol geseit.
     wilt aber du mit recken   rîten in daz lant,

(49) die schöne Jungfrau aus dem Land der Burgunden, zur Frau nehmen, weil sie so unbeschreiblich schön ist. Ich weiß genau: Selbst wenn der mächtigste Kaiser freien wollte, dann wäre es eine Ehre für ihn, um die Gunst der mächtigen Prinzessin zu werben."

(50) Das kam seinem Vater Siegmund zu Ohren. Denn die Hofleute redeten darüber. So erfuhr er, was sein Sohn vorhatte: es verdroß ihn sehr, daß Siegfried gerade um diese herrliche Jungfrau werben wollte.

(51) Auch Sieglinde, die Gemahlin des edlen Königs, erfuhr davon. Sie machte sich um ihren Sohn große Sorgen, denn sie kannte Gunther und seine Gefolgsleute genau. Mit allen möglichen Einwänden versuchte man dem Helden seine Absicht zu verleiden.

(52) Da sagte der tapfere Siegfried: "Lieber Vater, ich würde für immer darauf verzichten, eine edle Frau zu lieben, wenn ich meine Werbung nicht dorthin richten dürfte, wohin meine Neigung zielt. Was auch immer jemand einwenden könnte, ich werde von meinem Vorhaben nicht ablassen."

(53) "Wenn Du nicht davon ablassen willst", sagte da der König, "dann freue ich mich aufrichtig über Deine Zielstrebigkeit und will Dir, so gut ich es irgend vermag, dabei helfen, das Vorhaben zu einem guten Ende zu führen. Dennoch warne ich Dich: König Gunther hat viele stolze Gefolgsleute.

(54) Selbst wenn es sich um niemanden anderen als Hagen, den Helden, handelte—der allein ist bereits so verwegen und stolz, daß ich schon aus diesem Grunde große Angst habe, es könnte für uns schlimm ausgehen, wenn wir uns aufmachen, um die schöne Jungfrau zu werben."

(55) "Wie kann uns das stören?" sagte da Siegfried. "Was ich von ihnen nicht im Guten bekomme, das werde ich durch Tapferkeit erlangen. Ich traue es mir zu, ihnen Herrschaft und Land mit Gewalt abzunehmen."

(56) Da sagte der Fürst Siegmund: "Deine Worte verdrießen mich. Denn wenn man am Rhein davon erführe, dann würde man Dich erst gar nicht in das Land hineinlassen. Ich kenne Gunther und Gernot nämlich schon lange."

(57) "Niemand vermag ihre Schwester mit Gewalt zu erlangen", sagte der König Siegmund; "das weiß ich aus sicherer Quelle. Falls Du jedoch wünschst, mit einer Schar von Recken ins Land der Burgunden zu reiten:

ob wir iht haben friunde,   die werdent schíeré besant."
58 "Des eníst mir niht ze muote",   sprach aber Sîvrit,   58
    "daz mir sulen recken   ze Rîne volgen mit
    durch deheine hervart   (daz wære mir vil leit),
    dâ mit ich solde ertwingen   die vil wætlîchen meit.

59 Si mac wol sus erwerben   dâ mîn eines hant.   59
    ich wil selbe zwelfte   in Gúnthéres lant.
    dar sult ir mir helfen,   vater Sigmunt!"
    dô gap man sînen degenen   ze kleidern grâ unde bunt.

60 Do vernám ouch disiu mære   sîn muoter Siglint.   60
    si begunde trûren   umbe ir liebez kint,
    daz vorhte si verliesen   von Guntheres man.
    diu edele küneginne   vil sêre wéinén began.

61 Sîvrit der herre   gie dâ er si sach.   61
    wider sîne muoter   er güetlîchen sprach:
    "frouwe, ir sult niht weinen   durch den willen mîn.
    jâ wil ich âne sorge   vor allen wiganden sîn.

62 Und helfet mir der reise   in Burgonden lant,   62
    daz ich und mîne recken   haben solch gewant,
    daz alsô stolze helde   mit êren mugen tragen.
    des wil ich iu genâde   mit triuwen wærlîchen sagen."

    [...]

83 Waz sîn der künec wolde,   des vrâgte Hagene.   83
    "ez sint in mîme hûse   unkunde degene,
    die niemen hie bekennet.   habt ir si ie gesehen?
    des sult ir mir, Hagene,   der rehten wârheite jehen!"

84 "Daz túon ich", sprach Hagene.   zeinem vénster er dô gie;   84
    sîn ougen er dô wenken   zuo den gesten lie.
    wol behágte im ir geverte   und ouch ir gewant:
    sî wâren im vil vremde   in der Burgonden lant.

85 Er sprach, von swannen kœmen   die recken an den Rîn,   85
    ez möhten selbe fürsten   oder fürsten boten sîn.
    "ir ross diu sint schœne,   ir kleider harte guot."
    von swannen daz si füeren,   "si sint hôhe gemuot."
86 Alsô sprach dô Hagene.   "ich wil des wol verjehen,   86

wir könnten die Freunde, die wir haben, sehr schnell aufbieten."

(58) "Ich habe nicht vor", sagte wiederum Siegfried, "Recken an den Rhein auf einen Kriegszug mitzunehmen, um—was mir doch sehr verdrießlich wäre—das schöne Mädchen mit Gewalt zu gewinnen.

(59) Ich traue es mir nämlich zu, sie auf eigene Faust zu erlangen. Nur zu zwölft wollen wir in Gunthers Land reiten. Helft mir, Vater Siegmund, bei den Vorbereitungen für die Reise!" Da schenkte man den Begleitern Kleider aus grauem und buntem Tuch.

(60) Da hörte auch seine Mutter Sieglinde von den Reisevorbereitungen. Schwere Sorgen um ihren lieben Sohn quälten sie. Denn sie fürchtete, Gefolgsleute Gunthers könnten ihn töten. So brach die edle Königin in heftiges Weinen aus.

(61) Der Herr Siegfried ging zu seiner Mutter und sagte mit freundlichen Worten zu ihr: "Herrin, Ihr sollt um meinetwillen nicht weinen. Glaubt mir, ich habe mich vor keinem Kämpfer zu fürchten.

(62) Helft mir doch bei meinen Vorbereitungen für die Reise ins Burgundenland, damit ich und meine Recken Kleider haben, die so stolze Helden ehrenvoll tragen können. Dafür will ich Euch aufrichtig danken."

Siegfried sets out for Burgundy with a large entourage.   On his arrival, during his first meeting with Gunther, Siegfried displays arrogance and hostility—traits that appear to be atypical of his character.

(83) Auf Hagens Frage, was denn der König von ihm wolle, antwortete Gunther: "Es sind fremde Helden in meiner Burg, die niemand hier kennt. Habt Ihr sie vielleicht schon einmal gesehen? Hagen, gebt mir offen darüber Bescheid!"[8]

(84) "Gewiß!" sagte Hagen. Er trat an ein Fenster und wendete seinen Blick den Ankömmlingen zu. Ihre ganze Erscheinung und ihre Ausrüstung gefielen ihm sehr gut. Aber auch für ihn waren sie fremd im Lande der Burgunden.

(85) Er sagte, daß die Recken, aus welchem Lande sie auch immer an den Rhein geritten sein mochten, selbst Fürsten oder die Boten eines Fürsten sein dürften. "Ihre Pferde sind hervorragend, ihre Kleider prächtig." Woher sie auch immer kommen möchten, "es sind vorbildliche Helden."
(86) Da sagte Hagen: "Ich möchte dies behaupten:

---

[8]Hagen is the source of all information at Gunther's court; as the poem progresses he becomes the person who determines all policy. His account of Siegfried's acquisition of the treasure, and indeed of all his actions, differs markedly from the accounts in the Norse version of Siegried's youth.

swie ich Sîvrîden   nimmer habe gesehen,
sô wil ich wol gelouben,   swie ez dar umbe stât,
daz ez sî der recke,   der dort sô hêrlîchen gât.

87 Er bringet niuwemære   her in ditze land.   87
die küenen Nibelunge   sluoc des heldes hant,
Schílbunc und Níbelungen,   diu rîchen küneges kint.
er frumte starkiu wunder   mit sîner grôzen krefte sint.

88 Dâ der helt al eine   âne alle helfe reit,   88
er vant vor einem berge,   daz ist mir wol geseit,
bî Nibelunges horde   vil manegen küenen man;
die wâren im ê vremde,   unz er ir künde dâ gewan.

89 Hort der Nibelunges   der was gar getragen   89
ûz einem holen berge.   nu hœret wunder sagen,
wie in wolden teilen   der Nibelunge man.
daz sach der degen Sîvrit.   den helt es wúndérn begán.

90 Er kom zuo zin sô nâhen   daz er die helde sach   90
und ouch in die degene.   ir einer drunder sprach:
"hie kumt der starke Sîvrit,   der helt von Niderlant!"
vil seltsæniu mære   er an den Nibelungen vant.

91 Den recken wol empfiengen   Schílbunc und Níbelunc.   91
mit gemeinem râte   die edelen fürsten junc
den schaz in bâten teilen,   den wætlîchen man,
und gerten des mit vlîze.   der herre loben inz begán.

92 Er sach sô vil gesteines   (sô wir hœren sagen)   92
hundert kanzwägene   ez möhten niht getragen;
noch mê des rôten goldes   von Nibelunge lant.
daz solde in allez teilen   des küenen Sîvrides hant.

93 Dô gâben si im ze miete   daz Nibelunges swert.   93
si wâren mit dem dienste   vil übele gewert,
den in dâ leisten solde   Sîvrit der hélt gúot.
ern kundez niht verenden: si wâren zórnéc gemuot.

94 Si heten dâ ir friunde   zwélf küene man,   94
daz starke risen wâren.   waz kundez si vervân?
die sluoc sît mit zorne   diu Sîvrides hant,
und recken siben hundert   twanc er von Nibelunge lant

Zwar habe ich Siegfried niemals zu Gesicht bekommen, aber ich nehme doch—was immer seine Ankunft bedeuten mag—als sicher an, daß er der Recke ist, der dort so herrlich herankommt.

(87) Er bringt Neuigkeiten zu uns in unser Land. Die tapferen Nibelungen, Schilbung und Nibelung, Söhne eines mächtigen Königs, hat er mit eigener Hand erschlagen. Aber auch später noch hat er mit seiner großen Kraft Wundertaten vollbracht.

(88) Wie ich ganz sicher weiß, traf der Held vor einem Berg, an dem er ohne jede Begleitung ganz allein vorbeiritt, viele tapfere Männer beim Schatz der Nibelungen. Die waren ihm, bevor er sie dort kennenlernte, unbekannt gewesen.

(89) Der ganze Nibelungenhort war aus einer Berghöhle herausgeschafft worden. Und nun laßt Euch Wunderbares berichten, auf welch seltsame Weise ihn die Nibelungen zu teilen gedachten![9] Das alles nahm der Held Siegfried wahr, und es verwunderte ihn.

(90) Er ritt so nahe an sie heran, daß er die Helden und sie ihn sehen konnten. Einer von ihnen sagte: "Hier kommt der starke Siegfried, der Held aus Niederland." Es waren sehr merkwürdige Dinge, die Siegfried bei den Nibelungen wahrnahm.

(91) Schilbung und Nibelung empfingen Siegfried sehr zuvorkommend. Auf allgemeinen Beschluß hin forderten die jungen, edlen Fürsten ihn auf, den Schatz unter ihnen aufzuteilen. Sie drangen heftig in ihn, und schließlich willigte der Herr ein.

(92) Wie es heißt, bekam er so viele Edelsteine zu sehen und sogar noch mehr rotschimmerndes Gold aus dem Land Nibelungs, daß hundert Wagen es nicht hätten befördern können. Alles dies sollte der tapfere Siegfried unter ihnen verteilen.

(93) Da gaben sie ihm das Schwert Nibelungs zum Lohn. Mit der Hilfe, um die sie Siegfried, den trefflichen Helden, gebeten hatten, waren sie jedoch sehr schlecht beraten. Denn er konnte es ihnen nicht recht machen, und darüber waren sie sehr aufgebracht.

(94) Unter ihren Gefolgsleuten waren zwölf Männer, das waren starke Riesen. Aber was konnten selbst sie den Königen nützen? Wütend erschlug Siegfried alle zwölf, und weitere siebenhundert Recken aus dem Nibelungenland

---

[9] The term «Nibelungen» is puzzling. Here it applies to the original owner of the treasure, Nibelung, the father of Schilbung and Nibelung. When Siegfried acquires it, he takes the name. After Hagen has sunk it in the Rhine, the Burgundians take over the name. Etymologically, «Nibelungen» may signify 'residents of «nifelheim»,' i.e. the netherworld in Germanic cosmology.

95 Mit dem guoten swerte,   daz hiez Balmunc.   95
   durch die starken vorhte   vil manec recke junc,
   die si zem swerte héten   und an den küenen man,
   daz lánt zúo den bürgen   si im tâten undertân.

96 Dar zuo die rîchen künege   die sluoc er beide tôt.   96
   er kom von Albrîche   sît in grôze nôt.
   der wânde sîne herren   rechen dâ zehant,
   unz er die grôzen sterke   sît an Sîvride vant.

97 Done kúnde im niht gestrîten   daz stárké getwerc.   97
   alsam die lewen wilde   si liefen an den berc,
   da er die tarnkappen   sît Albrîche án gewan.
   dô was des hordes herre   Sîvrit der vréislîche man.

98 Die dâ torsten vehten,   die lâgen alle erslagen.   98
   den schaz den hiez er balde   füeren unde tragen
   da in dâ vor dâ nâmen   die Nibelunges man.
   Albrîch der vil starke   dô die kameren gewan.

99 Er muose im sweren eide,   er diente im sô sîn kneht.   99
   aller hande dinge   was er im gereht."
   sô sprach von Tronege Hagene.   "daz hât er getân.
   alsô grôzer krefte   níe mêr récké gewan.

100 Noch weiz ich an im mêre   daz mir ist bekant: 100
    einen lintrachen   den sluoc des heldes hant.
    er bádete sich ín dem bluote;   sîn hût wart húrnîn.
    des snîdet in kein wâfen.   daz ist dicke worden schîn.

101 Wír súln den herren   empfâhen deste baz,   101
    daz wir iht verdienen   des jungen recken haz.
    sîn lîp der ist sô küene,   man sol in holden hân.
    er hât mit sîner krefte   sô menegiu wúndér getân."

102 Dô sprach der künec rîche: "du maht wol haben wâr.   102
    nu sich, wie degenlîche   er stêt in strîtes vâr,
    er und die sînen degene,   der vil küene man!
    wir sulen im engegene   hin nider zuo dem recken gân."

103 "Daz mugt ir", sprach dô Hagene,   "wol mit êren tuon.   103
    er ist von edelem künne,   eines rîchen küneges sun.
    er stêt in der gebære,   mich dunket, wizze Krist,

(95) bezwang er mit dem wunderbaren Schwert, das Balmung hieß. Weil sie vor dem Schwert und vor dem tapferen Helden sehr große Angst hatten, unterwarfen sich ihm viele junge Recken und übergaben ihm Land und Burgen.

(96) Auch die beiden mächtigen Könige erschlug er, aber Alberich brachte ihn dann doch noch in gefahrvolle Bedrängnis. Dieser glaubte nämlich immer noch, seine Herren auf der Stelle rächen zu können, bis er dann merkte, wie stark Siegfried wirklich war.

(97) Da konnte der kraftvolle Zwerg es nicht mit Siegfried aufnehmen. Wie die wilden Löwen liefen die beiden Kämpfer auf den Berg zu, wo Siegfried gleich darauf dem Zwerg Alberich im Kampf den Tarnmantel abzwang. Da war Siegfried, der furchterregende Mann, zum Herrn des Schatzes geworden.

(98) Alle, die den Mut zur Gegenwehr aufgebracht hatten, lagen tot am Boden. Siegfried gab nun Befehl, den Schatz auf dem schnellsten Wege wieder dorhin zu bringen, woher die Gefolgsleute Nibelungs ihn vorher geholt hatten. Hernach wurde der starke Alberich von Siegfried zum Hüter des Hortes bestimmt.

(99) Aber vorher mußte er dem Sieger einen Eid schwören, daß er ihm treu und unterwürfig dienen wolle. Alberich war zu jeder Art von Unterwürfigkeit bereit." So sagte Hagen von Tronje. "Das sind seine Taten! Niemals vorher hat es einen kraftvolleren Recken gegeben.

Hagen now tells of Siegfried's invulnerability, brought about by his bathing in the dragon's blood.

(100) Übrigens weiß ich noch mehr von Siegfried: Er hat mit eigner Hand einen Drachen erschlagen, in dessen Blut er badete, so daß seine Haut von Horn überzogen wurde. Aus diesem Grunde—und das hat sich schon oft erwiesen—kann keine Waffe ihn verletzen.

(101) Wir müssen den jungen Herrn möglichst zuvorkommend aufnehmen, damit wir uns nicht etwa die Feindschaft des jungen Recken zuziehen. Er ist so tapfer, daß es dringend geboten scheint, ihn zum Freund zu haben. So viele wunderbare Taten hat er mit kraftvoller Hand vollbracht!"

(102) Da sagte der mächtige König: "Du magst recht haben. Sieh nur, wie verwegen und streitlüstern der tapfere Held und seine Gefolgsleute da unten stehen. Mir scheint es angebracht, hinunterzugehen und den Recken zu begrüßen."

(103) "Das", sagte da Hagen, "könnt Ihr tun, ohne Euch etwas zu vergeben. Als Sohn eines mächtigen Königs entstammt Siegfried edlem Geschlecht. Weiß Gott: wie er so dasteht, will es mir scheinen,

ez ensîn niht kleiniu mære   dar umbe er her geriten ist."

104 Dô sprach der künec des landes: nu sî uns willekomen!   104
er ist édel unde küene,   daz hân ich wol vernomen.
des sol ouch er geniezen   in Burgonden lant."
dô gie der herre Gunther   dâ er Sîvriden vant.

105 Der wirt und sîne recken   empfiengen sô den gast   105
daz in an ir zühten   vil wênec iht gebrast
des begunde in nîgen   der wætlîche man,
daz si im heten grüezen   sô rehte schôné getân.

5. Aventiure
Wie Sîfrit Kriemhilde aller erste ersach

279 Uoten die vil rîchen   die sach man mit ir komen.   279
diu hete schœne frouwen   geselleclîch genomen
wol hundert oder mêre: die truogen rîchiu kleit.
ouch gie dâ nâch ir tohter   vil manec wætlîchiu meit.

280 Von einer kemenâten   sach man si alle gân.   280
dô wart vil michel dringen   von helden dar getân,
die des gedingen hêten,   ob kunde daz geschehen,
daz si die maget edele   solden vrœlîche sehen.

281 Nu gie diu minneclîche   alsô der morgenrôt   281
tuot ûz den trüeben wolken.   dâ schiet von maneger nôt
der si dâ truoc in herzen   und lange het getân.
er sach die minneclîchen   nu vil hêrlîchen stân.

282 Jâ lûhte ir von ir wæte   vil manec edel stein.   282
ir rôsenrôtiu varwe   vil minneclîchen schein.
ob iemen wünschen solde,   der kunde niht gejehen
daz er ze dirre werlde   hete iht schœners gesehen.

283 Sam der liehte mâne   vor den sternen stât,   283
des schîn sô lûterlîche   ab den wolken gât.
dem stuont si nu gelîche   vor maneger frouwen guot.
des wart dâ wol gehœhet   den zieren héldén der muot.

ein wichtiger Anlaß habe ihn dazu bewogen, hierherzureiten."

(104) Da sagte der König des Landes: "Nun, er sei uns willkommen! Wie ich verläßlich gehört habe, ist er edel und tapfer. Daher hat er Anspruch darauf, im Lande der Burgunden geachtet zu werden." Nach diesen Worten schritt der Herr Gunther Siegfried entgegen.

(105) Der Landesherr und seine Recken bereiteten dem Ankömmling einen solchen Empfang, daß jede Regel höfischer Etikette erfüllt wurde. Siegfried, der stattliche Held, verbeugte sich zum Dank dafür, daß sie ihn so höflich begrüßt hatten.

Siegfried delivers to Gunther a challenge to fight him for his kingdom (strophe 110)—a totally unmotivated action—and very nearly precipitates a general fight. However, he is calmed by the tactful behavior of Gernot, Gunther's brother, and agrees to stay at the Burgundian court. He performs numerous feats of strength and soon becomes a general favorite. He wins further acclaim for helping Gunther defeat the Saxons.

5. Aventiure
Wie Siegried Kriemhild zum ersten Mal erblickte

Siegfried is known to be 'in love' with Kriemhilde, Gunther's sister, even though he has yet to see her. Finally they meet, but not until a feast is arranged at the court at Pentecost. But even after the meeting he progresses so slowly in his quest for Kriemhilde that he is on the verge of returning home. Giselher, Kriemhilde's younger brother, persuades him to stay.

(279) Zusammen mit Kriemhild sah man auch die vornehme Ute kommen, die sich wohl hundert oder mehr schöne Damen zu ihrer Begleitung ausgesucht hatte, alle in erlesenen Kleidern. Aber auch ihrer Tochter folgten viele schöne Jungfrauen.

(280) Von den Kemenaten[10] her sah man den Zug herannahen. Da drängten die Helden sogleich heftig nach vorn; denn sie hofften, wenn irgend möglich, sich am Anblick der edlen Jungfrau zu erfreuen.

(281) Wie das Morgenrot aus den trüben Wolken hervortritt, so schritt das liebliche Mädchen nun einher, und alsbald lösten sich in Siegfried, der ihr Bild heimlich im Herzen trug und nun schon lange getragen hatte, alle Liebesqualen. In allem Glanz sah er das liebliche Mädchen vor sich stehen.

(282) An ihrem Kleid erstrahlten viele Edelsteine, die rosige Farbe ihrer Haut schimmerte lieblich. Selbst ein Mann, der sich irgend etwas hätte wünschen dürfen, hätte nicht sagen können, daß er auf dieser Welt irgend etwas Schöneres erblickt hätte.

(283) So wie der helle Mond, der so rein aus den Wolken herausleuchtet, die Sterne überstrahlt, so stand sie nun vor den vielen anderen trefflichen Frauen. Den stattlichen Helden schlug bei ihrem Anblick das Herz höher.

---

[10]Kemenate: ladies' quarters at a castle, originally just a room equipped with a 'chimney' (Middle Latin «caminata»), that is, a fireplace.

284 Die rîchen kameræere   sach man vor ir gân.   284
    die hôchgemuoten degene   diene wolden des niht lân,
    sine drúngen dâ si sâhen   die minneclîchen meit.
    Sîvríde dem hérren   wart beide liep unde leit.

285 Er dâhte in sînem muote: "wie kunde daz ergân   285
    daz ich dich minnen solde?   daz ist ein tumber wân.
    sol aber ich dich vremeden,   sô wære ich sanfter tôt."
    er wart von den gedanken   vil dicke bleich unde rôt.

286 Dô stuont sô minneclîche   daz Sigmundes kint,   286
    sam er entworfen wære   an ein pérmínt
    von guotes meisters listen,   áls mán im jach,
    daz man helt deheinen   nie sô schœnén gesach.

287 Die mit den frouwen giengen,   die hiezen von den wegen   287
    wîchen allenthalben.   daz leiste manec degen.
    diu hôhe tragenden herzen   freuten manegen lîp.
    man sach in hôhen zühten   manec hêrlîchez wîp.

288 Dô sprach von Burgonden   der herre Gêrnôt: 288
    "der iu sînen dienest   sô güetlîchen bôt,
    Gúnther, vil lieber bruoder,   dem sult ir tuon alsam
    vor allen disen recken;   des râtes ich nímmer mich gescham.

289 Ir heizet Sîvrîden   zuo mîner swester kumen,   289
    daz in diu maget grüeze,   des haben wir immer frumen.
    diu nie gegruozte recken,   diu sol in grüezen pflegen,
    dâ mit wir haben gewunnen   dén zíerlîchen degen."

290 Dô giengen des wirtes mâge   dâ man den helt vant.   290
    si sprâchen zuo dem recken   ûzer Niderlant:
    "iu hât der künec erloubet,   ir sult ze hove gân,
    sîn swester sol iuch grüezen; daz ist zen êren iu getân."

291 Der herre in sînem muote   was des vil gemeit.   291
    dô truoc er ime herzen   líep âne leit,
    daz er sehen solde   der schœnen Uoten kint.
    mit minneclîchen tugenden   si gruozte Sîvriden sint.

292 Dô si den hôchgemuoten   vor ir stênde sach,   292
    do erzunde sich sîn varwe.   diu schœne maget sprach:
    "sît willekomen, her Sîvrit,   ein edel ritter guot!"

(284) Prächtige Kämmerer[11] schritten ihr voran, doch die freudig erregten Helden ließen nicht davon ab, dorthin zu drängen, wo sie die liebliche Jungfrau erblickten. Dem Herrn Siegfried wurde abwechselnd warm und kalt ums Herz.

(285) Er dachte bei sich: "Wie könnte ich nur Deine Liebe gewinnen? Ich glaube, das ist eine törichte Erwartung! Wenn ich Dich jedoch meiden sollte, dann wäre es besser, ich wäre tot!" Bei diesen Überlegungen wechselte immer wieder seine Gesichtsfarbe.

(286) Da stand Siegmunds Sohn so lieblich da, als wenn ein kunstreicher Meister ihn auf Pergament gemalt hätte, wie man denn auch allenthalben sagte, daß man nie zuvor einen schöneren Helden gesehen habe.

(287) Die Männer, die den Damen das Geleit gaben, hießen die Leute überall an den Wegen zurücktreten, und viele Helden kamen der Aufforderung nach; denn die vielen hochherzigen Frauen waren für sie eine Augenweide. Man sah viele strahlende Frauen in edlem Anstand einherschreiten.

(288) Da sagte der Herr Gernot von Burgund: "Gunther, lieber Bruder, dem Mann, der sich so bereitwillig für Euch eingesetzt hat, dem solltet Ihr Euch in Gegenwart aller hier versammelten Männer für seine Dienste erkenntlich erweisen. Ich glaube, ich brauche mich niemals zu schämen, einen solchen Vorschlag gemacht zu haben.

(289) Laßt Siegfried vor meine Schwester treten, damit die Jungfrau ihn begrüßen kann. Für immer werden wir davon den Nutzen haben. Sie hat bisher noch niemals einen Recken angesprochen, aber jetzt soll sie es tun. Durch eine solche Geste werden wir den schönen Helden an uns binden."

(290) Da gingen die Verwandten des Landesherrn hinüber zu Siegfried. Sie sagten zu dem Recken aus Niederland: "Der König hat es Euch gestattet, Ihr dürft vor ihm und den Damen des Hofes erscheinen, seine Schwester soll Euch ihren Gruß entbieten und Euch damit eine Ehre erweisen."

(291) Darüber war Herr Siegfried sehr froh, und es lachte ihm das Herz in ungetrübter Freude bei dem Gedanken, daß er die schöne Tochter Utes sehn dürfe. Bald darauf grüßte sie ihn mit gewinnender Freundlichkeit.

(292) Als sie den hochherzigen Mann vor sich stehen sah, da übergoß blühende Röte sein Antlitz. Die schöne Jungfrau sagte: "Seid willkommen, Herr Siegfried, edler, trefflicher Ritter!"

---

[11]Kämmerer: chamberlain

dô wart im von dem gruoze   vil wol gehœhét der muot.

293 Er neic ir flîzeclîche;   bi der hénde si in vie.   293
wie rehte minneclîche   er bî der frouwen gie!
mit lieben ougen blicken   ein ander sâhen an
der herre und ouch diu frouwe: daz wart vil tougenlîch getân.

[...]

298 Der künec von Tenemarke   der sprach sâ zestunt: 298
"dises vil hôhen gruozes   lît maneger ungesunt
(des ich vil wol empfinde)   von Sîvrides hant.
got enlâze in nimmer mêre   komen in mîniu küneges lant."

299 Man hiez dô allenthalben   wîchen von den wegen   299
der schœnen Kriemhilde.   manegen küenen degen
sach man gezogenlîche   ze kirchen mit ir gân.
sît wart von ir gescheiden   der vil wætliche man.

300 Dô gie si zuo dem münster,   ir volgete manec wîp.   300
dô was ouch sô gezieret   der küneginne lîp
daz dâ hôher wünsche   vil maneger wart verlorn.
si was dâ ze ougenweide   vil manegem réckén erkorn.

301 Vil kûme erbeite Sîvrit   daz man dâ gesanc.   301
er mohte sînen sælden   des immer sagen danc,
daz im diu was sô wæge, die er in herzen truoc.
ouch was er der schœnen   holt von schúldén genuoc.

302 Dô si kom ûz dem münster   sam er het é getân,   302
man bat den degen küenen   wider zuo zir gân.
alrêst begunde im danken   diu minneclîche meit,
daz er vor ir mâgen   sô rehte hêrlîchen streit.

303 "Nu lône iu got, her Sîvrit", sprach daz vil schœne kint,   303
"daz ir daz habt verdienet,   daz iu die recken sint
sô holt mit rehten triuwen   als ich si hœre jehen."
do begúnde er minneclîche   an froun Kriemhilden sehen.

304 "Ich sul in immer dienen",   alsô sprach der degen,   304
"und enwil mîn houbet   nimmer ê gelegen,
ich enwérbe nâch ir willen,   sol ich mîn leben hân.
daz ist nâch iuwern hulden,   mîn frou Kriemhilt, getân."

Da ließ der Gruß sein Herz noch höher schlagen.

(293) Mit Hingabe verneigte er sich vor ihr, sie aber ergriff seine Hand und, ach, wie lieblich er doch an der Seite Kriemhilds einherging! Mit freundlichen Blicken sahen der Ritter und die Dame einander an, doch immer nur heimlich und verstohlen

[...]

(298) Der König von Dänemark sagte daraufhin: "Um dieser hohen Auszeichnung willen mußten viele Helden von Siegfrieds Hand sterben, und auch ich habe das zu spüren bekommen. Gott möge verhüten, daß er jemals wieder in mein Königreich kommt."

(299) Man gab Befehl, daß man überall auf den Wegen der schönen Kriemhild Platz machen sollte, und dann sah man, daß viele tapfere Helden sie ehrerbietig zur Kirche geleiteten. Dort mußte sich der schöne Mann allerdings von ihr trennen.

(300) Als sie nun zum Münster[12] schritt, folgten ihr viele Frauen. Die Königin bot einen so schönen Anblick, daß sie manchen hochfliegenden, aber unerfüllbaren Wunsch erregte. Viele Recken erfreuten sich an ihrem Anblick.

(301) Kaum konnte Siegfried erwarten, daß man den Meßgesang beendete. Seinem günstigen Geschick war er auf immer dankbar, daß ihm die Jungfrau, deren Bild er in seinem Herzen trug, so gewogen war. Aber auch er hatte allen Grund, der schönen Kriemhild seine Zuneigung zu schenken.

(302) Als sie nun aus dem Münster heraustrat, wie Siegfried schon vor ihr getan hatte, da forderte man den tapferen Helden auf, wieder an ihre Seite zu treten, und erst jetzt kam die liebliche Jungfrau dazu, ihm auch in Worten dafür zu danken, daß er an der Spitze ihrer Verwandten so glänzend gekämpft habe.

(303) "Herr Siegfried", sagte das schöne Mädchen, "möge Gott Euch dafür belohnen, daß Ihr Euch durch Eure großen Verdienste unseren Recken so geneigt gemacht und so verbunden habt, wie ich es von ihnen höre." Da blickte er die schöne Kriemhild liebevoll an.

(304) "Immer werde ich zu ihren Diensten stehen", so sagte der Held, "und will mich, solange ich lebe, niemals zur Ruhe legen, bevor ich nicht alle ihre Wünsche erfüllt habe; doch dies alles, Frau Kriemhild, tue ich nur, um Eure Huld zu erlangen."

---

[12]Münster: minster, that is, the church of a monastery, or any of various large churches

6. Aventiure
Wie Gunther gên Islande nâch Prünhilde fuor

326 Ez was ein küneginne   gesezzen über sê,   326
    ir gelîche enheine   man wesse ninder mê.
    diu was unmâzen schœne,   vil michel was ir kraft.
    si schôz mit snellen degenen   umbe minné den schaft.

327 Den stein warf si verre,   dar nâch si wîten spranc.   327
    swer ir minne gerte,   der muose âne wanc
    driu spil an gewinnen   der frouwen wol geborn.
    gebrast im an dem einen,   er hete daz houbet sîn verlorn.

    [...]

329 Dô sprach der vogt von Rîne: "ich wil níder an den sê   329
    hin ze Prünhilde,   swie ez mir ergê.
    ich wil durch ir minne   wâgen mînen lîp;
    den wil ich verliesen,   sine wérdé mîn wîp."

330 "Daz wil ich widerrâten",   sprach dô Sîvrit.   330
    "jâ hât diu küneginne   sô vreislîche sit,
    swer umbe ir minne wirbet,   daz ez im hôhe stât.
    des muget ir der reise   haben wærlîchen rât."

331 "So wil ich iu daz râten",   sprach dô Hagene,   331
    "ir bittet Sîvrîde   mit iu ze tragene
    die vil starken swære: daz ist nu mîn rât,
    sît im daz ist sô kündec   wie ez um Prünhilde stât."

332 Er sprach: "wil du mir helfen,   edel Sîvrit,   332
    wérben die mínneclîchen? tuostu des ich dich bit,
    unt wirt mir ze eime trûte   daz minneclîche wîp,
    ich wil durch dînen willen   wâgen êre unde lîp."

333 Des antwurte Sîvrit,   Sigmundes sun: 333
    "gîstu mir dîne swester,   sô wil ich ez tuon,
    die schœnen Kriemhilde,   ein küneginne hêr.
    sô gér ich dehéines lônes   nâch mînen arbeiten mêr."

6. Aventiure
Wie Gunther nach Island fuhr und um Brünhild warb

Gunther hears of the beauty of a 'queen across the sea.' He reveals a romantic interest in her, but Siegfried tells him that she treats her suitors cruelly and advises him not to go there. Hagen suggests that Siegfried help Gunther win the queen, since he already knows so much about her.

(326) Jenseits des Meeres hatte eine Königin ihre Burg, der—jedenfalls soweit man wußte—überhaupt keine andere gleichkam: sie war unermeßlich schön, aber außerdem besaß sie noch ungeheure Stärke. Wenn ein tapferer Held ihre Liebe gewinnen wollte, dann maß sie sich mit ihm im Speerwurf.

(327) Sie konnte den Stein weit schleudern und sprang ihm dann in ungeheurem Sprunge nach. Wer immer um ihre Liebe warb, der mußte in drei Wettkämpfen über die edle Frau siegen. Versagte er auch nur in einem , dann hatte er sein Leben verwirkt

[...]

(329) Da sagte der König vom Rhein: "Was auch immer mir geschehen mag, ich will den Fluß hinab bis ans Meer zu Brünhild segeln und aus Liebe zu ihr mein Leben aufs Spiel setzen. Wenn sie nicht meine Frau wird, will ich es verlieren."

(330) "Davon möchte ich abraten", sagte Siegfried. "Die Königin stellt so schreckliche Bedingungen, daß es den, der um ihre Liebe wirbt, teuer zu stehen kommt. Deshalb solltet Ihr Euch die Reise ein für alle mal aus dem Kopf schlagen."[13]

(331) "In diesem Falle", sagte Hagen, "rate ich Euch, Siegfried zu bitten, mit Euch zusammen die beschwerlichen Gefahren zu bestehen. Ja, das rate ich Euch in allem Ernst, da er so genau über Brünhild Bescheid weiß."

(332) Gunther sagte: "Willst Du mir helfen, edler Siegfried, die liebliche Jungfrau zu gewinnen? Wenn Du meine Bitte erfüllst und die liebliche Frau meine Liebste wird, dann werde ich auch für Dich Ansehen und Leben einsetzen, wenn Du es verlangst."

(333) Da antwortete Siegfried, der Sohn Siegmunds: "Gibst Du mir Deine Schwester, die schöne Kriemhild, die edle Königin, zur Frau, dann willige ich ein und will außerdem keinen Lohn für meine schwierige Aufgabe."

---

[13]Siegfried appears to be surprisingly familiar with Brünhild and the place where she lives. More evidence for this will be found in strophes 378, 382, 393, 406, 411, 416, and 419-423.

334 "Daz lobe ich", sprach Gunther,   "Sîvrit, an dîne hant: 334
    und kumt diu schœne Prünhilt   her in ditze lant,
    sô wil ich dir ze wîbe   mîne swester geben;
    sô mahtu mit der schœnen   immer vrœlîche leben.

335 Des swuoren si dô eide,   die réckén vil hêr.   335
    des wart ir arebeiten   verre deste mêr,
    ê daz si die frouwen   brâhten an den Rîn.
    des muosen die vil küenen   sît in grôzen sorgen sîn.

336 Sîvrit der muose füeren   die kappen mit im dan,   336
    die er helt küene   mit sórgén gewan
    ab éimé getwerge,   das hiez Albrîch.
    sich beréiten zuo der verte   die recken küene unde rîch.

337 Alsô der starke Sîvrit   die tarnkappen truoc,   337
    sô het er dar inne   kréfté genuoc,
    zwélf mánne sterke   zuo sîn selbes lîp.
    er warp mit grôzen listen   daz vil hêrlîche wîp.

338 Ouch was diu selbe tarnhût   álsô getân   338
    daz dar inne worhte   ein ieslîcher man
    swaz er selbe wolde,   daz in doch niemen sach.
    sus gewán er Prünhilde,   dâ von im léidé geschach.

       [...]

7. Aventiure
Wie Gunther Prünhilde gewan

410 "Ir sult mich lâzen hœren",   sprach diu künegîn,   410
    "wer die unkunden   recken mugen sîn,
    die in mîner bürge   sô hêrlîche stân,
    únt durch wés líebe   die helde her gevárn hân."

411 Dô sprach ein ir gesinde: "frouwe, ich mac wol jehen   411
    daz ich ir deheinen   nie mêr habe gesehen,
    wan gelîche Sîfrîde   éiner darúnder stât.
    den sult ir wol empfâhen,   daz ist mit tríuwén mîn rât.

(334) "Siegfried", sagte Gunther, "das verspreche ich Dir in Deine Hand: wenn die schöne Brünhild hierher in dieses Land kommt, so werde ich Dir meine Schwester zur Frau geben. Dann kannst Du mit der Schönen für alle Zeit in großer Freude leben."

(335) Die edlen Recken beschworen das durch Eide; doch schon in der Zeit, bevor sie Brünhild an den Rhein bringen konnten, wurden ihre Schwierigkeiten dadurch nur größer. Später sahen sich die Tapferen sogar den allergrößten Fährnissen ausgesetzt.

(336) Siegfried mußte den Tarnmantel mitnehmen, den der tapfere Held unter großen Gefahren einem Zwerg mit Namen Alberich abgenommen hatte. Die tapferen, mächtigen Recken bereiteten sich auf die Reise vor.

(337) Sobald der starke Siegfried den Tarnmantel anzog, besaß er gewaltige Kraft: die Stärke von zwölf Männern kam zu seiner eigenen noch hinzu. Durch zauberische List wußte er später die schöne Frau zu erlangen.

(338) Der Tarnmantel war überdies so beschaffen, daß jeder in ihm ausführen konnte, was er wollte, ohne gesehen zu werden. Auf diese Weise gewann er Brünhild, aber es sollte ihm teuer zu stehen kommen.

[...]

7. Aventiure
Wie Gunther Brünhild zur Gemahlin gewann

Elaborate preparations are made for the journey, especially in the provision of rich clothing,[14] and the heroes enjoy a fabulous sea voyage. The geographical information about this voyage to "Islant" and castle Isenstein—neither of which ought to be mistaken for modern-day Iceland—is very vague, in marked contrast to the later precise description of the journey to Etzel's court. Their arrival is duly noted by the ladies, who greet them in proper form. Brünhild is told that one of the newcomers looks like Siegfried, and that another is obviously a great king.

(410) "Erzählt mir doch", so sagte die Königin, "wer wohl die fremden Recken sein könnten, die jetzt so stattlich im Burghof stehen, und erzählt mir weiter, wem zuliebe sie hergekommen sind."

(411) Da sagte einer aus ihrem Gefolge: "Herrin, ich muß allerdings vorausschicken, daß ich keinen von ihnen bisher gesehen habe; aber einer ist darunter, der sieht so aus wie Siegfried. Als Euer treuer Gefolgsmann rate ich Euch, ihn ehrenvoll zu empfangen.

---

[14]Contrary to the views held by earlier scholarship, strophes 354ff., like all the other «Kleiderstrophen» provide the student of medieval culture and civilization with insights into proper courtly deportment. As an example, the visitors will require 8 different changes of clothes for the four days they plan to stay at Brünhild's court (strophe 360).

412 Der ander der gesellen   der ist sô lobelîch.   412
        ob er gewalt des hête,   wol wære er künec rîch
        ob wîten fürsten landen,   und mohte er diu gehân.
        man siht in bî den andern   sô rehte hêrlîche stân.

413 Der dritte der gesellen   der ist sô gremelîch,   413
        (unt doch mit schœnem lîbe,   küneginne rîch)
        von swinden sînen blicken,   der er sô vil getuot.
        er ist in sînen sinnen,   ich wæne, grímmé gemuot.

414 Der jungeste darunder   der ist sô lobelîch.   414
        mágtlîcher zühte   sihe ích den degen rîch
        mit gúotém gelæze   sô minneclîche stân
        wir möhtenz alle fürhten,   hete im hie iemen iht getân.

415 Swie blîde er pflege der zühte,   und swie schœne sî sîn lîp,   415
        er möhte wol erweinen   vil wætlîchiu wîp,
        swenne er begunde zürnen.   sîn lîp ist sô gestalt,
        er ist in allen tugenden   ein degen küene unde balt."

416 Dô sprach diu küneginne: "nu brinc mir mîn gewant!   416
        unt ist der starke Sîfrit   komen in diz lant
        durch willen mîner minne,   ez gât im an den lîp.
        ich fürhte in niht sô sêre   daz ich wérdé sîn wîp."

417 Prünhilt diu schœne   wart schiere wol gekleit.   417
        dô gie mit ir dannen   vil manec schœniu meit,
        wol hundert oder mêre,   gezieret was ir lîp.
        ez wolden sehen die geste   diu vil wætlîchen wîp.

418 Dâ mit giengen degene   dâ ûz Islant,   418
        die Prünhilde recken.   die truogen swert enhant,
        fünf hundert oder mêre,   daz was den gesten leit.
        dô stuonden von dem sedele   die helde küene unt gemeit.

419 Dô diu küneginne   Sîfriden sach,   419
        nu muget ir gerne hœren   wie diu maget sprach:
        "sît willekomen, Sîfrit,   her in ditze lant.
        waz meinet iuwer reise?   gerne het ich daz bekant."

420 "Vil michel iuwer genâde,   mîn frou Prünhilt,   420
        daz ir mich ruochet grüezen,   fürsten tohter milt,
        vor disem edelen recken,   der hie vor mir stât,

(412) Der zweite der Gefährten ist auch rühmlich und dürfte, wenn er die Herrschaft über weite fürstliche Länder besäße, ein mächtiger Herrscher sein. So hoheitsvoll sieht man ihn unter den anderen stehen.

(413) Der dritte der Gefährten, mächtige Königin, ist zwar gleichfalls ein schöner Mann, doch die grimmigen Blicke, die er überall umherwirft, jagen einem Schrecken ein. Ich glaube, er ist von finsterer Gemütsart.

(414) Der jüngste von ihnen, der ist auch zu rühmen: jugendfrisch sehe ich den kräftigen Helden dort stehen, wohlerzogen und von liebenswürdiger Haltung. Wenn ihn jedoch irgend jemand von uns herausfordern würde, dann hätten wir allen Grund, uns zu fürchten.

(415) Wie sanftmütig er auch im Umgang und wie schön er auch von Gestalt sein mag, wenn er zu zürnen anfinge, dann könnte er schöne Frauen wohl zum Weinen bringen. Seiner ganzen Erscheinung nach ist er ein mutiger, tapferer Held und in allen ritterlichen Tugenden bewährt."

(416) Da sagte die Königin: "Nun bringt mir mein Gewand herbei! Wenn der starke Siegfried in mein Land gekommen ist und um meine Liebe wirbt, dann geht es ihm schlecht. Denn ich fürchte ihn nicht so sehr, als daß ich ohne weiteres seine Frau würde."[15]

(417) Man hüllte die schöne Brünhild sogleich in prachtvolle Kleider. Dann schritten viele schöne Mädchen, wohl hundert oder mehr, alle auf das prächtigste geschmückt, mit ihr von dannen. Die edlen Frauen waren begierig, die Fremden zu sehen.

(418) Fünfhundert oder mehr Recken Brünhilds, Helden aus Island, begleiteten den Zug. Sie trugen ihre Schwerter in den Händen. Das war für die Gäste eine offene Kränkung. Da erhoben sich die tapferen, stolzen Helden von ihren Sitzen.

(419) Nun hört, was die Königin sagte, als sie Siegfried erblickte: "Herr Siegfried, seid mir hier in meinem Land willkommen! Es wäre mir lieb zu wissen, was Ihr mit dieser Reise vorhabt!"

(420) "Frau Brünhild, edle Fürstentochter, Ihr seid viel zu gütig, mich vor diesem edlen Recken, der hier vor mir steht, zu begrüßen.

---

[15]Brünhild's assumption that it is Siegfried who is coming to win her love seems to argue that she already knows something about him or that the author is recalling the tradition found in the Old Norse version where Siegfried had rescued Brünhild from the ring of fire and later broken his engagement to her and married Guthrun (Kriemhild in the German version). To surmount the ring of fire was, of course, a test as proof of manhood; the three contests Siegfried describes are intended to serve the same purpose.

wande er ist mîn herre: der êren het ich gerne rât.
421 Er ist geborn von Rîne,   waz sól ich dir ságen mêr?   421
durch die dîne liebe   sîn wir gevarn her.
der wil dich gerne minnen,   swaz im dâ von geschiht.
nu bedénke dichs bezîte: mîn herre erlâzet dichs niht.

422 Er ist geheizen Gunther   unt ist ein künec hêr.   422
erwurbe er dîne minne,   sone gérte er nihtes mêr.
ja gebôt mir her ze varne   der recke   wol getân:
möhte ich es im geweigert han,   ich het ez gérné verlân.”

423 Si sprach: “ist er dîn herre   unt bistú sîn man,   423
diu spil, diu ich im teile,   unt getár er diu bestân,
behabt er des die meisterschaft,   sô wirde ich sîn wîp,
unt ist daz ich gewinne,   ez gêt iu allen an den lîp.”

424 Dô sprach von Tronege Hagene: “frouwe, lât uns sehen   424
iuwer spil diu starken.   ê daz iu müeste jehen
Gúnthér mîn herre,   dâ müesez herte sîn.
er trûwet wol erwerben   ein alsô schœne magedîn.”

425 “Den stein sol er werfen   unt spríngén dar nâch,   425
den gêr mit mir schiezen.   lât iu niht sîn ze gâch.
ir muget wol hie verliesen   die êre und ouch den lîp.
des bedénket iuch vil ebene”,   sprach daz minneclîche wîp.

       [...]

453 “Waz hât mich gerüeret?”   dâhte der küene man.   453
dô sach er allenthalben;   er vant dâ niemen stân.
er sprach: “ich binz Sîfrit,   der liebe friunt dîn.
vor der küneginne   soltu gar âne angest sîn.

Denn er ist mein Herr, und daher ist es mein Wunsch, nicht auf diese Weise geehrt zu werden.

(421) Was soll ich Dir viel sagen? Er stammt aus einem rheinischen Königsgeschlecht, und wir sind hierhergekommen, Deine Hand zu erringen. Denn er verlangt Dich zur Frau, welche Folgen dieser Wunsch auch immer für ihn haben mag. Nun überlege es Dir, solange noch Zeit ist; denn mein Herr läßt nicht davon ab.

(422) Sein Name ist Gunther, und er ist ein edler König. Wenn er Dich zur Frau gewönne, dann wären alle seine Wünsche erfüllt. Mir hat der edle Recke den Befehl erteilt, hierherzufahren. Wenn es in meiner Macht gestanden hätte, dann wäre ich mit Vergnügen von diesem Auftrag zurückgetreten.

(423) Brünhild sagte: "Wenn er Dein Lehnsherr ist und Du nur sein Lehnsmann, dann werde ich, falls er die vorgeschriebenen Kampfspiele zu bestehen wagt und darin Sieger bleibt, seine Frau.[16] Wenn aber ich gewinne, dann geht es Euch allen an das Leben."

(424) Da sagte Hagen von Tronje: "Herrin, laßt uns doch die Bedingungen für Eure heiklen Kampfspiele kennenlernen. Bevor Gunther, mein Herr, jemandem anderen den Sieg zuerkennt, müßte es schlimm zugehen. Er traut es sich schon zu, eine so schöne Jungfrau für sich zu gewinnen."

(425) Da sagte die liebliche Frau: "Er muß den Stein werfen, ihn dann im Sprung erreichen und außerdem den Speer mit mir um die Wette werfen. Übereilt Euch also nicht; denn Ihr könntet hier Euer ganzes Ansehen und Euer Leben verlieren. Bedenkt es daher sehr gründlich!"

Gunther explains the reason for his coming, and Brünhild is eager to begin the contest. She arms herself, and so do her attendants. Gunther's followers, who have had to relinguish their weapons upon entering the queen's territory, are fearful of the outcome; Gunther is even more afraid. Siegfried fetches his cloak of invisibility and stands beside Gunther to help him win.

(453) "Was hat mich berührt?" so fragte sich der tapfere Held und sah sich nach allen Seiten um, ohne jemanden zu erblicken. Doch Siegfried sagte: "Ich bin es, Siegfried, Dein lieber Freund. Du brauchst vor der Königin keine Angst zu haben.

---

[16]When Brünhild hears that Siegfried is merely Gunther's liegeman she changes from the polite plural to the familiar singular form of address. As strophes 416 and 419 indicate, Brünhild had originally had no intention of fighting anybody but Siegfried. Note that Siegfried has also used the familiar form of address, a pretense on Siegfried's part which was to have dire consequences.

454 Den schilt gip mir von hende   unt lâ mich den tragen,   454
    unde merke rehte   waz du mich hœrest sagen!
    nu hab du die gebære,   diu werc wil ich begân.”
    do er in rehte erkande,   ez was im líebé getân.

455 “Nu hil du mîne liste,   dine sóltu niemen sagen,   455
    sô mac diu küneginne   lützel iht bejagen
    an dir deheines ruomes,   des si doch willen hât.
    nu sihtu wie diu frouwe   vor dir unsórclîchen stât.”

456 Dô schôz vil krefteclîche   diu hêrliche meit   456
    ûf einen schilt niuwen,   michel unde breit,
    den truoc an sîner hende   daz Sigelinde kint.
    daz fiuwer spranc von stahele   alsam ez wæté der wint.

457 Des starken gêre snîde   al durch den schilt brach,   457
    daz man daz fiuwer lougen   ûz den ringen sach.
    des schuzzes beide strûchten   die kréftégen man.
    wan diu tarnkappe,   si wæren tôt dâ bestán.

458 Sîfrîde dem vil küenen   von munde brast daz bluot.   458
    vil balde spranc er widere.   dô nam der helt guot
    den gêr, den si geschozzen   im hete durch den rant;
    den frumte ir dô hin widere   des starken Sîfrides hant.

459 Er dâhte: “ich wil niht schiezen   daz schœne magedîn.”   459
    er kêrte des gêres snîde   hinder den rucke sîn.
    mit der gêrstangen   er schôz ûf ir gewant
    daz ez erklanc vil lûte   von sîner ellenthaften hant.

460 Daz fiuwer stoup ûz ringen   alsam ez tribe der wint.   460
    den schuz schôz mit ellen   daz Sigemundes kint.
    sine mohte mit ir kreften   des schuzzes niht gestân.
    ez enhéte der künec Gunther   entriuwen nimmér getân.

461 Prünhilt diu schœne   wie balde si ûf spránc!   461
    “Gunther, ritter edele,   des schuzzes habe danc!”
    si wânde daz erz hête   mit sîner kraft getân:
    ir was dar nâch geslichen   ein verre kréftéger man.

462 Dô gie si hin vil balde;   zornec was ir muot.   462
    den stein huop vil hôhe   diu edel maget guot.
    si swanc in krefteclîche   vil verre von der hant.

(454) Gib den Schild aus Deinen Händen und laß mich ihn tragen. Und achte genau auf das, was ich Dir jetzt sage: Mach Du die Bewegungen, ich werde die Taten verrichten." Als Gunther Siegfried an der Stimme erkannte, da freute er sich sehr.

(455) "Nun halte meine Zauberkünste geheim, niemandem darfst Du davon erzählen. Dann kann die Königin nicht den Ruhm erlangen, den sie sich von einem Sieg über Dich erhofft. Sieh nur, wie sie ohne jede Angst vor Dir steht!"

(456) Da schleuderte die schöne Jungfrau ihren Speer mit aller Kraft gegen den neuen, großen und breiten Schild, den der Sohn Sieglindes in seinen Händen trug. Funken sprühte der Stahl, als ob der Wind sie emporwirbelte.

(457) Die Schneide des mächtigen Speeres drang durch den Schild hindurch, so daß selbst aus den Panzerringen noch das Feuer loderte. Beide Kämpfer, so kraftvoll sie auch waren, strauchelten von der Wucht des Schusses. Ja, wäre nicht der Tarnmantel gewesen, dann hätten sie da ihr Leben lassen müssen.

(458) Dem tapferen Siegfried schoß das Blut aus dem Mund. Doch sogleich sprang der kraftvolle Mann vor, nahm den Speer, den sie durch seinen Schild hindurch geschossen hatte. Der starke Siegfried warf ihn auf sie zurück.

(459) Er dachte: "Ich will die schöne Jungfrau durch den Schuß nicht verletzen." So drehte er den Speer mit seiner Schneide nach hinten[17] und traf mit dem Schaft so heftig auf ihre Rüstung, daß sie von dem Schuß, den er mit mächtiger Hand abgegeben hatte, laut erdröhnte.

(460) Funken sprühten aus den Panzerringen, als ob der Wind sie emporwirbelte; der Sohn Siegmunds warf den Speer mit solcher Macht, daß Brünhild trotz all ihrer Kraft der Wucht des Anpralls nicht standhalten konnte. In der Tat, der König Gunther hätte einen solchen Wurf niemals vollführen können.

(461) Die schöne Brünhild sprang schnell wieder auf: "Gunther, edler Ritter, für diesen Schuß danke ich dir!"[18]   Sie glaubte nämlich, er selbst hätte so kraftvoll geworfen; doch es war ein weit kräftigerer Held, der sie heimlich zu Fall gebracht hatte.

(462) Zornentbrannt eilte die edle, mutige Jungfrau zum Stein, hob ihn empor, schleuderte ihn mit kraftvoller Hand weithin über das Feld

---

[17]This strophe is missing in manuscript A. It certainly introduces an element of unexpected fairness.

[18]Brünhild is ambivalent: she does not want to be defeated except by the strongest of men.

dô spranc si nâch dem wurfe;   ja erklanc ir allez ir gewant.
463 Der stein der was gevallen   wol zwelf klâfter dan.   463
   den wurf brach mit sprunge   diu maget wol getân.
   dar gie der herre Sîfrit   dâ der stein gelac;
   Gunther in dô wegete,   der helt in wérfénne pflac.

464 Sîfrit was küene,   vil kreftec unde lanc.   464
   den stein den warf er verrer,   dar zuo er wîter spranc.
   von sînen schœnen listen   er hete kraft genuoc
   daz er mit dem sprunge   den künec Gunther doch truoc.

465 Der sprunc der was ergangen,   der stein der was gelegen.   465
   dô sach man ander niemen   wan Gunther den degen.
   Prünhilt diu schœne   wart in zorne rôt.
   Sîfrit hete geverret   des künec Guntheres tôt.

466 Zuo zir ingesinde   ein teil si lûte sprach,   466
   dô si ze ent des ringes   den helt gesunden sach:
   "vil balde kumt her nâher,   ir mâge unt mîne man!
   ir sult dem künec Gunther   alle wesen undertân.

10. Aventiure
Wie Prünhilt ze Wormez empfangen wart

618 Der künec was gesezzen   unt Prünhilt diu meit.   618
   dô sach si Kriemhilde   (dô wart ir nie sô leit)
   bî Sîfride sitzen: weinen si began.
   ir vielen heize trähene   über liehtiu wange dan.

619 Dô sprach der wirt des landes: "waz ist iu, frouwe mîn,   619
   daz ir sô lâzet truoben   liehter ougen schîn?
   ir muget iuch freun balde: iu ist undertân
   mîn lant unt mîne bürge   unt manec wætlîcher man."

620 "Ich mac wol balde weinen",   sprach diu schœne meit.   620
   "úmb dîne swester   ist mir von herzen leit.
   die sihe ich sitzen nâhen   dem eigenholden dîn.
   daz muoz ich immer weinen,   sol si alsô verderbet sîn."

[...]

und sprang dann noch hinter dem Wurf her, so daß ihre Rüstung laut erklirrte.

(463) Der Stein war zwölf Klafter weit entfernt zur Erde gefallen, doch die schöne Jungfrau überholte den Wurf noch mit ihrem Sprung. Nun ging Siegfried an die Stelle, an der der Stein lag, Gunther bewegte den Stein, aber es war Siegfried, der Held, der ihn warf.

(464) Siegfried war tapfer, kräftig gebaut und hochgewachsen. Er warf den Stein nicht nur weiter, er übertraf auch noch Brünhilds Sprung. Infolge seiner magischen Künste hatte er überdies noch Kraft, im Sprung den König Gunther mit sich zu tragen.[19]

(465) Der Sprung war vollführt, der Stein lag nun am Boden. Da sah man niemand anders als Gunther, den Helden. Die schöne Brünhild wurde rot vor Zorn. Siegfried hatte den König Gunther vor dem sicheren Tod bewahrt.

(466) Als sie sah, daß der Held unversehrt am Ende des Ringes stand, da rief sie mit lauter Stimme ihrem Hofgesinde zu: "Ihr Verwandten und Gefolgsleute, kommt sogleich herbei! Ihr sollt jetzt alle König Gunther untertan sein."

Siegfried goes to the land where his treasure is stored and after a struggle with the dwarfs who guard it—a struggle he could have avoided had he disclosed his identity—he returns with a large entourage to accompany Brünhild to the land of the Burgundians. He rides on ahead to announce the arrival of Gunther and Brünhild and is well received by Kriemhild.

10. Aventiure
Wie Brünhild in Worms empfangen wurde

At a great feast in honor of the new queen, Kriemhild and Siegfried are betrothed. Brünhild's suspicion is aroused because a vassal, as Siegfried is suppposed to be, is to become Kriemhild's husband.

(618) Der König und die jungfräuliche Brünhild hatten nun an der Tafel Platz genommen. Da sah sie zu ihrem tiefen Schmerz Kriemhild an der Seite Siegfrieds sitzen. Sie begann zu weinen und heiße Tränen rannen ihr über die blühenden Wangen.

(619) Da sagte der Herr des Landes: "Liebe Frau, was fehlt Euch, daß sich der Glanz Eurer strahlenden Augen so sehr trübt? Ihr habt allen Grund, Euch sehr zu freuen: mein Land und meine Burgen und viele stattliche Männer sind Euch jetzt untertan."

(620) "Ich habe allen Grund, sehr heftig zu weinen", sagte die schöne Jungfrau. "Über Deine Schwester bin ich tief bekümmert; denn die sehe ich dicht neben einem Deiner unfreien Gefolgsleute sitzen. Wenn sie auf eine solche Weise entehrt wird, dann werde ich nicht aufhören, darüber zu klagen."

---

[19]These lines testify to Brünhild's ambivalence: she will not suffer defeat except at the hand of the strongest of men. Incidentally, the cloak of invisibility seems to provide enough of an edge for Siegfried, but, as will be seen in strophes 672ff., the cloak just barely gives him enough strength to subdue Brünhild.

670 Do er niht wolde erwinden,   diu maget ûf spranc: 670
    "ir ensúlt mir niht zerfüeren   mîn hémdé sô blanc.
    ir sît vil ungefüege: daz sol iu werden leit!
    des bringe ich iuch wol innen", sprach diu wætlîche meit.

671 Si beslôz mit armen   den tiuwerlîchen degen   671
    dô wolde si in gebunden   alsam den künec legen,
    daz si an dem bette   möhte haben gemach.
    daz er ír die wât zerfuorte,   diu frouwe ez grœzlîchen rach.

672 Waz half sîn grôziu sterke   unt ouch sîn michel kraft?   672
    si erzeigete dem degene   ir lîbes meisterschaft.
    si truoc in mit gewalte   (daz muose et alsô sîn)
    unt druhte in ungefuoge   zwischen die wánt und ein schrîn.

673 "Owê", gedâhte der recke,   "sol ich nu mînen lîp   673
    von einer magt verliesen,   sô mugen elliu wîp
    her nâch immer mêre   tragen gelpfen muot
    gégen ir manne,   diu ez sus nímmér getuot."

674 Der künec ez wol hôrte,   er angeste umb den man.   674
    Sîfrit sich schámte sêre,   zurnen er began.
    mit ungefüeger krefte   sázte ér sich wider;
    er versúochte ez angestlîche   an froun Prünhilde sider.

675 Den künec ez dûhte lange   ê er si betwanc.   675
    si druhte im sîne hende,   daz ûz den nageln spranc
    daz bluot im von ir krefte;   daz was dem helde leit.
    sît brâhte er an ein lougen   die vil hêrlîchen meit

676 Ir ungefüeges willen   des si ê dâ jach.   676
    der künec ez allez hôrte,   swie er niht ensprach.
    er druhtes an daz bette,   daz si vil lûte erschrê;
    ir tâten sîne krefte   harte grœzlîchen wê.

677 Dô gréif sî zir sîten,   dâ si den porten vant,   677
    unt wolte in hân gebunden.   dô werte ez sô sîn hant,
    daz ir diu lit erkrachten   unt ouch al der lîp.
    des wart der strît gescheiden: dô wart si Guntheres wîp.

Brünhild wants to know the reason for the match between Kriemhild and Siegfried, and when Gunther attempts to consummate their marriage, she ties him up and swears that she will remain a virgin until she finds out. Gunther complains to Siegfried of Brünhild's treatment of him, and again calls on Siegfried for help. On the next night Siegfried, making use of his cloak of invisibility, comes into the bedchamber to break Brünhild's resistance. There follow now scenes which more than border on the burlesque.

(670) Als er von seinem Vorhaben nicht ablassen wollte, da sprang Brünhild auf: "Reißt doch nicht so an meinem weißen Hemd!" sagte das schöne Mädchen. "Wirklich, Ihr könnt Euch nicht benehmen! Das wird Euch noch teuer zu stehen kommen. Ich werde es Euch schon zeigen!"

(671) Sie spannte ihre Arme um den kühnen Siegfried und hatte vor, ihn wie den König Gunther zu binden, um endlich in ihrem Bett Ruhe zu haben. Schrecklich rächte sich die Herrin dafür, daß er an ihren Kleidern gezerrt hatte.

(672) Was half ihm seine große Stärke und seine ungeheure Kraft? Sie bewies ihm, wie überlegen sie war: mit Gewalt—und er konnte nichts dagegen tun—ergriff sie ihn und preßte ihn ungestüm zwischen die Wand und einen Schrank.

(673) "Ach", dachte der Recke, "wenn ich hier jetzt mein Leben von der Hand eines Mädchens verliere, dann werden nachher alle Frauen, die sonst gar nicht auf solche Gedanken kämen, auf immer ihren Übermut an ihren Männern auslassen."

(674) Der König hörte alles mit und machte sich Sorgen um den Freund. Die Schande machte Siegfried zornig. Unter Aufbietung aller Kräfte leistete er Widerstand, und mit dem Mute der Verzweiflung versuchte er, Frau Brünhild zu überwinden.

(675) Dem König schien es unendlich lange, bis Siegfried sie in seine Gewalt bekam. Mit so festem Griff preßte Brünhild ihm die Hände, daß ihm das Blut aus den Nägeln sprang und ein furchtbarer Schmerz ihn durchzuckte. Dennoch brachte er das herrliche Mädchen wenig später dazu,

(676) die unschicklichen Verwünschungen, die sie gegen Gunther ausgestoßen hatte, zu widerrufen. König Gunther hörte alles, wenn auch Siegfried nichts sagte. Der kräftige Mann drückte Brünhild mit solcher Stärke gegen ein Bett, daß sie laut aufschrie und ein furchtbarer Schmerz sie durchfuhr.

(677) Da griff sie nach ihrem Gürtel, den sie um ihre Hüften trug, und wollte ihn binden. Er aber wehrte sich so, daß ihre Glieder und ihr ganzer Körper krachten. Und damit war der Kampf entschieden. Brünhild wurde nun Gunthers Frau.

678 Si sprach: "künec edele,   du solt mich leben lân!   678
ez wirt vil wol versüenet,   swaz ich dir hân getân.
ich gewér mich nimmer mêre   der edelen minne dîn.
ich hân daz wol erfunden,   daz du kanst frouwen meister sîn."

679 Sîfrit stuont dannen,   lígen líe er die meit,   679
sam er von im ziehen   wolde sîniu kleit.
er zôch ir ab der hende   ein guldîn vingerlîn,
daz si des nie wart innen,   díu édele künegîn.

680 Dar zuo nam er ir gürtel,   daz was ein porte guot.   680
ine wéiz ob er daz tæte   durch sînen hôhen muot.
er gap ez sînem wîbe;   daz wart im sider leit.
dô lâgen bî ein ander   Gunther unt diu schœne meit.

681 Er pflac ir minneclîchen,   als im daz gezam,   681
dô muoste si verkiesen   ir zorn und ouch ir scham.
von sîner heimlîche   si wart ein lützel bleich.
hei waz ir von der minne   ir grôzen kréfté gesweich!

682 Done wás ouch si niht sterker   danne ein ander wîp.   682
er trûte minneclîche   den ir vil schœnen lîp.
ob siz versuochte mêre,   waz kunde daz vervân?
daz het ir allez Gunther   mit sînen mínnén getân.

[...]

(678) Sie sagte: "Edler König, laß mir mein Leben! Ich will es wiedergutmachen, was ich Dir angetan habe. Niemals wieder will ich mich Deinen Zärtlichkeiten widersetzen. Denn ich weiß nun, daß Du verstehst, eine Frau zu bezwingen."[20]

(679) Siegfried trat nun zur Seite, ließ Brünhild liegen und tat so, als ob er sich entkleiden wollte. Ohne daß die edle Königin es merkte, zog er von ihrer Hand einen goldenen Ring.

(680) Außerdem nahm er ihren Gürtel, eine ausgezeichnete Wirkarbeit. Ich kann allerdings nicht sagen, ob sein Hoher Mut ihn dazu veranlaßte.[21] Jedenfalls schenkte er beides seiner Frau. Das mußte er später büßen. Gunther und die schöne Brünhild aber lagen jetzt beieinander.

(681) Liebevoll, wie es ihm als Ehemann zukam, umarmte er sie. Da mußte sie ihren früheren Zorn und alle jungfräuliche Scheu aufgeben. Das Beilager hatte eine solche Wirkung auf sie, daß sie erblaßte und ihre früheren magischen Kräfte verlor.

(682) Nun war sie auch nicht mehr stärker als andere Frauen. Zärtlich hielt er ihren schönen Körper umfangen. Was hätte es auch genützt, wenn sie noch weiterhin Widerstand geleistet hätte? Durch seine Umarmungen hatte Gunther ihr ihre Kraft genommen.

Siegfried takes back with him to Xanten the girdle and ring he has taken from Brünhild and later gives them to his wife—a fatal error. Siegfried becomes the ruler of his father's kingdom. Nevertheless, Brünhild continues to brood over the thought that Kriemhild is married to a vassal, and she complains that Siegfried is not performing a liegeman's service to his lord. Later Gunther invites Siegfried and Kriemhild to a feast. At first things go well, but then the two queens quarrel over a question of precedence: who is to enter the church first. In her anger, Kriemhild foolishly produces the ring and girdle Siegfried had given her, claiming it as proof that it was Siegfried, not Gunther, who had taken Brünhild's virginity. Although Siegfried swears that this is not true and punishes Kriemhild for saying it, the damage is done.

---

[20]In the more primitive versions of the story Siegfried takes Brünhild's virginity. Here the author substitutes scenes that appear to mimic scenes from the «Spielmannsepen».

[21]There have been several attempts at interpreting "hôhen muot" in this passage. If it is to be understood in the general, courtly sense, it would simply indicate a behavior that has little to do with courtliness. We could also speculate that the author intended this to be another manifestation of Siegfried's "übermüete," that is, overweening pride. To name just a few, in addition to strophes 679f. where he defiantly ("durch sînen hôhen muot") takes Brünhild's splendidly embroidered ("ausgezeichnete Wirkarbeit") belt from Ninive as well as a golden ring and gives it later to Kriemhild; cf. strophe 55, where he arrogantly states his designs concerning Kriemhild and the Burgundians; strophe 487, where he purposely taunts the doorkeeper as well as Alberich. "Übermüete" constitutes a recurring theme in the poem; it is not restricted to Siegfried, but lies also behind many of Hagen's actions (strophe 1001 «et passim»).

16. Aventiure
Wie Sîfrit erslagen wart

980 Do engalt er sîner zühte. den bogen unt daz swert,   980
daz truoc allez Hagene   von im dannewert.
dô spranc er hin widere   da er den gêr dâ vant.
er sach nâch einem bilde   an des küenén gewant.

981 Dâ der herre Sîfrit   ob dem brunnen tranc,   981
er schôz in durch daz kriuze   daz von der wunden spranc
daz bluot im von dem herzen   vaste an die Hagenen wât.
so grôze missewende   ein helt nu nimmer mêr begât.

982 Den gêr im gein dem herzen   stecken er dô lie.   982
alsô grimmeclîchen   ze flühten Hagen nie
gelief noch in der werlde   vor deheinem man.
dô sich der herre Sîfrit   der starken wúndén versan,

983 Der herre tobelîchen   von dem brunnen spranc.   983
im ragete von den herten   ein gêrstange lanc.
der fürste wânde vinden   bogen oder swert:
sô müese wesen Hagene   nâch sînem díensté gewert.

984 Dô der sêre wunde   des swertes niht envant,   984
done hét et er niht mêre   wan des schildes rant.
er zuhte in von dem brunnen,   dô lief er Hagenen an.
done kunde im niht entrinnen   des künec Guntheres man.

985 Swie wunt er was zem tôde,   sô krefteclîch er sluoc,   985
dáz ûz dem schilde   dræté genuoc
des edelen gesteines;   der schilt vil gar zerbrast.
sich hete gerne errochen   der vil hêrlîche gast.

986 Dô was gestrûchet Hagene   vor sîner hant zetal.   986
von des slages krefte   der wert vil lûte erhal.

16. Aventiure
Wie Siegfried erschlagen wurde

Gernot und Hagen are only too glad to be provided with an excuse for avenging the supposed insult to Gunther's honor, and they convince Gunther that this can be done only by slaying Siegfried. Kriemhild naïvely reveals to Hagen the spot between the shoulder blades where Siegfried is vulnerable because a leaf had fallen there when he bathed in the dragon's blood. A hunt is then arranged and Hagen deliberately does not bring the wine. When thirst overcomes them, he challenges Siegfried to a footrace to a nearby spring, so that when they get there Siegfried will be forced to remove his armor in order to drink, laying bare his vulnerable spot. Siegfried easily reaches the spring first but courteously waits until Gunther has drunk before bending down to quench his own thirst.

(980) Das mußte er für seine edle Zurückhaltung büßen. Bogen und Schwert trug Hagen beiseite. Dann rannte er zur Linde, wo der Speer lehnte, und suchte nach dem Zeichen am Jagdgewand des Tapferen.

(981) Da der Herr Siegfried an der Quelle trank, traf Hagen ihn durch das Zeichen hindurch mit dem Speer, daß sein Herzblut im hohen Bogen aus der Wunde an Hagens Wams[22] spritz-te. Eine so schwere Untat kann heute kein Held mehr begehen.

(982) Hagen ließ ihm den Speer im Herzen stecken. Er selbst wendete sich in solch rasender Hast zur Flucht, wie er niemals vorher vor einem Menschen geflohen war.[23] Als nun der Herr Siegfried die schwere Wunde fühlte,

(983) da sprang er in sinnloser Wut vom Brunnen auf. Von seinen Schulterblättern ragte eine lange Speerstange auf. Der König[24] glaubte, Bogen und Schwert zu finden, und dann hätte Hagen den Lohn für seinen verräterischen Dienst empfangen.

(984) Als aber der Todwunde sein Schwert nicht fand, da hatte er nichts anderes als seinen Schild. Er riß ihn vom Rand des Brunnens hoch. Da rannte er auf Hagen los. Da konnte ihm König Gunthers Gefolgsmann nicht mehr entkommen.

(985) Wenn er auch tödlich verwundet war, er schlug doch noch mit solcher Wucht zu, daß viel edles Gestein aus dem Schild herausbrach und der Schild selbst völlig zerbarst. Der herrliche Held hatte nur noch den einen Wunsch, sich zu rächen.

(986) Da war Hagen unter dem Schlag Siegfrieds, von dessen Gewalt die ganze Halbinsel laut widerhallte, zu Boden gestürzt

---

[22]Wams: doublet, jacket

[23]Hagen's apparently cowardly conduct is motivated by the logical argument that he needs to avenge his king's honor, but knows he stands no chance against Siegfried in a fair fight. He has in fact been considerably humiliated by Siegfried's quite justified asssumption of superiority ever since he arrived at the court of the Burgundians.

[24]i.e. Siegfried

het er daz swert enhende,   sô wære ez Hagenen tôt.
sô sêre zurnte der wunde;   des gie im wærlîchen nôt.

987 Erblichen was sîn varwe: ern kunde niht gestên.   987
sînes lîbes sterke   diu muose gar zergên
wande er des tôdes zeichen   in liehter varwe truoc.
sît wart er beweinet   von schœnen fróuwén genuoc.

988 Dô viel in die bluomen   der Kriemhilde man.   988
daz bluot von sîner wunden   sach man vil vaste gân.
dô begunde er schelten   (des gie im grôziu nôt)
die ûf in gerâten   héten den úngetriuwen tôt.

989 Dô sprach der verchwunde: "jâ ir bœsen zagen,   989
waz helfent mîniu dienest,   daz ir mich habet erslagen?
ich was iu ie getriuwe: des ich engolten hân.
ir habt an iuwern mâgen   leider übele getân.

990 Die sint dâ von bescholten   swaz ir wirt geborn   990
her nâch disen zîten.   ir habet iuwern zorn
gerochen al ze sêre   an dem lîbe mîn.
mit laster ir gescheiden   sult von guoten recken sîn."

991 Die ritter alle liefen   da er erslagen lac.   991
ez was ir genuogen   ein freudelôser tac.
die iht triuwe hêten,   von den wart er gekleit.
daz het wol verdienet   der ritter küene únt gemeit.

992 Der künec von Burgonden   klagte sînen tôt.   992
dô sprach der verchwunde: "daz ist âne nôt,
daz der nâch schaden weinet,   der in hât getân.
der dient michel schelten: ez wære bézzér verlân."

993 Dô sprach der grimme Hagene: "jane wéiz ich waz er kleit.   993
ez hât nu allez ende   unser sórge unt unser leit.
wir vinden ir vil wênec,   die türren uns bestân.
wol mích daz ich sîner hêrschaft   hân ze râté getân."

994 "Ir muget iuch lîhte rüemen",   sprach dô Sîfrit.   994
"het ich an iu erkennet   den mortlîchen sit,
ich hete wol behalten   vor iu mînen lîp.
mich riuwet niht sô sêre   sô frou Kriemhilt mîn wîp.

Hätte er sein Schwert in den Händen gehabt, es wäre Hagens Tod gewesen: So schrecklich tobte der Verwundete, und er hatte allen Grund zu seinem rasenden Zorn.

(987) Die Farbe war aus seinem Gesicht entwichen, er konnte sich schon nicht mehr auf den Beinen halten. Die Kraft seiner Glieder schwand dahin, denn der Tod hatte seine strahlende Stirn bereits mit seinem Mal gezeichnet. Später wurde er von unzähligen schönen Frauen beklagt.

(988) Da sank der Gemahl Kriemhilds in die Blumen. Aus seiner Wunde rann unablässig das Blut. In seiner Todesnot hub er an, mit den Männern, die in ihrer Treulosigkeit den Mordplan gefaßt hatten, zu hadern.[25]

(989) Da sagte der todwunde Held: "Ach, Ihr gemeinen Feiglinge! Was haben mir nun meine Dienste genützt, daß Ihr mich jetzt doch ermordet habt? Ich war Euch immer treu ergeben, und dafür habe ich jetzt bezahlen müssen. An Euren eigenen Verwandten habt Ihr Euch schrecklich vergangen:

(990) Denn wer von nun an in diesem Geschlecht geboren wird, der ist mit einem schlimmen Makel behaftet. In Eurem blinden Zorn habt Ihr Euch dazu hinreißen lassen, an mir maßlose Rache zu üben. Mit Schande sollt Ihr aus der Reihe der trefflichen Recken ausgestoßen sein!"

(991) Die Ritter eilten nun alle dorthin, wo er in seinem Blute lag. Für sie alle war dies ein leidvoller Tag. Wer überhaupt noch ein Gefühl der Treue in sich spürte, von dem wurde Siegfried beklagt. Das hatte Siegfried, der tapfere, stolze Ritter, auch wirklich verdient.

(992) Sogar der König der Burgunden beweinte seinen Tod. Da sagte der Sterbende: "Es ist unnötig, daß der, der die Untat vollbracht hat, sie nachher auch noch beklagt. Der verdient, daß man ihn schilt: Die Tat wäre besser ungeschehen geblieben."

(993) Da sagte der grimmige Hagen: "Ich weiß überhaupt nicht, worüber Ihr weint. Mit all unseren Ängsten und mit all unserer Schmach, damit ist es jetzt vorbei. Es gibt jetzt nur noch wenige, die wider uns anzutreten wagen. Ich jedenfalls rechne es mir als Glück an, daß ich seiner Herrschaft ein Ende gesetzt habe."

(994) "Ihr habt keinen Grund, auch noch zu prahlen!" sagte da Siegfried. "Hätte ich Eure hinterhältige Mordlust früher erkannt, dann hätte ich mich vor Euch zu schützen gewußt. Jetzt quält mich nichts so sehr wie die Sorge um Kriemhild, meine Frau.

---

[25]hub er an zu hadern: he began to quarrel

995 Nu müeze got erbarmen   daz ich íe gewan den sun,   995
    dem man itewîzen   sol nâch den zîten tuon,
    daz sîne mâge iemen   mórtlîche hân erslagen.
    möhte ich", so sprach Sîfrit,   "das solde ich billîche klagen."

996 Dô sprach jæmerliche   der vérchwúnde man: 996
    "welt ir, künec edele,   triuwen iht begân
    in der werlt an iemen,   lât iu bevolhen sîn
    ûf iuwér genâde   die holden triutinne mîn.

997 Und lât si des geniezen,   daz si íuwer swester sî.   997
    durch aller fürsten tugende   wont ir mit triuwen bî.
    mir müezen warten lange   mîn vater und mîne man.
    ez enwárt nie frouwen leider   an liebem fríundé getân."

998 Die bluomen allenthalben   von bluote wurden naz.   998
    dô ranc er mit dem tôde.   unlange tet er daz,
    want des tôdes wâfen   ie ze sêre sneit.
    dô mohte reden niht mêre   der recke küene unt gemeit.

999 Dô die herren sâhen   daz der helt was tôt,   999
    si leiten in ûf einen schilt,   der was von golde rôt,
    und wurden des ze râte,   wie daz solde ergân
    daz man ez verhæle,   daz ez héte Hagene getân.

1000 Dô sprâchen ir genuoge: "úns ist übel geschehen.   1000
     ir sult ez heln alle   unt sult gelîche jehen,
     da er ríte jagen eine,   der Kriemhilde man,
     in slüegen schâchære,   dâ er füere durch den tan."

1001 Dô sprach von Tronege Hagene: "ich bringe in in daz lant.   1001
     mir ist vil unmære,   und wirt ez ir bekant,
     diu sô hât betrüebet   den Prünhilde muot.
     ez ahtet mich vil ringe,   swaz si wéinéns getuot."

         [...]

(995) Gott möge mir gnädig sein, daß er mir den Sohn schenkte, den man von nun an mit dem Makel belasten wird, daß seine Verwandten jemanden heimtückisch umgebracht haben. Hätte ich noch die Kraft", so sagte Siegfried, "dann hätte ich allen Grund, darüber zu klagen."

(996) Da sagte der todwunde Held mit schmerzbewegter Stimme: "Wenn Ihr, edler König, Euch in dieser Welt auch nur einem Menschen gegenüber treu erweisen wollt, dann nehmt Euch fürsorglich meiner lieben Frau an.

(997) Und laßt es ihr zugute kommen, daß sie Eure Schwester ist. Beim Edelmut aller Fürsten beschwöre ich Euch: steht ihr treu zur Seite. Nun werden mein Vater und meine Gefolgsleute lange auf mich warten müssen. Noch niemals haben liebe Verwandte einer Frau so übel mitgespielt."

(998) Vom Blut Siegfrieds färbten sich überall die Blumen rot. Da lag er in seinem Todeskampf. Doch es dauerte nicht lange. Denn die Sichel des Todes schnitt wie seit alters scharf zu. Da versagte dem tapferen, stolzen Helden die Stimme.

(999) Als die Herren nun sahen, daß der Held tot war, da legten sie ihn auf einen goldroten Schild und überlegten, wie man es verhehlen könnte, daß Hagen der Täter war.

(1000) Da sagten viele: "Es ist eine böse Sache! Ihr solltet es ganz und gar vertuschen und alle übereinstimmend aussagen, Räuber hätten Kriemhilds Mann erschlagen, da er durch den Wald ritt und allein auf der Pirsch war."

(1001) Da sagte Hagen von Tronje: "Ich bringe ihn nach Worms. Mir ist es gleich, ob die Frau, von der Brünhild so heftig gekränkt wurde, es erfährt. Wie sehr sie auch weint—es rührt mich nicht."

Thus Hagen makes no pretense at hiding his crime. Siegfried's body is dumped unceremoniously outside Kriemhild's door where it is found by a servant. Siegmund quickly comes to Worms when he hears of Siegfried's death. A fight almost breaks out, especially when the body starts to bleed when Hagen approaches, a sure sign by medieval standards that the murderer was near («Bahrprobe»). Further bloodshed is averted, and Kriemhild elects to stay with Gunther rather than go home to Xanten.

Siegfried's treasure («Nibelungenhort») is brought to Worms, and when Kriemhild, seeking to win a following, starts to make liberal presents to various warriors, Hagen persuades Gunther against the objections of Giselher (1130ff.) to take it from her. While the brothers are away, Hagen sinks the treasure in the Rhine near Lochheim.

Kriemhild mourns her husband for thirteen years, when a message arrives from Etzel, seeking her hand in marriage. The bearer of the message is Rüdiger, Margrave of Bechelaren, and it is largely out of respect for him that all the brothers agree to the marriage, against the determined opposition of Hagen, who senses its dangers. Kriemhild at first refuses to consider the offer and only after long persuasion by her brothers and Rüdiger she finally consents—after extorting a promise form Rüdiger that whatever wrong is done to her, he will avenge it.

27. Aventiure
Wie si ze Bechlâren kômen

1667 Diu junge marcgrâvinne   diu nam bî der hant   1667
     Gîselher den recken   von Burgonden lant.
     alsam tet ouch ir muoter   Gúnther den küenen man.
     si giengen mit den helden   vil harte vrœlîche dan.

1668 Der wirt gie bî Gêrnôte   in einen wîten sal.   1668
     ritter unde frouwen   gesâzen dâ zetal.
     dô hiez man balde schenken   den gesten guoten wîn.
     jane dórften nimmer helde   baz gehándélet sîn.

1669 Mit lieben ougen blicken   wart gesehen an   1669
     diu Rüedegêres tochter; diu was sô wol getân.
     jâ trûtes in den sinnen   vil manec ritter guot.
     daz kunde ouch si verdienen: si was vil hôhé gemuot.

1670 Si gedâhten swes si wolden: des enmóhte aber níht   geschehen. 1670
     hín und hér wíderé   wart dâ vil gesehen
     an mägede und an frouwen,   der saz dâ genuoc.
     der edele videlære   dem wirte holden willen truoc.

There follows a long description of the journey to Etzel's court, of the reception by Rüdiger's family, the arrival, and the marriage to Etzel. Kriemhild is given a great deal of power, but although she is married to the king and bears him a son, she still mourns for Siegfried and blames her brothers for forcing her to marry a heathen. After seven years she persuades Etzel to invite her brothers to his court. She makes sure that Hagen will be included in the party. He has strong misgivings about the purpose of the invitation, and when his advice to refuse it is disregarded, he collects a large band of heavily armed men to accompany the king and his brothers.

The Burgundians set out for Etzel's domain. When they reach the Danube, they find merwomen bathing. Hagen, who apparently knows of their power to foretell the future, steals their clothes to force them to make a prediction. While he has their clothes, they foretell a happy outcome for the journey but afterwards tell him that only the chaplain with the party will return alive. The ferryman who possesses the only means of crossing the river is a liegeman of King Gelpfrat and refuses to ferry possible enemies of his master across. He is tricked by Hagen, who says he is Amelrich, a vassal of Gelpfrat's brother Else, but on discovering the deceit he attacks Hagen with an oar. Hagen cuts off his head and ferries his companions across himself. While doing so he tests the merwomen's prophecy by throwing the chaplain into the water. He survives, even though he cannot swim. (At this point—strophe 1528—Hagen is convinced of the inevitable doom of his party.) On the other side of the river the Burgundians are attacked by the forces of King Gelpfrat, but they repel the assault. At Rüdiger's castle[26] they are received with great joy.

27. Aventiure
Wie sie nach Bechelaren kamen

(1667) Die junge Markgräfin nahm Giselher, den Recken aus dem Burgundenland, bei der Hand.[27] So tat auch ihre Mutter und faßte Gunther an, den tapferen Helden. Fröhlich gingen sie mit den Helden davon.

(1668) Der Hausherr ging an der Seite Gernots in einen großen Saal. Dort setzten Ritter und Damen sich nieder. Da ließ man den Gästen sogleich vorzüglichen Wein einschenken. Wirklich, niemals hätten Helden besser bewirtet sein können!

(1669) Rüdigers Tochter wurde mit liebevollen Blicken angeschaut; denn sie war so schön. Vielen trefflichen Rittern kamen zärtliche Gedanken bei ihrem Anblick. Solche Aufmerksamkeit hatte sie auch verdient. Sie war sehr hochgemut.

(1670) In Gedanken ließen die Ritter ihren Wünschen, die sich doch nicht erfüllen konnten, freien Lauf. Hin und her gingen ihre Blicke, von den Jungfrauen zu den Damen, die da in großer Zahl saßen. Der edle Spielmann war dem Hausherrn von Herzen zugetan.

[26]i.e. Bechelaren—today's Pöchlarn near Melk in Lower Austria.
[27]This idyllic scene at Rüdiger's court is so out of character that one wonders why it was put in. It certainly heightens the tragedy, particularly for Rüdiger, who seems to be the author's own invention and who is the most sympathetic of all the characters in the poem. He alone is motivated by unselfish considerations.

1671 Nâch gewonheite   sô schieden si sich dâ;   1671
     ritter unde frouwen   die giengen anderswâ.
     dô rihte man die tische   in dem sale wît.
     den unkunden gesten   man diente hêrlîche sît.

1672 Durch der geste liebe   hin ze tische gie   1672
     diu edele marcgrâvinne.   ir tochter si dô lie
     belîben bî den kinden,   dâ si von rehte saz.
     die geste ir niht ensâhen.   si muote wærlîchen daz.

1673 Dô si getrunken hêten   unt gezzen über al,   1673
     dô wîste man die schœnen   wider in den sal.
     gämelîcher sprüche   wart dâ niht verdeit.
     der redete vil dâ Volkêr,   ein degen küene únt gemeit.

1674 Dô sprach offenlîchen   der edel spilman: 1674
     "rîcher marcgrâve,   got hât an iu getân
     vil genædeclîchen,   wande er iu hât gegeben
     ein wîp sô rehte schœne,   dar zuo ein wunneclîchez leben.

1675 Ob ich ein fürste wære",   sprach der spilman: 1675
     "unde solde ich tragen krône,   ze wîbe wolde ich hân
     die iuwern schœnen tochter;   des wünschet mir der muot.
     diu ist minneclîch ze sehene,   dar zuo edel unde guot."

1676 Dô sprach der marcgrâve: "wie möhte daz gesîn,   1676
     daz immer künec gerte   der lieben tochter mîn?
     wir sîn hie ellende,   beide ich und mîn wîp:
     waz hülfe grôziu schœne   der guoten júncfróuwen lîp?"

1677 Des antwurte Gêrnôt,   der wol gezogen man: 1677
     "und solde ich triutinne   nâch mînem willen hân,
     sô wolde ich solhes wîbes   immer wesen vrô."
     des antwurte Hagene   vil harte güetlîchen dô:

1678 "Nu sol mîn herre Gîselher   nemen doch ein wîp: 1678
     ez ist sô hôher mâge   der marcgrâvinne lîp,
     daz wir ir gerne dienten,   ich unde sîne man,
     und soldes under krône   dâ zen Búrgónden gân."

1679 Diu rede Rüedegêren   dûhte harte guot   1679
     und ouch Gotelinde: jâ freutes in den muot.

(1671) Wie es der Brauch forderte, trennten sie sich dann. Ritter und Damen gingen auseinander. Da deckte man in dem weiträumigen Saal die Tische. Die fremden Gäste wurden herrlich bewirtet.

(1672) Den Gästen zuliebe ließ sich die edle Markgräfin an deren Tisch nieder. Ihre Tochter ließ sie bei den Mädchen, wo sie ihrem Alter nach auch hingehörte. Die Gäste konnten sie nun nicht mehr sehen. Das verdroß sie wirklich sehr.

(1673) Als sie nun getrunken und gespeist hatten, da schickte man das schöne Mädchen wieder in den Saal. Da unterhielt man sich mit lustigen Sprüchen. Die meisten kamen von Volker, dem tapferen, stolzen Helden.

(1674) Da sagte der edle Spielmann vor allen Anwesenden: "Mächtiger Markgraf, Gott ist Euch sehr gnädig gewesen, denn er hat Euch eine sehr schöne Gemahlin und ein freudenvolles Leben geschenkt.

(1675) Wenn ich ein Fürst wäre", sagte der Spielmann, "und eine Krone tragen dürfte, dann würde ich Eure schöne Tochter zur Frau nehmen; danach steht all mein Verlangen. Sie ist so lieblich anzuschauen, zudem edel und vorbildlich."

(1676) Da sagte der Markgraf: "Wie könnte es sein, daß jemals ein König Verlangen hätte nach meiner lieben Tochter? Ich und meine Frau, wir leben als Heimatlose in diesem Land; was nützt denn der edlen Jungfrau ihre große Schönheit?"

(1677) Darauf antwortete Gernot, der wohlerzogene Mann: "Sollte ich eine liebe Frau haben, wie ich sie mir wünsche: ich würde mich über eine solche Gemahlin allezeit freuen." Darauf antwortete Hagen sehr freundlich:

(1678) "Nun soll doch mein Herr Giselher eine Gemahlin nehmen; die Markgräfin ist von so hoher Abstammung, daß wir ihr mit Freude dienen würden, ich und meine Gefolgsleute, wenn sie im Burgundenland die Krone trüge."

(1679) Diese Worte hörten Rüdiger und auch Gotelind sehr gern. Sie freuten sich darüber.

sît truogen an die helde   daz si ze wîbe nam
Gîselher der edele,   als ez wol künege gezam.

1680 Swaz sich sol gefüegen,   wer mac daz understén?   1680
man bat die juncfrouwen   hin ze hove gên.
dô swuor man im ze gebene   daz wüneclîche wîp.
dô lobte ouch er ze minnen   den ir vil minneclîchen lîp

[...]

36. Aventiure
Wie diu küneginne den sal vereiten hiez

2145 Dô sprach zem marcgrâven   Étzel der künec hêr: 2145
"wie habt ir uns geholfen,   vil edel Rüedegêr!
wande wir sô vil der veigen   hie ze lande hân,
wir bedórften ir niht mêre.   ir habt vil übele getân."

2146 Dô sprach der ritter edele: "da beswârte er mir den muot   2146
und hât mir gëítewîzet   êre unde guot,
des ich von dînen handen   hân sô vil genomen.
daz ist dem lügenære   ein teil ze únstáten komen."

2147 Dô kom diu küneginne   und het ez ouch gesehen   2147
daz von des heldes zorne   dem Hiunen was geschehen.
si klagete ez ungefuoge.   ir ougen wurden naz.
si sprach ze Rüedegêre: "wie habe wir verdienet daz,

2148 Daz ir mir unt dem künege   mêret unser leit?   2148
nu habt ír uns, edel Rüedegêr,   allez her geseit,
ir woldet durch uns wâgen   die êre und ouch daz leben.
ich hôrte iu vil der recken   den prîs vil grœzlîchen nôt."

Sofort waren sich die Helden einig, daß der edle Giselher Gotelind zur Frau nehmen sollte, wie es sich für ihn als König durchaus geziemte.

(1680) Wer kann gegen das angehen, was sich ereignen soll? Man rief die Jungfrau, vor die Könige zu kommen. Da schwur man, man wolle ihm das reizende Mädchen zur Frau geben. Da gelobte auch Giselher feierlich, sie zu heiraten.

The marriage takes place, and the journey continues. Dietrich, who is at Etzel's court, warns the king and his men of Kriemhild's unrelenting grief and hatred, so that when she tells them to leave their weapons outside, they are prepared and refuse. The meeting with Kriemhild is hostile. Only Giselher is treated with affection. Kriemhild's early attempts to bribe and incite her men against Hagen and Volker are unsuccessful, but at a tournament the first blood is drawn by Hagen.

There follows a series of individual combats and specific events, each of which is worked into the larger contest between the forces of Etzel, who are fighting under the urging of Kriemhild, and the Burgundians, who are all eager for glory and who are inspired by Hagen who brags about having killed Siegfried (strophe 1790). Dankwart, the Burgundian, kills Blödel, Etzel's brother, and many others, but the real turning point is reached when Hagen, without provocation, cuts down Ortlieb, the son of Etzel and Kriemhild (strophe 1961), Etzel's only son and heir, effectively eradicating even the slimmest chance of reconciliation. A general battle ensues in which the Burgundians prove decidedly superior. Dietrich, who stays out of the fighting, saves Etzel, Kriemhild, and his own followers by arranging a short truce with Gunther, and Rüdiger and his men also obtain permission to leave the hall. Iring of Denmark challenges Hagen and wounds him, but is himself killed during their second encounter. After a great slaughter, Kriemhild has the hall set on fire, but even this fails to dislodge the Burgundians. Rüdiger has up to now taken no part in the fighting and one of the Huns taunts him for it. He strikes the man dead with his fist, but it is not so easy to deal with Etzel' reproaches.

37. Aventiure
Wie Rüdeger erschlagen wurde.

(2145) Da sagte der erhabene König Etzel zum Markgrafen: "Heißt das uns helfen, edler Rüdiger? Wir haben doch bereits genug Tote hier im Land, wir brauchen keine weiteren mehr. Ihr handelt nicht recht an mir."[28]

(2146) Da sagte der edle Ritter: "Immerhin hat er mich schwer beleidigt und hat mir mein Ansehen und mein Gut, das ich so reichlich aus Deiner Hand empfangen habe, vorgeworfen. Das ist dem Lügner sehr schlecht bekommen."

(2147) Da kam die Königin und hatte auch bemerkt, was dem Hunnen durch den Zorn des Helden widerfahren war. Ihre Klage war maßlos. Ihre Augen wurden naß. Sie sagte zu Rüdiger: "Wie haben wir das verdient,

(2148) daß Ihr mir und dem König noch unseren Schmerz vergrößert? Nun habt Ihr, edler Rüdiger, uns bisher immer gesagt, Ihr wolltet uns zuliebe Euer Ansehen und Euer Leben aufs Spiel setzen. Ich hörte, daß viele Recken Euch in den höchsten Tönen rühmen.

---

[28]Etzel reminds Rüdiger of his feudal obligations. Rüdiger, on the other hand, is torn between his loyalty to his friends, the Burgundians, and his duties as a vassal.

2149 Ich mane iuch der genâden   und ir mir habt gesworn   2149
     do ir mír zuo Etzeln rietet,   ritter ûz erkorn,
     daz ir mir woldet dienen   an unser eines tôt.
     des wart mir armem wîbe   nie sô grœzlîche nôt."

2150 "Daz ist âne lougen,   ich swuor iu, edel wîp,   2150
     daz ich durch iuch wâgte   êre und ouch den lîp.
     daz ich die sêle verliese,   des enhân ich niht gesworn.
     zuo dirre hôchgezîte   brâhte ich die fürsten wol geborn."

2151 Si sprach: "gedenke, Rüedegêr,   der grôzen triuwe dîn,   2151
     der stæte und ouch der eide,   daz du den schaden mîn
     immer woldest rechen   und elliu mîniu leit."
     dô sprach der marcgrâve: "ich hân iu selten iht verseit."

2152 Étzél der rîche   vlêgen ouch began.   2152
     dô buten si sich beide   ze füezen für den man.
     den edelen marcgrâven   unmuotes man dô sach.
     der vil getriuwe recke   harte jâmerlîchen sprach:

2153 "Owê mir gotes armen,   daz ich dítz gelebet hân.   2153
     aller mîner êren   der muoz ich abe stân,
     triuwen unde zühte,   der got an mir gebôt.
     owê got von himele,   daz michs niht wéndét der tôt!

2154 Swelhez ich nu lâze   unt daz ándér begân,   2154
     sô hân ich bœslîche   und vil übele getân.
     lâze aber ich si beide,   mich schiltet elliu diet.
     nu ruoche mich bewîsen   der mir ze lebene geriet."

2155 Dô bâten si genôte,   der künec und ouch sîn wîp.   2155
     des muosen sider recken   verlíesén den lîp
     vor Rüedegêres hende,   dâ ouch der helt erstarp.
     ir muget daz hie wol hœren,   daz er vil jâmerlîchen warp!

2156 Er weste schaden gewinnen   und ungefüegiu leit.   2156
     er hête dem künege   vil gérné verseit
     und ouch der küneginne.   vil sêre vorhte er daz,
     ob er ir einen slüege,   daz im diu wérlt trüege haz.

(2149) Trefflicher Ritter, ich erinnere Euch an die Unterstützung, die Ihr mir geschworen habt, als Ihr mir rietet, Etzel zu heiraten: daß Ihr mir dienen wolltet, bis einer von uns tot ist.[29] Niemals habe ich arme Frau diesen Dienst nötiger gebraucht als jetzt."

(2150) "Das ist nicht zu leugnen, ich schwur Euch, edle Frau, daß ich für Euch mein Ansehen und mein Leben aufs Spiel setzen würde. Ich habe aber nicht geschworen, auch die Seele zu verlieren: ich habe die hochgebornen Fürsten auf dieses Fest gebracht."

(2151) Sie sagte: "Rüdiger, denke an Deine große Treue, an Deine Beständigkeit und an die Eide, daß Du allezeit rächen wolltest, was mir an Schaden zugefügt wird und alles, was man mir zuleide tut." Da sagte der Markgraf: "Ich habe Euch niemals etwas abgeschlagen."

(2152) Auch der mächtige Etzel begann zu flehen. Da warfen sich die beiden dem Gefolgsmann zu Füßen. Der edle Markgraf, so konnte man sehen, war sehr bedrückt. Voller Schmerz sagte der treue Recke:

(2153) "Weh über mich gottverlassenen Menschen, daß ich dies erleben mußte. Alles, was mir durch Gottes Gebot zuteil wurde, mein ganzes Ansehen, meine Treue und meine höfische Zucht, das alles muß ich jetzt aufgeben. O Gott im Himmel, weshalb kann der Tod diese Schmach nicht von mir wenden!

(2154) Unterlasse ich jetzt das eine und tue das andere—immer habe ich falsch und ehrlos gehandelt. Lasse ich aber wiederum beides, dann wird mich alle Welt schelten. Nun soll mir der den Ausweg zeigen, der mir das Leben gab."

(2155) Da baten sie gemeinsam, der König und seine Gemahlin. Deshalb mußten dort, wo auch der Held den Tod fand, später viele Recken von Rüdigers Hand das Leben verlieren. Vernehmt jetzt, wie jammervoll er handeln mußte!

(2156) Er wußte, daß er nur Schaden gewinnen und maßloses Leid ihm widerfahren würde. Mit Freuden hätte er dem König und seiner Gemahlin den Dienst abgeschlagen. Er fürchtete sich davor, da alle Welt ihm feind werden könnte, wenn er einen von den Burgunden erschlüge.

---

[29]Kriemhild is referring to the promise she had extorted from Rüdiger when he brought her from Worms (strophe 1257); he had however never intended to lose his soul, "die sêle verliesen."

2157 Dô sprach zuo dem künege   der vil küene man: 2157
     "her künec, nu némt hin widere   al daz ich von iu hân,
     daz lant mit den bürgen!   des sol mir niht bestân.
     ich wil ûf mînen füezen   in daz éllénde gân."

2158 Dô sprach der künec Etzel: "wer hülfe danne mir?   2158
     daz lant zuo den bürgen   daz gibe ich allez dir,
     daz du mich rechest, Rüedegêr,   an den vîenden mîn.
     du solt ein künec gewaltec   beneben Étzélen sîn."

2159 Dô sprach aber Rüedegêr: "wie sol ichz ane vân?   2159
     heim ze mînem hûse   ich si geladen hân,
     trinken unde spîse   ich in güetlîchen bôt
     und gap in mîne gâbe.   wie sol ich râten in den tôt?

2160 Die liute wænent lîhte   daz ich sî verzaget.   2160
     deheinen mînen dienest   hân ich in widersaget,
     den vil edeln fürsten   unde den ir man.
     ouch riuwet mich diu friuntschaft,   die ich mit in geworben hân.

2161 Gîselher dem degene   gap ich die tochter mîn.   2161
     sine künde in dirre werlde   niht baz verwendet sîn
     ûf zuht und ûf êre,   ûf triuwe und ouch ûf guot.
     ine gesách nie künec sô jungen   sô rehte tugentlîch gemuot."

2162 Dô sprach aber Kriemhilt: "vil edel Rüedegêr,   2162
     nu lâ dich erbarmen   unser beider sêr,
     mîn und ouch des küneges.   gedenke wol dar an,
     daz nie wirt deheiner   sô leide géste gewan."

2163 Dô sprach der marcgrâve   wider daz edel wîp: 2163
     "ez muoz hiute gelten   der Rüedegêres lîp
     swaz ir und ouch mîn   herre   mir liebes habt getân.
     dar umbe muoz ich sterben.   daz mac niht lángér gestân.

2164 Ich weiz wol daz noch hiute   mîne bürge und mîniu lant   2164
     iu müezen ledec werden   von ir ételîches hant.
     ich bevílhe iu ûf genâde   mîn wîp und mîniu kint
     und ouch die víl ellénden,   die dâ ze Bechelâren sint."

2165 "Nu lône dir gót, Rüedegêr",   sprach der künec dô.   2165
     er unt diu küneginne   si wurden beidiu vrô.

(2157) Da sagte der tapfere Mann zum König: "Herr König, nehmt alles wieder zurück, was ich von Euch erhalten habe, mein Land und meine Burgen! Nichts davon soll mir bleiben. Zu Fuß will ich in die Fremde gehen."[30]

(2158) Da sagte der König Etzel: "Wer stünde mir dann bei? Das Land und die Burgen schenke ich Dir, Rüdiger, damit Du mich an meinen Feinden rächst. Du sollst als gewaltiger König neben Etzel herrschen."

(2159) Da sagte wiederum Rüdiger: "Wie fange ich es nur an? Ich habe sie zu mir in mein Haus geladen, habe ihnen Speise und Trank gegeben und gab ihnen meine Geschenke. Wie könnte ich jetzt darüber nachsinnen, wie ich sie töten kann?

(2160) Die Leute glauben sicherlich, ich hätte keinen Mut. Ich habe den edlen Fürsten und ihren Gefolgsleuten keinen Dienst abgeschlagen. Mich reut jetzt auch, daß ich verwandtschaftliche Bindungen mit ihnen geschlossen habe.

(2161) Giselher, dem Helden, gab ich meine Tochter. Sie hätte es in dieser Welt, was Erziehung und Ansehen, Treue und auch Gut angeht, nicht besser treffen können. Ich habe niemals einen so jungen König gesehen, der schon so höfisch vollkommen war."

(2162) Da sagte wiederum Kriemhild: "Edler Rüdiger, nun habt Erbarmen mit unserem Schmerz, mit meinem und dem des Königs. Denke daran, daß niemals ein Landesherr so schreckliche Gäste hatte."

(2163) Da sagte der Markgraf zu der edlen Frau: "Ich, Rüdiger, muß heute für das einstehen, was Ihr und mein Herr mir Gutes getan habt. Deshalb muß ich sterben. Es kann nicht länger aufgeschoben werden.

(2164) Ich weiß genau, daß meine Burgen und meine Länder noch heute durch die Hand irgendeines Burgunden ledig werden. Ich befehle meine Frau und meine Tochter und alle fremden Recken, die dort in Bechelaren sind, Eurer Gnade an."

(2165) "Nun möge es Gott Dir lohnen, Rüdiger!" sagte da der König. Er und die Königin wurden beide froh.

---

[30]The author is at some pains to show that Rüdiger is not motivated by material considerations. He is prepared to give up his fief if he is permitted to avoid fighting the Burgundians, who had been his guests and to whom he had sworn friendship. Unless Etzel grants this permission, he knows he will be in the classic dilemma of choosing between his personal affection and the honor of his lord—and he will have to choose the latter.

2165 "uns suln dîne liute   vil wol bevolhen wesen.   2165
       ouch trûwe ich mînem heile   daz du maht selbe wol genesen."

       [...]

39. Aventiure
Wie her Dietrich mit Gunther und Hagene streit

2324 Dô suochte der herre Dietrich   selbe sîn gewant.   2324
       im half, daz er sich wâfent,   meister Hildebrant.
       dô klagete alsô sêre der kréftége man,
       daz daz hûs erdiezen   von sîner stímmé begAn.

2325 Dô gewan er widere   rehten heldes muot.   2325
       in grimme wart gewâfent   dô der helt guot.
       einen schilt vil vesten   nam er an die hant.
       sie giengen balde dannen,   er unde meister Hildebrant.

2326 Dô sprach von Tronege Hagene: "ich sihe dort her gân   2326
       den herren Dietrîchen,   der wil uns bestân
       nâch sînem starken leide,   daz im ist hie geschehen.
       man sol daz hiute kiesen,   wem man des besten müge jehen.

2327 Jane dúnket sich von Berne   der herre Dietrîch   2327
       nie sô starc des lîbes   und ouch sô gremelîch,
       und wil erz an uns rechen,   daz im ist getân",
       alsô redete Hagene,   "ich tar in eine wol bestân."

2328 Dise rede hôrte   Dietrich und Hildebrant.   2328
       er kom dâ er die recken   beide stênde vant
       ûzen vor dem hûse,   geleinet an den sal.
       sînen schilt den guoten   den sazte Dietrîch zetal.

2329 In leitlîchen sorgen   sprach dô Dietrîch: 2329
       "wie habt ir sô geworben,   Gunther, künec rîch,
       wíder mich éllénden?   waz het ich iu getân?
       alles mînes trôstes   des bin ich éiné bestân.

(2165) "Deine Leute sollen unter unserem Schutz stehen. Auch vertraue ich meinem Heil als König, daß Du selbst am Leben bleiben wirst."

Rüdiger leads his men to the attack, and the Burgundians can hardly believe that he is moving against them. They remind him of their friendship, but Rüdiger has to fight for his lord. In the melee the Burgundians lose many men, and finally Rüdiger and Gernot kill each other. Dietrich cannot believe that Rüdiger is dead and sends Hildebrand to confirm it. His men persuade Hildebrand to go armed, and they accompany him. A fight soon breaks out: Volker, a vassal of Gunther and an accomplished fiddler and minstrel, is killed by Hildebrand, Dankwart by Helpfrich, and Wolfhart and Giselher kill one another. Hildebrand is gravely wounded by Hagen, and when he leaves he has no men left. Of the Burgundians only Gunther and Hagen survive. Dietrich is horrified when told that all his men with the exception of Hildebrand have perished, but he goes to Hagen and Gunther and asks them to surrender.

39. Aventiure
Wie Herr Dietrich mit Gunther und Hagen kämpfte

(2324) Da suchte sich der Herr Dietrich selbst seine Rüstung. Ihm half Meister Hildebrand, sich zu waffnen. Da klagte der kraftvolle Mann so sehr, daß das Haus von seiner Stimme erbebte.

(2325) Da gewann er seinen wahren Heldensinn wieder.[31] Zorn erfaßte den trefflichen Helden, während er gewaffnet wurde. Seinen festen Schild nahm er in die Hand. Schnell gingen er und Meister Hildebrand fort.

(2326) Da sagte Hagen von Tronje: "Ich sehe dort den Herrn Dietrich herankommen. Nach dem tiefen Leid, das ihm hier widerfahren ist, wird er sicherlich gegen uns kämpfen. Heute wird man sehen, wem man den Kampfpreis zuerkennen muß.

(2327) Wahrhaftig, so stark und so grimmig kann sich der Herr Dietrich gar nicht vorkommen", sagte Hagen, "als daß ich nicht wagte, ganz allein gegen ihn zu kämpfen: wo er doch jetzt Rache nehmen will für das, was wir im zuleide getan haben."

(2328) Diese Worte hörten Dietrich und Hildebrand. Der Berner[32] kam an die Stelle, wo sich die beiden Recken außen an die Wand des Saales lehnten. Seinen trefflichen Schild setzte Dietrich zu Boden.

(2329) In Leid und Sorge sagte da Dietrich: "Gunther, mächtiger König, wie konntet Ihr Euch so gegen mich verhalten, gegen einen Verbannten? Was hatte ich Euch denn getan? Ich stehe jetzt ganz allein und habe niemanden mehr, auf den ich mich verlassen kann.

---

[31]It is interesting to note how quickly Dietrich can undergo a change in his disposition the moment he dons his armor. He, too, is swept along by heroic passion.

[32]Der Berner: 'Bern' was the old German name for Ravenna.

2330 Iuch endûhte niht der volle   an der grôzen nôt,   2330
dô ir uns Rüedegêren   den helt sluoget tôt.
nu habet ir mir erbunnen   aller mîner man.
jane hét îch iu helden   solher leide niht getân.

2331 Gedenket an iuch selben   unde an iuwer leit,   2331
tôt der iuwern friunde   und ouch diu arbeit,
ob ez iu guoten recken   beswæret iht den muot.
owê wie rehte unsanfte   mir tôt der Rüedegêres tuot!

2332 Ez geschách ze dirre werlde   nie leider manne mêr.   2332
ir gedâhtet übele   an mîn und iuwer sêr.
swaz ich freuden hête,   diu lît von iu erslagen.
jane kán ich nimmer mêre   die mîne mâgé verklagen."

2333 "Jane sîn wir niht sô schuldec",   sprach dô Hagene.   2333
"ez giengen zuo disem hûse   iuwer degene,
gewâfent wol ze vlîze,   mit einer schar sô breit.
mich dunket daz diu mære   iu niht rehte sîn geseit."

2334 "Waz sol ich gelouben mêre?   mir seitez Hildebrant.   2334
dô mîne recken gerten   von Amelunge lant
daz ir in Rüedegêren   gæbet ûz dem sal,
dô bütet ir niwan spotten   den küenen helden her zetal."

2335 Dô sprach der künec von Rîne: "si jâhen wolden tragen   2335
Rüedegêren hinnen,   den hiez ich in versagen
Etzeln ze leide,   und niht den dînen man,
únz dâz dô Wolfhart   dar umbe schéltén began."

2336 Dô sprach der helt von Berne: "ez muose et alsô sîn.   2336
Gunther, künec edele,   durch die zühte dîn
ergetze mich der leide,   die mir vón dir sínt geschehen,
und süene ez, ritter küene,   daz ich des künne dir gejehen.

2337 Ergip dich mir ze gîsel,   du und ouch dîn man!   2337
sô wil ich behüeten,   so ich áller beste kan,
daz dir hie zen Hiunen   niemen niht entuot.
dune sólt an mir niht vinden   niwan triuwe unde guot."

(2330) Als Ihr uns Rüdiger erschlugt, da genügte Euch das Leid offenbar noch nicht. Nun habt Ihr mir auch noch alle meine Gefolgsleute genommen. Wahrhaftig, ich hatte Euch Helden nichts getan.

(2331) Denkt doch an Euch selbst und an Eure eigene Not, an den Tod Eurer Freunde und an die Anstrengungen des Kampfes! Ist denn nicht auch Euch trefflichen Recken das Herz schwer geworden? Ach, wie bitter mich der Tod Rüdigers quält!

(2332) Niemals ist auf dieser Welt einem Menschen ein schlimmeres Leid widerfahren. Ihr habt Euch zu Unrecht über mein und Euer Leid hinweggesetzt! Mein ganzes Glück habt Ihr durch Eure Schwerthiebe zerstört. Wahrhaftig, niemals mehr kann ich den Tod meiner Verwandten verwinden."

(2333) "Wahrhaftig, wir sind nicht so schuldig!" sagte da Hagen. "Eure Helden kamen in voller Bewaffnung in riesiger Schar hierher zu diesem Haus. Mir scheint, daß die Geschichte Euch nicht richtig erzählt worden ist."

(2334) "Was soll ich denn nun glauben? Mir hat es Hildebrand erzählt. Als meine Recken aus dem Amelungenland[33] den Wunsch aussprachen, Ihr möchtet ihnen Rüdiger aus dem Saal herausgeben, da hättet Ihr nur Euren Hohn und Spott auf die tapferen Helden herabgeschüttet."

(2335) Da sagte der König vom Rhein: "Sie sagten, sie wollten Rüdiger forttragen. Um Etzel, nicht um Deine Leute zu treffen, gab ich den Befehl, ihnen den Leichnam zu versagen, bis dann Wolfhart deswegen zu schimpfen begann."

(2336) Da sagte der Held von Bern: "Es mußte wohl so kommen! Gunther, edler König, Deiner höfischen Vollkommenheit wegen sollst Du mir für das, was Du mir zuleide getan hast, einen Ersatz bieten und es auf eine Weise sühnen, tapferer Ritter, die ich anerkennen kann.

(2337) Ergib Dich mir als Geisel, Du und auch Dein Gefolgsmann! Dann will ich Dich, so gut ich nur kann, beschützen, daß Dir niemand hier bei den Hunnen ein Härchen krümmt. Du wirst sehen, daß ich es nur treu und gut mit Euch meine."[34]

---

[33]Amelungenland: land of the 'Amelungen' which is the Ostrogothic name of Dietrich's family which ruled until 536 A.D.

[34]Dietrich is the great hero of the southeastern Germanic tribes and it is fitting that he should finish the conflict without actually killing anyone. The historical Theodoric the Great, king of the Ostrogoths in Italy, was never connected with the Huns and was not the exile as Dietrich is always portrayed. In trying to negotiate a solution which could possibly satisfy both camps, he appears to strive to put an end to the prevailing Germanic heroic fatalism which is best expressed by the Germanic concept of «Bestehen», that is, to face one's fate squarely even if the ensuing action will spell certain death.

2338 "Daz enwélle got von himele",   sprach dô Hagene,   2338
"daz sich dir ergæben   zwêne degene,
die noch sô werlîche   gewâfent gegen dir stânt
und noch sô ledeclîche   vor ir vîánden gânt."

2339 "Ir ensúlt ez niht versprechen",   sô redete Dietrich,   2339
"Gunther unde Hagene.   ir habt beide mich
sô sêré beswæret,   daz herze und ouch den muot,
welt ir mich ergetzen,   daz irz vil billîchen tuot.

2340 Ich gibe iu mîne triuwe   und sicherlîche hant,   2340
daz ich mit iu rîte   heim in iuwer lant.
ich leite iuch nâch den êren   oder ich gelige tôt,
und wil durch iuch vergezzen   der mînen grœzlîchen nôt."

2341 "Nune múotet sîn niht mêre",   sprach aber Hagene.   2341
"von uns enzimt daz mære   niht wol ze sagene,
daz sich iu ergæben   zwêne álsô küene man.
nu siht man bî iu niemen   wan eine Hildebranden stân.

2342 Dô sprach meister Hildebrant: "got weiz, her Hagene,   2342
der iu den fride biutet   mit iu ze tragene,
ez kumt noch an die stunde   daz ir in möhtet nemen.
die suone mînes herren   möht ir iu lâzén gezemen."

2343 "Jâ næme ich ê die suone",   sprach aber Hagene,   2343
"ê ich sô lasterlîche   ûz einem gademe
flühe, meister Hildebrant,   als ir hie habt getân.
ich wânde daz ir kundet   baz gein vîánden stân."

2344 Des antwurte Hildebrant: "zwiu verwîzet ir mir daz?   2344
nu wer wás der ûf einem schilde   vor dem Wáskensteine saz,
dô im von Spânje Walther   sô vil der friunde sluoc?
ouch habt ir noch ze zeigen   an iu sélbén genuoc."

2345 Dô sprach der herre Dietrich: "daz enzímt niht helde lîp,
dáz sí suln schelten   sam diu alten wîp.   2345
ich verbiute iu, Hildebrant,   daz ir iht sprechet mêr.
mich ellenden recken   twingent grœzlîchiu sêr.
2346 Lât hœrén",   sprach Díetrich,   "recke Hagene,   2346

(2338) "Gott im Himmel möge verhüten", sagte da Hagen, "daß sich Dir zwei Helden ergeben, die noch so kampfkräftig und in Waffen vor Dir stehen und noch frei vor ihren Feinden einhergehen."

(2339) "Ihr solltet es nicht zurückweisen", so sagte Dietrich; "Gunther und Hagen, Ihr beide habt mir Herz und Sinn so schwer betrübt, daß es nur recht wäre, Ihr würdet mir dafür Genugtuung verschaffen.

(2340) Ich gebe Euch mein Wort und sichere es Euch durch Handschlag zu, daß ich mit Euch zusammen in Euer Land heimreite. Wie Eure Ehre es verlangt, so werde ich Euch geleiten, oder ich will selbst sterben. Euch zuliebe will ich nicht mehr an meinen eigenen schweren Kummer denken."

(2341) "Nun dringt nicht mehr weiter darauf!" sagte wiederum Hagen. "Es wäre gegen unsere Ehre, wenn man über uns erzählte, zwei so tapfere Männer hätten sich Euch ergeben. Zumal man an Eurer Seite niemand anders sieht als Hildebrand allein."

(2342) Da sagte Meister Hildebrand: "Weiß Gott, Herr Hagen. Es kommt sicherlich noch die Stunde, daß Ihr den Frieden, den Euch einer zu gewähren bereit ist, gerne annehmt. Die Sühne, die mein Herr Euch vorschlägt, sollte eigentlich Eure Billigung finden."

(2343) "Wahrhaftig, Meister Hildebrand", sagte wiederum Hagen, "ich nähme eher die Sühne an, als daß ich so schmachvoll aus einem Saal hinausliefe, wie Ihr es hier getan habt. Ich hatte geglaubt, Ihr könntet Euren Feinden tapferer standhalten."

(2344) Darauf antwortete Hildebrand: "Weshalb werft gerade Ihr mir das vor? Wer war es denn, der am Waskenstein auf seinem Schild saß, als Walther von Spanien[35] ihm so viele Freunde erschlug? Ihr habt Euch selbst genug vorzuwerfen."

(2345) Da sagte der Herr Dietrich: "Es ziemt sich nicht für Helden, wie die alten Weiber zu keifen.[36] Ich verbiete Euch, Hildebrand, noch weiterzureden. Mich verbannten Helden quälen schwerere Sorgen.
(2346) Hagen, Du Recke", sagte Dietrich, "laß doch hören,

---

[35]Walther of Aquitaine of the *Waltharilied* (that is, *Waltharius manu fortis* of Ekkehard I of St. Gallen). Hagen, who had been a hostage at Etzel's court together with Walther is accused of cowardice by Hildebrand. In reality Hagen merely had refused to fight Walther at 'Waskenstein' (Vosges Mountains in northeastern France) because of their earlier association. Cf. strophes 1755ff. (Etzel recognizes Hagen as his former hostage) and 1796f. (an unnamed Hun recognizes Hagen).

[36]keifen: to squabble

waz ir beide sprâchet,   snelle degene,
dô ir mich gewâfent   zuo iu sâhet gân?
ir jâhet daz ir eine   mit strîte woldet mich bestân."

2347 "Jane lóugent iu des niemen",   sprach Hagene der degen   2347
"ine wéllez hie versuochen   mit den starken slegen,
ez ensî daz mir zebreste   daz Nibelunges swert.
mir ist zórn daz unser beider   hie ze gîsel ist gegert."

2348 Dô Dietrich gehôrte   den grimmen Hagenen muot,   2348
den schilt vil balde zuhte   der snelle degen guot.
wie balde gein im Hagene   von der stiege spranc!
Níbelunges swért daz guote   vil lûte ûf Dietrîche erklanc.

2349 Dô wesse wol her Dietrich   daz der küene man   2349
vil grimmes muotes wære.   schermen im began
der hérré von Berne   vor angestlîchen slegen.
wol erkande er Hagenen,   den vil zíerlîchen degen.

2350 Ouch vorhte er Balmungen,   ein wâfen starc genuoc.   2350
underwîlen Dietrich   mit listen wider sluoc,
únz dáz er Hagenen   mit strîte doch betwanc.
er sluoc im eine wunden,   diu was tíef únde lanc.

2351 Dô dâhte der herre Dietrich: "du bist in nôt erwigen.   2351
ich hâns lützel êre,   soltu tôt vor mir geligen.
ich wil ez sus versuochen,   ob ich ertwingen kan
dich mir ze einem gîsel."   daz wart mit sórgén getân.

2352 Den schilt liez er vallen.   sîn sterke diu was grôz.   2352
Hagenen von Tronege   mit armen er beslôz.
des wart dô betwungen   von im der küene man.
Gúnthér der edele   dar umbe trûrén began.

2353 Hagenen bant dô Dietrich   und fuorte in, dâ er vant   2353
die edeln küneginne,   und gap ir bî der hant
den küenésten recken   der ie swert getruoc.
nâch ir vil starkem leide   dô wart si vrœlîch genuoc.

was Ihr tapferen Helden sagtet, als Ihr mich in Waffen nahen sahet? Du sagtest, daß Du ganz allein gegen mich kämpfen wolltest."

(2347) "Wahrhaftig, das streitet niemand ab", sagte Hagen, der Held. "Mit harten Schwertschlägen will ich es versuchen, es sei denn, das Schwert Nibelungs[37] zerbirst. Ich bin darüber sehr zornig, daß Ihr uns beide hier als Geiseln gefordert habt."

(2348) Als Dietrich hörte, wie wütend der grimmige Hagen war, da riß der tapfere, treffliche Held sogleich den Schild hoch. Wie schnell sprang Hagen von der Treppe heran ihm entgegen! Das treffliche Schwert Nibelungs klang hell auf Dietrichs Rüstung.

(2349) Da wußte Herr Dietrich genau, daß der tapfere Mann von grimmigem Zorn erfüllt war. Der Herr von Bern schirmte sich gegen die gefährlichen Schwertschläge ab. Hagen, den herrlichen Helden, kannte er nur zu gut.

(2350) Auch hatte er Angst vor Balmung, dem starken Schwert. Dann und wann schlug Dietrich mit kluger Berechnung zurück, bis er Hagen doch noch im Kampf überwand. Er schlug ihm eine tiefe, lange Wunde.

(2351) Da dachte der Herr Dietrich: "Du bist durch den langen Kampf erschöpft. Ich habe davon wenig Ehre, wenn Du tot vor mir liegst. Ich will versuchen, ob ich Dich ohne Kampf zwingen kann, meine Geisel zu werden." Dietrich war sich über die Gefährlichkeit seines Tuns im klaren.

(2352) Den Schild ließ er zu Boden fallen. Seine Stärke war riesig. Er umschloß Hagen von Tronje mit seinen Armen. Dadurch wurde der tapfere Mann von ihm überwältigt. Darüber wurde der edle Gunther sehr traurig.[38]

(2353) Dietrich fesselte Hagen, führte ihn zur edlen Königin und lieferte ihr den tapfersten Helden aus, der jemals ein Schwert trug.[39] Nach all ihrem Leid wurde sie sehr fröhlich.

---

[37]Siegfried's sword, Balmung, plays a significant role throughout the poem. It had originally been given to Siegfried by Schilbung and Nibelung so that he would divide the «Hort», the treasure of their father, with it. It ends up in Hagen's possession; with it he kills Ortlieb and Kriemhild will use it in turn to behead him.

[38]It is worth noting that Gunther makes no move to attack Dietrich while he is engaged with Hagen, even though it would be clearly to his advantage to do so. The rules of individual combat are strictly enforced. Kriemhild's brutal behavior incenses Hildebrand because she kills two defenseless warriors. We would find it hard to see the difference between her action and that of Hagen in killing Siegfried, but the author's sympathy is clearly with Hildebrand, for he makes Kriemhild cry out in terror, while Gunther and Hagen die without complaint. Kriemhild did not, of course, need the treasure. It had become for her a symbol of revenge, a fact which Hagen had fully appreciated all along in denying it to her.

[39]Dietrich ought to have anticipated the subsequent course of events and refrained from turning Hagen over to Kriemhild. However, it would be futile to search for even the slightest humanitarian motivation in the gloomy world of these Germanic heroes.

2354 Vor liebe neic dem degene   daz Etzelen wîp: 2354
     "immer sî dir sælec   dîn herze und ouch dîn lîp.
     du hâst mich wol ergetzet   aller mîner nôt.
     daz sol ich immer dienen,   mich ensûmés der tôt."

2355 Dô sprach der herre Dietrich: "ir sult in lân genesen,   2355
     edeliu küneginne.   und mac daz noch gewesen,
     wie wol er iuch ergetzet   daz er iu hât getân!
     er ensól des niht engelten,   daz ir in seht gebunden stân."

2356 Dô hiez si Hagenen füeren   an sîn ungemach,   2356
     dâ er lac beslozzen   unt dâ in niemen sach.
     Gúnther der künec edele   rüefen dô began:
     "war kom der helt von Berne?   der hât mir léide getân."

2357 Dô gie im hin engegene   der herre Dietrîch.   2357
     daz Guntheres ellen   daz was vil lobelîch.
     done béit ouch er niht mêre,   er lief her für den sal.
     von ir beider swerten   huop sich ein grœzlîcher schal.

2358 Swie vil der herre Dietrich   lange was gelobt,   2358
     Gunther was sô sêre   erzürnet und ertobt.
     wande er nâch starkem leide   sîn herzevîent was.
     man sagt ez noch ze wunder,   daz dô her Díetrích genas.

2359 Ir ellen und ir sterke   beide wâren grôz.   2359
     palas unde türne   von den slegen dôz,
     dô si mit swerten hiuwen   ûf die helme guot.
     ez het de künec Gunther   einen hêrlîchen muot.

2360 Sît twanc in der von Berne,   sam Hagenen ê geschach.   2360
     daz bluot man durch die ringe   dem helde vliezen sach
     von einem scharpfen swerte,   daz truoc Dietrich.
     dô het gewert her Gunther   nâch müede lobelîche sich.

2361 Der herre wart gebunden   von Dietrîches hant,   2361
     swie künege niene solden   lîden solhiu bant.
     er dâhte ob er si lieze,   den künec und sînen man,
     alle die si fünden,   die müesen tôt von in bestân.

2362 Dietrîch von Berne   der nam in bî der hant.   2362
     dô fuorte er in gebunden   da er Kríemhílde vant.
     dô was mit sînem leide   ir sorgen vil erwant.

(2354) Vor Freude verneigte sich Etzels Gemahlin vor dem Helden: "Möge Dir Herz und Sinn immer von Glück erfüllt sein! Du hast mir Genugtuung geleistet für alles, was ich jemals erlitten habe. Dafür werde ich mich allezeit erkenntlich zeigen, es sei denn der Tod hindert mich daran."

(2355) Da sagte der Herr Dietrich: "Edle Königin, Ihr sollt ihm das Leben lassen! Wenn das geschieht, so wird er Euch Genugtuung leisten für alles, was er Euch angetan hat. Dafür daß Ihr ihn jetzt gefesselt vor Euch seht, soll er nicht mit dem Leben bezahlen."

(2356) Da ließ sie Hagen in einen Kerker führen, wo er gefangen lag und wo ihn niemand sehen konnte. Der edle König Gunther aber rief: "Wo ist der Held von Bern geblieben? Der hat mir bitteres Leid getan."

(2357) Da ging ihm der Herr Dietrich entgegen. Gunthers Tapferkeit war hoch zu rühmen. Da wartete auch er nicht länger und lief vor den Saal. Von den Schwertern der beiden erhob sich ein großer Kampflärm.

(2358) Wie groß auch der Ruhm war, den Herr Dietrich schon lange erworben hatte, Gunther war in einem unbändigen Kampfeszorn, denn er war nach aller bisherigen Not jetzt auf seinen stärksten Feind gestoßen. Man hält es jetzt noch für ein Wunder, daß Herr Dietrich da am Leben blieb.

(2359) Ihre Tapferkeit und ihre Stärke waren groß. Als sie nun mit den Schwertern auf die festen Helme schlugen, hallten Palas und Türme von den Schwertschlägen wider. Der König Gunther zeigte, wie mutig er war.

(2360) Gleich darauf bezwang ihn der Berner, so wie es vorher mit Hagen geschehen war. Man sah, wie dem Helden unter den scharfen Schwertschlägen das Blut aus dem Ringpanzer lief. Das kam von Dietrichs scharfem Schwert. Da hatte sich Gunther trotz seiner Erschöpfung ruhmvoll geschlagen.

(2361) Der Herr wurde von Dietrich gefesselt, wiewohl Königen niemals solche schmachvollen Bande angelegt werden sollten. Dietrich dachte sich aber, wenn er den König und seinen Gefolgsmann ohne Fesseln ließe, würden sie alle erschlagen, die sie sähen.

(2362) Dietrich von Bern nahm Gunther bei der Hand. Da führte er ihn gebunden zu Kriemhild. Da war ihre Not durch die Schmach Gunthers beendet.

si sprach: "wíllekomen Gunther   ûzer Búrgónden lant!"

2363 Er sprach: "ich solte iu nîgen,   vil liebiu swester mîn,   2363
ob iuwer grüezen möhte   genædeclîcher sîn.
ich weiz iuch, küneginne,   sô zórnéc gemuot,
daz ir mir unde Hagenen   vil swachez grüezén getuot."

2364 Dô sprach der helt von Berne: "vil edeles küneges wîp,   2364
ez enwárt nie gîsel mêre   sô guoter ritter lîp,
als ich iu, frouwe hêre,   an in gegeben hân.
nu sult ír die éllénden   mîn vil wol geniezen lân."

2365 Si jach si tæte ez gerne.   dô gie her Dietrîch   2365
mit wéinénden ougen   von den hélden lobelîch.
sît rach sich grimmeclîchen   daz Étzélen wîp.
den ûz erwelten degenen   nam si béidén den lîp.

2366 Si lie sie ligen sunder   durch ir ungemach,   2366
daz ir sît dewedere   den andern nie gesach,
unz si ir bruoder houbet   hin für Hagenen truoc.
der Kriemhilde râche   wart an in béidén genuoc.

2367 Dô gie diu küneginne   dâ si Hagenen sach.   2367
wie rehte fîentlîche   si zuo dem helde sprach:
"welt ir mir geben widere   daz ir mir habt genomen,
sô muget ir noch wol lebende   héim zen Búrgónden komen."

2368 Dô sprach der grimme Hagene: "diu rede ist gar verlorn,   2368
vil edeliu küneginne.   jâ hân ich des gesworn,
daz ich den hort iht zeige   die wîle daz si leben,
deheiner mîner herren,   sô sól ich in níeméne geben."

2369 "Ich bringez an ein ende",   sô sprach daz edel wîp   2369
dô hiez si ir bruoder   némen dén lîp.
man sluoc im ab daz houbet.   bî dem hâre si ez truoc
für den helt von Tronege.   dô wart im léidé genuoc.

2370 Alsô der ungemuote   sînes hérren houbet sach,   2370
wider Kriemhilde   dô der recke sprach:
"du hâst ez nâch dînem willen   ze einem ende brâht,
und ist ouch rehte ergangen   als ich mir hêté gedâht.

2371 Nu ist von Burgonden   der edel künec tôt,   2371
Gîselher der junge,   und ouch her Gêrnôt.

Sie sagte: "Willkommen Gunther aus dem Burgundenland!"
(2363) Er sagte: "Ich sollte mich vor Euch verneigen, teure Schwester, wenn Euer Gruß etwas freundlicher gemeint wäre. Ich weiß aber, Königin, Ihr seid so zornig, daß Ihr mir und Hagen nur einen kühlen Gruß gewährt."

(2364) Da sagte der Held von Bern: "Gemahlin des edlen Königs, so treffliche Ritter, wie ich sie Euch, erhabene Frau, übergeben habe, wurden niemals vorher zu Geiseln gemacht. Nun sollt Ihr die heimatlosen Männer um meinetwillen schonen."

(2365) Sie sagte, sie täte es gerne. Da ging Herr Dietrich mit Tränen in den Augen von den ruhmvollen Helden fort. Schon kurze Zeit danach nahm die Gemahlin Etzels blutige Rache. Den beiden erlesenen Helden nahm sie das Leben.

(2366) Um ihnen auch nicht die geringste Freude zu gewähren, ließ sie jeden für sich einkerkern, so daß keiner von ihnen den anderen später wiedersah, bis sie den Kopf ihres Bruders vor Hagen brachte. An ihnen beiden nahm Kriemhild blutige Rache.

(2367) Da ging die Königin zu Hagen. Mit welchem Haß sagte sie zu dem Helden: "Wenn Ihr mir wiedergebt, was Ihr mir genommen habt, dann könnt Ihr unversehrt ins Burgundenland zurückkehren."

(2368) Da sagte der grimmige Hagen: "Spart Euer Reden, edle Königin. Wahrhaftig, ich habe geschworen, daß ich den Hort nicht zeige, solange einer meiner Herren am Leben ist, solange werde ich ihn niemandem geben."

(2369) "Ich erreiche jetzt endlich mein Ziel", sagte die edle Frau. Da ließ sie ihrem Bruder das Leben nehmen. Man schlug ihm den Kopf ab. An den Haaren trug sie ihn vor den Helden von Tronje. Da ergriff ihn wilder Schmerz.

(2370) Als der schmerzerfüllte Mann das Haupt seines Herrn erkannte, da sagte der Recke zu Kriemhild: "Wie Du es wolltest, hast Du jetzt Dein Ziel erreicht,[40] und es ist auch alles genauso gekommen, wie ich es mir gedacht habe.

(2371) Nun sind der edle König von Burgundenland, der junge Giselher und auch Herr Gernot tot.

---

[40]Notice how once again the author of the *Nibelungenlied* utilizes a specific form of address in order to enhance the meaning of certain lines. Here, Hagen switches from the formal form of address to the familiar «Du» which could suggest both Hagen's resignation—he no longer cares about the repercussions of his breach of etiquette—as well as his scorn for the queen. Kriemhild, on the other hand retains the formal form of address until the very end.

den schaz den weiz nu niemen   wan got unde mîn:
der sol dich, vâlandinne,   immer wol verholn sîn!"

2372 Si sprach: "so habt ir übele   geltes mich gewert.   2372
sô wil ich doch behalten   daz Sîfrides swert.
daz truoc mîn holder vriedel,   dô ich in jungest sach,
an dem mir herzeleide   von iuwern schúldén geschach."

2373 Si zôch ez von der scheiden,   daz kunde er niht erwern.   2373
dô dâhte sie den recken   des lîbes wol behern.
si huop ez mit ir handen,   daz houpt si im ab sluoc.
daz sach der künec Etzel.   dô was im léidé genuoc.

2374 "Wâfen", sprach der fürste,   "wie ist nu tôt gelegen   2374
von eines wîbes handen   der aller beste degen,
der ie kom ze sturme   oder ie schilt getruoc!
swie vîent ich im wære,   es ist mir léidé genuoc."

2375 Dô sprach der alte Hildebrand: "ja geníuzet si es niht,   2375
daz si in slahen torste,   swaz halt mir geschiht.
swie er mich selben bræhte   in angestlîche nôt,
iedoch sô wil ich rechen   des küenen Tronegæres tôt."

2376 Hildebrant mit zorne   zuo Kriemhilde spranc,   2376
er sluoc der küneginne   einen swæren swertes swanc.
jâ tet ir diu sorge   von Hildebrande wê.
waz mohte si gehelfen   daz si sô grœzlîchen schrê?

2377 Dô was gelegen aller   dâ der veigen lîp.   2377
ze stücken was gehouwen   dô daz edele wîp.
Dietrich und Etzel   weinen dô began,
si klagten inneclîche   beide mâge únde man.

2378 Diu vil michel êre   was dâ gelegen tôt.   2378
diu liute heten alle   jâmer unde nôt.
mit leide was verendet   des küneges hôchgezît,
als ie diu liebe leide   ze aller júngéste gît.

2379 Ine kán iu niht bescheiden,   waz sider dâ geschach,   2379
wan ritter unde frouwen   weinen man dâ sach,
dar zuo die edeln knehte,   ir lieben friunde tôt.
hie hât daz mære ein ende: daz ist der Nibelunge nôt.

Jetzt weiß niemand außer Gott und mir, wo der Schatz liegt. Der wird Dir, Du Teufelin,[41] für immer verborgen bleiben!"

(2372) Sie sagte: "Dann habt Ihr mir schlecht vergolten, was Ihr mir schuldig wart. So bleibt mir denn nichts mehr als Siegfrieds Schwert. Das trug mein geliebter Mann, als ich ihn zum letzten Male sah, den ich zu meinem tiefen Schmerz durch Eure Schuld verloren habe."

(2373) Sie zog das Schwert aus der Scheide. Er konnte sich dem nicht widersetzen. Da wollte sie dem Recken das Leben nehmen. Sie hob es mit ihren Händen. Den Kopf schlug sie ihm ab. Das sah der König Etzel. Es ging ihm sehr zu Herzen.

(2374) "Weh", sagte der Fürst, "wie darf es sein, daß der tapferste Held, der jemals in einer Schlacht stand oder einen Schild trug, jetzt hier von der Hand einer Frau erschlagen liegt. Wie sehr ich ihm auch feind war, das geht mir doch sehr zu Herzen."

(2375) Da sagte der alte Hildebrand: "Was mir auch geschieht, es soll ihr nicht durchgehen, daß sie es wagte, den Helden zu erschlagen. Wenn er mich selbst auch in Lebensgefahr brachte, dennoch will ich den Tod des tapferen Tronjers rächen."

(2376) In großem Zorn sprang Hildebrand zu Kriemhild. Er versetzte der Königin einen schweren Schlag mit dem Schwert. Sie hatte furchtbare Angst vor Hildebrand. Aber was konnte es ihr helfen, daß sie so gellend schrie?

(2377) Da lagen nun alle, denen bestimmt war zu sterben, tot am Boden. Die edle Frau war in Stücke gehauen. Dietrich und Etzel weinten. Sie klagten von Herzen um Verwandte und Gefolgsleute.

(2378) Alle, auf die ihre Ehre sich gegründet hatte, lagen erschlagen. Die Leute klagten und weinten. Unter großem Jammer fand das Fest des Königs seinen Abschluß, wie ja immer Freude am Ende mit Leid bezahlt wird.

(2379) Ich kann Euch nicht sagen, was danach geschah, nur soviel kann ich sagen, daß man sah, wie Ritter, Frauen und edle Knappen den Tod ihrer teuren Freunde beweinten. Hier findet die Geschichte ihr Ende. Das ist «Der Nibelunge Not».[42]

---

[41] Hagen calls her a "vâlandinne," that is a perversion of the beautiful and courtly maiden of the first part of the poem. Cf. Walther von der Vogelweide's concept of woman as "füegerinne" who elevates men to a higher intellectual and ethical level ("Aller werdekeit ein füegerinne").

[42] Manuscript C ends with "daz ist der Nibelunge liet," which is where we get the title for the poem.

132

Hartmann von Aue
(fl. c. 1170-1215)

There are several families whose name could correspond with that of the poet, but it is not definitely known to which family he belonged or which family he served. It is likely that he was a Swabian. One thing seems certain—he was closely attached to his liege lord, whoever he was, for it is generally agreed that his abandonment of secular epics was due to his sorrow over his lord's death. His earliest works were lyric poems, including love poetry and crusading songs. His *Büchlein* is a dialogue between the heart and the body on the hardheartedness of love. The remainder of his œuvre consists of narrative works, two of them based on Arthurian romances of the French poet Chrétien de Troyes. *Erek*, written about 1190-1195, is the story of a knight who married a beautiful woman but became so enamored with his wife ("verligen," that is, uxorious) that he neglected adventurous pursuits. He hears his wife lamenting the criticisms of his attitude made by some of his knights. Thinking that she shares their opinion of him, he takes her on a series of exploits. Although he has forbidden her to warn him of impending dangers, she disobeys and saves his life several times. He is at last convinced that she is loyal and comes to learn the full meaning of «Minne». Hartmann follows Chrétien de Troyes fairly closely but does use some material not found in his source.

Following the death of his patron, Hartmann appears to have undergone a profound reversal of feeling, and his next two works are exemplary legends. *Gregorius*, probably written first, shows that even the most terrible sinner can be saved if his repentance is sincere. The story is based on a widespread, though nonhistoric, story of a child born of incest who later unknowingly commits the same sin, but by the most rigid penance so purges himself that God directs that he be elected pope. Hartmann's immediate source was probably the French *Histoire de la vie du pape Grégoire*.

We know nothing of the source of Hartmann's best poem, *Der arme Heinrich*. A plausible suggestion is that it may have been a family legend of Hartmann's patron, explaining why a forebear married a peasant girl. The main motif, the cure of leprosy by the use of the blood of a virgin, is very common, as is the idea of the outward corruption of the disease indicating the inward corruption of the soul. Heinrich is a good man in the worldly sense, but he fails to recognize his debt to God, becomes leprous, and fails to see his responsibility for his plight. He reluctantly accepts the offer of the young daughter of one of his peasants to let her heart's blood be used to cure him but, in the end, he cannot allow her sacrifice, although she protests strongly, feeling herself deprived of becoming a martyr. Heinrich's recognition of his true state brings about a cure for both body and soul.

Iwein is a very close adaptation of the *Yvains* of Chrétien de Troyes. It is structurally Hartmann's best poem and shows that by this time—about 1204—he was a master of the narrative form, as many contemporaries agree. Iwein neglects his wife for personal adventure («verfahren») and is brought back to true knighthood by a series of exploits, in all of which he rescues women. Here, as elsewhere, Hartmann treats the courtly ethic very seriously, as a way of attaining secular glory that is not merely empty adventure («zweckentfremdetes Abenteuer»). But in *Iwein* he seems less pompous, and certainly his technique is equal to that of any medieval poet with the possible exception of Gottfried.

Hartmann's narrative poems, like all courtly epics, are written in four beat rhyming couplets («Paarreim»). The last beat may fall on a stressed syllable not followed by an unstressed syllable (masculine—«männlich volle Kadenz»), referred to as masculine monosyllabic. If the final beat falls on a short, stressed syllable followed by an unstressed syllable this is referred to as masculine disyllabic; it may also fall on a normally unstressed syllable (that is, a long vowel or dipthong or a short vowel plus double consonant) immediately following a stressed syllable («klingende Kadenz»), or on a long, stressed syllable followed by an unstressed syllable (feminine—«weiblich volle Kadenz»). Very rarely is there no syllable for the last stress, in which case it has to be assumed to fall on a pause (metrically incomplete—«stumpfe Kadenz»).

Iwein

Swer an rehte güete
wendet sîn gemüete,
dem volget sælde und êre.
des gît gewisse lêre
5 künec Artûs der guote,   5
der mit rîters muote
nâch lobe kunde strîten.
er hât bî sînen zîten
gelebet alsô schône
10 daz er der êren krône   10
dô truoc und noch sîn name treit.
des habent die wârheit
sîne lantliute:
sî jehent er lebe noch hiute:
15 er hât den lop erworben,   15
ist im der lîp erstorben,
sô lebet doch iemer sîn name.
er ist lasterlîcher schame
iemer vil gar erwert,
20 der noch nâch sînem site vert.   20
ein rîter, der gelêret was
unde ez an den buochen las,
swenner sîne stunde
niht baz bewenden kunde,
25 daz er ouch tihtennes pflac   25
(daz man gerne hœren mac,
dâ kêrt er sînen vlîz an:
er was genant Hartman
und was ein Ouwære),
der tihte diz mære.
[...]
"Alsus antwurt er mir dô
'sît dîn gemüete stât alsô
545 daz dû nâch ungemache strebest   545
und niht gerne sanfte lebest,

Hartmann von Aue
Iwein

Wer nach dem wahrhaft Guten / von ganzem Herzen strebt, / dem wird Ansehen vor Gott und den Menschen als sicherer Lohn zuteil.[1] / Ein Beweis dafür ist

(5) der edle König Artus, / der mit ritterlichem Geist / es wohl verstand, Ruhm zu erringen. / Zu seiner Zeit hat er / ein so vorbildliches Leben geführt,

(10) daß er den Kranz der Ehren / damals trug, wie auch jetzt noch sein Name damit geschmückt ist. / Darum haben / seine Landsleute recht, / wenn sie sagen, er lebe noch heute.

(15) Er hat Ruhm erworben, / und ist er selbst auch tot, / wird doch sein Name stets fortleben. / Der wird sich niemals einer Schandtat / schämen müssen, / der nach seinem Vorbild handelt.—

(20) Ein Ritter hatte Schulbildung genossen / und las in Büchern, / wenn er mit seiner Zeit / nichts besseres anzufangen wußte,

(25) dichtete er sogar.[2] / Er verwandte seine Bemühungen auf das, / was vergnüglich zu hören ist. / Er hieß Hartmann / und war von Aue. / Der hat auch diese Geschichte gedichtet.

Arthur's court is assembled at Caridol at Whitsuntide (Pentecost, «Pfingsten»), and there is clearly bad blood between Keie, the crude seneschal of the court, and Kalogreant, Iwein's cousin. Only the intervention of Queen Cunneware allows Kalogreant to tell of an adventure that happened to him almost ten years ago. He rode into the wood of Bresilian seeking adventure and spent the night as the guest of a nobleman and his daughter. The next day he met a huge and hideous herdsman in charge of wild animals. After being assured that the animals will not hurt him, Kalogreant asks the herdsman where he can find adventure.

"Da antwortete er mir so: / 'Also bist du solchen Sinnes,
(545) daß du die Gefahr suchst / und nicht in friedlicher Bequemlichkeit leben möchtest.

---

[1]This prologue is a clear statement of the 'Arthurian values,' and corresponds to the prologue in a religious poem in which the praise would be given to God. The belief in the survival of King Arthur was widespread among the Celtic peoples and is mentioned, for example, in Malory's *Mort d'Arthur*. According to legend, King Arthur never died but was whisked away to the island of Avalon where he is still awaiting his return.

[2]Hartmann von Aue mentions his name several times in the poem (ll. 2974, 2982, 7027). His claim to be a literate knight, made here and in the prologue to *Der arme Heinrich*, is in amusing contrast to Wolfram von Eschenbach's statement that he himself is not a learned man. It is conceivable that Wolfram knew of Hartmann's claim and deliberately put himself in the opposite camp.

ichn gehôrte bî mînen tagen
selhes nie niht gesagen
waz âventiure wære:
550 doch sag ich dir ein mære,   550
wil dû den lîp wâgen,
sone darftû niht mê vrâgen
hie ist ein brunne nâhen bî
über kurzer mîle drî:
555 zewâre unde kumestû dar   555
und tuostû im sîn reht gar
tuostû dan die widerkêre
âne grôze dîn unêre,
sô bistû wol ein vrum man:
560 dâne zwîvel ich niht an.   560
waz vrumt ob ich dir mêre sage?
ich weiz wol, und bistû niht ein zage,
so gesihestû wol in kurzer vrist
selbe waz diu rede ist.
565 Noch hœre waz sîn reht sî.   565
dâ stât ein capelle bî:
diu ist schœne und aber cleine.
kalt und vil reine
ist der selbe brunne:
570 in rüeret regen noch sunne,   570
nochn trüebent in die winde.
des schirmet im ein linde,
daz nie man schœner gesach:
diu ist sîn schate und sîn dach.
575 si ist breit hôch und alsô dic   575
daz regen noch der sunnen blic
niemer dar durch enkumt:
irn schadet der winter noch envrumt
an ir schœne niht ein hâr,
580 sine stê geloubet durch daz jâr.   580
und ob dem brunne stât ein
harte zierlîcher stein,
undersatzt mit vieren
marmelînen tieren:
585 der ist gelöchert vaste.   585
ez hanget von einem aste
von golde ein becke her abe:
jane wæn ich nicht daz iemen habe
dehein bezzer golt danne ez sî.

In meinem Leben / habe ich nicht so etwas gehört, / was es mit «aventiure» auf sich habe.[3]

(550) Aber ich will dir etwas sagen: / wenn du dein Leben aufs Spiel setzen willst, / so brauchst du nicht länger mehr zu fragen. / Hier in der Nähe ist eine Quelle, / nicht weiter als drei kleine Meilen entfernt.

(555) Wenn du dorthin kommst / und handelst in der richtigen Weise / und kommst dann zurück, / ohne erhebliche Schande erfahren zu haben, / dann bist du wahrhaftig ein tüchtiger Mann,

(560) daran will ich nicht zweifeln. / Was soll ich dir noch mehr sagen? / Ich bin sicher, wenn du Keieen Feigling bist, / wirst du in kurzer Zeit selbst sehen, / wie sich die Sache verhält.

(565) Höre noch etwas von der Beschaffenheit der Quelle. / Eine Kapelle steht in der Nähe, / die zwar klein aber schön ist, / kalt und klar / ist die erwähnte Quelle:

(570) weder Regen noch Sonne treffen sie, / noch rühren sie die Winde auf. / Eine Linde schützt sie davor, / schön wie Keieene andere: / sie bietet ihr Schatten und Dach.

(575) Sie ist mächtig, hoch und so dicht, / daß weder Regen noch ein Sonnenstrahl / sie je durchdringen. Der Winter hat nicht den mindesten Einfluß / auf ihre Schönheit,

(580) sodaß sie das ganze Jahr hindurch im Laub steht.[4] / Oberhalb der Quelle steht ein / überaus zierlich behauener Stein / auf einem Sockel / von vier marmornen Tieren.

(585) Der ist tief ausgehöhlt. / Von einem Aste hängt / ein goldenes Gefäß herab. / Ich glaube nicht, jemand / habe besseres Gold als dieses.

---

[3]The herdsman—a "waltman," that is a »savage«—who clearly exists on the periphery of courtly society, shows more sense than the sophisticated Arthurian knight, perhaps suggesting that adventure for adventure's sake (a »zweckentfremdetes Abenteuer« as contrasted to a »zweckgebundenes Abenteuer«, that is, one that is embedded in an ethico--historical context) is sheer folly.

[4]The »Linde« (linden) is a pine tree in Chrétien de Troyes's *Yvain*. Its properties are clearly reminiscent of E.R. Curtius's eternal spring topos.

590 diu keten dâ ez hanget bî   590
    diu ist ûz silber geslagen.
    wil dû danne niht verzagen,
    sone tuo dem becke niht mê,
    giuz ûf den stein der dâ stê
595 dâ mite des brunnen ein teil: 595
    deiswâr, sô hâstû guot heil,
    gescheidestû mit êren dan.?''
    hin wîste mich der waltman
    einen stîc ze der winstern hant:
600 ich vuor des endes unde vant   600
    der rede eine wârheit
    als er mir hete geseit,
    und vant dâ grôz êre.
    man gehœret nimer mêre,
605 diu werlt stê kurz ode lanc,   605
    sô wünneclîchen vogelsanc
    als ich ze der linden vernam,
    dô ich derzuo geriten kam.
    der ie gewesen wære
610 ein tôtriuwesære,   610
    des herze wære dâ gevreut.
    sî was mit vogelen bestreut
    daz ich der este schîn verlôs
    und ouch des loubes lützel kôs.
615 dern wâren niender zwêne gelîch: 615
    ir sanc was sô mislîch,
    hôch unde nidere.
    die stimme gap in widere
    mit gelîchem galme der walt.
620 wie dâ sanc sange galt!   620
    den brunnen ich dar under sach,
    und swes der waltman mir verjach.
    ein smâreides was der stein:
    ûz iegelîchem orte schein
625 ein alsô gelpfer rubîn,   625
    der morgenstern möhte sîn
    niht schœner, swenner ûf gât
    und in des luftes trüebe lât.
    Dô ich daz becke hangen vant,
630 dô gedâht ich des zehant,   630
    sît ich nâch âventiure reit,
    ez wære ein unmanheit

(590) Die Kette, an der es hängt / ist aus Silber geschmiedet. / Wenn du keine Angst hast, / so mache mit dem Becken nichts weiter, / als daß du auf den Stein, der dort steht,

(595) etwas von der Quelle gießt. / Wirklich, das Glück ist mit dir, / wenn du mit Ehren wieder von dort scheidest.' / Der Waldmann zeigte mir / einen Weg dorhin zur Linken.[5]

(600) Ich ritt dahin und fand / seine Worte bestätigt, / genau wie er es gesagt hatte. / Und ich fand dort große HerrlichKeieet. / Nie mehr wird man,

(605) solange die Welt steht, / so herrlichen Gesang der Vögel hören, / wie ich ihn bei der Linde vernahm, / als ich hingeritten kam. / Das Herz selbst

(610) eines Todtraurigen / wäre dort froh geworden. / Die Linde war so mit Vögeln bedeckt, / daß ich die Äste nicht sehen konnte, / und auch kein Laub wahrnahm.

(615) Keiner war dem andern gleich, / ihr Gesang klang mannigfach / in allen Tonlagen. / Die Stimmen gab ihnen / der Wald mit gleichem Schalle zurück.

(620) Wie da Gesang in Gesang tönte! / Die Quelle sah ich darunter / und alles, was mir der Waldmann gesagt hatte. / Der Stein war ein Smaragd. / Aus jeder Ecke leuchtete

(625) ein Rubin, der so funkelte, / daß der Morgenstern nicht schöner sein könnte, / wenn er aufgeht / und ihn die dämmerige Luft nicht mehr verdunkelt.[6] / Als ich das Gefäß hängen sah,

(630) dachte ich gleich, / da ich ja auf «aventiure» ausgeritten war, / es sei eine unmännliche Schwachheit,

---

[5]It is interesting to note that in contrast to Chrétien de Troyes, Hartmann has Kaleogreant depart to the left, the 'sinister' (from the Latin word for »left«) side where misfortune lurks, instead of having him forge straight ahead.

[6]It is not entirely clear why the precious stones happen to be an emerald and rubies. Medieval lapidaries suggest that the stones' allure may lie in their potential for honor and fortune.

       obe ich dô daz verbære
       ichn versuochte waz daz wære;
635   und riet mir mîn unwîser muot,   635
       der mir vil dicke schaden tuot,
       daz ich gôz ûf den stein.
       do erlasch diu sunne diu ê schein,
       und zergienc der vogelsanc,
640   als ez ein swærez weter twanc.   640
       diu wolken begunden
       in den selben stunden
       von vier enden ûf gân:
       der liehte tac wart getân
645   daz ich die linden kûme gesach.   645
       grôz ungnâde dâ geschach.
       vil schiere dô gesach ich
       in allen enden umbe mich
       wol tûsent tûsent blicke:
650   dar nâch sluoc alsô dicke   650
       ein alsô kreftiger donerslac
       daz ich ûf der erde gelac.
       sich huop ein hagel unde ein regen,
       wan daz mich der gotes segen
655   vriste von des weters nôt,   655
       ich wære der wîle dicke tôt:
       daz weter wart als ungemach
       daz ez den walt nider brach.
       was iender boum dâ sô grôz
660   daz er bestuont, der wart blôz   660
       und loubes alsô lære
       als er verbrennet wære."
       [...]
       sus vuoren si in der enge
       beide durch gedrenge
       unz an daz palas. dâ vor
1080   was gehangen ein slegetor: 1080
       dâ muose man hin durch varn
       unde sich vil wol bewarn
       vor der selben slegetür,
       daz man den lîp dâ niht verlür.
1085   sweder ros od man getrat   1085
       iender ûz der rehten stat,
       daz ruorte die vallen und den haft
       der dâ alle dise kraft

wenn ich es unterließe / zu versuchen, wie es damit bestellt ist.
(635) Und es riet mir mein Unverstand, / der mir oft schadet, / den Stein zu begießen. / Da verfinsterte sich die Sonne, die eben noch hell geschienen hatte, / und der Gesang der Vögel verstummte

(640) vor einem schweren Ungewitter. / Die Wolken zogen / gleichzeitig / von vier Himmelsrichungen her auf. / Der helle Tag wurde so verwandelt,

(645) daß ich die Linde gar nicht mehr sehen konnte. / Ein schrecklicher Aufruhr erhob sich. / Da sah ich alsbald / um mich her auf allen Seiten / tausend und abertausend Blitze.

(650) Danach dröhnte ebensooft / ein so gewaltiger Donnerschlag, / daß ich auf die Erde stürzte. / Hagel und Regen zogen auf, / und hätte mich nicht Gottes Gnade

(655) vor Wettersnot behütet, / so wäre ich dabei umgekommen. / Das Unwetter wurde so furchtbar, / daß es den Wald niederbrach. / Und war irgendwo ein Baum stark genug,

(660) daß er stehenblieb, so wurde er kahl / und so des Laubes beraubt, / als sei er verbrannt."

The weather quickly clears, and a knight charges out, accusing Kalogreant of laying waste his property. In spite of his denials, Kalogreant is attacked and unhorsed. He walks back to his host of the previous night, who again receives him well. Iwein proclaims his determination to avenge the insult to the family but is mocked by Keie. King Arthur declares that the whole court will go to the fountain to try the adventure, but Iwein leaves the court secretly and sets out alone. He repeats his cousin's actions exactly, however he is not unhorsed. The two knights begin to fight with their swords, and Iwein succeeds in inflicting a serious wound on his opponent, who turns and flees. Iwein pursues him, but the manner in which he chases his enemy calls forth a rebuke from Hartmann (l. 1056: "jaget in âne zuht"). As the knight approaches his castle, Iwein is hard on his heels:

So ritten sie auf dem schmalen Weg / beide wegen der Enge / bis zum Palas. Davor (1080) war ein Fallgatter aufgehängt. / Dort mußte man hindurchreiten / und sich sehr / vor eben dem Fallgatter vorsehen, / um dort das Leben nicht zu verlieren.

(1085) Wenn Pferd oder Mensch / nicht an die richtige Stelle traten, / so löste das die Falle und Haltevorrichtung aus, / die diese ganze Wucht

und daz swære slegetor
1090 von nidere ûf habte enbor: 1090
sô nam ez einen val
alsô gâhes her zetal
daz im nieman entran.
sus was beliben manec man.
1095 dâ reit der wirt vor im in.   1095
der hete die kunst und den sin
daz im dâ von niht arges enwar:
wander meistert ez dar.
ez was swære unde sneit
1100 sô sêre daz ez niht enmeit   1100
ezn schriete îsen unde bein.
nune kunde sich her Iwein
niht gehüeten dâ vor
unde valte daz tor,
1105 und sluoc zen selben stunden   1105
dem wirte eine wunden,
und genas als ich iu sage.
er hete sich nâch dem slage
hin vür geneiget unde ergeben:
1110 alsus beleip im daz leben,   1110
dô daz tor her nider sleif,
deiz im den lîp niht begreif
und sluoc, als ich vernomen habe,
daz ros ze mittem satel abe,
1115 und schriet die swertscheide   1115
und die sporn beide
hinder der versenen dan:
er genas als ein sælec man.
[...]
2255 Do si beidiu swigen, dô sprach diu maget   2255
"her Iwein, wie sît ir sô verzaget?
lebet ir ode habt ir munt?
ir sprâchet doch in kurzer stunt:
wenne wurdent ir ein stumbe?
2260 saget durch got, war umbe   2260
vliehet ir ein sô schœne wîp?
got gehazze iemer sînen lîp
der âne danc deheinen man,
der selbe wol gesprechen kan,
2265 ze schœnem wîbe ziehe,   2265
der sî sô sêre vliehe.

und das schwere Fallgatter[7]
(1090) in der Höhe hielt / und es schlug / dermaßen heftig herunter, / daß ihm niemand ausweichen konnte. / Auf diese Weise war schon mancher umgekommen.

(1095) Der Burgherr ritt vor ihm hinein. / Der hatte die Geschicklichkeit und die Kenntnis, / daß ihm nichts passierte, / denn er hatte diese Einrichtung dorthin anbringen lassen. / Das Fallgatter war schwer und schnitt

(1100) so scharf, daß es unfehlbar / sogar Eisen und Knochen zerschlug. / Nun verstand sich Herr Iwein / nicht davor zu hüten / und löste das Gatter aus,

(1105) schlug aber im selben Augenblick / dem Burgherrn eine Wunde / und wurde dadurch folgendermaßen gerettet: / er hatte sich, um den Hieb auszuführen, / weit nach vorn geneigt.

(1110) Auf diese Weise behielt er das Leben, / als das Tor heruntersauste, / daß es ihn nicht traf. / Es durchschlug, wie ich hörte, / das Pferd in der Mitte beim Sattel

(1115) und schnitt die Schwertschneide / und beide Sporen / hinter der Ferse ab. / Ihn selbst bewahrte ein gütiges Geschick vor dem Tode.

Iwein is trapped; fortunately the first person to find him is a lady-in-waiting, Lunete, to whom he had been kind at Arthur's court. She gives him a ring to make him invisible. At court, he sees a lady overcome by grief; she is clearly Laudine, the wife of the knight he had killed. Even though the corpse begins to bleed when Iwein draws near, nobody in the castle is able to see him. When Lunete returns, he tells her that he is deeply in love with the lady he has seen. Lunete decides to attempt to win over her mistress for him.

(2255) Als sie beide schwiegen, sagte das Mädchen: / "Herr Iwein, warum seid Ihr so verzagt. / Ihr seid doch wohl lebendig und habt einen Mund? / Eben habt Ihr doch noch gesprochen. / Wann wurdet Ihr denn ein Stummer?

(2260) Sagt doch, um Gotteswillen, weswegen / flieht Ihr eine so schöne Frau? / Gott strafe den, / der gegen seinen Willen einen Mann, / der selbst der Rede mächtig ist,

(2265) zu einer schönen Frau führt, / wenn dieser dann so gar nichts von ihr wissen will.

---

[7]Fallgatter: portcullis

ir möhtent sitzen nâher baz:
ich geheize iu wol daz,
mîn vrouwe enbîzet iuwer niht.
2270 swem von dem andern geschiht   2270
sô leide als ir ir habt getân,
und sol man des genâde hân,
dâ zuo hœret bezzer lôn.
ir habt den künec Ascalôn,
2275 ir vil lieben man, erslagen: 2275
wer solt iu des genâde sagen?
ir habet vil grôze schulde:
nû suochet ouch ir hulde.
nû bite wir sî beide
2280 daz sî ir leide   2280
geruoche vergezzen."
done wart niht mê gesezzen:
er bôt sich drâte ûf ir vuoz
und suochte ir hulde unde ir gruoz
2285 als ein schuldiger man.   2285
er sprach: "ichn mac noch enkan
iu gebieten mêre
wandels noch êre,
wan rihtet selbe über mich:
2290 swie ir welt, alsô wil ich."   2290
"Welt ir allez taz ich wil?"
"ja, michn dunket nihts ze vil."
"so nim ich iu lîhte den lîp."
"swie ir gebietet, sælec wîp."
2295 "nu waz hulfe danne rede lanc?   2295
sît ir iuch âne getwanc
in mîne gewalt hât ergeben,
næme ich iu danne daz leben,
daz wære harte unwîplich.
2300 her Iwein, niene verdenket mich,   2300
daz ichz von unstæte tuo,
daz ich iuwer alsô vruo
gnâde gevangen hân.
ir hât mir selch leit getân,
2305 stüende mir mîn ahte und mîn guot   2305
als ez andern vrouwen tuot,
daz ich iuwer niht enwolde
sô gâhes noch ensolde
gnâde gevâhen.

Ihr könnt ruhig ein bißchen näher rücken, / ich kann es Euch versichern, / meine Herrin beißt Euch nicht.

(2270) Wenn einer einem andern so / großes Leid zugefügt hat, wie Ihr es getan habt, / muß sich der die Vergebung / besser erkaufen. Ihr habt den König Askalon,

(2275) ihren geliebten Mann, erschlagen. / Wer sollte Euch dafür danken? / Ihr habt große Schuld auf Euch geladen, / nun sucht auch ihre Gunst zu erlangen. / Nun wollen wir sie beide bitten,

(2280) daß sie ihren großen Schmerz / vergessen möge.” Da blieb er nicht länger sitzen, / er warf sich ihr gleich zu Füßen / und bat um einen gnädigen Empfang

(2285) als ein schuldbeladener Mann. / Er sagte: “Weder vermag noch weiß ich / Euch mehr / Ersatz oder Genugtuung zu bieten, / als daß Ihr selber über mich richten sollt.

(2290) Wie Ihr wollt, so will auch ich!” / “Wollt Ihr alles, was ich will?” / “Ja, mich dünkt nichts eine zu hohe Forderung.” / “So könnte ich Euch womöglich das Leben nehmen!” / “Wie Ihr wünscht, herrliche Frau.”

(2295) “Nun, was soll da langes Reden? / Da Ihr Euch freiwillig / in meine Gewalt ergeben habt, / so stünde es mir als Frau schlecht an, / wollte ich Euch das Leben nehmen.

(2300) Herr Iwein, denkt nicht schlecht von mir, / ich täte es aus Charakterlosigkeit, / daß ich Euch so schnell / verziehen habe. / Ihr habt mir solches Leid zugefügt,

(2305) daß, stünde es mit meinen Verhältnissen und meinem Besitz / so wie bei anderen Damen, / ich Euch nicht / so schnell verzeihen / wollte noch dürfte.

2310 nû muoz ich leider gâhen: 2310
      wandez ist mir sô gewant,
      ich mac verliesen wol mîn lant
      hiute ode morgen.
      des muoz ich ê besorgen
2315 mit einem manne der ez wer: 2315
      der ist niender in mînem her,
      sît mir der künec ist erslagen:
      des muoz ich in vil kurzen tagen
      mir einen herren kiesen
2320 ode daz lant verliesen.   2320
      nune bit ich iuch niht vürbaz sagen.
      sît ir mînen herren hânt erslagen,
      sô sît ir wol ein sô vrum man,
      ob mir iuwer got gan,
2325 sô bin ich wol mit iu bewart   2325
      vor aller vremder hôchvart.
      und geloubet mir ein mære:
      ê ich iuwer enbære,
      ich bræche ê der wîbe site:
2330 swie selten wîp mannes bite   2330
      ich bæte iuwer ê.
      ich nœtlîche iu nicht mê:
      ich wil iuch gerne: welt ir mich?"
      "spræch ich nû, vrouwe, nein ich,
2335 sô wær ich ein unsælec man.   2335
      der liebste tac den ich ie gewan,
      der ist mir hiute wiedervarn.
      got ruoche mir daz heil bewarn,
      daz wir gesellen müezen sîn." [...]
      iu hât erworben iuwer hant
      ein schœne wîp unde ein lant.
      sît iu nû wol geschehen sî,
      sô bewaret daz dâ bî
2785 daz iuch iht gehœne   2785
      iuwers wîbes schœne.
      geselle, behüetet daz enzît
      daz ir iht in ir schulden sît
      die des werdent gezigen
2790 daz sî sich durch ir wîp verligen.   2790
      kêrt ez niht allez an gemach;
      als dem hern Erecke geschach,
      der sich ouch alsô manegen tac

(2310) Nun muß ich mich bedauerlicherweise beeilen, / denn meine Lage ist so, / daß ich leicht heute oder morgen / mein Land verlieren kann. / Ich muß vorher Sorge tragen,

(2315) es mit einem Manne zu versehen, der es verteidige. / In meinem Heer gibt es keinen. / Da der König mir erschlagen ist, / muß ich möglichst schnell / mir einen Gemahl erwählen

(2320) oder das Land verlieren.[8] / Ihr braucht mir nichts weiter zu erzählen. / Da Ihr meinen Herrn erschlagen habt, / seid Ihr gewiß ein so tapferer Mann, / daß wenn Gott Euch mir gönnt,

(2325) ich bei Euch gut aufgehoben bin / vor allem fremden Übermut. / Glaubt mir eines: / Ehe ich auf Euch verzichtete, / wollte ich lieber außer acht lassen, was Konvention / Frauen verbietet:

(2330) wenn nie eine Frau um einen Mann geworben hat, / ich will dennoch um Euch werben. / Ich bin nicht länger Eure Feindin. / Ich will Euch von Herzen, wollt Ihr mich?" / "Wenn ich jetzt, Herrin, nein sagte,

(2335) dann wäre ich heillos. / Heute ist der glücklichste Tag, / den ich je erlebt habe. / Gott möge mir das Glück erhalten, / daß wir uns lieben."

Iwein and Laudine are married, and Iwein is able to defend the fountain when Arthur's court arrives. He gains his revenge on Keie by unhorsing him in disgraceful fashion. There is a great celebration, in the course of which Gawan reminds Iwein of how Erec, another knight of Arthur's court, nearly forfeited his honor:

Ihr habt Euch / eine schöne Frau und ein Land errungen. / Da es Euch so gut ausgeschlagen ist, / so nehmt Euch nun in acht,

(2785) daß Euch nicht die Schönheit Eurer Frau / Schande bringe. / Freund, verhindert beizeiten, / daß Ihr nicht in den gleichen Fehler verfallt wie die, / welche dessen bezichtigt werden,

(2790) daß sie sich um ihrer Frau willen «verliegen». / Richtet nicht Euer ganzes Denken bloß auf häusliche / Freuden, wie es Herrn Erec geschah, / der sich auch lange Zeit

---

[8]Laudine acts solely out of necessity.

durch vrouwen Enîten verlac."
[...]
Daz smæhen daz vrou Lûnete
den herren Iweinen tete,
daz gæhe wider kêren,
der slac sîner êren,
3205 daz sî sô von im schiet   3205
daz sî in entrôste noch enriet,
daz smæhlîche ungemach,
dazs im an die triuwe sprach,
diu versûmde riuwe
3210 und sîn grôziu triuwe   3210
sînes stæten muotes,
diu verlust des guotes,
der jâmer nâch dem wîbe,
die benâmen sînem lîbe
3215 vil gar vreude und den sin.   3215
nâch einem dinge jâmert in,
daz er wære etewâ
daz man noch wîp enweste wâ
und niemer gehôrte mære
3220 war er komen wære.   3220
Er verlôs sîn selbes hulde:
wan ern mohte die schulde
ûf niemen anders gesagen:
in hete sîn selbes swert erslagen.
3225 ern ahte weder man noch wîp,   3225
niuwan ûf sîn selbes lîp.
er stal sich swîgende dan
(daz ersach dâ nieman)
unz daz er kam vür diu gezelt
3230 ûz ir gesihte an daz velt.   3230
dô wart sîn riuwe alsô grôz
daz im in daz hirne schôz
ein zorn unde ein tobesuht,
er brach sîne site und sîne zuht
3235 und zarte abe sîn gewant,   3235
daz er wart blôz sam ein hant.
sus lief er über gevilde
nacket nâch der wilde.
[...]

um Enitens willen «verlegen»[9] hatte."

Iwein obtains leave from his wife to seek adventures for one year. However, he inadvertently overstays his leave, and Lunete arrives to denounce him before King Arthur.

Die Schmähworte, die Frau Lunete / Herrn Iwein gesagt hatte, / ihre abrupte Umkehr, / die Vernichtung seiner Ehre,

(3205) daß sie von ihm geschieden war, / ohne ihn zu trösten oder ihm beizustehen, / das schmachvolle Unglück, / die Zweifel an seiner Verläßlichkeit,

(3210) die zu späte Reue, / die große Beständigkeit / seines treuen Herzens, / der Verlust seines Besitzes, / die schmerzliche Sehnsucht nach der Frau, / —das alles raubte ihm

(3215) Frohsinn und Verstand. / Nur eins wünschte er sehnsüchtig: / daß er irgendwo anders wäre, / daß kein Mensch wüßte, wo, / und auch niemals hörte,

(3220) wohin er geraten sei. / Er begann, sich selbst zu hassen, / denn er konnte die Schuld / auf niemanden sonst schieben. / Sein eigenes Schwert hatte ihn erschlagen.

(3225) Er kümmerte sich um niemanden / als um sich selbst. Er stahl sich schweigend davon, / —niemand sah es,— / bis er vor die Zelte

(3230) aus ihrem Gesichtskreis zu dem freien Felde kam. / Da wurde sein Schmerz derart gewaltig, / daß ihm Wut und Tobsucht / ins Gehirn fuhren, / er vergaß seine Gesittung und Erziehung

(3235) und riß sich das Gewand vom Leibe, / daß er splitternackt[10] war. / So lief er über das Feld / nackt der Wildnis zu.

---

[9]sich verlegen: to be uxorious, that is, to be dotingly fond of one's wife
[10]splitternackt: stark naked

5145 Im wârn die wege wol kunt,   5145
     und was ouch deste kurzer stunt
     zuo der kapellen komen.
     dô was diu juncvrouwe genomen
     her ûz dâ sî gevangen lac
5150 (wand ez was wol um mitten tac),   5150
     und wâren ir in den stunden
     die hende gebunden,
     ir cleider von ir getân
     und niuwan ir hemde an verlân,
5155 und diu hurt was bereit   5155
     und daz viur dar under geleit,
     unde stuont vrou Lûnete
     ûf ir knien an ir gebete
     und bat got der sêle pflegen,
5160 wan sî hete sich des lîbes bewegen.   5160
     Dô sî sich missetrôste
     daz sî nû nieman lôste,
     dô kam ir helfære,
     und was im vil swære
5165 ir laster unde ir arbeit,   5165
     die sî von sînen schulden leit.
     ouch hete mîn her Iwein
     grôzen trôst zuo den zwein,
     daz got und ir unschulde
5170 den gewalt niene dulde   5170
     daz im iht missegienge,
     und daz in ouch vervienge
     der lewe sîn geverte
     daz er die maget ernerte.
5175 Nû gâhte er sêre mitten sporn: 5175
     wand sî wære verlorn,
     wær er iht langer gewesen.
     er rief und sprach ?'' lât genesen,
     übeliu diet, dise maget.
5180 swaz man über sî hie claget,   5180
     des wil ich in ir schulden stân:
     und sol sî dâ zuo kempfen hân,
     sô wil ich vehten vür sî.''
     ô daz gehôrten dise drî,
5185 daz versmâhet in vaste: 5185

He lives like an animal for some time until he is brought back to sanity by the ministrations of the lady of Narison. When completely cured, he rids her of an importunate suitor, but does not accede to her request to stay. As he rides on, he sees a battle between a lion and a serpent. He helps the lion, and it follows him in gratitude, provides him with food, and, incidentally, gives him the title «Löwenritter». Iwein finds his way back to the fountain and is overcome by emotion. The lion thinks him dead and attempts suicide. Nearby, he finds a lady locked in a chapel. She tells him that she has been imprisoned because of her alleged betrayal of her mistress. She proves to be Lunete, who has been condemned by the seneschal of Laudine's castle. The only way in which she can be saved is for a knight to fight the seneschal and his two brothers all at the same time. She has failed to get Gawan to aid her. Iwein reveals his identity and promises her his assistance. The lord of the castle in which he spends the night also needs his help. A giant has captured his six sons and has already hanged two of them. The next day he will hang the other four unless their sister is given to him as his wife. Furthermore, he threatens that if he has to capture the castle by force, he will hand her over to a common soldier. The knights at Arthur's court were absent because of the abduction of Queen Cunneware and could not be called upon to help. The next day Iwein kills the giant, though not without some help from his faithful lion, and hastens to the aid of Lunete, who is to be burned at noon if no champion appears.

(5145) Er kannte die Wege genau / und war deshalb besonders schnell / zur Kapelle gekommen. / Da war das Mädchen von dort, / wo sie gefangen gelegen hatte, herausgeholt worden,

(5150) denn es war hoher Mittag, / und es waren ihr jetzt / die Hände gebunden / und ihre Kleider ausgezogen worden, / und man hatte ihr nur ihr Hemd gelassen.[11]

(5155) Der Scheiterhaufen war bereitet, / und das Feuer darunter gelegt, / und Frau Lunete lag / auf den Knien im Gebet / und befahl Gott ihre Seele,

(5160) denn sie hatte mit dem Leben abgeschlossen. / Als sie die Hoffnung aufgegeben hatte, / daß doch sie jemand befreite, / da kam ihr Helfer, / und ihre Schmach und Pein,

(5165) die sie durch seine Schuld erlitt, / bedrückten ihn sehr. / Herr Iwein hatte großes Vertrauen / in diese beiden Dinge: daß Gott und ihre Schuldlosigkeit

(5170) die Gewalttat nicht zulassen / und ihm zum Siege verhelfen würden / und daß ihm auch / der Löwe, sein Gefährte, nützen werde, / das Mädchen zu retten.

(5175) Er trieb sein Pferd scharf mit den Sporen an. / Denn sie wäre verloren gewesen, / wäre er länger ausgeblieben. / Er rief von weitem: "Laßt, / schlechtes Volk, dieses Mädchen in Frieden.

(5180) Wessen man sie hier bezichtigt, / dafür will ich einstehen. / Und wenn sie dazu einen Kämpfer braucht, / so will ich für sie kämpfen." / Als das die drei hörten,

(5185) kam ihnen das äußerst verächtlich vor.

---

[11] This is a typical example of the »timely rescue« topos. In fact, it is here in *Iwein* that the theme occurs for the first time in medieval fiction.

doch entwichen sî dem gaste
und macheten im wec dar.
nû nam er umbe sich war,
und suochtes mitten ougen,
5190 die sîn herze tougen   5190
zallen zîten an sach
unde ir ouch ze vrouwen jach.
schiere sach er sî sitzen,
und was von sînen witzen
5195 vil nâch komen als ê: 5195
wand sî sagent, ez tuo wê,
swer sînem herzenliebe sî
alsô gastlichen bî.
[...]
Diz machet im sînen muot
ze vehten starc unde guot,
und reit dar dâ er sî sach.
5220 er hiez sî ûf stân unde sprach   5220
"vrouwe, zeiget mir die
die iuch dâ kumbernt, sint sî hie:
und heizet iuch drâte ledec lân,
ode sî müezen von mir hân
5225 den strît den ich geleisten mac.?"   5225
und sîn lewe, der sîn dâ pflac,
der gesach vil schiere sînen haz
und gestuont hin nâher baz.
Nû was diu reine guote maget
5230 von vorhten alsô gar verzaget   5230
daz sî vil kûme ûf gesach:
do gevienc sî kraft unde sprach
"herre, daz vergelt iu got:
der weiz wol daz ich disen spot
5235 und dise schande dulde   5235
ân alle mîne schulde
und bite des unsern herren
daz sî iu müezen werren
niuwan als ich schuldec sî",
5240 und zeicte sî im alle drî.   5240
Dô sprach der truhsæze
"er ist gnuoc tumpræze
der her kumt sterben durch dich.
nû ist ez gnuoc billich,
5245 swer selbe des tôdes ger,   5245

Doch machten sie dem Fremdling Platz / und gaben ihm den Weg dahin frei. / Er sah sich um / und suchte sie mit dem Blick,

(5190) die sein Herz heimlich / zu jeder Zeit ansah / und als seine Herrin anerkannte. / Gleich sah er sie da sitzen, / und er wäre fast wie ehedem

(5195) um den Verstand gekommen, / denn man sagt, es schmerze, / wenn man als Fremdling / so nahe bei der Geliebten seines Herzens sei.

[...]

Das machte ihn / stark und entschlossen zum Kampf, / und er ritt dahin, wo er Lunete sah. (5220) Er hieß sie aufstehen und sagte: / "Herrin, zeigt mir / Eure Peiniger, wenn sie hier sind, / und sagt ihnen, sie sollen Euch sofort freilassen, / oder ich will ihnen den Kampf ansagen,

(5225) den ich mit allen meinen Kräften ausfechten will." / Und sein Löwe, der ihn begleitete, / bemerkte gleich seinen Grimm / und kam noch mehr in die Nähe. / Das unschuldige edle Mädchen war

(5230) vor Furcht so verzagt, / daß es kaum aufzublicken wagte. / Sie nahm sich zusammen und sagte: / "Herr, das vergelte Euch Gott. / Der weiß genau, daß ich diesen Hohn

(5235) und diese Schmach / ohne die geringste Schuld erdulde. / Und ich bitte unsern Herrn darum, / daß sie Euch nur soviel Widerstand leisten, / wie ich Schuld habe."

(5240) Und sie zeigte ihm alle drei. / Da sagte der Truchseß: / "Der ist reichlich unüberlegt, / der herkommt um deinetwillen zu sterben. / Es ist aber recht und billig,

(5245) daß einer, der selbst den Tod begehrt,

daz mans ouch den gewer,
und der ouch danne vehte
sô gar wider dem rehte.
wan ez hât allez diz lant
5250 ir untriuwe wol erkant,   5250
wie sî ir vrouwen verriet
daz sî von ir êren schiet.
deiswâr, herre, ich râte iu daz
daz ir iuch bedenket baz.
5255 ich erban iu des vil sêre   5255
daz wir iu iuwer êre
müezen nemen untten lîp
umb ein sô ungetriuwez wîp.
nû seht daz unser drî sint:
5260 und wæret ir niht ein kint,   5260
ir möhtet wol die rede lân
diu iu an den lîp muoz gân."
Dô sprach der rîter mittem leun
"ir muget mir harte vil gedreun:
5265 ir müezet mich bestân   5265
ode die juncvrouwen lân.
mir hât diu unschuldige maget
bî dem eide gesaget
daz sî wider ir vrouwen sî
5270 aller untriuwen vrî   5270
und daz si ir nie getæte
deheine misseræte.
waz von diu, sint iuwer drî?
wænet ir daz ich eine sî?
5275 got gestuont der wârheit ie: 5275
mit ten beiden bin ich hie.
ich weiz wol, sî gestânt mir:
sus bin ich selbe dritte als ir.
dar an lît, wæn ich, grœzer kraft
danne an iuwer geselleschaft."
[...]
ouch enwâren sî niht zagen
die dâ mit im vâhten,
wande sî in brâhten
5365 in vil angestlîche nôt.   5365
und zewâre âne den tôt
bekumberten sî in sêre:

diesen auch gewährt bekomme, / und daß er dann auch kämpfen soll, / auch wenn er das Recht gegen sich hat. / Denn dieses ganze Land

(5250) hat ihre Hinterlist genau erkannt, / wie sie ihre Herrin verriet, / so daß diese in Schande fiel. / Wahrhaftig, Herr, ich rate es Euch, / daß Ihr Euch eines besseren besinnt,

(5255) ich würde es Euch gern ersparen, / daß wir Euch Ehre / und Leben nehmen müssen / einer so hinterhältigen Frau wegen. / Seht, unser sind drei.

(5260) Wenn Ihr nicht ein unverständiges Kind seid, / sollt Ihr eine Sache unterlassen, / die Euch das Leben kosten wird." / Da sagte der Ritter mit dem Löwen: / "Ihr könnt mir drohen, soviel Ihr wollt.

(5265) Ihr müßt gegen mich kämpfen / oder das Mädchen freilassen. / Mir hat dieses unschuldige Mädchen eidlich versichert, / daß sie von

(5270) allem Verrat gegen ihre Herrin frei sei / und daß sie ihr nie / etwas Schlechtes geraten habe. / Was tut es, wenn Eurer drei sind? / Glaubt Ihr, ich sei allein?

(5275) Gott und die Wahrheit standen noch stets beieinander. / Mit diesen beiden bin ich hier. / Ich weiß genau, daß sie mir zur Seite stehen, / auf diese Weise bin ich zu dritt wie Ihr, / und das ist, glaube ich, wirksamere Hilfe / als Eure Genossen es sind."

The seneschal is not willing to permit the lion to take part in the battle. Iwein will not tie the lion, but he is compelled to remove it from the scene or else forfeit the contest. One of his opponents is speedily put out of action when the fight begins, but the others press him hard.

Doch waren es keineswegs Feiglinge, / die da mit ihm kämpften, / denn sie brachten (5365) ihn in gefährliche Bedrängnis. / Und wahrhaftig, obwohl er nicht den Tod fand, / machten sie ihm sehr zu schaffen,

dochn mohten si im dehein êre
vürnames an gewinnen.
5370 nû kam ze sînen sinnen   5370
der truhsæze widere
und enlac niht mê dâ nidere:
er bürte schilt unde swert
und gienc ze den bruodern wert.
5375 Dô dûhte den lewen er hete zît   5375
sich ze hebenne an den strît,
und lief ouch sâ den gânden man
vil unbarmeclîchen an
und zarte im daz îsen.
5380 man sach die ringe rîsen   5380
sam sî wæren von strô.
sus entworhter in dô,
wand er in gar zevuorte,
swaz er sîn beruorte.
5385 vor im gewan vrou Lûnete   5385
vride von des lewen bete.
diu bete was niuwan der tôt:
des vreut sî sich, des gie ir nôt.
Hie lac der truhsæze:
5390 nû wart der lewe ræze   5390
ze sînen kampfgenôzen,
die manegen slac grôzen
heten enpfangen und gegeben.
werten sî nû wol daz leben,
5395 daz was in guot vür den tôt: 5395
wand sî bestuont nû michel nôt.
nû wâren zwêne wider zwein:
wand ezn mohte her Iwein
den lewen niht vertrîben:
5400 dô liez erz ouch belîben.   5400
er hete sîner helfe wol enborn,
und lie ez ouch ân grôzen zorn
daz er in sîne helfe spranc:
ern sagtes im danc noch undanc.
5405 sî vâhtens bêdenthalben an,   5405
hie der lewe, dort der man.
[...]
Nû waz ez ze den zîten site
5430 daz der schuldegære lite   5430
den selben tôt den der man

doch konnten sie ihm / in der Tat keine Ehre abgewinnen.
(5370) Jetzt kam der Truchseß / zu Bewußtsein / und lag nicht länger am Boden. / Er hob Schild und Schwert auf / und lief zu seinen Brüdern hin.

(5375) Da schien es dem Löwen, es sei Zeit für ihn, / in den Kampf einzugreifen, und er sprang auch gleich den Laufenden / unbarmherzig an / und zerriß dessen Rüstung.

(5380) Man sah die Panzerringe herausfallen, / als ob sie von Stroh wären. / So überwältigte er ihn, / denn er zerriß ihn, / wo er ihn packen konnte.

(5385) Frau Lunete erlangte so / Frieden von ihm durch des Löwen Eingreifen. / Dieses Eingreifen bedeutete nichts anderes als den Tod. / Darüber freute sie sich aus gutem Grund. / Hier lag der Truchseß.

(5390) Jetzt stürzte sich der Löwe wild / auf dessen Kampfgenossen, / die manchen schweren Schlag / ausgeteilt und empfangen hatten. / Wenn sie jetzt um ihr Leben kämpften,

(5395) so schützte sie das vor dem Tode, / denn sie gerieten in große Gefahr. / Jetzt waren es zwei gegen zwei, / denn Herr Iwein / konnte den Löwen nicht verscheuchen,

(5400) da ließ er es halt bleiben.[12] / Er hätte seine Hilfe missen können, / aber er ließ es auch ohne großen Ärger zu, / daß er ihm zu Hilfe sprang. / Er sagte ihm weder Dank noch Tadel dafür.

(5405) Sie kämpften gegen sie auf beiden Seiten, / hier der Löwe und dort der Mann.

[...]

Nun war es zu jenen Zeiten Brauch,[13]
(5430) daß der Ankläger / denselben Tod erleiden mußte, den der Mann

---

[12]Strictly speaking, Iwein was at fault in allowing the lion to take part in the combat, but the fight had been unfair from the start. It will be noted that in the fight with Gawan the lion is kept out of the way. The seneschal, like all those of his class in the romances, belongs to courtly society but fails to live according to its spirit.

[13]It is interesting to note that no such practice is found in medieval German law. Nevertheless, Hartmann insists that it is the law of the land at this particular time ("ze den zîten site").

solde lîden den er an
mit kampfe vor gerihte sprach,
ob ez alsô geschach
5435 daz er mit kampfe unschuldec wart.   5435
dazn wart ouch hie niht gespart:
sî wurden ûf den rôst geleit.
vroun Lûneten wâren gereit
die juncvrouwen alle,
5440 mit manegem vuzvalle   5440
gnâdeten si im sêre
und buten im alle die êre
der er von in geruochte
und vürbaz danne er suochte.
5445 Vrou Lûnete was vil vrô: 5445
wand ez gezôch ir alsô.
si gewan ir vrouwen hulde
und hete âne schulde
erliten kumber unde nôt:
des ergazte sîs unz an ir tôt.
     [...]
7925 "Ob der rîter her kumt   7925
und ir ze mîner nôt gevrumt,
mit tem der lewe varend ist,
daz ich ân allen argen list
mîne maht und mînen sin
7930 dar an kêrende bin   7930
daz ich im wider gewinne
sîner vrouwen minne.
ich bite mir got helfen sô
daz ich iemer werde vrô,
7935 und dise guote heiligen."   7935
dône was dâ niht verswigen
des er bedurfen solde
den sî bringen wolde.
Sich underwant vrou Lûnete
7940 der reise die sî gerne tete.   7940
hin reit diu guote
mit vrœlîchem muote;
und was ir doch zuo der stunt
lützel dar umbe kunt,
7945 dô sî der vart begunde,   7945

hätte erleiden sollen, / den er vor Gericht zum Kampf herausgefordert hatte, / wenn es so ausging,

(5435) daß dieser durch den Kampf als unschuldig erwiesen wurde. / Das wurde auch hier nicht verabsäumt. / Sie wurden auf den Scheiterhaufen gelegt. / Die Hoffräulein kümmerten sich / alle um Frau Lunete.

(5440) Mit häufigem Fußfall / sagten sie ihm großen Dank / und erwiesen ihm soviel Ehrerbietung, / wie er von ihnen erwarten konnte, / und noch mehr als er haben wollte.

(5445) Frau Lunete war von Herzen froh. / Denn so erging es ihr: / Sie gewann die Gunst ihrer Herrin wieder, / da sie schuldlos / Kummer und Not gelitten hatte. / Dafür entschädigte Laudine sie bis an ihr Lebensende.

Laudine, who is present, does not recognize him and offers to help him recover the favor of his lady. Iwein's next task is to act as the champion of the younger daughter of Count Blackthorne. She claims that she is being deprived by her older sister of part of her inheritance. Gawan is the champion of the older sister. Before the battle is fought, however, Iwein frees a company of noble maidens who have been kept at hard labor by two brother giants. Again the lion is of great help. The culminating battle between Iwein and Gawan follows the usual course. They are unknown to one another, fight at great length and indecisively, and finally reveal their identity. The quarrel is settled by King Arthur. We next see Lunete again pleading with her mistress to find a defender for the fountain. Lunete offers a suggestion, but this time she first takes the precaution of making Laudine swear that she will not punish her if things do not work out well.

(7925) "Wenn der Ritter herkommt, / mit dem der Löwe zieht, und mir aus meiner Not hilft, / so will ich ohne Hintergedanken / meine Kräfte und meinen Verstand

(7930) darauf richten, / daß ich ihm / die Liebe seiner Herrin zurückgewinne. / So wahr mir Gott helfe / zur ewigen Seligkeit

(7935) samt diesen gnädigen Heiligen."[3] / Da wurde nichts ausgelassen, / was für den nötig war, /den sie herbeischaffen wollte. / Frau Lunete unternahm

(7940) die Reise, die sie freudig antrat. / Die Vortreffliche ritt davon / fröhlichen Herzens, / obwohl sie zu dieser Zeit, / als sie die Reise antrat,

(7945) keine Ahnung hatte,

wâ sî in vunde;
und wart ir kurzlichen kunt
ir vil sæliger vunt,
wan sî in bî dem brunnen vant.
7950 er was ir bî dem lewen erkant: 7950
ouch erkande sî ir herre,
dô er sî sach von verre.
mit guotem willen gruozter sî.
sî sprach "daz ich iuch alsô bî
7955 vunden hân, des lob ich got."   7955
"vrouwe, daz ist iuwer spot:
od hât ir mich gesuochet?"
"jâ, herre, ob irs geruochet."
"waz ist daz ir gebietet?"
7960 "dâ habt ir iuch genietet,   7960
ein teil von iuwern schulden,
und von ir unhulden
von der iu dienete diz lant
und diu mich ûz hât gesant,
7965 einer langen arbeit: 7965
sine welle brechen danne ir eit,
diu mich dâ ûz gesendet,
sô hân ich iu verendet
die rede alsô verre
7970 daz ir aber mîn herre   7970
werden sult in kurzer vrist,
alse sî mîn vrouwe ist."
[...]
8075 Diu rede dûhte si wunderlich,   8075
und trat vil gâhes hinder sich.
sî sprach "hastû mir wâr geseit,
sô hât mich dîn karkheit
wunderlîchen hin gegeben.
8080 sol ich dem vürdermâle leben   8080
der ûf mich dehein ahte enhât?
deiswâr des het ich gerne rât.
mirn getete daz weter nie sô wê
ichn woldez iemer lîden ê
8085 danne ich ze langer stunde   8085
mîner lîbes gunde
deheinem sô gemuoten man
der nie dehein ahte ûf mich gewan:
und sage dir mitter wârheit,

wo sie ihn finden könne, / aber nach kurzer Zeit machte sie / ihren glücklichen Fund, / da sie ihn bei der Quelle fand.

(7950) Sie erkannte ihn an dem Löwen: / ebenfalls erkannte sie ihr Herr, / als er sie von ferne sah. / Er grüßte sie freundlich. / Sie sagte: "Daß ich Euch so in der Nähe

(7955) gefunden habe, dafür preise ich Gott." / "Herrin, Ihr redet nicht im Ernst, / oder habt Ihr mich gesucht?" / "Ja, Herr, wenn's Euch gefällig ist." / "Was wünscht Ihr?"

(7970) "Nun habt Ihr eine lange Mühsal / ganz durch eigne Schuld, / aber auch durch die Ungnade derer, / durch die dieses Land Euch untertan war / und die mich ausgesandt hat,

(7965) ausgestanden. / Wenn sie nicht den Eid brechen will, / die mich aussendet, so habe ich die Sache / soweit zu einem guten Ende für Euch gebracht,

(7070) daß Ihr in kurzer Zeit / wieder mein Herr werden sollt, / so wie sie meine Herrin ist."

Thus Iwein is taken to Laudine as the «Löwenritter». Lunete makes known his real identity.

(8075) Über diese Worte war sie bestürzt, / und sie trat schnell einen Schritt zurück. / Sie sagte: "Hast du mir die Wahrheit gesagt, / so hat mich deine List / schlimm hintergangen.

(8080) Soll ich fernerhin mit dem leben, / der sich nicht um mich kümmert? / Wahrhaftig, ich würde das mit Freuden entbehren. / Das Unwetter hat mich nie derart verheert, / daß ich es nicht lieber erduldete,

(8085) als für immer / einem Mann solchen Sinnes / anzugehören, / der sich nicht um mich gekümmert hat, / und ich versichere dir:

8090 entwunge michs niht der eit,   8090
     sô wærez unergangen.
     der eit hât mich gevangen:
     der zorn ist mînhalp dâ hin.
     gedienen müez ich noch umb in
8095 daz er mich lieber welle hân   8095
     danner mich noch habe getân."
     Der herre Iwein vrœlichen sprach,
     dô er gehôrte unde sach
     daz im sîn rede ze heile sluoc,
8100 und der kumber den er truoc,   8100
     daz der ein ende solde hân
     "vrouwe, ich hân missetân:
     zewâre daz riuwet mich.
     ouch ist daz gewonlich
8105 daz man dem sündigen man,   8105
     swie swære schulde er ie gewan,
     nâch riuwen sünde vergebe,
     und daz er in der buoze leben
     daz erz niemer mê getuo.
8110 nune hœret anders niht dâ zuo: 8110
     wan kum ich nû ze hulden,
     sine wirt von mînen schulden
     niemer mêre verlorn."
     sî sprach "ich hân es gesworn:
8115 ez wære mir liep ode leit,   8115
     daz ich mîner gewarheit
     iht wider komen kunde."
     er sprach "diz ist diu stunde
     die ich wol iemer heizen mac
     mîner vreuden ôstertac."
     [...]
     ez was guot leben wænlich hie:
8160 ichn weiz ab waz ode wie   8160
     in sît geschæhe beiden.
     ezn wart mir niht bescheiden
     von dem ich die rede habe:
     durch daz enkan ouch ich dar abe
8165 iu niht gesagen mêre,   8165
     wan got gebe uns sælde und êre.

(8090) bände mich nicht der Eid, / so sollte es unterbleiben. / Der Eid hat mich gefangen, / und so will ich von mir aus den Zorn fahren lassen. / Möge ich es doch noch um ihn verdienen,

(8095) daß er mich lieber habe / als früher." / Herr Iwein sagte voller Freude, / als er hörte und sah, / daß die Sache zu seinem Glück ausschlug

(8100) und daß das Leid, das er trug, / ein Ende haben sollte: / "Herrin, ich habe mich verfehlt. / Wahrlich, ich bereue es. / Es ist Sitte,

(8105) daß man dem Sünder, / so schwer er sich auch verfehlt hat, / nach seiner Reue die Sünde vergebe, / und daß er sein Leben dergestalt bessert, / daß er es nie wieder tut.

(8110) Anderes braucht es nicht, / denn erringe ich wieder Eure Zuneigung, / so will ich sie durch meine Schuld / nie wieder einbüßen." / Sie sagte: "Ich habe es geschworen.

(8115) Ob ich will oder nicht, / ich kann von meinem Versprechen / nicht zurücktreten." / Er sagte: "Das ist die Stunde, / die ich stets / meines Glückes Auferstehung nennen will."

[...]

Thus the two are finally reconciled and we are told that Lunete, who had served them so faithfully, stayed with them. Of the rest of their lives, says Hartmann, he knows no more.

Ein glückliches Leben begann.
(8160) Ich weiß aber nicht, was oder wie / den beiden seither geschah. / Der, von dem ich die Geschichte habe, / hat es mir nicht erzählt. / Deswegen kann auch ich euch

(8165) darüber nichts weiter sagen als: / Gott schenke uns Gnade und Ansehen in der Welt.

her wolfran von Eschilbach.

Wolfram von Eschenbach
(c. 1170-1220)

Wolfram's *Parzival* is rightly regarded as one of the great works of Western literature. It presents a search for the noblest of goals in a society which is idealized but not sentimental, religious but not dogmatic. The work contains much humor and adventure, bright descriptions of courtly life, as well as serious discussions of the destiny of man. Its overall structure is brilliantly conceived and executed, yet individual scenes and motifs often seem to be loosely narrated or left in suspense. It is a work full of mysteries and contradictions.

Of its author we know little except what he tells us himself. It is now regarded as certain that he was born at Wolframs-Eschenbach, a small village near Ansbach, in Bavaria. He prides himself on being a true knight, primarily concerned with the bearing of arms—not with the writing of poetry. He, like Hartmann von Aue, was of the service nobility, that is, he had no land of his own and was forced to rely on patronage from or employment by greater nobles. One of these was Hermann von Thüringen—the patron of Walther von der Vogelweide—whose court he is believed to have visited. In spite of his protestations in *Parzival* that he "does not know a single letter," it is hard to believe that he was uneducated. In all probability he wished to poke fun at Hartmenn and Gottfried, who call attention to their learning. Certainly he has a wealth of information at his disposal, sometimes ill-digested and quite possibly acquired by listening rather than reading. His style departs quite deliberately from the clarity of Hartmann and Gottfried, both in vocabulary and structure, and succeeds in thoroughly mystifying the reader.

Parzival is a Grail romance, the earliest complete Grail romance in European literature. The etymology of the word "grail" is still violently disputed. In Christian tradition the Grail was the cup used to drink the wine at the Last Supper and, in some versions, was the cup used to catch the blood that flowed from the crucified. It was preserved by Joseph of Arimathea, who was imprisoned by the Jews and was miraculously kept alive by the vessel.[1] According to the account given in a poem by Robert de Boron (the *History of the Romance of the Grail*, written about 1200) as well as later prose versions of the story, Joseph collected a band of followers, some of whom were exposed as sinners by their inability to see the vessel and were ousted from the group. The band finally came to Britain, where Joseph was buried; he was succeeded by Alan and ultimately by Perceval. It is basically this Christian tradition of the Grail that appears, naturally with many variations, in the French prose versions of the Grail romances and in Malory's (1408-1471) *Morte d'Arthur*.

There is, however, very little reference to this tradition in Wolfram's work or in that of his source, Chrétien de Troyes. Some critics believe that many of the features of the Grail, for example, its ability to feed people with all the food they desire, is derived from Celtic mythology. The vessel is not a chalice in the work of either Chrétien or Wolfram, but a large dish and a stone, respectively. Thus it seems unlikely that either author drew only on the Christian tradition. Chrétien's poem is unfinished; he does not at any time definitely associate the Grail with Christianity, although he does mention that the vessel contained a holy wafer. For Wolfram, the Grail is definitely Christian. It receives its powers from a wafer brought down from Heaven by a dove every Good Friday. Yet nowhere in the poem are there the strong Christian features found in the French prose tradition.

---

[1]For centuries the so-called Agate Bowl (4th century A.D., c. 29 inch.), one of the inalienable heirlooms of the House of Habsburg at the Imperial Treasury in the Hofburg in Vienna, was held to be the Holy Grail. It had come into Habsburg possession through Charles the Bold of Burgundy (1433-1477). This medieval treasure was not positively identified until 1951 when during a careful cleaning a new reading of the inscription revealed that it merely contained the signature of the artist and not the falsely assumed name of Christ. Joseph of Arimathea, a follower of Christ, was a wealthy man and a member of the Jewish supreme council (Sanhedrin); he obtained the body of Jesus after his death and buried it in his own family tomb.

Careful comparisons have shown that Chrétien de Troyes's *Perceval* or *Li Contes del Graal* (date uncertain; perhaps 1194) was the main source of Wolfram's work. Although Wolfram adds a long prologue about the double marrriage of Gahmuret, Parzival's father, which is of great importance for the later development of the story and for which there is not even the remotest basis in Chrétien's poem, the ensuing incidents described are those of the French work. We hear of Parzival's childhood in the wilderness, his meetings with the knights, his departure for Arthur's court, his killing of the Red Knight, his education by Gurnemans, rescue of Conduir-amour (called Blancheflur by Chrétien) and marriage to her, and his unsuccessful visit to the Grail castle. Both poems tell of his return to Arthur's court and the denunciation by the Ugly Damsel (Wolfram's Cundrie), which causes him to leave without being admitted to the Round Table. Perhaps most significant is that Wolfram has taken from Chrétien the long account of the adventures of Gawan, which comprise most of the latter part of the French poem. There is only one more incident involving Perceval before the French poem breaks off.

There can be no doubt that the main structure and almost all the incidents have been borrowed from Chrétien. Yet Wolfram denies this specifically near the end of his work. One can only ascribe this to his desire to mystify, and probably it was whimsy that led him to state that the true source of the poem was a work by "Kyot." If "Kyot" stands for 'Guiot,' as seems probable, and if, in turn, 'Guiot' was a familiar diminutive for Gui de Provençe (an historical personage none of whose extant works could have been a source for *Parzival*), then Kyot could not have been the 'true source' of the poem. But Guiot could also stand for 'Guillaume'—a common enough name—and we cannot be certain that there was no such person who wrote a poem that contributed something to Wolfram's work, for there are many features in which *Parzival* is far removed from *Perceval*. The introduction of Belacane, the heathen queen by whom Gahmuret has a son (Fairefis), means that the end of the work, where the two brothers meet and where Fairefis marries one of the virgin attendants to the Grail, must necessarily have departed form the French source. Moreover, the scene in which Parzival appears during the recital of the adventures of Gawan is very different in the two works. Chrétien shows us a humble and repentant Perceval visiting the hermit's cave and taking part in a normal church service there. Wolfram, in a scene nine times as long, describes in detail how Parzival, still proud and unrepentant even though he knows he is in a state of sin, is told by the brother of the Fisher King Anfortas of the dangers of pride and the need for humility and submission to God's will.

It is possible, of course, that Wolfram may have found some of these ideas in other sources, but most likely they are mainly his own. Even in scenes closely modeled on those in Chrétien's poem, he makes significant changes. The first meeting with Conduir-amour, as rendered by Wolfram, is free of any sexual elements, whereas the corresponding French scene is quite the reverse. The role of Signe, Parzival's cousin, whose lover has been killed and who mourns him throughout the work, is given more significance in *Parzival* than in *Perceval*, and she, like many other characters, is named by Wolfram but not by Chrétien.

The real difference between the two works, however, lies in their respective purposes. Chrétien is concerned entirely with the education of a crude young knight. Whether he would have turned into a Christian knight, we can only speculate. Certainly some contrast with the courtly Gawan must have been intended. Parzival also starts out as untutored, but he is innocent, not stupid. He must learn that true knighthood involves not only prowess (Gawan has that) but purpose and, particularly, humility and submission to God's will. There is little evidence of a Grail company in Chrétien's poem, but in Parzival the attainment of the office of Grail king means the opportunity to use knighthood for good ends. In other words, the Grail company is a special order, oriented toward religion. It stands higher than the court of Arthur.

Thus the structure of Parzival, with all its complexity of detail, is really simple. In one series of episodes it tells of the slow and stumbling progress of an outstanding man toward the highest earthly responsibilities. In parallel incidents, it tells of a knight's adventures that have already been recognized by his peers as unmatched. These exploits follow the courtly tradition and lead to a great deal of personal satisfaction for Gawan—they have no higher purpose than this. The introduction of Fairefis gives Wolfram the opportunity to show that pagans too, as soon as they are baptized, are capable of the highest attainments.

Wolfram's style, as already remarked, is often tortured and obscure, and he has a penchant for digressing, even in the middle of a serious scene, solely to produce humorous effects. There are also some long battle scenes in which the technical interests of the man of arms seem to get the better of the writer of romances. His versification, too, is less smooth than that of either Hartmann or Gottfried, but what he lacks in polish he amply makes up for in vigor. The work contains 24,810 lines and is written in the usual form for narrative works: rhyming couplets with four stresses to the line, although in many cases the final stress falls on a syllable normally unaccented.

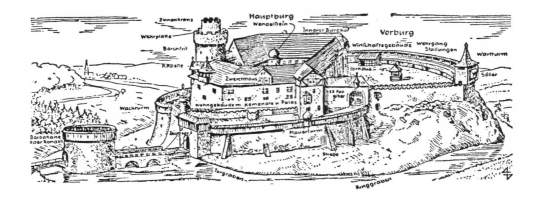

Wolfram von Eschenbach
Parzival

1   Ist zwîvel herzen nâchgebûr,   1
      daz muoz der sêle werden sûr.
      gesmæhet unde gezieret
      ist, swâ sich parrieret
5   unverzaget mannes muot,   5
      als agelstern varwe tuot.
      der mac dennoch wesen geil:
      wande an im sint beidiu teil,
      des himels und der helle.
10   der unstæte geselle   10
      hât die swarzen varwe gar,
      und wirt ouch nâch der vinster var:
      sô habet sich an die blanken
      der mit stæten gedanken.
      [...]
4   ein mære wil ich iu niuwen,   4
10   daz seit von grôzen triuwen,   10
      wîplîchez wîbes reht,
      und mannes manheit alsô sleht,
      diu sich gein herte nie gebouc.
      sîn herze in dar an niht betrouc,
15   er stahel, swa er ze strîte quam,   15
      sîn hant dâ sigelîchen nam
      vil manegen lobelîchen prîs.
      er küene, træclîche wîs,
      (den helt ich alsus grüeze)
20   er wîbes ougen süeze,   20
      unt dâ bî wîbes herzen suht,
      vor missewende ein wâriu vluht.
      den ich hie zuo hân erkorn,
      er ist mæreshalp noch ungeborn,
      dem man dirre âventiure giht,
      und wunders vil des dran geschiht.
      [...]
114   ich bin Wolfram von Eschenbach,   114
13   unt kan ein teil mit sange   13
      [...]
115   schildes ambet ist mîn art: 115
12   swâ mîn ellen sî gespart,   12
      swelhiu mich minnet umbe sanc,

Wolfram von Eschenbach
Parzival

The work begins with a prologue that reflects upon all earthly life: there is much that is black and much that is white, and a man is not lost eternally if he doubts but only if he despairs. Much of the prologue is in language so obscure that we can only guess at Wolfram's meaning. It is possible that he is replying to critics (among them perhaps Gottfried von Straßburg), who had read parts of the poem written earlier, by claiming 'authority' and 'purpose' in high-flown metaphors not intended to be taken seriously. He makes it clear, however, that it is his intention to portray his idea of a noble man and noble women. Wolfram does not by any means share the 'courtly' attitude toward women. Chastity, purity, and fidelity are his ideals, and love should be married love. Cf. **468**: 1-10.

(1) Lebt das Herz mit der Verzweiflung, / so wird es höllisch für die Seele. / Häßlich ist es und ist schön, / wo der Sinn des Manns von Mut

(5) gemischt ist, farblich kontrastiert, / gescheckt wie eine Elster. / Und doch kann er gerettet werden, / denn er hat an beidem teil: / am Himmel wie der Hölle.

(10) Der Freund des schwankenden Gemütes: / er ist völlig schwarz gefärbt / und gleicht auch bald der Finsternis; / dagegen hält sich an das Lichte, / der innerlich gefestigt ist.

[...]

(4) Erzähl euch die Geschichte neu,
(10) die von treuer Liebe handelt, / von echter Weiblichkeit der Frau / und wahrer Männlichkeit des Manns, / die sich bei keinem Schlag gekrümmt. / Sein Mut ließ ihn da nicht im Stich: / war Stahl!

(15) Wo immer er auch kämpfte; / dort errang er sieggewohnt / viele hohe Ruhmestitel. / War beherzt, reifte langsam— / so stelle ich den Helden vor.

(20) In Frauenaugen war er schön, / er machte Frauenherzen krank, / war vor der Schande auf der Flucht. / Der Held, den ich mir auserwählt, / um den es geht in der Geschichte, / in der Erstaunliches geschieht, / er lebt hier im Roman noch nicht.

At the end of Book Two, Wolfram introduces himself and although he claims to be illiterate, we can not take him seriously on this point:

(114) Ich bin Wolfram, aus Eschenbach, / (13) und ich kann auch Lieder machen!

[...]

(115) Ich bin zum Ritterdienst geboren. / (12) Wenn eine meinen Mut nicht fordert, / mich wegen meiner Liedkunst liebt,

sô dunket mich ir witze cranc.
15 ob ich guotes wîbes minne ger,   15
mag ich mit schilde und ouch mit sper
verdienen niht ir minne solt,
al dar nâch sî si mir holt.
vil hôhes topels er doch spilt,
20 der an ritterschaft nâch minnen zilt.   20
hetens wîp niht vür ein smeichen,
ich solte iu vürbaz reichen
an disem mære unkundiu wort,
ich spræche iu die âventiure vort.
25 swer des von mir geruoche,   25
der enzel si ze keinem buoche.
ichne kan deheinen buochstap.
dâ nement genuoge ir urhap:
disiu âventiure
vert âne der buoche stiure.
    [...]
116 Ez machet trûric mir den lîp,   **116**
daz alsô mangiu heizet wîp.
ir stimme sint gelîche hel:
genuoge sint gein valsche snel,
etslîche valsches lære:
10 sus teilent sich diu mære.   10
daz die gelîche sint genamt,
des hât mîn herze sich geschamt.
wîpheit, dîn ordenlîcher site,
dem vert und vuor ie triuwe mite.
15 genuoge sprechent, armuot,   15
daz diu sî ze nihte guot.
swer die durch triuwe lîdet,
helleviur die sêle mîdet.
die dolte ein wîp durch triuwe:
20 des wart ir gâbe niuwe   20
ze himel mit endelôser gebe.
ich wæne ir nu vil wênic lebe,
die junc der erden rîchtuom
liezen durch des himeles ruom.
25 ich erkenne ir dehein.   25
man und wîp mir sint al ein:
die mitenz al gelîche.
vrou Herzeloyd diu rîche
ir drîer lande wart ein gast:

so scheint die mir nicht klar im Kopf.

(15) Umwerb ich eine edle Frau / und kann mit Schild und Lanze nicht / den Liebeslohn bei ihr erringen, / so entsprech dem ihre Gunst. / Der setzt auf hohe Würfelzahl,

(20) der Liebe sucht im Waffengang! / Hielten es die Damen nicht / für Schmeichelei, so brächte ich / euch neue Folgen der Geschichte, / und setzte den Roman hier fort.

(25) Doch wer so etwas von mir wünscht, / erwarte hier nur ja kein «Buch»— / denn ich bin nicht *schrift* gelehrt! / Bücher: Sauerteig für viele, / doch sie lenken *nicht bei mir* / den Ablauf der Geschichte!

The first two books are devoted to the exploits of Gahmuret, Parzival's father. He is the younger son of the house of Anjou and seeks his fortune in the East. He finds Belacane, queen of Sasamanc, besieged in her capital Patalemunt by an army seeking revenge for Isenhart, who had died of love for her. Gahmuret defeats the besiegers and marries Belacane according to the rites of her country. He grows restless and leaves her before the birth of her son, Fairefis. He returns to Europe and participates in jousting where Herzeloyde of Wales is the prize. Although he tells her of his previous marriage and of his commitment to the queen of France, Herzeloyde insists on her rights when he is proclaimed the best of the contestants. Their marriage is happy, but Gahmuret returns to the East and is treacherously killed. Parzival is born in sorrow.

(116) Mich betrübt, daß man so viele / schlicht und einfach «Frauen» nennt. / Sie alle haben helle Stimmen, / viele werden sehr schnell untreu, / wenige sind frei von Falschheit—

(10) darin besteht der Unterschied. / Daß man alle gleich benennt, / empfind ich als beschämend. / Wo sich Frauentum erfüllt, / ist stets die Treue mit dabei.

(15) Nun erklären viele: Armut / sei zu überhaupt nichts gut. / Doch wer sie duldet, liebend, treu, / entkommt dem Höllenfeuer. / Dies tat—aus Liebe—eine Frau;

(20) doch was sie hingab, / fand sie neu im Himmel: Lohn, der ewig währt. / Ich fürchte, es gibt kaum noch jemand, / der jung auf irdischen Besitz / verzichtet für die Himmelsglorie—

(25) mir ist kein solcher Fall bekannt! / Mir scheinen Mann und Frau hier gleich: / sie scheuen allesamt zurück. / Die mächtige Herzeloyde besaß / drei Länder, ließ sie nun zurück.

si truoc der vröuden mangels last.
[...]
117 si vlôch der werlde wunne.   **117**
5 ir was gelîch naht unt der tac: 5
ir herze niht wan jâmers pflac.
Sich zôch diu vrouwe jâmers balt
ûz ir lande in einen walt,
zer waste in Soltâne,
10 niht durch bluomen ûf die plâne.   10
ir herzen jâmer was sô ganz,
sine kêrte sich an keinen cranz,
er wære rôt oder val.
si brâhte dar durch vlühtesal
15 des werden Gahmuretes kint.   15
liute, die bî ir dâ sint,
müezen bûwen und riuten.
si kunde wol getriuten
ir sun. ê daz sich der versan,
20 ir volc si gar vür sich gewan: 20
ez wære man oder wîp,
den gebôt si allen an den lîp,
daz si immer ritters wurden lût.
"wan vriesche daz mîns herzen trut,
25 welh ritters leben wære,   25
daz wurde mir vil swære.
nu habt iuch an der witze craft,
und helt in alle ritterschaft."
der site vuor angestlîche vart.
der knappe alsus verborgen wart
118 zer waste in Soltâne erzogen,   **118**
an küneclîcher vuore betrogen;
ez enmöhte an eime site sîn:
bogen unde bölzelîn
5 die sneit er mit sîn selbes hant,   5
und schôz vil vogele die er vant.
Swenne aber er den vogel erschôz,
des schal von sange ê was sô grôz,
sô weinde er unde roufte sich,
an sîn hâr kêrt er gerich.
[...]
122 der knappe wânde, swaz er sprach,   **122**
ez wære got, als im verjach
vrou Herzeloyd diu künegîn,

[handwritten note: Parzival - has sensitivity (pulls out hair when hits a bird) - prerequisite for compassion.]

(30) War leer an Freude: ihre Last!

[…]

(**117**) Sie floh die Freuden dieser Welt;
(5) Tag und Nacht, sie zählten gleich—/ in ihrem Herzen nichts als Trauer. / Die edle Frau zog leiderfüllt / aus ihrem Land zu einem Wald, / in die Wüstung Solitude;

(10) sie dachte nicht an Blumenwiesen; / ihr Herz war so von Schmerz gequält, / sie hatte keinen Sinn für Kränze, / ganz gleich, ob farbig oder fahl. / Sie nahm mit sich ins Fluchtversteck

(15) das Kind des edlen Gahmuret. / Die Leute, die dort bei ihr sind, / sie müssen roden und beackern. / Sie kümmerte sich liebevoll / um ihren Sohn. Bevor der denken / lernte,

(20) rief sie ihre Leute, / verbot den Männern wie den Frauen / bei Todesstrafe, daß sie je / von Rittern vor ihm sprächen. / "Denn falls mein Liebling davon hörte,

(25) wie das Ritterleben ist, / so würde mir das Herz sehr schwer. / So nehmt hier den Verstand zusammen, / sagt ihm nichts vom Rittertum!" / Man hielt sich streng an ihr Gebot. / Der Junge wurde im Versteck

(**118**) der Wüstung Solitude erzogen; / um königlichen Lebensstil / betrogen, blieb ihm nur noch dies: / den Bogen und die kleinen Pfeile,

(5) schnitzte er sich selbst zurecht, / schoß viele Vögel auf der Pirsch. / Sobald er einen Vogel traf, / der vorher laut gesungen hatte, / heulte er und raufte sich / das Haar—er rächte sich an ihm!

Parzival's sorrow over the dead bird reflects the essential tenderness of his nature which is inhibited later by the knightly instruction he receives. The boy of ten hunts, and one day while roaming he encounters a knight. Because his mother has told him that God is 'brighter than the day, with the appearance of a man,' he thinks the knight is God:

(**122**) Was der auch sprach—der Junge dachte, / er sei Gott. Ihm hatte ja / die edle Herze-loyde

do si im underschiet den liehten schîn.
25 dô rief er lûte sunder spot   25
"nu hilf mir, hilferîcher got."
vil dicke viel an sîn gebet
fil li roy Gahmuret.
der vürste sprach "ich bin niht got,
ich leiste aber gerne sîn gebot.
123 du maht hie vier ritter sehen,   **123**
ob du ze rehte kundest spehen."
der knappe vrâgte vürbaz
"du nennest ritter: waz ist daz?
5 hâstu niht gotlîcher craft,   5
sô sage mir, wer gît ritterschaft?"
"daz tuot der künec Artûs.
junchêrre, komt ir in des hûs,
der bringet iuch an ritters namen,
10 daz irs iuch nimmer durfet schamen.   10
ir mugt wol sîn von ritters art."
[...]
126 Der Knappe tump unde wert   **126**
20 iesch von der muoter dicke ein pfert.   20
daz begunde si in ir herzen clagen.
si dâhte "ichn wil im niht versagen:
ez muoz aber vil bœse sîn."
dô gedâhte mêr diu künegîn
25 "der liute vil bî spotte sint.   25
tôren cleider sol mîn kint
ob sîme liehten lîbe tragen.
wirt er geroufet unt geslagen,
sô kumt er mir her wider wol."
owê der jæmerlîchen dol!
127 diu vrouwe nam ein sactuoch: **127**
si sneit im hemde unde bruoch,
daz doch an eime stücke erschein,
unz enmitten an sîn blankez bein.
5 daz wart vür tôren cleit erkant.   5
ein gugel man obene drûfe vant.
al vrisch rûch kelberîn
von einer hût zwei ribbalîn
nâch sînen beinen wart gesniten.
10 dâ wart grôz jâmer niht vermiten.   10
diu küngîn was alsô bedâht,
sie hat belîben in die naht.

seine Lichtgestalt beschrieben.
(25) So rief er laut in allem Ernst: / "Gott, du Helfer, hilf auch mir!" / Le fils du roi
Gahmuret[2]—/ kniend betete er an! / Da sprach der Fürst: "Ich bin nicht Gott, / erfüll nur
gerne sein Gebot.

(**123**) Und machst du recht die Augen auf, / so wirst du hier vier Ritter sehn." Der Junge
fragte ihn darauf: / "Du sagtest: 'Ritter.' Was ist das?

(5) Wenn deine Macht nicht göttlich ist, / so sage mir, wer Ritter macht." / "Das Recht übt
König Artus aus. / Kommt Ihr, Junker, an seinen Hof, / verleiht er Euch den Rittertitel,

(10) und Ihr habt Grund, drauf stolz zu sein. / Ihr seid scheint's ritterlicher Herkunft."

Even when he is disabused of this idea, he can think of no greater happiness than to be dressed in armor and
to ride a horse.

(**126**) Der edle Junge, unerfahren,
(20) bestand bei ihr auf einem Pferd. / Ihr blutete das Herz. Sie dachte: / "Ich kann es ihm
nicht vorenthalten, / doch es soll ein Klepper sein." / Und die Mutter dachte weiter:

(25) "Die Leute spotten allzu gern—/ Narrenkleider soll mein Sohn / auf seinem schönen
Körper tragen. / Wenn er geknufft, geschlagen wird, / kommt er vielleicht zu mir zurück." /
Welch ein Leid, wie jammervoll!

(**127**) Die edle Frau nahm nun ein Sacktuch, / schnitt ihm Hemd und Hose zu, / doch
beides war in einem Stück, / bedeckte halb die weißen Beine—

(5) die bekannte Narrenkleidung! / Obendran noch die Kapuze. / Vom frischen, noch
behaarten Fell / des Kalbes wurden Bauernstiefel / auf seine Fußform zugeschnitten.

(10) Mit Klagen hielt man nicht zurück. / Die Königin, sie dachte nach / und bat ihn, diese
Nacht zu bleiben.

---

[2]King Gahmuret's son.

"dune solt niht hinnen kêren,
ich wil dich list ê lêren.
15 an ungebanten strâzen   15
soltu tunkel vürte lâzen:
die sîhte und lûter sîn,
dâ soltu al balde rîten in.
du solt dich site nieten,
20 der werlde grüezen bieten.   20
Ob dich ein grâ wîse man
zuht wil lêren als er wol kan,
dem soltu gerne volgen,
und wis im niht erbolgen.
25 sun, lâ dir bevolhen sîn,   25
swa du guotes wîbes vingerlîn
mügest erwerben unt ir gruoz,
daz nim: ez tuot dir kumbers buoz
du solt ze ir kusse gâhen
und ir lîp vast umbevâhen:
128 daz gît gelücke und hôhen muot,   **128**
ob si kiusche ist unde guot.
du solt ouch wizzen, sun mîn,
der stolze küene Lähelîn
5 dînen vürsten abe ervaht zwei lant,   5
diu solten dienen dîner hant,
Wâleis und Norgâls.
ein dîn vürste Turkentâls
den tôt von sîner hende enpfienc:
10 dîn volc er sluoc unde vienc."   10
"diz riche ich, muoter. ruocht es got,
in verwundet noch mîn gabylôt."
des morgens dô der tag erschein,
der knappe balde wart enein,
15 im was gein Artûse gâch.   15
[vrou] Herzeloyde in kuste und lief im nâch.
der werlde riuwe aldâ geschach.
dô si ir sun niht langer sach
(der reit enwec, wem ist deste baz?),
20 dô viel diu vrouwe valsches laz   20
ûf die erde, aldâ si jâmer sneit
sô daz si ein sterben niht vermeit.
ir vil getriulîcher tôt

"Brich nicht auf, bevor ich dir / guten Rat gegeben habe.
(15) Wenn du nicht auf Straßen reitest, / sollst du dunkle Furten meiden; / sind sie aber seicht und klar, / so reite ohne Zögern durch.[3] / Und nimm die gute Sitte an,

(20) entbiete aller Welt den Gruß. / Wenn dich ein grauer, weiser Mann / belehren will—das kann er gut—/ gehorche ihm aus freien Stücken / und begehre nur nicht auf.

(25) Mein Sohn, ich geb dir noch den Rat: / kannst du bei einer lieben Frau / die Neigung und den Ring gewinnen, / tu's! Es macht dir Schweres leicht. / Fackel nicht und küsse sie, nimm sie fest in deine Arme—

(128) wenn sie keusch, gesittet ist, / bringt das Glück und Hochgefühl! / Mein Sohn, ich muß dir noch was sagen: / Llewelyn, so stolz wie dreist,

(5) eroberte von deinen Fürsten / zwei Länder, die dir untertan / sein sollten: Wales sowie Norgals. / Dein Vasall, Fürst Turkentals, / wurde von ihm umgebracht,

(10) und er besiegte deine Leute." / "Das räch ich, Mutter, so Gott will—mit meinem Jagdspeer treff ich ihn?"[4] / Am Morgen, als der Tag anbrach, / war der Junge rasch entschlossen:

(15) er wollte möglichst schnell zu Artus! / Herzeloyde küßte ihn und lief / ihm nach. Großes Leid für alle: / als sie den Sohn nicht länger sah / (er ritt davon, wen konnt' das freuen?),

(20) sank die Frau (so gut war sie!) / auf den Boden, und der Schmerz / so schneidend, daß sie sterben mußte. / Ihr Tod aus Liebe, starker Bindung,

---

[3]The advice given is significant only in part. The caution against muddy fords seems almost a joke, but Parzival takes the advice about women very seriously without understanding it at all. Parzival accuses the Red Knight (Ither) of 'perhaps' being Llewelyn, again revealing his ignorance.
[4]Parzival shows that he is very unsophisticated. It was unknightly to use a javelin against a man, but Parzival keeps his word and kills Ither with it.

der vrouwen wert die hellenôt.
[...]

130 ouch hete daz minneclîche wîp   **130**
25 langen arm und blanke hant.   25
der knappe ein vingerlîn dâ vant,
daz in gein dem bette twanc,
da er mit der herzoginne ranc.
dô dâhte er an die muoter sîn:
diu riet an wîbes vingerlîn.

131 ouch spranc der knappe wol getân   **131**
von dem teppiche an daz bette sân.
Diu süeze kiusche unsanfte erschrac,
do der knappe an ir arme lac:
5 si muose iedoch erwachen.   5
mit schame al sunder lachen
diu vrouwe zuht gelêret
sprach "wer hât mich entêret?
junchêrre, es ist iu gar ze vil:
10 ir möht iu nemen ander zil."   10
diu vrouwe lûte clagte:
ern ruochte waz si sagte,
ir munt er an den sînen twanc.
dâ nâch was dô niht ze lanc,
15 er dructe an sich die herzogîn   15
und nam ir ouch ein vingerlîn.
an ir hemde ein vürspan er dâ sach:
ungevuoge erz dannen brach.
diu vrouwe was mit wîbes wer:
20 ir was sîn craft ein ganzez her.   20
doch wart dâ ringens vil getân.
der knappe clagete den hunger sân.
diu vrouwe was ir lîbes lieht:
sie sprach "ir solt mîn ezzen niht.
25 wært ir ze vrumen wîse,   25
ir næmt iu ander spîse.
dort stêt brôt unde wîn,
und ouch zwei pardrîsekîn,
als sie ein juncvrouwe brâhte,
diu es wênec iu gedâhte."

132   Ern ruochte wâ diu wirtin saz: **132**
einen guoten cropf er az,
dar nâch er swære trünke tranc.
die vrouwen dûhte gar ze lanc

(24) schützt sie vor der Höllenqual.

Parzival does not turn around and hence does not see his mother's plight (as he does in Chrétien's version). He rides for a whole day and night, and on the following morning comes upon a tent which is occupied by Jeschute, the wife of Orilus.

(**130**) Auch hatte diese Liebesschöne
(25) schlanke Arme, weiße Hände. / Der Junge sah hier einen Ring, / der zog ihn magisch an das Bett, / er raufte mit der Herzogin, / denn er dachte an die Mutter: sie empfahl ihm Frauenringe []

(**131**) So war denn dieser hübsche Junge / vom Teppich auf ihr Bett gesprungen. / Als er in ihren Armen lag, / fuhr sie (schön und züchtig) auf:

(5) das hatte sie ja wecken müssen! / Sie lachte nicht, sie schämte sich. / Die höfisch edle Dame rief: / "Wer ist es, der mich hier entehrt?! / Ihr treibt es, Junker, gar zu arg—

(10) bitte sucht ein andres Opfer." / Die Dame klagte laut—doch ihn / bekümmerte ihr Reden nicht, / er preßte seinen Mund auf ihren, / und es dauerte nicht lang,

(15) da riß er sie an sich heran, / raubte ihr auch noch den Ring, / sah an ihrem Hemd die Spange, / riß sie runter, mit Gewalt; / sie wehrte sich mit Frauenkraft—

(20) er war ein ganzes Heer für sie![5] / Und trotzdem zog der Kampf sich hin. / Der Junge klagte, er sei hungrig. / Die Herzogin, verlockend schön, / sagte: "Freßt mich bloß nicht auf!

(25) Wenn Ihr wüßtet, was Euch nützt, / Ihr würdet etwas andres essen. / Dort stehen Brot und Wein und noch dazu zwei Rebhühnlein, / die brachte meine Dienerin—/ sie hat die kaum für *Euch* bestimmt!"

(**132**) Ihm war egal, wo die Wirtin saß, / er stopfte sich die Backen voll, / trank darauf in großen Schlucken. / Die Zeit erschien ihr endlos lang,

---

[5]Jeschute belongs to the class of courtly ladies whom Wolfram despises.

5 sîns wesens in dem poulûn.   5
  si wânde, er wære ein garzûn
  gescheiden von den witzen.
  ir scham begunde switzen.
  iedoch sprach diu herzogîn
10 "junchhêrre, ir sult mîn vingerlîn   10
  hie lâzen unt mîn vürspan.
  hebt iuch enwec: wan kumt mîn man,
  ir müezet zürnen lîden,
  daz ir gerner möhtet mîden."
15 dô sprach der knappe wol geborn   15
  "wê waz vürhte ich iuwers mannes zorn?
  wan schadet ez iu an êren,
  sô wil ich hinnen kêren."
  dô gieng er zuo dem bette sân:
20 ein ander kus dâ wart getân.   20
  daz was der herzoginne leit.
  der knappe ân urloup dannen reit:
  iedoch sprach er "got hüete dîn:
  alsus riet mir diu muoter mîn."
  [...]
140 "bon fîz, scher fîz, bêâ fîz,   **140**
  alsus hât mich genennet
  der mich dâ heime erkennet."
  Dô diu rede was getân,
10 si erkante in bî dem namen sân.   10
  nu hœrt in rehter nennen,
  daz ir wol müget erkennen
  wer dirre âventiure hêrre sî:
  der hielt der juncvrouwen bî.
15 ir rôter munt sprach sunder twâl   15
  "deiswâr du heizest Parzivâl.
  der name ist 'Rehte enmitten durch.'
  grôz liebe ier solh herzen vurch
  mit dîner muoter triuwe:
20 dîn vater liez ir riuwe.   20
  ichn gihe dirs niht ze ruome,
  dîn muoter is mîn muome,
  und sag dir sunder valschen list
  die rehten wârheit, wer du bist.
25 dîn vater was ein Anschevîn: 25

die er bei ihr im Zelte war;
(5) sie dachte, dieser écuyer[6] / hätte den Verstand verloren. / Sie begann vor Scham zu schwitzen. / Und doch, die Herzogin sprach so:

(10) "Junker, laßt hier meinen Ring / zurück, die Spange ebenfalls. / Verschwindet jetzt! Denn: kommt mein Mann, / so kriegt Ihr seinen Zorn zu spüren—/ da wär es besser, auszuweichen!"

(15) Der edle Junge sagte drauf: / "Ha, was fürcht ich seinen Zorn?! Doch wenn das Eurer Ehre schadet, / werde ich mich jetzt empfehlen." / Er ging sogleich zu ihrem Bett,

(20) und gab ihr nochmals einen Kuß—/ die Herzogin war sehr dagegen./ Er fragte vorher nicht, brach auf, / doch sagte er: "Gott schütze dich. / Mutter riet mir, das zu sagen..."

The wretched Jeschute pays the penalty for Parzival's crudity. When Orilus returns, he thinks a lover has visited her and makes her ride in tattered clothes with a loose rein before him until he can avenge his honor.

Parzival's next encounter is with his cousin Sigune. Her lover, Schionatulander, had fought for Parzival's side against Lähelin and had been killed by the same Orilus who is now seeking his revenge on Parzival. Sigune recognizes who Parzival is when she hears that all he has been called up to now is 'bon fils, cher fils, beau fils.'

(**140**) "Bon fils, cher fils, beau fils—/ so haben alle mich genannt, / denen ich daheim bekannt war."
(10) Er hatte das kaum ausgesprochen, / da wußte sie schon seinen Namen! / Nun hört den in korrekter Form, / damit ihr alle wißt, genau, / wer Hauptheld der Geschichte ist / und bei der jungen Dame war.

(15) Sie sagte gleich: / "Dein Name lautet: Par-zi-val, / und dies bedeutet: Durch-das-Tal! / Bei deiner Mutter zog die Liebe / mitten durch das Herz die Furche.

(20) Dein Vater hinterließ ihr Schmerz. / Dies soll dich nicht eitel machen: / deine Mutter ist meine Tante. / Ich sage dir geradheraus / die ganze Wahrheit: wer du bist.

(25) Dein Vater war ein Anjou,

---

[6]French for 'squire.'

ein Wâleis von der muoter dîn
bistu geborn von Kanvoleiz. [...]
154 gip mir dâ du ûffe rîtes,   **154**
5 und dar zuo al dîn harnas: 5
daz enpfieng ich ûf dem palas:
dar inne ich riter werden muoz.
widersagt sî dir mîn gruoz,
ob du mirz ungerne gîst.
10 wer mich, ob du bî witzen sîst."   10
der künec von Kukûmerlant
sprach "hât Artûses hant
dir mîn harnasch gegeben,
dêswâr daz tæte er ouch mîn leben,
15 möhtestu mirz an gewinnen.   15
sus kan er vriunde minnen.
was er dir aber ê iht holt,
dîn dienst gedient sô schiere den solt."
"ich getar wol dienen swaz ich sol:
20 ouch hât er mich gewert vil wol.   20
gip her und lâz dîn lantreht:
ichne wil niht langer sîn ein kneht,
ich sol schildes ambet hân."
er greif im nâch dem zoume sân:
25 "du maht wol wesen Lähelin,   25
von dem mir claget diu muoter mîn."
Der ritter umbe kêrt den schaft,
und stach den knappen sô mit craft,
daz er und sîn pfärdelîn
muosen vallende ûf die bluomen sîn.
155 der helt was zornes dræte: **155**
er sluog in daz im wæte
von dem schafte ûz der swarten bluot.
Parzivâl der knappe guot
5 stuont al zornic ûf dem plân.   5
sîn gabylôt begreif er sân.
dâ der helm unt diu barbier
sich locheten ob dem härsnier,
durchz ouge in sneit daz gabylôt,
10 unt durch den nac, sô daz er tôt   10
viel, der valscheit widersatz.
[wîbe] siufzen, herzen jâmers cratz
gab Ithêrs tôt von Gaheviez,
der wîben nazziu ougen liez. [...]

deine Mutter stammt aus Wales, / dein Geburtsort ist Kanvolais."

Parzival is guided to Arthur's court by a fisherman and outside meets Ither, the Red Knight, who asks him to deliver a challenge. The boy agrees and enters the court. He asks for Ither's armor, and although Arthur likes him, he refuses. The malicious Keie twists Arthur's reply to Parzival's request to make him think the king consents. Parzival goes back to Ither and tells him that Arthur has granted him the armor.

(154) "Nun gib mir schon, worauf du reitest,
(5) und die Rüstung gleich dazu—/ im Palas ward mir das geschenkt, / ich muß darin ein Ritter werden. / Ich nehme meinen Gruß zurück, / wenn du mir das nicht gerne gibst.

(10) Doch wenn du schlau bist, rück es raus!" / Der König von Cucumberland sagte: "Wenn dir König Artus / meine Rüstung schenkte, / gab er mein Leben gleich dazu—

(15) falls du es mir nehmen kannst! / Wie muß der seine Freunde lieben! / Hat er dir seine Gunst bezeugt, / so wird dein Dienst sehr rasch belohnt!" / "Ich verdien, was mir gebührt!

(20) Er hat es mir sehr gern geschenkt. / Gib's her! Und höre auf zu rechten! / Ich will nicht länger Knappe sein, / ich muß jetzt in den Ritterdienst!" / Und schon griff er nach dem Zügel.

(25) "Womöglich bist du Llewelyn—/ Mutter klagte über ihn!" / Der Ritter wendete den Schaft / und stieß den Bub mit solcher Kraft, / daß er mitsamt dem kleinen Pferd / in die Blumen stürzen mußte."

(155) Es hatte dieser Held vor Wut / so zugestoßen, daß das Blut / unterm Schaft aus seiner Haut / hochsprühte. Parzival

(5) stand wütend auf der plaine,[7] / griff zu seinem javelot.[8] / Wo der Spalt ist zwischen Helm, / Ringkapuze und Gesichtsschutz, / stieß der javelot durchs Auge,

(10) durchs Genick, so daß er tot / herunterfiel. Den Feind der Falschheit / beklagen Frauen: es zerriß / ihre Herzen, daß Ither starb; / er hinterließ hier nasse Augen.

---

[7]plaine: plains.
[8]javelot: javelin.

170 "habt iuch an mînen rât: **170**
    der scheidet iuch von missetât.
  15 sus hebe ich an (lât es iuch gezemen):   15
    ir sult niemer iuch verschemen.
    verschamter lîp, waz touc der mêr?
    der wont in der mûze rêr,
    dâ im werdekeit entrîset
  20 unde in gein der helle wîset.   20
    ir tragt geschickede unde schîn,
    ir mugt wol volkes hêrre sîn.
    ist hôch und hœht sich iuwer art,
    lât iuweren willen des bewart,
  25 iuch sol erbarmen nôtec her: 25
    gein des kumber sît ze wer
    mit milte und mit güete:
    vlîzet iuch diemüete.
    der kumberhafte werde man
    wol mit schame ringen kan
171 (daz ist ein unsüez arbeit):   **171**
    dem sult ir helfe sîn bereit.
    swenne ir dem tuot kumbers buoz,
    sô nâhet iu der gotes gruoz.
   5 im ist noch wirs dan den die gênt   5
    nâch brôte aldâ diu venster stênt.
    Ir sult bescheidenlîche
    sîn arm unde rîche.
    wan swâ der hêrre gar vertuot,
  10 daz ist niht hêrenlîcher muot: 10
    sament er aber schaz ze sêre,
    daz sint ouch unêre.
    gebt rehter mâze ir orden.
    ich bin wol innen worden
  15 daz ir râtes dürftic sît: 15
    nu lât der unvuoge ir strît.
    irn sult niht vil gevrâgen:
    ouch sol iuch niht betrâgen
    bedâhter gegenrede, diu gê
  20 rehte als jenes vrâgen stê,   20
    der iuch wil mit worten spehen.

Parzival is unmoved by what he has done. With the help of a squire, Iwanet, he takes Ither's armor and puts it on over his fool's clothing. His next encounter is with Gournemans, an elderly knight. Gournemans instructs Parzival in courtly manners and the bearing of arms. He learns quickly.

(**170**) "Haltet Euch an meine Lehre, / denn so macht Ihr keine Fehler.

(15) Ich fange an, erlaubt es mir: / verliert nur nie den Sinn für Scham. / Wer sich nicht schämt, was taugt der noch? / Das ist wie Mauser, Federfall: / Wert und Würde sinken nieder,

(20) zeigen ihm den Weg zur Hölle. / Mit Eurem Aussehn, Eurer Schönheit / könntet Ihr ein Herrscher werden. / Seid Ihr edel, strebt nach oben, / so bleibt Euch in dem Punkte treu,

(25) helft den Vielen in der Not, / kämpft gegen ihre Armut an / mit Güte, Generosität, / gebt niemals Eure Demut auf. / Gerät ein edler Mann in Not, / so hat er mit der Scham zu kämpfen

(**171**) (und das ist ein bittrer Kampf!)—/ seid bereit auch ihm zu helfen.

(5) Er ist noch übler dran als jene, / die vor Fenstern Brot erbetteln. / Rettet Ihr ihn aus der Not, / kommt Gottes Gnade auf Euch zu. / Doch ob Ihr arm seid oder reich—/ zeigt stets das rechte Augenmaß. / Ein Herr, der den Besitz verschleudert,

(10) benimmt sich gar nicht wie ein Herr; / doch wenn er dauernd Schätze häuft, / so ist das auch nicht ehrenvoll. / Haltet immer Maß und Ziel. / Ich habe Anlaß festzustellen

(15) daß Ihr Unterweisung braucht. / Seid nicht mehr so ungehobelt! / Ihr sollt nicht viele Fragen stellen! / Gewöhnt Euch an zu überlegen, / was Ihr zur Antwort geben wollt;

(20) sie geh auf dessen Frage ein, / der etwas von Euch hören will.

186

Wolfram von Eschenbach: Parzival

ir kunnet hœren unde sehen,
entseben unde dræhen:
daz solte iuch witzen næhen.
25 lât erbärme bî der vrävel sîn   25
(sus tuot mir râtes volge schîn).
an swem ir strîtes sicherheit
bezalt, ern habe iu sölhiu leit
getân diu herzen kumber wesen,
die nemt, und lâzet in genesen.
172 ir müezet dicke wâpen tragen: **172**
so ez von iu kom, daz ir getwagen
under ougen unde an handen sît
(des ist nâch îsers râme zît),
5 sô wert ir minneclîch gevar: 5
des nement wîbes ougen war.
Sît manlîch und wol gemuot:
daz ist ze werdem prîse guot.
und lât iu liep sîn diu wîp:
10 daz tiuret junges mannes lîp.   10
gewenket nimmer tag an in:
daz ist reht manlîcher sin.
welt ir in gerne liegen,
ir muget ir vil betriegen:
15 gein werder minne valscher list   15
hât gein prîse kurze vrist.
[...]
192 Daz kom als ich iu sagen wil.   **192**
ez brach niht wîplîchiu zil:
mit stæte kiusche truoc diu magt,
von der ein teil hie wirt gesagt.
5 die twanc urliuges nôt   5
und lieber helfære tôt
ir herze an sölhez crachen,
daz ir ougen muosen wachen.
dô gienc diu küneginne,
10 niht nâch sölher minne   10
diu sölhen namen reizet
der meide wîp heizet,
si suochte helfe unt vriundes rât.
an ir was werlîchiu wât,
15 ein hemde wîz sîdîn: 15
waz möhte kampflîcher sîn,
dan gein dem man sus komende ein wîp?

Ihr könnt doch hören, sehen, / schmecken, riechen—/ all dies bringe Euch so langsam zu Verstand!

(25) Verbindet mit dem Mut das Mitleid—/ so befolgt Ihr meine Lehre. / Wenn einer sich Euch unterwirft, / per Ehrenwort, so nehmt es an / und laßt ihn leben—/ falls er Euch / nichts antat, was das Herz zerbricht.

(**172**) Ihr werdet oft die Rüstung tragen; / sobald die von Euch abgelegt ist, / wascht Euch Hände und Gesicht—/ sobald sich Rost zeigt, wird es Zeit!

(5) Ihr wirkt dann wieder angenehm—/ und das bemerken Frauen gleich! / Seid mutig und seid hochgestimmt, / das fördert Euren schönen Ruhm.

(10) Und haltet stets die Frauen hoch—/ so steigt ein junger Mann im Rang. / Bleibt hier fest, an jedem Tag—/ hier zeigt sich männliche Gesinnung. / Wenn ihr sie belügen wollt, / da könnt Ihr viele leicht betrügen!

(15) Doch Betrug ist nicht von Dauer—/ anders als der Ruhm, die Liebe.[9]

Parzival stays two weeks with Gournemans, who wants him very much to remain and marry his daughter Liace. Although he is attracted by her innocence and beauty, Parzival decides he needs more experience in chivalric exploits. He rides on and arrives in the town of Beaurepaire («beautiful place to repair to»), which is under strict siege and whose inhabitants are starving. He is well received by its princess, Conduir-amour («one who leads love to fulfilment»), who is the niece of Gournemans. During the night she determines to visit his room to ask for his help against the besiegers.

(**192**) Und das kam so, ich sag es euch. / Sie überschritt nicht Frauengrenzen; / rein und keusch blieb diese Jungfrau, / von der ich hier erzähle.

(5) Das Elend, das der Krieg bewirkte / und das Sterben vieler Helfer, / das bedrückte so ihr Herz, / daß sie nicht mehr schlafen konnte. Die Königin brach auf, zur Liebe—

(10) freilich nicht von jener Art, / die dazu führt, daß man die Jungfrau / dann als Frau bezeichnen muß; / sie suchte Freundesrat und -hilfe. / Sie war zu einem Kampf gerüstet:

(15) weiß und seiden war ihr Hemd. / Die Frau, die zum Geliebten kommt—/ säh sie kampfbereiter aus?

---

[9]Gurnemans represents all that is best in the chivalric world, and his advice is sound, but, for a man with Parzival's mission, insufficient. After the meeting with Gurnemans, Parzival does not mention his mother's advice again.

ouch swanc diu vrouwe umbe ir lîp
von samît einen mantel lanc.
20 si gienc als si der kumber twanc.   20
juncvrouwen, kamerære,
swaz der dâ bî ir wære,
die lie si slâfen über al.
dô sleich si lîse ân allen schal
25 in eine kemenâten.   25
daz schuofen die ez dâ tâten,
daz Parzivâl al eine lac.
von kerzen lieht alsam der tac
was vor sîner slâfstat.
gein sînem bette gieng ir pfat:
193 ûf den teppech kniete si vür in.   **193**
si heten beidiu cranken sin,
Er unt diu küneginne,
an bî ligender minne.
5 hie wart alsus geworben: 5
an vröuden verdorben
was diu magt: des twanc si schem:
ob er si hin an iht nem?
leider des enkan er niht.
10 âne kunst ez doch geschiht,   10
mit eime alsô bewanden vride,
daz si diu süenebæren lide
niht ze ein ander brâhten.
wênc si des gedâhten.
15 der magede jâmer was sô grôz,   15
vil zäher von ir ougen vlôz
ûf den jungen Parzivâl.
der erhôrte ir weinens sölhen schal,
daz er si wachende an gesach.
20 leit und liep im dran geschach.   20
ûf rihte sich der junge man,
zer küneginne sprach er sân
"vrouwe, bin ich iuwer spot?
ir soldet knien alsus vür got.
25 geruochet sitzen zuo mir her"   25
(daz was sîn bete und sîn ger):
"oder leit iuch hie aldâ ich lac.
lât mich belîben swâ ich mac."
si sprach "welt ir iuch êren,
sölhe mâze gein mir kêren

Sie hatte sich noch einen Mantel / umgehängt—aus Brokat.

(20) Sie ging, weil dies die Not erzwang. / Junge Damen, Kammerpagen / und was sonst zu Diensten war, / die ließ sie schlafen, ringsumher. / Sie schlich auf Zehenspitzen lautlos

(25) zur besagten Kemenate. / Man hatte es so eingerichtet, / daß Parzival alleine schlief. / An seinem Bett war es so hell / von Kerzen wie bei Tageslicht. / Sie kam des Wegs zu diesem Bett

(**193**) und kniete nieder auf dem Teppich. / Er und diese Königin—/ die beiden hatten nichts im Sinn / mit Liebe, die den Beischlaf will.

(5) Hier geschah nur Folgendes: / die Lust war für die Jungfrau tot, / sie folgte dem Gebot der Scham. / Ob er sie nun an sich zog—? / Ach, davon versteht er nichts.

(10) Dennoch tut er's, ohne Absicht, / mit einem Friedensschluß wie folgt: / die Glieder, die sich gern versöhnen, / müssen sich nicht erst verbünden. / Die beiden dachten an ganz andres.

(15) Des Mädchens Jammer war so groß, / ihm flossen Tränen aus den Augen / auf den jungen Parzival. / Der hörte ihr lautes Schluchzen, / schaute sie erwachend an.

(20) Das war ihm lieb, das tat ihm weh. / Der junge Mann, er richtete / sich auf und sprach zur Königin: / "Herrin, treibt Ihr mit mir Spott? / Nur vor Gott dürft Ihr so knien!

(25) Geruht Euch bitte herzusetzen / (das wünschte er, das wollte er), / oder legt Euch, wo ich lag. / Ich find schon einen Platz für mich." / "Wenn Ihr Eure Ehre wahrt und Euch so bei mir beherrscht,

194 daz ir mir ringet niht,　　　　　　　　　　　**194**
　　2 mîn ligen aldâ bî iu geschiht."　　　　　　　　2
　　des wart ein vride von im getân:
　　si smouc sich an daz bette sân.
　　[...]
235 âvoy nu siht man sehse gên　　　　　　　　　**235**
　　in wæte die man tiure galt:
　　10 daz was halbez plîalt,　　　　　　　　　　　10
　　daz ander pfell von Ninnivê.
　　dise unt die êrsten sehse ê
　　truogen zwelf röcke geteilt,
　　gein tiurer kost geveilt.
　　15 nâch den kom diu künegîn.　　　　　　　　15
　　ir antlütze gap den schîn,
　　si wânden alle ez wolde tagen.
　　man sach die maget an ir tragen
　　pfellel von Arâbî.
　　20 ûf einem grüenen achmardî　　　　　　　　20
　　truoc si den wunsch von pardîs,
　　bêde wurzeln unde rîs.
　　daz was ein dinc, daz hiez der Grâl,
　　erden wunsches überwal.
　　25 Repanse de schoy si hiez,　　　　　　　　25
　　die sich der grâl tragen liez.
　　der grâl was von sölher art:
　　wol muose ir kiusche sîn bewart,
　　diu sîn ze rehte solde pflegen:
　　diu muose valsches sich bewegen.
236 Vor dem grâle kômen lieht:　　　　　　　　**236**
　　diu wârn von armer koste niht;
　　sehs glas lanc lûter wolgetân,
　　dar inne balsem der wol bran.
　　5 dô si kômen von der tür　　　　　　　　　5
　　ze rehter mâze alsus her vür,
　　mit zühten neic diu künegîn
　　und al diu juncvröuwelîn
　　die dâ truogen balsemvaz.
　　10 diu küngîn valscheite laz　　　　　　　　10
　　sazte vür den wirt den grâl.
　　[...]
238 man sagte mir, diz sage ouch ich　　　　　　**238**
　　ûf iuwer ieslîches eit,

(194) daß Ihr mit mir nicht rangeln wollt, / (2) so lege ich mich neben Euch." / Er bot ihr sichren Frieden an; / sie kuschelte sich in sein Bett.

The night is passed in complete innocence (a fact Wolfram emphasizes). The next day Parzival defeats Kingrun, one of the besiegers and sends him, as a mark of honor, to Cunneware to make his surrender. Parzival marries Conduir-amour and defeats other besiegers, among them Clamidé. After about a year of happiness, Parzival asks leave to seek out his mother. The first day he arrives at a lake where he sees a nobleman fishing and is invited by him to his castle. There he is well received. A rich cloak is given him by Repanse de Joie, the guardian of the Grail. He sees his host sitting before a great fire. A bleeding lance is borne around amid great lamenting. Then a procession of maidens enters.

(235) Alors, da kommt ein halbes Dutzend / in Kleidern, die sehr teuer waren:

(10) zur Hälfte jeweils von Brokat / und Seidenstoff aus Ninive. / Diese und die sechs zuvor / trugen Röcke in zwei Farben—/ hatten sehr viel Geld gekostet.

(15) Nach ihnen kam die Königin. / Ihr Angesicht war derart hell—/ allen schien, es werde Tag. / Wie sich zeigte, trug die Jungfrau / Seidenstoff aus Arabi;[10]

(20) auf einem grünen Achmardi[11] / trug sie das Glück vom Paradies / (war Wurzel und zugleich der Wuchs), / es war ein Ding, das hieß Der Gral, / der die Vollendung übertraf.

(25) Von der Der Gral sich tragen ließ, / sie hieß Repanse de Joie.[12] / Das Wesen dieses Grals war so: / die das Recht hat, ihn zu hüten, / muß von höchster Reinheit sein, / muß frei von jedem Makel bleiben.

(236) Lichter trug man vor dem Gral, / die stammten nicht von armen Leuten—/ sechs Glasgefäße, hoch, hell, schön / und innen Balsam, der gut brannte.

(5) Als sie von der Türe kamen, / nach vorn, in richtiger Distanz, / verneigten sich die Königin / und formgewandt die jungen Damen, / die diese Balsam-Lampen trugen.

(10) Es setzte die reine Königin / den Gral nun vor dem Burgherrn ab.

[...]

(238) Man sagte mir, ich sag es weiter / und zwar bei euer aller Eid:

---

[10]The procession of women is much more elaborate than in the same scene in Chrétien's poem. It may be reminiscent of Eastern or Mozarabic rites.

[11]According to Wolfram, who first uses the word, 'Achmardi' is green and gold-brocaded silk.

[12]Repanse de Joie—one who rewards with joy?—is a name invented by Wolfram. It will be noted that at this point we are told little more, indeed less, about the Grail than Parzival himself could observe. We do not yet know that it is a stone.

10 daz vor dem grâle wære bereit   10
   (sol ich des iemen triegen,
   sô müezt ir mit mir liegen)
   swâ nâch jener bôt die hant,
   daz er al bereite vant
15 spîse warm, spîse kalt,   15
   spîse niuwe unt dar zuo alt,
   daz zam unt daz wilde.
   esn wurde nie kein bilde,
   beginnet maneger sprechen.
20 der wil sich übel rechen: 20
   wan der grâl was der sælden vruht,
   der werlde süeze ein sölh genuht,
   er wac vil nâch gelîche
   als man saget von himelrîche.
   [...]
239 wol gemarcte Parzivâl   **239**
     die rîcheit unt daz wunder grôz:
10 durch zuht in vrâgens doch verdrôz.   10
   er dâhte "mir riet Gurnamanz
   mit grôzen triuwen âne schranz,
   ich solte vil gevrâgen niht.
   waz ob mîn wesen hie geschiht
15 die mâze als dort bî im?   15
   âne vrâge ich vernim
   wie ez dirre massenîe stêt."
   in dem gedanke nâher gêt
   ein knappe, der truog ein swert:
20 des balc was tusent marke wert,   20
   sîn gehilze was ein rubîn,
   ouch möhte wol diu clinge sîn
   grôzer wunder urhap.
   der wirt ez sîme gaste gap.
25 der sprach "hêrre, ich brâhtz in nôt   25
   in maneger stat, ê daz mich got
   an dem lîbe hât geletzet.
   nu sît dermit ergetzet,
   ob man iuwer hie niht wol enpflege.
   ir mugetz wol vüeren alle wege:
240 Swenne ir geprüevet sînen art,   **240**
     ir sît gein strîte dermite bewart."
     owê daz er niht vrâgte dô!
     des bi ich vür in noch unvrô.

(10) vor dem Gral lag schon bereit—/ mach ich hier einem etwas vor, / so sind wir eben alle Lügner: / wonach man auch die Hand ausstreckte, / man fand es alles fertig vor:

(15) warme Speisen, kalte Speisen, / neue Speisen, altbewährte, / Fleisch vom Stalltier und vom Wild.[13] / "So was hat man nie gesehen!" / wendet wohl so mancher ein,

(20) doch der benimmt sich viel zu forsch.[14] / Der Gral war: Frucht der Seligkeit, / Füllhorn aller Erdensüße, / er reichte nah an das heran, / was man vom Himmelreich erzählt.

(239) Parzival nahm alles wahr: / den Luxus und das große Wunder—
(10) er wahrte die Form und fragte nicht. / Er dachte: "Gournemans empfahl—

(15) und das war ihm völlig ernst—/ ich soll nicht viele Fragen stellen. / Vielleicht bleib ich so lange hier, wie ich bei ihm geblieben bin—/ dann krieg ich raus, auch ohne Frage, / was mit den suivants hier los ist."[15] / Bei dieser Überlegung kam / ein Page, trug ein Schwert herein.

(20) Der Wert der Scheide: tausend Mark; / der Griff des Schwertes: ein Rubin; / die Klinge: sie war ganz gewiß / der Anlaß wahrer Wundertaten./ Der Burgherr reichte es dem Gast

(25) und sagte: "Herr, ich trug es oft / im Kampfgetümmel, eh mich Gott / an meinem Leib verstümmelt hat. / Es möge Euch entschädigen, / falls wir's an etwas fehlen ließen. / Ihr müßt es immer bei Euch tragen.

(240) Wenn Ihr es auf die Probe stellt: / Ihr seid im Kampf damit beschützt." / Ein Unglück, daß er jetzt nicht fragte!

---

[13]The »cornucopia« motif is very common in association with the Grail, but it is not mentioned by Chrétien.
[14]forsch: bold
[15]suivants: French for 'attendants'

5 wan do erz enpfienc in sîne hant,   5
  dô was er vrâgens mit ermant.
  ouch riuwet mich sîn süezer wirt,
  den ungenâde niht verbirt,
  des im von vrâgen nu wære rât,
10 genuoc man dâ gegeben hât: 10
  [...]
265 Da ergienc diu scharpfe herte.   **265**
  iewederre vaste werte
  sînen prîs vor dem ander.
  duc Orilus de Lalander
5 streit nâch sîme gelêrten site.   5
  ich wæne ie man sô vil gestrite.
  er hete kunst unde craft:
  des wart er dicke sigehaft
  an maneger stat, swie ez dâ ergienc.
10 durch den trôst zuo ze im er vienc   10
  den jungen starken Parzivâl.
  der begreif ouch in dô sunder twâl
  unt zucte in ûz dem satel sîn:
  als ein garbe häberîn
15 vaste er in under die arme swanc: 15
  mit im er von dem orse spranc,
  und dructe in über einen ronen.
  dâ muose schumpfentiure wonen
  der sölher nôt niht was gewent.
20 "du garnest daz sich hât versent   20
  disiu frouwe von dîm zorne.
  nu bistu der verlorne,
  dune lâzest si dîn hulde hân."
  "daz enwirt sô gâhes niht getân",
25 sprach der herzoge Orilus: 25
  "ich bin noch niht betwungen sus."
  Parzivâl der werde degen
  druct in an sich, daz bluotes regen
  spranc durch die barbiere.
  dâ wart der vürste schiere
266 betwungen swes man an in warp.   **266**
  er tete als der ungerne starp.
  Er sprach ze Parzivâle sân
  "owê küene starker man,
5 wa gediente ich ie dise nôt   5

Noch heute leid ich dran—für ihn!

(5) Denn als man ihm das überreichte, / war dies ein Wink: *er sollte fragen*. / Der Burgherr tut mir gleichfalls leid, / weil er ein schweres Schicksal hat—/ die Frage hätte ihn erlöst ... / Man hatte jetzt genug serviert.

Parzival sees an old man who is later identified as Titurel, the grandfather of Anfortas the Fisher King. Parzival spends a disturbed night and the next morning he finds the castle deserted—there is no one to help him don his armor. He departs grumbling and, to add to his perplexity, the drawbridge is pulled up when he is barely across and he hears a voice from the battlements reproaching him for not asking the question. Shortly afterward he again meets Sigune, her appearance so changed by grief over her lover's death that he does not recognize her. She tells him a few details of the Grail castle, but curses him when she too hears that he has not asked the question.

Only a short distance away Parzival finds Jeschute in all her misery. She tells him her story and warns him to flee from Orilus' wrath, but he refuses; when the knight appears, Parzival attacks him. The combat is indecisive.

(**265**) Es war ein harter, scharfer Kampf! / Jeder hat hier seinen Ruhm / mit Entschiedenheit verteidigt. / Fürst Orilus de la Lande

(5) kämpfte völlig schulgerecht—/ ich glaube, keiner hat so oft / gekämpft. Er hatte Kraft und Technik, / hatte deshalb oft gesiegt—/ vielerorts, wo sich's ergab.

(10) Im Vertrauen darauf riß er den starken Parzival an sich, / jedoch: der packte ihn sofort / und riß ihn hoch aus seinem Sattel, / nahm ihn fest in seine Arme, / als wäre er eine Hafergarbe,

(15) sprang mit ihm von seinem Pferd / und preßte ihn auf einen Baumstamm. / Das sah nach défaitage[16] aus—/ für ihn, der sowas noch nicht kannte.

(20) "Jetzt erntest du, was diese Frau / durch deinen Zorn erleiden mußte! / Gewährst du ihr nicht Gattenliebe, / ist es völlig aus mit dir!" / "*So* schnell geht das hier ja nicht",

(25) sagte Orilus, der Herzog, / "ich fühle mich noch nicht besiegt." / Darauf drückte ihn der Held / derart fest an sich, daß Blut / durch den Gesichtsschutz sprühte. / Da blieb dem Fürsten nur noch eins:

(**266**) die Forderungen akzeptieren. / So handelt, wer nicht sterben will. / Schon sagte er zu Parzival: / "Ach, du kühner, starker Mann,

(5) wie habe ich es wohl verdient,

daz ich vor dir sol ligen tôt?"
"ja lâze ich dich vil gerne leben",
sprach Parzivâl, "ob du wilt geben
dirre vrouwen dîne hulde."
10 "ich entuons niht: ir schulde   10
ist gein mir ze grœzlîch.
si was werdekeite rîch:
die hât si gar vercrenket
und mich in nôt gesenket.
15 ich leiste anders swes du gerst,   15
ob du mich des lebens werst.
daz hete ich etswenn von gote:
nu ist dîn hant des worden bote
daz ichs danke dîme prîse."
[...]
312 der meide ir kunst des verjach   **312**
20 alle sprâche sî wol sprach,   20
latîn, heidensch, franzoys.
si was der witze curtoys,
dîaletike und jêometrî:
ir wâren ouch die liste bî
25 von astronomîe.   25
sie hiez Cundrîe:
surziere was ir zuoname;
in dem munde niht diu lame:
wand er geredet ir genuoc.
vil hôher vröude si nider sluoc.
313 Diu maget witze rîche   **313**
was gevar den unglîche
die man dâ heizet bêâ schent.
ein brûtlachen von Gent,
5 noch blâwer denn ein lâsûr,   5
het an geleit der vröuden schûr:
daz was ein kappe wol gesniten
al nâch der Franzoyser siten:
drunde an ir lîb was pfelle guot.
10 von Lunders ein pfaewîn huot,   10
gefurriert mit einem blîalt
(der huot was niuwe, diu snuor niht alt),
der hieng ir an dem rücke.
ir mære was ein brücke:
15 über vröude ez jâmer truoc.   15
si zucte in schimpfes dâ genuoc.

daß ich zu deinen Füßen sterbe?" / "Ich werde dich gerne leben lassen, / wirklich, wenn du dieser Dame / deine Gattenliebe schenkst."

(10) "Kommt nicht in Frage! Ihre Schuld / an mir ist dafür viel zu groß. / Ihr Ansehn war einmal sehr hoch, / doch hat sie's ganz und gar lädiert / und mich in tiefe Not gestürzt.

(15) Ich tu sonst alles, was du willst, / wenn du mich nur am Leben läßt. / Das gab mir früher einmal Gott, / mit starkem Arm vertrittst du ihn: nun hängt mein Leben von dir ab."

Orilus is finally compelled by Parzival to forgive Jeschute, who is glad to be reconciled with him, and he is sent back to render service to Cunneware.

Parzival also moves toward Arthur's court and is spellbound by three drops of blood in the snow, for the red-on-white reminds him of Conduir-amour. He is attacked by Segramors and Keie, both of whom he unhorses with ease. (In these events he atones for what may be called his chivalric 'sins,' the sorrow he had caused Jeschute and Cunneware) Gawan breaks the spell and leads Parzival to the court. He is held in great honor and about to become a member of the Round Table, when the hideous but learned Cundrie arrives and denounces him; she declares that the Round Table would be disgraced by his presence.

(312) Die junge Frau war so gebildet,
(20) daß sie viele Sprachen konnte: / Latein, Arabisch und Französisch. / Sie war bewandert auf dem Gebiet / der Dialektik, Geometrie, / und ebenso beherrschte sie

(25) die Wissenschaft Astronomie. / Ihr Name lautete: Cundrie. / Man nannte sie auch «la sorcière».[17] / Sie war nicht auf den Mund gefallen, / redete in einem fort, war Niederschlag auf hohes Glück.

(313) Die junge Dame, hochgebildet, / zählte nicht zu den beaux gens[18] / in ihrer äußeren Erscheinung. / Dieser Hagelschlag aufs Glück / trug feines Tuch—es kam aus Gent—

(5) das war noch blauer als Lasur:[19] / geschnitten als Kapuzenmantel, / völlig à la mode aus Frankreich; / darunter trug sie feine Seide.

(10) Aus London kam ihr Pfauenhut, / der doubliert war mit brocart;[20] / der Hut war neu, und auch die Schnur, / jedoch, sie trug ihn auf dem Rücken. / Ihre Botschaft: eine Brücke

(15) übers Glück—es kam das Leid. / Sie raubte alle Lebenslust.

---

[17]la sorcière: the sourceress; her education appears to be somewhat eclectic; of the seven liberal arts she apparently only knows dialectic, geometry, and astronomy.

[18]beau gens: beautiful people

[19]Lasur: lapis lazuli

[20]brocart: brocade

über den huot ein zopf ir swanc
unz ûf den mûl: der was sô lanc,
swarz, herte und niht ze clâr,
20 lind als eins swînes rückehâr.   20
si was genaset als ein hunt:
zwên ebers zene ir vür den munt
giengen wol spannen lanc.
ietweder wintbrâ sich dranc
25 mit zöpfen vör die hârsnuor.   25
mîn zuht durch wârheit missevuor,
daz ich sus muoz von vrouwen sagen:
kein andriu darf ez von mir clagen.
Cundrîe truoc ôren als ein ber,
niht nâch vriundes minne ger:
314 Rûch wâs ir antlütze erkant.   **314**
ein geisel vuorte si in der hant:
dem wârn die swenkel sîdîn
unt der stil ein rubbîn,
5 gevar als eines affen hût   5
truoc hende diz gaebe trût.
die nagele wâren niht ze lieht;
wan mir diu âventiure giht,
si stüenden als eins lewen clân.
nâch ir minne was selten tjost getân.
[...]
315 von dem künge si vür den Wâleis reit.   **315**
si sprach "ir tuot mir site buoz,
daz ich versage mînen gruoz
Artûse unt [der] messnîe sîn.
20 gunêrt sî iuwer liehter schîn   20
und iuwer manlîchen lide.
hete ich suone oder vride,
diu wærn iu beidiu tiure.
ich dunke iuch ungehiure,
25 und bin gehiurer doch dann ir.   25
hêr Parzivâl, wan sagt ir mir
unt bescheidet mich einer mære,
dô der trûrige vischære
saz âne vröude und âne trôst,
war umb ir in niht siufzens hât erlôst?
316 Er truog iu vür den jâmers last.   **316**
ir vil ungetriuwer gast!
sîn nôt iuch solte erbarmet hân.

Ein Zopf hing über ihren Hut / herab zum Muli:[21] derart lang! / War schwarz und starr und häßlich—

(20) 'weich' wie Schweine-Rückenborsten. / Auch war sie wie ein Hund benast; / aus ihrer Schnauze ragten / spannenlang zwei Eberzähne; / ihre beiden Brauen reichten

(25) verzopft bis an das Haarband hoch. / Verletze ich bei ihr die Form, / so nur, weil ich die Wahrheit sage; / sonst braucht sich keine zu beklagen! / Cundrie mit Ohren wie ein Bär,

(314) und ihr Gesicht war ganz behaart—/ nicht so wie sich's ein Liebster wünscht! / Sie hielt in ihrer Hand die Peitsche—/ die Schnüre waren seiden / und der Griff war ein Rubin.

(5) An diesem wunderhübschen Liebchen: / Hände wie mit Affenfell. / Die Fingernägel wuchsen wild: / wie mir meine Quelle meldet, / ragten sie wie Löwenkrallen. / Wer kämpfte schon um ihre Liebe?

[…]

(315) Vom König ritt sie zum Waliser: / "Ihr seid schuld, wenn ich die Form / verletze, Artus und dem Hof / den ehrenvollen Gruß versage.

(20) Schande über Eure Schönheit, / Eure männliche Erscheinung! / Könnt ich versöhnen, Frieden schließen—/ beides wäret Ihr nicht wert! / In Euren Augen bin ich häßlich,

(25) und bin doch schöner als Ihr selbst! / Gebt mir Antwort auf die Frage, / Herr Parzival, warum Ihr nicht / den Fischer, als er traurig dasaß, / ohne Zuversicht und Freude, / erlöst habt aus dem tiefen Seufzen.

(316) Er zeigte Euch sein schweres Leid—/ daß Ihr als Gast so herzlos wart! / Sein Leid hätt Euch erbarmen sollen!

---

[21]Muli: mule, offspring of a jackass and a mare

daz iu der munt noch werde wan,
5 ich mein der zungen drinne,   5
als iu daz herze ist rehter sinne!
gein der helle ir sît benant
ze himele vor der hôhsten hant:
als sît ir ûf der erden,
10 versinnet sich die werden.   10
ir heiles ban, ir sælden vluoch,
des ganzen prîses reht unruoch!
ir sît manlîcher êren schiech,
und an der werdekeit sô siech,
15 kein arzet mag iuch des ernern.   15
ich wil ûf iuwerem houbte swern,
gît mir iemen des den eit,
daz græzer valsch nie wart bereit
deheinem alsô schœnem man.
20 ir vederangel, ir nâtern zan!   20
iu gap iedoch der wirt ein swert,
des iuwer wirde wart nie wert:
da erwarb iu swîgen sünden zil.
ir sît der hellehirten spil.
25 gunêrter lîp, hêr Parzivâl!   25
ir saht ouch vür iuch tragen den grâl,
und snîdende silber und bluotic sper.
ir vröuden letze, ir trûrens wer!
wær ze Munsalvæsche iu vrâgen mite,
in heidenschaft ze Tabronite
317 Diu stat hât erden wunsches solt: **317**
hie hete iu vrâgen mêr erholt.
jenes landes künegîn
Feirefîz Anschevîn
5 mit herter ritterschefte erwarp,   5
an dem diu manheit niht verdarp,
diu iuwer bêder vater truoc.
iuwer bruoder wunders pfligt genuoc:
ja ist beidiu swarz unde blanc
10 der küngîn sun von Zazamanc.   10
nu denke ich ave an Gahmureten,
des herze ie valsches was erjeten.
von Anschouwe iuwer vater hiez,
der iu ander erbe liez
15 denn als ir habt geworben.   15
an prîse ir sît verdorben.

Es werde Euer Mund so leer—

(5) die Zunge weg, so mein ich das—/ wie Euer Herz gefühlsleer ist. / Im Himmel, vor dem Höchsten Gott, / sieht man Euch schon in der Hölle; / es wird auch so auf Erden sein,

(10) sobald die Edlen Euch durchschauen. / Heilsvernichter, Glückzerstörer! / Seid ohne Sinn für wahren Ruhm! / Ihr scheut die Ehre aller Tapfren, / Eure Würde siecht dahin,

(15) kein Arzt wird Euch da helfen können. / Ich schwöre Euch, bei Eurem Haupt / (falls jemand meinem Eide glaubt): so große Falschheit gab es nie / bei einem derart schönen Mann.

(20) Köderfliege, Natternzahn! / Der Burgherr schenkte Euch sein Schwert—/ Ihr seid es überhaupt nicht wert! / Ihr habt gesündigt, als Ihr schwiegt! / Flötenspiel des Höllenhirten!

(25) Herr Parzival, Ihr seid verflucht! / Man trug sogar den Gral vor Euch, / das schneidende Silber, die blutige Lanze! / Ihr nehmt das Glück, Ihr gebt das Leid. / Hättet Ihr auf Mont Salvage / gefragt, Ihr hättet mehr gewonnen / als Tabronit im Heidenland—

(317) die Stadt der irdischen Erfüllung. / Fairefis von Anjou

(5) errang in einem harten Ritterkampf / die Königin von jenem Land; / in ihm erhielt sich noch der Mut, / den Euer Vater einst besaß. / Euer Bruder ist ein Wunder, / wahrlich, er ist schwarz und weiß,

(10) der Sohn der Königin von Sasamancs. / Ich denke hier an Gahmuret, / der Falschheit aus dem Herz gejätet. / Ein Anjou war Euer Vater, / hat ein Erbe hinterlassen,

(15) dem Eure Taten nicht entsprechen; / Euer Ruhm ist ganz dahin.

het iuwer muoter ie missetân,
sô solte ichz dâ vür gerne hân,
ihr möht sîn sun niht gesîn.
20 nein, si lêrte ir triuwe pîn: 20
geloubet von ir guoter mære,
und daz iuwer vater wære
mânlîcher triuwe wîse
unt wîtvengec hôher prîse.
25 er kunde wol mit schallen.   25
grôz herze und cleine gallen,
dar ob was sîn brust ein dach.”
[...]
319 Cundrîe la surziere,   319
diu unsüeze und doch diu fiere,
den Wâleis si beswæret hât.
waz half in küenes herzen rât
5 unt wâriu zuht bî manheit?   5
und dennoch mêr im was bereit
scham ob allen sînen siten.
den rehten valsch het er vermiten:
wan scham gît prîs ze lône
10 und ist doch der sêle crône.   10
scham ist ob siten ein güebet uop.
[...]
331 daz er sô trûrec von in reit,   331
ich wæn, daz was in allen leit.
Artûs lobte im an die hant,
kœm imer in sölhe nôt sîn lant
als ez von Clâmidê gewan,
des lasters wolde er pflihte hân:
15 im wære ouch leit daz Lähelîn   15
im næm zwuo rîche crônen sîn.
viel dienstes im dâ maneger bôt:
den helt treip von in trûrens nôt.
[...]
dô kuste in mîn hêr Gâwân:
dô sprach der manlîche
ze dem helde ellens rîche
25 “ich weiz wol, vriunt, daz dîn vart   25
gein strîtes reise ist ungespart.
dâ geb dir got gelücke zuo,
und helfe ouch mir daz ich getuo
dir noch den dienst als ich kan gern.

Hätt Eure Mutter einen Fehltritt / je begangen, dächte ich: / Ihr seid niemals dessen Sohn!

(20) Doch ihre Treue schuf ihr Leid. / So glaubt an ihren guten Ruf / und auch, daß Euer Vater wußte, / was treue Liebe heißt, beim Mann. / Ein starker Greifer hohen Ruhms...

(25) Auch konnte er sehr fröhlich sein. / Ein großes Herz in seiner Brust, / jedoch die Galle war nur klein."

[...]

(**319**) Cundrie, la sorcière, / die Häßliche, zugleich doch Stolze, / stimmte Parzival sehr traurig. / Was half ihm da sein tapfres Herz,

(5) die Männlichkeit, die Hoferziehung? / Und, was weiter für ihn spricht: / die Reinheit, Gipfel aller Tugend. / Die wahre Falschheit kennt er nicht, / denn die Reinheit lohnt mit Ruhm,

(10) sie ist zugleich die Seelenkrone. / Reinheit: hier erfüllt sich Höchstes.

Parzival departs in sorrow:

(**331**) Keinem wollte es gefallen, / daß er losritt, derart traurig—
(10) ich glaub, es tat dort allen leid. / Artus versprach ihm in die Hand: / gerate sein Land in Kriegsgefahr—/ wie zuvor durch Clamidé—/ so treffe ihn die Tat persönlich.

(15) Und: er bedaure, daß Llewelyn / ihm zwei Königreiche raubte. / Man erwies ihm Reverenzen. / Die Trauer wollte, daß er aufbrach.

[...]

Gawan gab ihm den Abschiedskuß; / dann sagte, der so tapfer war, / zu unserm Helden voller Mut:

(25) "Ich weiß genau, mein Freund, dein Weg / führt zu Kämpfen, unausweichlich—/ Gott beschenke dich mit Glück / und helfe mir, daß ich dir so / dienen kann, wie ich es will. /

des müeze mich sîn craft gwern."
332 Der Wâleis sprach "wê waz ist got?   **332**
   wær der gewaldec, sölhen spot
   het er uns bêden niht gegeben,
   kunde got mit creften leben.
  5 ich was im dienstes undertân,   5
   sît ich genâden mich versan.
   nu wil ich im dienst widersagen:
   hât er haz, den wil ich tragen.
   [...]
460 "alrêrst ich innen worden bin   **460**
   wie lange ich var wîselôs
 30 unt daz vröuden helfe mich verkôs,"   30
461 sprach Parzivâl, "mirst vröude ein troum: **461**
   ich trage der riuwe swæren soum.
   hêrre, ich tuon iu mêr noch kunt.
   swâ kirchen oder münster stuont,
  5 dâ man gotes êre sprach,   5
   kein ouge mich dâ nie gesach
   sît den selben zîten:
   ichn suochte niht wan strîten.
   ouch trage ich hazzes vil gein gote:
 10 wand er ist mîner sorgen tote.   10
   die hât er alze hôhe erhaben:
   mîn vröude ist lebendec begraben.
   kunde gotes craft mit helfe sîn,
   waz ankers wær diu vröude mîn?
 15 diu sinket durch der riuwe grunt.   15
   ist mîn manlîch herze wunt,
   oder mag ez dâ vor wesen ganz,
   daz diu riuwe ir scharpfen cranz
   mir setzet ûf werdekeit
 20 die schildes ambet mir erstreit   20
   gein werlîchen handen,
   des gihe ich dem ze schanden,
   der aller helfe hât gewalt,
   ist sîn helfe helfe balt,

Dies gewähr mir Gottes Allmacht."
(332) Der Waliser: "Ach, was ist Gott?! / Wenn er so allmächtig wäre, Seine Macht auch offenbarte, / hätt Er uns die Schmach erspart.

(5) Seit ich von seiner Gnade weiß, / bin ich Ihm im Dienst ergeben—/ ich künde Ihm den Dienst nun auf! Haßt Er mich, so nehm ich's hin!

From now on most of the action is concerned with Gawan, probably as a kind of secular counterpart to the adventures of Parzival. The two streams converge toward the end of the story. In his first adventure Gawan charmingly acts as the champion of a little maid, Obilot. The next encounter is quite different. At the castle of Champ Fançon, Gawan meets the sensuous Antikonie, sister to King Vergulaht, and loses no time in making love to her. He is gaining ground in his pursuit of love when the lady's brother appears and attacks him. There is a ludicrous battle in which Gawan defends himself with a door bolt and chessboard until his opponent Kingrimorcel appears and stops the fighting. Gawan leaves to find the Grail.

Parzival has been mentioned occasionally in the preceding narrative. Now, however, he becomes the main figure. He meets Sigune again; she has been walled into a cell with the body of her lover, Schionatulander. She tells him a little more about the Grail and how it sends her food. She is no longer angry with Parzival, and hopes for his success in finding the Grail, although she herself doubts that he will. Parzival sets out on his quest and meets some pilgrims, who reproach him for riding armed on Good Friday—a fact of which he is unaware. Almost in despair, he throws the reins over his horse's neck and more or less challenges God to lead him to the Grail [452:1-9].

Wolfram now interjects an 'account' as to his source of the Grail story: a wild tale of the heathen Flegetanis, later baptized, who told how angels left the Grail on earth and how the story was translated into Latin by 'Kyot' [452:29-455:22].

The story continues: Parzival meets Trevrizent, a hermit, whose cave is in the same place where he had defeated Orilus four and a half years ago, and tells the hermit at once that he needs help, for he has sinned.

(460) "Jetzt erst wird mir völlig klar, / wie lange ich schon richtungslos / umherzieh, ganz vom Glück verlassen.

(461) Das Glück ist nur ein Traum für mich, / ich trag die schwere Last des Leids. / Herr, ich sage Euch noch mehr: / in allen Kirchen oder Münstern,

(5) in denen Gott gepriesen wurde, / hat mich in der ganzen Zeit / keiner jemals angetroffen. / Ich wollte nur das eine: Kampf. / Auch heg ich großen Haß auf Gott:

(10) Er ist der Pate meines Leids, / Er hob es allzu hoch empor. / Mein Glück ist lebend eingegraben. / Würde Gottes Macht mir helfen, / welch ein Anker wär mein Glück!

(15) Er sinkt in bodenlose Trauer ... / Mein starkes Herz ist mir verwundet—/ wie könnte es auch anders sein, / wenn das Leid die Dornenkrone / auf mein hohes Ansehen setzt,

(20) das ich im Ritterdienst erlangte / gegen kampferprobte Männer—/ und das werfe ich Ihm vor, / Der Hilfe stets gewähren kann, / Des Hilfe schnell im Helfen ist

25 daz er mir denne hilfet niht,   25
  sô vil man im der hilfe giht.”
  [...]
468 Der wirt sprach “hêrre, ir sprechet wol.   **468**
  ir sît in rehter kumbers dol,
  sît ir nâch iuwer selbes wîbe
  sorgen pflihte gebt dem lîbe.
 5 wert ir ervunden an rehter ê,   5
  iu mac zer helle werden wê,
  diu nôt sol schiere ein ende hân,
  und wert von banden aldâ verlân
  mit der gotes helfe al sunder twâl.
10 ir jeht, ir sent iuch umbe den grâl: 10
  ir tumber man, daz muoz ich clagen.
  jane mac den grâl nieman bejagen,
  wan der ze himel ist sô bekant
  daz er zem grâle sî benant.
  [...]
469 er heizet lapsit exillîs.   **469**
  von des steines craft der fênîs
  verbrinnet, daz er ze aschen wirt:
10 diu asche im aber leben birt.   10
  sus rêrt der fênîs mûze sîn
  unt gît dar nâch vil liehten schîn,
  daz er schœne wirt als ê.
  ouch wart nie menschen sô wê,
15 swelhes tages ez den stein gesiht,   15
  die wochen mac ez sterben niht,
  diu aller schierest dar nâch gestêt.
  sîn varwe im nimmer ouch zergêt:
  man muoz im sölher varwe jehen,
20 dâ mit ez hât den stein gesehen,   20
  ez sî maget oder man,
  als dô sîn bestiu zît huop an,
  sæh ez den stein zwei hundert jâr,
  im enwurde denne grâ sîn hâr.

(25) und Der mir doch nicht helfen will, / obwohl man Seine Hilfe rühmt."[22]

The hermit does not reply directly to Parzival's complaint but tells him the story of the fall of Lucifer and of man, so that he may realize that he shares the common fate of the human race and that only God in His wisdom and mercy can solve his problem. Parzival then tells him that his greatest concerns are for the Grail and for his wife. The hermit is perturbed by this, for he knows that only the chosen can attain the Grail, and Parzival does not relate his previous visit to "Munsalvaesche," Mount Salvage—rendered as «mons silvaticus», that is forested mountain by some—, the Grail castle. He says:

(**468**) "Herr, das war sehr gut gesagt. / Ihr leidet hier mit Recht an Sehnsucht, / ist es doch die eigne Frau, / um die Ihr Euch in Sorge quält.

(5) Führt Ihr eine gute Ehe / und leidet später in der Hölle, / so sind die Qualen rasch beendet, / die Fesseln werden Euch gelöst / durch Gottes Hilfe, und das bald.

(10) Ihr sagt, Ihr sehnt Euch nach dem Gral—/ oh Unverstand! Ihr tut mir leid! / Denn niemand kann den Gral erreichen, / den nicht der Himmel ausersehen, / und daraufhin zum Gral beruft."

The hermit then reveals a great deal more about the Grail than Parzival has learned up till now. He tells of the knights who live at the castle, whom he calls Templars;[23] they are sustained by the power of the Grail stone, which also has the power to rejuvenate men and which causes the phoenix to rise from its own ashes.

(**469**) "«Lapis exilis» ist sein Name.[24] / Die Wunderkraft des Steins verbrennt / den Phönix, macht ihn ganz zu Asche; / die Asche gibt ihm neues Leben.

(10) Und so mausert sich der Phönix, / erstrahlt danach in hellstem Glanz, / ist nun wieder schön wie früher. / Weiter: einem Menschen kann es / noch so schlecht ergehen—

(15) sieht er / an einem Tage diesen Stein, / so stirbt er nicht die Woche drauf, / ja, er verliert noch nicht mal Farbe.

(20) Und schaut man zwei Jahrhunderte / (ob junge Frau, ob junger Mann) / den Stein an, bleibt die Farbe so / (und das läßt sich nicht bestreiten) / wie zur Zeit der schönsten Blüte, / nur die Haare werden grau.

---

[22]Parzival is, of course, referring to God, and his remarks are blasphemous. He is guilty of pride in his belief that his deeds must induce God to consider him favorably.

[23]Templar: so named from occupying quarters near the site of Solomon's Temple in Jerusalem. The Templars were members of a religious military order established by the Crusaders at Jerusalem in 1118 to protect pilgrims and the Holy Sepulchre.

[24]The Parzival manuscripts also contain the readings 'lapsit exillis,' that is, 'lapis ex coelis,' stone from heaven. 'Lapis exilis' is most likely the correct reading in that it suggests 'thin, modest,' referring to the magic stone in the Alexander legend which is said to have come from paradise and whose purpose it is to remind the great conqueror of the impermanence of life. Thus, Wolfram's Grail may also be viewed as a symbol of Christian humility.

25 selhe craft dem menschen gît der stein,   25
   daz im vleisch unde bein
   jugent enpfæhet al sunder twâl.
   der stein ist ouch genant der grâl.
   da ûf kumt hiute ein botschaft,
   dar an doch lît sîn hôhste craft.
470 Ez ist hiute der karvrîtac,   **470**
   daz man vür wâr dâ warten mac,
   ein tûbe von himel swinget:
   ûf den stein diu bringet
 5 ein cleine wîze oblât.   5
   ûf dem steine si die lât:
   diu tûbe ist durchliuhtec blanc,
   ze himel tuot si widerwanc.
   immer alle karvrîtage
10 bringet si ûf den, als ich iu sage,   10
   dâ von der stein enpfaehet
   swaz guotes ûf erden draehet
   von trinken unt von spîse,
   als den wunsch von pardîse:
15 ich mein swaz diu erde mac gebern.   15
   der stein si vürbaz mêr sol wern
   swaz wildes underm lufte lebt,
   ez vliege oder louffe, unt daz swebt.
   der ritterlîchen bruoderschaft,
   die pfrüende in gît des grâles craft."
   [...]
472 "Mac ritterschaft des lîbes prîs   **472**
   unt doch der sêle pardîs
   bejagen mit schilt und ouch mit sper,
   sô was ie ritterschaft mîn ger.
 5 ich streit ie swâ ich strîten vant,   5
   sô daz mîn werlîchiu hant
   sich næhert dem prîse.
   ist got an strîte wîse,
   der sol mich dar benennen,
10 daz si mich dâ bekennen: 10
   mîn hant dâ strîtes niht verbirt."
   dô sprach aber sîn kiuscher wirt
   "ir müest aldâ vor hôchvart
   mit senftem willen sîn bewart.
15 iuch verleit lîht iuwer jugent   15

(25) Solche Kraft verleiht der Stein / dem Menschen: daß sich Fleisch und Bein / von dem Moment an jung erhalten. / Der Stein wird auch Der Gral genannt. / Es senkt sich heute eine Botschaft / auf ihn herab, schenkt größte Fülle.

(**470**) Heute haben wir Karfreitag, / und so wird man sehen können, / wie vom Himmel eine Taube / schwebt: sie legt auf diesen Stein

(5) eine Oblate, weiß und klein, / die läßt sie auf dem Stein zurück; / die Taube—allerhellstes Weiß— / fliegt wieder in den Himmel hoch. / In jedem Jahre am Karfreitag[25]

(10) bringt sie zu dem Stein herab, / was ihn empfänglich werden läßt / für alles, was auf Erden duftet / an Speisen und Getränken: / paradiesische Erfüllung,

(15) alles, was auf Erden wächst. / Der Stein beschenkt sie ebenfalls / mit dem Fleisch von allen Tieren, / die da fliegen, laufen, schwimmen. / So wird die Kraft des Grals zur Pfründe / der ritterlichen Bruderschaft."

The men chosen to serve the Grail are named by the stone itself: their names will appear on it. The angels who took sides neither with God nor Lucifer were the original guardians of the Grail (**471**:15-22; it is not known whether God forgave them or not), but now the chosen men guard it.[26]

(**472**) [Da sprach Parzival:] "Kann Ritterschaft den Erdenruhm / und auch das Seelenparadies / erkämpfen, mit dem Schild, der Lanze, / so wollt ich stets als Ritter leben!

(5) Ich kämpfte, wo sich Kampf ergab—/ so hat sich meine starke Faust / an den Ruhm herangekämpft. / Wenn Gott etwas von Kampf versteht, / so muß er mich dorthin berufen—

(10) sie werden mich da schätzen lernen! / Ich scheu vor keinem Kampf zurück." / Der fromme Gastgeber zu ihm: / "Eure Sanftmut wird Euch dort / vor Eurem Hochmut schützen müssen.

(15) Vielleicht reißt Euch die Jugend hin,

---

[25]The idea of the Grail's being revivified by the bringing of a wafer on Good Friday by a dove (the resemblance to the coming of the Holy Spirit at Pentecost is obvious) is found only in Wolfram's poem. He places great emphasis on the Grail's power to sustain life on earth, but only as a result of heavenly power.

[26]Although the neutral angels are mentioned by Dante in *Inferno* 3:34-69, little was written about them in the Middle Ages, and certainly no source is known for what Wolfram says about them here.

daz ir der kiusche bræchet tugent.
hôchvart ie seic unde viel",
sprach der wirt: ieweder ouge im wiel
dô er an diz maere dâhte,
20 daz er dâ mit rede volbrâhte.   20
dô sprach er "hêrre, ein künec dâ was:
der hiez und heizt noch Anfortas.
daz sol iuch und mich armen
immer mêr erbarmen
25 umb sîn herzebære nôt,   25
die hôchvart im ze lône bôt.
sîn jugent unt sîn rîcheit
der werlde an im vuogte leit,
unt daz er gerte minne
ûzerhalp der kiusche sinne.
473 Der site ist niht dem grâle reht: 473
dâ muoz der ritter unt der kneht
bewart sîn vor lôsheit.
diemüet ie hôchvart überstreit.
5 dâ wont ein werdiu bruoderschaft: 5
die hânt mit werlîcher craft
erwert mit ir handen
der diet von al den landen,
daz der grâl ist unerkennet,
10 wan die dar sint benennet   10
ze Munsalwæsche an des grâles schar.
wan einer kom unbenennet dar:
der selbe was ein tumber man
und vuorte ouch sünde mit im dan,
15 daz er niht zem wirte sprach   15
umbe den kumber den er an im sach.
ich ensol niemen schelten:
doch muoz es sünde engelten,
daz er niht vrâgte des wirtes schaden.
20 er was mit kumber sô geladen,   20
ez enwart nie erkant sô hôher pîn."
[...]
475 dô sprach er "lieber swester sun,   475
20 waz râtes möhte ich dir nu tuon?   20
du hâst dîn eigen verch erslagen.
wiltu vür got die schulde tragen,
sît daz ir bêde wârt ein bluot,
ob got dâ reht gerihte tuot,

die Selbstbeherrschung zu durchbrechen. / Man weiß: die Hoffart steigt—und stürzt." / So sprach der Wirt. Und seine Augen / wurden naß, denn ihm fiel ein,

(20) was er noch erzählen mußte. / "Herr, es war einmal ein König, / und der hieß—und heißt—Anfortas. / Ihr müßt Euch (und ich Armer auch) / dieses Mannes stets erbarmen:

(25) herzzerreißend ist die Not, / mit der die Hoffart ihn belohnte. / Mit seiner Jugend, seinem Reichtum / brachte er den Menschen Unglück, / und auch: daß er die Liebe wollte / außerhalb der Eheliebe—

(473) so was schickt sich nicht beim Gral; / dort dürfen Ritter, dürfen Knappen / nicht den Leidenschaften frönen. / Nur Demut überwindet Hoffart.

(5) Dort lebt die edle Bruderschaft; / sie hat die Männer vieler Länder / mit dem Einsatz ihrer Waffen / und mit Mut zurückgeschlagen, / so daß den Gral nur jene sehen,

(10) die zu dieser Grals-Gemeinschaft / des Mont Salvage berufen wurden. / Nur einer kam dorthin, der nicht / berufen war—ein Unbedarfter! / Der lud dort schwere Schuld auf sich,

(15) denn: er fragte nicht den Burgherrn / nach dem Leid, das er ihm ansah. / Ich mache niemand einen Vorwurf, / doch *er* wird für die Sünde büßen: / er fragte nicht nach seiner Krankheit!

(20) Der Burgherr hat so sehr gelitten, / solche Qualen gab's noch nie!"

The hermit now asks Parzival directly about his identity and when he hears it, tells him that Ither was his relative; that his mother is dead, that he is also related to Sigune, that he himself is Anfortas' brother, and that Repanse de Joie is his sister.

(475) Und weiter sprach er: "Lieber Neffe,
(20) wie könnt ich Dir jetzt raten, helfen? / Erschlugst dein eigen Fleisch und Blut! / Erscheinst du mit der Schuld vor Gott, / fällt Er den rechten Urteilsspruch,

25 sô giltet im dîn eigen leben.   25
   waz wiltu im dâ ze gelte geben,
   Ithêrn von Kaheviez?"
   [...]
476 "ich enbinz niht der dâ triegen kan: **476**
25 dîner muoter daz ir triuwe erwarp,   25
   dô du von ir schiede, zehant si starp.
   du wære daz tier daz si dâ souc,
   unt der trache der von ir dâ vlouc.
   ez widervuor in slâfe ir gar,
   ê daz diu süeze dich gebar.
477 Mîner geswistrede zwei noch sint.   **477**
   mîn swester Tschoysîâne ein kint
   gebar: der vrühte lac si tôt.
   der herzoge Kyôt
 5 von Katelange was ir man: 5
   dern wolde ouch sît niht vröude hân.
   Sigûne, des selben töhterlîn,
   bevalh man der muoter dîn.
   [...]
   ein magt, mîn swester, pfligt noch site
   sô daz ir volget kiusche mite
15 Repanse de schoye pfligt   15
   des grâles, der sô swære wigt
   daz in diu valschlîch menscheit
   nimmer von der stat getreit.
   ir bruoder und mîn ist Anfortas,
20 der bêdiu ist unde was   20
   von art des grâles hêrre.
   dem ist leider vröude verre:
   wan daz er hât gedingen.
   in sül sîn kumber bringen
25 zem endelôsem gemache.   25
   mit wunderlîcher sache
   ist ez im komen an riuwen zil,
   als ich dir, neve, künden wil.
   pfligstu denne triuwe,
   so erbarmet dich sîn riuwe.
   [...]
478 swelh grâles hêrre aber minne gert   **478**
   anders dan diu schrift in wert,
15 der muoz es komen ze arbeit   15
   und in siufzebæriu herzeleit.

(25) so mußt du mit dem Leben büßen—/ denn ihr wart ja blutsverwandt! / Was willst du Ihm an Sühne leisten / für einen Ither von Gahevice?

[...]

(**476**) Ich bin der Lüge gar nicht fähig.

(25) Als du gingst, starb deine Mutter—/ das brachte ihr die Liebe ein! / Du warst das Tier, das an ihr sog, / der Drache, der da von ihr flog—/ das hatte sie im Schlaf erlebt, / bevor die Schöne dich gebar.

(**477**) Ich habe jetzt noch zwei Geschwister. / Joisiane, meine Schwester, / starb, als sie ein Kind gebar. / Deren Ehemann war Herzog

(5) Guiot von Katalonien—/ der sagte dann dem Glück ade. / Sigune, ihre kleine Tochter, / übergab man deiner Mutter.

[...]

Meine [andere] Schwester ist noch Jungfrau, / lebt zusammen mit der Keuschheit:
(15) Repanse de Joie ist Hüterin / des Grales. Und der wiegt so schwer, / daß ihn die Sünden-Menschheit nicht / von seiner Stelle rücken könnte. / Unser Bruder Anfortas,

(20) von Geburt aus Herr des Grals—/ das war er und das ist er noch. / Dem ist das Glück nun leider fern, / dem bleibt allein die Hoffnung übrig, / daß ihn all sein Leid zuletzt

(25) zur Seligkeit geleiten wird. / Durch ein befremdliches Geschehen / kam er zum dunklen, wunden Punkt—/ ich will es dir berichten, Neffe. / Wenn du dich treu verbunden fühlst, / so erbarme dich sein Schmerz."

He then speaks of Anfortas' wound and the circumstances of his injury:

(**478**) "Liebt ein Gralsherr eine Frau, / die ihm nicht die Inschrift nannte,
(15) muß es zur Belastung kommen / und zu seufzerschwerem Leid.

    mîn hêrre und der bruoder mîn
    kôs im eine vriundîn,
    des in dûht, mit guotem site.
20 swer diu was, daz sî dâ mite.   20
    in ir dienst er sich zôch,
    sô daz diu zageheit in vlôch.
    des wart von sîner clâren hant
    verdürkelt manec schildes rant.
25 da bejagte an âventiure   25
    der süeze unt der gehiure,
    wart ie hôher prîs erkant
    über elliu ritterlîchiu lant,
    von dem mære was er der vrîe.
    Amor was sîn crîe.
479 Der ruoft ist zer dêmuot   **479**
    iedoch niht volleclîchen guot.
    eins tages der künec al eine reit
    (daz was gar den sînen leit)
 5 ûz durch âventiure,   5
    durch vröude an minnen stiure:
    des twanc in der minnen ger.
    mit einem gelupten sper
    war er ze tjostieren wunt
10 (sô daz er nimmer mêr gesunt   10
    wart, der süeze œheim dîn),
    durch die heidruose sîn.
    [...]
732 Nu dâhte aber Parzivâl   **732**
    an sîn wîp die lieht gemâl
    und an ir kiuschen süeze.
    ob er kein ander grüeze
 5 daz er dienst nâch minne biete   5
    und sich unstæte niete?
    solch minne wirt von im gespart.
    grôz triwe het im sô bewart
    sîn manlîch herze und ouch den lîp,
10 daz für wâr nie ander wîp   10
    wart gewaldec sîner minne,
    niwan diu küneginne
    Condwîr âmûrs,
    diu geflôrierte bêâ flûrs.

Mein Herr und Bruder suchte sich / eine edle Freundin aus, / die ihm charaktervoll erschien—

(20) wer sie war, muß offen bleiben. / In ihrem Dienste zog er los, / er ließ die Feigheit hinter sich. / Er hat mit seiner starken Hand / so manchen Schildrand eingekerbt.

(25) Der schöne, angenehme Mann / war ständig hinter Kämpfen her—/ daß einer noch mehr Ruhm errang in Ländern mit dem Ritterstand, / das ließe sich bei ihm nicht sagen! / «Amor!» war sein cri de guerre;[27]

(479) dieser Ruf ist nicht der beste / der Beweise für die Demut! / Eines Tages ritt der König—/ was seinem Anhang gar nicht recht war—

(5) alleine in das Abenteuer: / die Liebe übernahm die Führung, / Liebeslust zwang ihm das auf. / Er wurde als Tjosteur[28] verwundet, / die Lanzenspitze war vergiftet,

(10) und so wurde denn dein guter / Onkel niemals mehr gesund—/ der Stoß ging durch die Hoden.”

The Gawan narrative now resumes, but both Parzival and Gawan more or less disappear behind the adventures of Gramoflans in Books 13 and 14. After courting Antikonie and Obilot, the knight becomes devoted to a proud lady, Orgeluse,[29] who sets him difficult and dangerous tasks to test the love he professes for her.

The most amazing adventures are those at Château Merveille—«Chastel [de la] merveille» in Old French—, the Castle of Wonders, where Wolfram seems to be parodying some of the clichés of Arthurian romance. There Gawan is severely injured and is subsequently brought before Arnive, King Arthur's mother, who cures his wounds. She as well as Sangive, Gawan's mother, and his sisters, Cundrie and Itonje, are held captive in a castle belonging to the magician Klingsor. Itonje is in love with Gramoflans, whom Gawan has to fight for the honor of the widowed Orgeluse. After returning Arthur's relations to him when the court comes near the Castle of Wonders, Gawan practices for his forthcoming joust with Gramoflans. Gawan is not yet well enough to fight Gramoflans, and Parzival decides to fight in his stead. He is on the point of defeating him when Gawan himself arrives. Gawan and Gramoflans are reconciled, Gawan is united with Orgeluse and there is general happiness. Only the wretched Parzival steals away in loneliness with tender thoughts about his wife:

(732) Nun dachte Parzival erneut / an seine strahlend schöne Frau / und ihre sanfte Lieblichkeit. / Ob er um eine andre wirbt,

(5) indem er Dienst für Liebe bietet, / ihr damit untreu werden will—? / Sein Herz voll Mut, sein ganzes Wesen / blieben in der Liebe treu, / so sehr, daß keine andre Frau

(10) zur Herrin seiner Liebe wurde—/ nur die Königin allein, Conduir a mour, belle fleur in vollem Flor ... / Er dachte: “Seit ich Liebe kenne—

---

[27]cri de guerre: battle cry

[28]Tjosteur: jouster

[29]from French «orgeilleuse», meaning haughty

15 er dâhte "sît ich minnen kan,   15
   wie hât diu minne an mir getân?
   nu bin ich doch ûz minne erborn:
   wie hân ich minne alsus verlorn?
   sol ich nâch dem grâle ringen,
20 sô muoz mich immer twingen   20
   ir kiuschlîcher umbevanc,
   von der ich schiet, des ist ze lanc.
   sol ich mit den ougen freude sehn
   und muoz mîn herze jâmers jehn,
25 diu werc stênt ungelîche.   25
   hôhes muotes rîche
   wirt niemen solher pflihte.
   gelücke mich berihte,
   waz mirz wægest drumbe sî."
   im lac sîn harnasch nâhe bî.

733 Er dahte "sît ich mangel hân   **733**
   daz den sældehaften undertân
   ist (ich mein die minne,
   diu manges trûrgen sinne
5 mit freuden helfe ergeilet),   5
   sît ich des pin verteilet,
   ich enruoche nu waz mir geschiht.
   got wil mîner freude niht.
   diu mich twinget minnen gir,
10 stüend unser minne, mîn unt ir,   10
   daz scheiden dar zuo hôrte
   sô daz uns zwîvel stôrte,
   ich möht wol zanderr minne komn:
   nu hât ir minne mir benomn
15 ander mine und freudebæren trôst.   15
   ich pin trûrens unerlôst.
   gelücke müeze freude wern
   die endehafter freude gern:
   got gebe freude al disen scharn:
20 ich wil ûz disen freuden varn."   20
   er greif dâ sîn harnasch lac,
   des er dicke al eine pflac,
   daz er sich palde wâpnde drîn.
   nu wil er werben niwen pîn.
25 dô der freudenflühtec man   25
   het al sîn harnasch an,
   er sateltz ors mit sîner hant:

(15) wie ging die Liebe mit mir um? / Ich stamme von der Liebe ab—/ wie verlor ich da die Liebe?! / Kämpfend suche ich den Gral, / doch beherrscht mich stets der Wunsch,

(20) daß sie mich ehelich umarmt—/ schon viel zu lang sind wir getrennt./ Sehen meine Augen Glück, / und leide ich im Herzen Qual, / so paßt dies beides nicht zusammen.

(25) Keiner wird in solcher Lage / reich an Hochgefühlen sein. / Möge mir das Schicksal zeigen, / was für mich am besten ist." / Die Rüstung lag ganz nah bei ihm ...

(733) Er dachte weiter: "Seit mir fehlt, / worüber Glückliche verfügen—/ was ich meine, ist die Liebe, / die manches Herz, das traurig ist,

(5) mit Glückes Hilfe fröhlich macht—/ weil ich hier keinen Anteil habe, / schert mich nicht, was mir passiert. / Gott will nicht, daß ich glücklich bin. / Sie zwingt mir Liebessehnsucht auf.

(10) Stünd es *so* um unsere Liebe, / daß Trennung in ihr möglich wäre, / weil uns Wankelmut verstört, / so fänd ich sicher andre Liebe. / Doch lieb ich sie, und das verhindert

(15) andre Liebe, Glückserfüllung. / Ich bin vom Leiden nicht befreit. / Das Schicksal schenke allen Freude, / die Freude wünschen von Bestand;

(20) ich reit von diesen Freuden weg." / Und er griff zu seiner Rüstung, / legte sie sich an, behend—/ er hat dies oft allein getan.

(25) Als der Mann, so freudenflüchtig, / seine ganze Rüstung trug, / sattelte er selbst das Pferd.

schilt unt sper bereit er vant.
man hôrt sîn reise smorgens klagn.
do er dannen schiet, do begundez tagn.
[...]
781 zuo Parzivâle sprach si dô   **781**
"nu wis kiusche unt dâ bî vrô.
wol dich des hôhen teiles,
du crône menschen heiles!
15 daz epitafjum ist gelesen: 15
du solt des grâles hêrre wesen.
Condwîr âmûrs daz wîp dîn
und dîn sun Loherangrîn
sint beidiu mit dir dar benant.
20 dô du rûmdes Brôbarz daz lant,   20
zwên süne si lebendec dô truoc.
Kardeiz hât ouch dort genuoc.
wære dir niht mêr sælden kunt,
wan daz dîn wârhafter munt
25 den werden unt den süezen   25
mit rede nu sol grüezen:
den künec Anfortas nu nert
dîns mundes vrâge, diu im wert
siufzebæren jâmer grôz:
wâ wart an sælde ie dîn genôz?"
[...]
795 alweinde Parzivâl dô sprach   **795**
"saget mir wâ der grâl hie lige.
ob diu gotes güete an mir gesige,
des wirt wol innen disiu schar."
sîn venje er viel des endes dar
25 drîstunt ze êrn der Trinitât: 25
er warp daz müese werden rât
des trûrgen mannes herzesêr.
er rihte sich ûf und sprach dô mêr
"œheim, waz wirret dir??"
der durch sant Silvestern einen stier
796 Von tôde lebendec dan hiez gên,   **796**
unt der Lazarum bat ûf stên,
der selbe half daz Anfortas
wart gesunt unt wol genas.
[...]
810 der heiden vrâgte mære,   **810**
wâ von diu goltvaz lære

Er fand den Schild, die Lanze vor. / Er brach früh auf—ein Grund für Klagen. / Als er losritt, begann es zu tagen.

The principal story line resumes when Parzival encounters a knight from the Orient who turns out to be his half-brother Fairefis. Neither is victorious, but Fairefis has the advantage when Parzival's sword breaks. They make a truce and recognize one another. The two return to Arthur's court, where they are well received. There Cundrie tells Parzival that his name has appeared on the Grail and that he is to be Grail king.

(781) Sie sagte dann zu Parzival: / "Freue dich—und wahr die Form! / Gepriesen sei dein hohes Los, / du Krone allen Menschenheils!

(15) Von der Inschrift las man ab: / du sollst der Herr des Grales sein. / Deine Gattin Conduir-amour / und dein Söhnchen Lohengrin / sind mit dir dorthin berufen.

(20) Als du Brobarce verlassen hattest, / war sie schwanger, mit zwei Söhnen. / Gardais hat dort Besitz genug. / Wäre dies dein höchstes Gück: / daß du, der stets die Wahrheit sagt,

(25) mit dem edlen, liebenswerten / Anfortas freundlich sprechen wirst—/ wer erreichte je dies Glück?! / Deine Frage wird Anfortas / retten, wird damit den König / von seufzerschwerem Leid befreien."

The two brothers are conducted to the Grail castle by Cundrie, and Anfortas begs Parzival either to say the words that will cure him or withdraw the Grail from his sight for a week so that he may die.

(795) Schluchzend sagte Parzival: / "Sagt mir, wo der Gral hier liegt. / Wenn Gottes Liebe an mir siegt, / so wird das die Gemeinschaft spüren!"

(25) Er kniete dreimal hin, in Richtung / Gral, der Trinität zu Ehren, / und erflehte die Befreiung / des armen Mannes von der Qual. / Er richtete sich auf und fragte: / "Oheim, sag, was quält dich so?" / Der Sankt Silvester einen Stier

(796) vom Tod erwecken und gehen ließ, / Der Lazarus erstehen hieß, / Derselbe half hier, daß Anfortas / gesundet, ja ganz genas.[30]

Parzival again meets his wife and sees his children for the first time; Gardeis is crowned lord of Parzival's fiefs. While riding they pass by the hermitage in which Sigune lived and find her dead upon her lover's coffin. The Grail is borne in before Parzival.

(810) Der Heide wollte nun erfahren, / was das leere Goldgeschirr

---

[30]A Jew killed a bull by whispering into its ear the name of his God. St. Sylvester revived it by whispering the name of Christ. The story of the raising of Lazarus is found in Jn 11.

5 vor der tafeln wurden vol.   5
   daz wunder im tet ze sehen wol.
   dô sprach der clâre Anfortas,
   der im ze gesellen gegeben was,
   "hêr, sehet ir vor iu ligen den grâl?"
10 dô sprach der heiden vêch gemâl   10
   "Ich ensihe niht wan ein achmardî:
   daz truoc mîn juncvrouwe uns bî,
   diu dort mit crône vor uns stêt.
   ir blic mir in das herze gêt.
15 ich wânde sô starc wær mîn lîp,   15
   daz iemmer maget oder wîp
   mir vröuden craft benæme."
   [...]
818 Feirefîz zem priester sprach   **818**
   "ist ez mir guot vür ungemach,
   ich gloube swes ir gebietet.
   ob mich ir minne mietet,
5 sô leiste ich gerne sîn gebot.   5
   bruoder, hât dîn muome got,
   an den geloube ich unt an sie
   (sô grôze nôt enpfieng ich nie):
   al mîne gote sint verkorn.
10 Secundille habe ouch verlorn   10
   swaz si an mir ie gêrte sich.
   durch dîner muomen got heiz toufen mich."
   man begund sîn cristenlîche pflegen
   und sprach ob im den toufes segen.
   [...]
827 Ob von Troys meister Cristjân   **827**
   disem mære hât unreht getân,
   daz mac wol zürnen Kyôt,
   der uns diu rehten mære enbôt.
5 endehaft giht der Provenzâl,   5
   wie Herzeloyden kint den grâl
   erwarp, als im daz gordent was,
   dô in verworhte Anfortas.
   von Provenz in tiuschiu lant
10 diu rehten mære uns sint gesant,   10
   und dirre âventiure endes zil.
   niht mêr dâ von nu sprechen wil
   ich Wolfram von Eschenbach,
   wan als dort der meister sprach.

(5) vor der Tafel wieder füllte—/ dieses Wunder sah er gern! / Der schöne Anfortas, der gemeinsam / mit ihm speiste, fragte ihn: / "Seht Ihr nicht den Gral vor Euch?"

(10) Der gefleckt-gescheckte Heide: / "Ich sehe ein Tuch von Achmardi, / das brachte meine junge Herrin, / die dort mit der Krone steht. / Sie läßt mein Herz viel höher schlagen.

(15) Ich hielt mich schon für derart stark, / daß mir kein Mädchen, keine Frau / die Kraft des Glückes rauben konnte."

It is made clear by Titurel that Fairefis cannot see the Grail because he is a heathen; the hero himself is more concerned about Repanse de Joie. Fairefis agrees to baptism:

(818) Zum Priester sagte Fairefis: / "Wenn mir das gegen Kummer hilft, / so glaub ich alles, was Ihr sagt. / Wenn ihre Liebe mich belohnt,

(5) befolg ich gerne Sein Gebot. / Hat deine Tante einen Gott, / mein Bruder, glaube ich an ihn / und sie—ich bin in größter Not. / Ich schwöre meinen Göttern ab.

(10) Ich geb auch Secundille auf—/ so sehr sie sich mit mir erhöhte.[31] / Beim Gott der Tante, laß mich taufen!" / Man nahm sich seiner christlich an, / sprach über ihm die Taufesformel.

The baptism is performed; Fairefis can now see the Grail. He departs with Repanse de Joie for 'India,' where they have a son, Prester John. Many details are cleared up in the last scene at the Grail castle. Anfortas declares his intention of pursuing a life of chastity and humility, even though he has been rejuvenated. Trevrizent, who joins their company, tells Parzival that the neutral angels were in fact damned; he had left the matter in doubt only to encourage Parzival.

A brief account of the future adventures of Parzival's son, Lohengrin, follows. Wolfram then concludes his story. He denies that Chrétien de Troyes told the Grail story correctly and again affirms that his source was Kyot.

(827) Wenn Meister Chrétien de Troyes / dieser Geschichte Unrecht tat, / so ist Kyot mit Recht empört: / die echte Fassung stammt von ihm.

(5) Der Provenzale erzählt genau, / wie Herzeloydes Sohn den Gral errang / (so war ihm das bestimmt), / nachdem Anfortas ihn verwirkt hat. / Aus der Provence in deutsche Lande

(10) kam die wahre Geschichte zu uns—/ auch der Endpunkt des Romans. / Ich will euch jetzt nicht mehr erzählen, / ich, Wolfram von Eschenbach, / als der Meister dort erzählt hat.

---

[31]Secundille was the pagan wife of Fairefis and was queen of 'India.'

15 sîniu kint, sîn hôch geslehte   15
   hân ich iu benennet rehte,
   Parzivâls, den ich hân brâht
   dar sîn doch sælde hete erdâht.
   swes lebn sich sô verendet,
20 daz got niht wirt gepfendet   20
   der sêle durch des lîbes schulde,
   und der doch der werlde hulde
   behalten kan mit werdekeit,
   daz ist ein nütziu arbeit.
25 guotiu wîp, hânt die sin,   25
   deste werder ich in bin,
   ob mir decheiniu guotes gan,
   sît ich diz mær volsprochen hân.
   ist daz durh ein wîp geschehn,
   diu muoz mir süezer worte jehn.

(15) Parzivals Herkunft, seine Söhne / habe ich euch vorgestellt; / ich führte ihn zum Punkt, den ihm / das Heil zuletzt doch zugedacht. / Wenn man sein Leben so beschließt, / daß die Seele nicht schuldig wird

(20) und Gott entrissen werden kann, / und wenn man sich die Gunst der Welt / erhält, und dabei würdig bleibt, / so hat die Mühe sich gelohnt.

(25) Edle Frauen mit Verstand / schätzen mich jetzt höher ein/ (sofern mir eine Gutes gönnt), / weil ich dies Werk vollendet habe. / Ist dies für eine Frau geschehn, / so muß sie sagen: Schön erzählt!

Gottfried von Straßburg
(fl. 1210)

We have no factual data on the life of Gottfried von Straßburg. The geographical designation could mean that he was a burgher of the city of Straßburg, but there is no evidence to prove or disprove this. The Heidelberg manuscript of lyric poetry (Three poems in this collection are inaccurately ascribed to him) speaks of him as «Meister», which indicates that he was not a nobleman. In all probability he was educated as a cleric—but more in the sense of 'clerk'— to the level of a 'Master' in other words, he had received the best available formal education of his time. His works testify to the degree of his formal education. He had far greater knowledge of the classics and of French than any of his German contemporaries, and his style reflects his great familiarity with the rules of classical rhetoric.

Although he was fully conversant with the chivalric poetry of his time, he clearly stood apart from it and felt none of the need expressed by Wolfram von Eschenbach to justify the life of the knight. On the contrary, he deliberately showed its weaknesses by making his hero a cultured man rather than a knight.

The Tristan story had already been treated many times before Gottfried von Straßburg took it up. Of the extant German versions, the most primitive is that by Eilhart von Oberg (near Hildesheim). This work, which may date from as early as 1170 or as late as 1190, shows Tristan as a great knight whose powers are ruined by a fatal love. There is no attempt here to make love the great and wonderful force whose commands transcend all other earthly matters. The French version ascribed to Béroul of Normandy, of which only fragments exist, seems to follow the same tradition. Thomas of Brittany,[1] on the other hand, wrote in about 1170 a work in which he attempted to display the power of love to weld two people into full union, a union not only of the senses but of the spirit. His stress is on the social aspects of this love, which he sets in the world of courtly romance. Thus Tristan enters the Arthurian world, and in many respects his career is similar to that of Sir Lancelot. The great difference lies in the fact that the two lovers are completely inseparable and that the element of love service, so important in all the Lancelot stories, is absent from *Tristan*.

Gottfried openly states that he regards Thomas' version as the right one, and he pays it the supreme compliment of following its story closely. Our ability to compare the two versions is severely restricted because Gottfried's unfinished version breaks off almost where the extant manuscripts of Thomas' work begin—there is very little overlap. Fortunately, a Norwegian monk, Brother Robert, prepared a Norse version of Thomas' work in 1226, and we can at least compare this with Gottfried's poem. The story itself hardly differs, but there are significant changes in detail. The most important changes occur in the insertion of a passage of literary criticism instead of a description of Tristan's knighting ceremonies (ll. 4621ff.) and in the allegorical portrayal of the grotto of love.

In the very elaborate prologue to his poem, Gottfried tells his readers that for the good of the world, but in particular for the group he calls «edele Herzen», he wants to tell the story of two lovers who suffered for love but also found great joy. He wants his story to encourage lovers to persist in their love, although it may bring them sorrow as well as joy. Thus we conclude that Gottfried's *Tristan* is written for a select company and that it is intended to do for them what a legend of a saint's life would do for a

---

[1]It should be noted that Gottfried refers to his source as Thomas von 'Bretanje,' which may mean Britain as well as Brittany. It is generally assumed that Thomas wrote his work at the court of Henry II (Plantagenet) for an Anglo-Norman audience.

religious man. The poet senses this, and the religious nature of the love experience is stressed throughout the poem. He uses the terminology of mystical love—his allegory of the love grotto could be that used by a theologian to symbolize the Church. And throughout, Gottfried emphasizes the dual nature of love, at once spiritual and sensual. As one might expect from a man of his attainments, he sees that this love can best be won by the senses, when properly directed, and by the intellect through the arts. Throughout the poem the hero's cultural abilities are stressed, and it is through them that he wins Isolde.

Gottfried's style has a classical lucidity and purity, yet it is deliberately charged with double meanings. He strives with great success to represent in words the doubts and struggles of his hero and heroine. To this end he makes use of all his classical learning as well as his training in theology. He considers himself a learned man—he writes for the cultivated men and women who can appreciate him. In this regard we should not omit to mention the obvious rivalry between Gottfried and Wolfram von Eschenbach. Gottfried clearly despised Wolfram's style, which he thought muddy and confused. He also scorned Wolfram's sense of morality, which in *Parzival* seems to belong only to the knightly class. Though neither poet alludes to the other by name, Gottfried's veiled reference to a 'purveyor of wild tales' ("vindaere wilder mære," l. 4665), whose style 'hops like a hare over the field of words' ("des hasen geselle ... ûf der wortheide," ll. 4638f.), seems unmistakable. In Wolfram's poem, too, there are references to 'overlearned' writers who are artists first and knights second (**143**:21ff., **292**:18ff., **404**:29f.).

Wolfram von Eschenbach has, until very recently, enjoyed a much greater reputation in Germany than Gottfried von Straßburg because of his profound moral earnestness. Yet aesthetically it cannot be denied that Gottfried is the better artist. His style is both subtle and brilliant and thus he appeals very strongly to those educated in the classical tradition.

Gottfried's *Tristan* was continued by Ulrich von Türheim (c. 1240) and Heinrich von Freiberg (Bohemia, c. 1285). Neither appreciated Gottfried's intentions, and their continuations are much more like the work of Eilhart von Oberg than that of Gottfried.

Gottfried von Straßburg
Tristan

45 Ich hân mir eine unmüezekeit   45
der werlt ze liebe vür geleit
und edelen herzen z'einer hage,
den herzen, den ich herze trage,
der werlde, in die mîn herze siht.
50 ine meine ir aller werlde niht   50
als die, von der ich hœre sagen,
diu keine swære enmüge getragen
und niwan in vröuden welle swegen.
die lâze ouch got mit vröuden leben!
55 Der werlde und diseme lebene   55
enkumt mîn rede niht ebene.
ir leben und mînez zweient sich.
ein ander werlt die meine ich,
diu samet in eime herzen treit
60 ir süeze sûr, ir liebez leit,   60
ir herzeliep, ir senede nôt,
ir liebez leben, ir leiden tôt,
ir lieben tôt, ir leidez leben.
dem lebene sî mîn leben ergeben,
65 der werlt wil ich gewerldet wesen,   65
mit ir verderben oder genesen.
ich bin mit ir biz her beliben
und hân mit ir die tage vertriben,
die mir ûf nâhe gêndem leben
70 lêre unde geleite solten geben: 70
der hân ich mîne unmüezekeit
ze kurzewîle vür geleit,
daz sî mit mînem mære
ir nâhe gênde swære

Gottfried von Straßburg
Tristan

The work begins with a prologue which falls into two parts. The first is a brief statement of the position of the author. His audience should judge him by his intentions, even if they do not fully agree with him. He then tells how he will approach the problem of love:

(45) Ich[2] habe mir eine Aufgabe vorgenommen—/ zum Nutzen der Welt / und zur Freude edler Herzen, / jener Herzen, für die mein Herz schlägt, / und jener Welt, in die mein Herz blickt.[3]

(50) Ich spreche nicht von den gewöhnlichen Menschen—/ wie etwa jenen, von denen ich höre, daß sie / kein Leid ertragen können / und immer nur in Freude leben wollen. / Gott möge ihnen das doch gewähren![4]

(55) Zu solchen Menschen und zu dieser Lebensauffassung / paßt, was ich sagen will, nicht. / Ihre Lebensart und meine sind grundverschieden. / Von ganz anderen Menschen spreche ich, / die gleichzeitig in ihrem Herzen tragen:

(60) Ihre süße Bitterkeit, ihr liebes Leid, / ihre Herzensfreude und ihre Sehnsuchtsqual, / ihr glückliches Leben, ihren traurigen Tod, / ihren glücklichen Tod, ihr trauriges Leben.[5] / Dieses Leben will auch ich leben ,

(65) unter solchen Menschen will auch ich Mensch sein, / mit ihnen zugrunde gehen oder aber selig werden. / An sie habe ich mich bisher gehalten / und mein Leben mit ihnen verbracht, / die mir in Not und Schmerz

(70) belehrend und leitend helfen sollten. / All ihnen habe ich mein Werk / zur Unterhaltung vorgelegt, / damit sie mit meiner Erzählung / ihren Kummer, der ihnen nahegeht,

---

[2]The initials of the first 11 strophes yield the acrostich GDIETERICHT, «G» presumably referring to the author and «DIETERICH» to the name of an as yet unidentified patron by the name of Dieterich. The second part of the introduction (ll. 45ff.) and, thus, the subject of the work, Tristan and Isolde, is announced by the initial «T» of the eleventh strophe (l. 41), followed by the initial «I» of l. 45 and subsequently complemented by initials «I» and «T» in ll. 131 and 135. This cryptogrammatic use of initials and letters is continued throughout *Tristan*. It also may indicate that the work had already been intended for a reading public at its inception (cf. Rüdiger Krohn's commentary to l. 8738).

[3]The concept of the «edle Herzen» is pivotal for the interpretation of *Tristan*. They are clearly distinguished from the «gewöhnliche Menschen» who merely seek pleasure in this world, ignoring the role of suffering as an ingredient of life as well as love. Notice also the medieval notion that the heart harbors both reason and emotions, and that the eyes are merely windows (Cf. ll. 8126-8131).

[4]The allusion is to the typical scenario for courtly romances.

[5]The exchange of adjectives and nouns is a characteristic feature of Gottfried's style, intended to show the inextricable mixture of human emotions

75 ze halber senfte bringe,   75
    ir nôt dâ mite geringe.
    wan swer des iht vor ougen hât,
    dâ mite der muot z'unmuoze gât,
    daz entsorget sorgehaften muot,
80 daz ist ze herzesorgen guot.   80
    ir aller volge diu ist dar an:
    swâ sô der müezege man
    mit senedem schaden sî überladen,
    dâ mêre muoze seneden schaden.
85 bî senedem leide müezekeit,   85
    dâ wahset iemer senede leit.
    durch daz ist guot, swer herzeclage
    und senede nôt ze herzen trage,
    daz er mit allem ruoche
90 dem lîbe unmuoze suoche.   90
    dâ mite sô müezeget der muot
    und ist dem muote ein michel guot;
    und gerâte ich niemer doch dar an,
    daz iemer liebe gernde man
95 dekeine solhe unmuoze im neme,   95
    diu reiner liebe missezeme:
    ein senelîchez mære
    daz trîbe ein senedære
    mit herzen und mit munde
100 und senfte sô die stunde.   100

    Nû ist aber einer jehe ze vil,
    der ich vil nâch gevolgen wil:
    der senede muot sô der ie mê
    mit seneden mæren umbe gê,
105 sô sîner swære ie mêre sî.   105
    der selben jehe der stüende ich bî,
    wan ein dinc, daz mir widerstât:
    swer inneclîche liebe hât,
    doch ez im wê von herzen tuo,
110 daz herze stêt doch ie dar zuo.   110
    der inneclîche minnen muot,
    sô der in sîner senegluot
    ie mêre und mêre brinnet,
    sô er ie sêrer minnet.
115 diz leit ist liebes alse vol,   115
    daz übel daz tuot sô herzewol,

(75) wenigstens halbwegs lindern / und so ihre Qual mindern mögen. / Denn wer etwas vor Augen hat, / womit seine Phantasie sich beschäftigt, / der erleichert so sein sorgenschweres Gemüt.

(80) Das hilft gut gegen Kummer, der aus dem Herzen kommt. / Alle stimmen darin überein: / Wenn ein Müßiggänger / von Liebeskummer überwältigt wird, / dann vertieft die Muße diesen Kummer noch.

(85) Trifft Liebesnot auf Müßiggang, / so verschlimmert sie sich. / Darum ist es gut, wenn jeder, der Liebesqual / und Sehnsuchtsweh im Herzen fühlt, mit Bedacht

(90) für sich nach Ablenkung sucht. / Damit befreit er sein Herz, / und es tut ihm sehr wohl. / Jedoch würde ich niemals dazu raten, / daß jemals der, der auf Freude aus ist,

(95) eine solche Zerstreuung erstreben sollte, / die der reinen Liebe schlecht anstünde. / Eine Liebesgeschichte: / damit möge sich ein Liebender / mit Herz und Mund beschäftigen

(100) und so die Zeit versüßen.

Nun hören wir aber viel zu häufig eine Ansicht, / der ich gewiß nicht zustimmen mag: / daß nämlich ein liebeskrankes Herz, je mehr / es mit Liebesgeschichten umgehe, / davon nur um so kränker werde

(105) Dieser Ansicht würde ich mich anschließen, / wenn mich nicht etwas daran störte: / Wer wirklich liebt, / selbst wenn es ihn sehr schmerzt,

(110) der gibt doch auch immer sein Herz mit dran. / Wenn echte Liebe / in Sehnsuchtsschmerzen / mehr und mehr entbrennt, / dann liebt sie dadurch nur noch glühender.

(115) Dieser Schmerz enthält so viel Freude, / dieser Kummer tut so innig wohl,

daz es kein edele herze enbirt,
sît ez hie von geherzet wirt.
ich weiz ez wârez alse den tôt
120 und erkenne ez bî der selben nôt: 120
der edele senedære
der minet senediu mære.
von diu swer seneder mære ger,
der envar niht verrer danne her.
125 ich wil in wol bemæren   125
von edelen senedæren,
die reiner sene wol tâten schîn:
ein senedære und ein senedærîn,
ein man ein wîp, ein wîp ein man,
130 Tristan Isolt, Isolt Tristan.   130
      [...]
War umbe enlite ein edeler muot
niht gerne ein übel durch tûsent guot,
durch manege vröude ein ungemach?
swem nie von liebe leit geschach,
205 dem geschach ouch liep von liebe nie.   205
liep unde leit diu wâren ie
an minnen ungescheiden.
man muoz mit disen beiden
êre unde lop erwerben
210 oder âne sî verderben.   210
      [...]
230 wan swâ man noch hœret lesen   230
ir triuwe, ir triuwen reinekeit,
ir herzeliep, ir herzeleit,

Deist aller edelen herzen brôt.
hie mite sô lebet ir beider tôt.
235 wir lesen ir leben, wir lesen ir tôt   235
und ist uns daz süeze alse brôt.
Ir leben, ir tôt sint unser brôt.
sus lebet ir leben, sus lebet ir tôt.
sus lebent si noch und sint doch tôt
240 und ist ir tôt der lebenden brôt.   240

daß kein edles Herz darauf verzichten mag, / weil es dadurch erst seine Gesinnung erhält. / Ich weiß es todsicher

(120) und aus eigener leidvoller Erfahrung: / Der vornehme Liebende / schätzt Liebesgeschichten. / Wer nun also nach einer solchen Erzählung sucht, / der braucht nicht weiter als bis hierher zu gehen.

(125) Ich will ihm in rechter Weise berichten / von vornehmen Liebenden, / an denen sich vollkommene Leidenschaft bewies: / ein Liebender, eine Liebende, / ein Mann, eine Frau, eine Frau, ein Mann,

(130) Tristan, Isolde, Isolde, Tristan.[6]

The prologue concludes with a statement by Gottfried von Straßburg that he regards the version of *Tristan* written by Thomas in 1175 as the only authentic one (l. 156). Gottfried's poem is to be to «edle Herzen» the very bread of life.[7]

Warum sollte vornehme Gesinnung / nicht bereitwillig für tausend Vorteile ein Übel, / für viel Freude ein wenig Kummer ertragen? / Wer nie um der Liebe willen gelitten hat,

(205) der hat auch nie Glück durch sie erfahren. / Freude und Leid waren schon immer / mit dem Begriff der Liebe untrennbar verbunden. / Mit beiden zusammen muß man / Ansehen und Lob erringen

(210) oder ohne sie zugrunde gehen.

[...]

(230) Denn dort, wo man noch erzählen hört / von ihrer Anhänglichkeit, der Reinheit ihrer Treue, / von dem Glück und der Bitternis ihrer Liebe:

Dort finden alle edlen Herzen Brot. / Hierdurch lebt ihrer beider Tod.

(235) Wir lesen von ihrem Leben, wir lesen von ihrem Tod, / und es erscheint uns erquicklich wie Brot. / Ihr Leben und ihr Tod sind unser Brot. / Also lebt ihr Leben, lebt weiter ihr Tod. / Also leben auch sie noch und sind doch tot,

(240) und ihr Tod ist für die Lebenden Brot.

---

[6]The names Tristan and Isolde are both Celtic in origin. Medieval folk-etymology made a connection with French «triste», meaning sad, thus alluding to the sorrowful circumstances of Tristan's birth.

[7]The allusion to the «bread of life», that is the Eucharist, may stem from the medieval custom of referring to the story of the life and death of Jesus as 'bread of life,' thus suggesting perhaps that reading about Tristan and Isolde may be tantamount to reading the Bible (Cf. Krohn's note to ll. 233-240)!

Und swer nur ger, daz man im sage
ir leben, ir tôt, ir vröude, ir clage,
der biete herze und ôren her:
er vindet alle sîne ger.
[...]
und bevalch in einem wîsen man.
mit dem sante er in iesâ dan
durch vremede sprâche in vremediu lant.
und daz er aber al zehant
2065 der buoche lêre an vienge   2065
und den ouch mite gienge
vor aller slahte lêre.
daz was sîn erstiu kêre
ûz sîner vrîheite.
2070 dô trat er in daz geleite   2070
betwungenlîcher sorgen,
die ime dâ vor verborgen
und vor behalten wâren.
in den ûf blüenden jâren,
2075 dô al sîn wunne solte enstân   2075
dô er mit vröuden solte gân
in sînes lebenes begin,
dô was sîn beste leben hin.
dô er mit vröuden blüen began,
2080 dô viel der sorgen rîfe in an,   2080
der maneger jugent schaden tuot,
und darte im sîner vröuden bluot.
in sîner êrsten vrîheit
wart al sîn vrîheit hin geleit.
2085 der buoche lêre und ir getwanc   2085
was sîner sorgen anevanc.
und iedoch dô er ir began,
dô leite er sînen sin dar an
und sînen vlîz sô sêre,
2090 daz er der buoche mêre   2090
gelernete in sô kurzer zît
danne ie kein kint ê oder sît.
[...]

Und wer nun will, daß man ihm erzähle / von ihrem Leben, ihrem Tod, ihrer Freude, ihrem Schmerz, / der öffne Herz und Ohren; / hier findet er, was er sucht.

The work proper begins with a long account of Tristan's origins. His father, Riwalin, after a successful campaign against his enemy Morgan of Brittany, comes to visit King Marke of Cornwall. He is well received and impresses everyone by his fine physical presence and prowess in the tournament. Riwalin and Blancheflor, Marke's sister, fall in love. When he is wounded in fighting for Marke and brought back, apparently dying, Blancheflor revives him with her embrace, and Tristan is conceived. Riwalin takes Blancheflor to his lands in Parmenîe. Shortly after his marriage to her, he is killed in battle with Morgan. Blancheflor dies as Tristan is born. Morgan takes over his lands, and only the loyalty of Rual, seneschal of the kingdom, saves the infant. Tristan is raised as Rual's son and trained in chivalric and courtly arts, horsemanship and fencing.

[Sein Vater] vertraute ihn einem klugen Manne an. / Mit diesem sandte er ihn dann / ins Ausland, damit er Fremdsprachen lerne. / Außerdem sollte er sofort

(2065) mit dem Lesen von Büchern beginnen / und das intensiver betreiben als / alle anderen Studien. / Das war seine erste Abkehr / von der Freiheit.

(2070) Da machte er Bekanntschaft / mit auferlegten Mühen, die ihm bis dahin erspart / und ferngehalten worden waren. / In seinen aufblühenden Jahren,

(2075) da sein ganzes Glück erst beginnen, / da er mit Freuden in den / Frühling seines Lebens eintreten sollte, / da war sein schönstes Leben schon vorüber. / Als er mit Freuden aufzublühen begann,

(2080) da befiel ihn der Rauhreif der Sorge, / der häufig der Jugend Schaden zufügt, / und ließ die Blüten seines Glücks verdorren. / In seiner ersten Freiheit / wurde all seine Freiheit vernichtet.

(2085) Die Wissenschaft und ihr Zwang / wurden der Beginn seines Kummers. / Und trotzdem: als er damit anfing, / konzentrierte er sein Denken / und seinen Eifer so sehr darauf,

(2090) daß er mehr Bücher / studierte in so kurzer Zeit / als jemals ein Kind zuvor oder danach.

hie mite wart ime ze muote
umbe sîne leiche von Britûn.
sus nam er sînen plectrûn:
nagel uinde seiten zôher,
3560 dise niderer, jene hôher,   3560
rehte als er si wolte hân.
nu diz was schiere getân.
Tristan, der niuwe spilman,
sîn niuwez ambet huob er an
3565 mit vlîzeclîchem ruoche.   3565
sîne noten und sîne ursuoche,
sîne seltsæne grüeze
die harpfete er sô süeze
und machete sî schœne
3570 mit schœnem seitgedœne,   3570
daz iegelîcher dâ zuo lief,
dirre jenem dar nâher rief.
vil schiere kam diu hoveschar
almeistic loufende dar
3575 und wânde niemer komen ze vruo.   3575
nu Marke der sach allez zuo
und saz allez trahtende,
sînen vriunt Tristanden ahtende
und wunderte in des sêre,
3580 daz er sô höfsche lêre   3580
und alsô guote liste,
die er an im selben wiste,
alsô verhelen kunde.
[...]
Der künec sprach: "Tristan, hœre her:
an dir ist allez, des ich ger.
dû kanst allez, daz ich wil:
jagen, sprâche, seitspil.
3725 nu suln ouch wir gesellen sîn,   3725
dû der mîn und ich der dîn."
[...]
6146 "und ist daz, daz ir keinen man   6146
niht muget geherzen hier an,
daz er durch iuwer aller leit

Tristan's education is largely intellectual and musical, but he also becomes a fine warrior. When merchants visit Rual's land, he plays chess with them and is kidnapped. Later he is put ashore, makes friends with a master of the hunt whom he impresses with his knowledge of hunt ceremonial, and finds his way to the court of Marke, his uncle. Neither Marke nor Tristan is aware of their relationship, but the fourteen-year-old boy so attracts the king by his skill in music and languages that they become firm friends.[8]

Dabei fielen ihm / seine bretonischen Lieder ein. / Er nahm seinen Schlüssel / und drehte an Wirbeln und Saiten,

(3560) stimmte diese tiefer, jene höher, / wie er sie haben wollte. / Das war bald beendet. / Tristan, der neue Spielmann, / begann sein neues Amt

(3565) mit emsiger Sorgfalt. / Seine Noten und Improvisationen, / seine fremdartigen Vorspiele / harfte er so lieblich / und ließ sie so herrlich ertönen

(3570) mit herrlichem Saitenklang, / daß viele herbeieilten / und einander näherriefen. / Alsbald kam der ganze Hof / zum größten Teil rennend herbei,

(3575) und doch konnte keiner zu früh kommen. / Marke schaute allem zu / und saß in Betrachtung, / er beobachtete seinen Freund Tristan / und wunderte sich sehr,

(3580) daß er ein so höfisches Talent / und so glänzende Fertigkeit, / über die er wissentlich verfügte, / so verbergen konnte.

In the following lines, Marke offers Tristan his friendship:

Der König sagte: "Höre, Tristan! / Du hast alles, was ich möchte. / Du kannst alles, was ich gern könnte: / Jagd, Sprachen, Saitenspiel.

(3725) Laß uns nun Gefährten sein, / du der meine und ich der deine.[9]

This close friendship, which is to be a source of misery to Tristan, continues even more strongly after Marke hears from Rual who Tristan really is. He knights his nephew, who sets out to avenge his father's death on Morgan of Brittany. Upon his return, he discovers that Morold, a powerful Irish knight, is claiming the tribute due from Cornwall—thirty boys to be sent into servitude. The only solution is to defeat Morold. An impassioned speech by Tristan fails to stir the knights of Cornwall, and Tristan therefore undertakes the task himself, young and inexperienced though he is.

(6146) Und wenn Ihr niemanden / dazu ermutigen könnt, / daß er wegen Euren Kummers

---

[8]It may perhaps be idle speculation to realize that Gottfried apparently had encountered the love grotto as an eleven-year-old. See ll. 17136f.

[9]"geselle"—«Gefährte»—can have a rather wide range of meaning, from mere companionship to intimate friendship.

6150 und durch des landes armekeit   6150
getürre nâch dem rehten
in gotes namen vehten
gegen dem einem manne,
geruochet ir es dann
6155 an got gelâzen unde an mich,   6155
deiswâr, ir hêrren, sô wil ich
mîne jugent und mîn leben
durch got an âventiure geben
und wil den kampf durch iuch bestân.?"
[...]
wan den ich eine sol bestân,
als ich vil wol vernomen hân,
6175 der ist von muote und ouch von craft   6175
ze ernestlîcher ritterschaft
ein lange her bewæret man.
sô gân ich alrêrest an
an muote und an der crefte
6180 und bin ze ritterschefte   6180
niht alsô kürbære,
als uns nu nôt wære.
wan daz ich aber zer vehte
an gote und ouch an rehte
6185 zwô sigebære helfe hân,   6185
die suln mit mir ze kampfe gân!
dar zuo hân ich willigen muot,
der selbe ist ouch ze kampfe guot.
[...]
Tristan beleip al eine dâ.
der swebete dâ wâ unde wâ
7505 mit jâmer und mit sorgen   7505
unz an den liehten morgen.
unde als die von Develîn
daz wîselôse schiffelîn
in dem wâge ersâhen,
7510 sie hiezen balde gâhen   7510
und nemen des schiffelînes war.
die boten die kêrten iesâ dar.
nu sî begunden nâhen
und dannoch nieman sâhen,
7515 nu gehôrten s'al dort her   7515
suoze unde nâch ir herzen ger
eine süeze harpfen clingen

(6150) und der verzweifelten Lage des Reiches / sich getraute, um das Recht / im Namen Gottes zu kämpfen / gegen diesen einen Mann, / dann überläßt es

(6155) Gott und mir. / Wahrlich, Ihr Herren, ich will in diesem Falle / meine Jugend und mein Leben / um Gottes willen dem Schicksal anheimgeben / und für Euch den Kampf wagen.[10]

[...]

Denn der, gegen den ich allein kämpfen soll, ist, / wie ich gehört habe,
(6175) in Tapferkeit und Stärke / bei ritterlichen Kämpfen / seit langem ausgewiesen. / Ich dagegen beginne erst / mit Tapferkeit und Stärke / und bin für den Kampf

(6180) nicht so vorzüglich, / wie es uns jetzt not täte. / Allerdings habe ich beim Kampf / in Gott und dem Recht

(6185) zwei siegbringende Helfer, / die mit mir in den Kampf gehen werden. / Außerdem habe ich meine feste Entschlossenheit, / die ebenfalls beim Kampfe hilft.

The two combatants set sail for the island where the fight takes place, a form of duel that is probably derived from the Nordic «Holmgangr», or island fight. Their encounter is far from chivalrous. Tristan is wounded, and Morold tells him that the wound contains poison and that he can be cured only by the queen, Morold's own sister. Instead of making him yield, the revelation arouses Tristan to fury, and he strikes his opponent down, leaving in his skull a chip of his sword blade. He returns to Marke's court amid great rejoicing, but his wound will not heal and it festers; its stench is so offensive that he is shunned by everyone. He decides to go to Ireland and after completing most of the journey in a ship, he is set adrift in a small boat with only his harp for company.

Tristan blieb allein zurück. / Er trieb dort im Auf und Ab der Wellen
(7505) mit Kummer und Furcht / bis zum hellen Morgen. / Als die Bewohner von Dublin / das führerlose Boot / auf den Wellen erblickten, / ließen sie gleich hinsegeln

(7510) und das Boot untersuchen. / Die Boten machten sich sogleich dorthin auf. / Als sie sich näherten / und trotzdem niemanden bemerkten,

(7515) hörten sie von dort / wunderbar und zu ihrem Ergötzen / eine liebliche Harfe ertönen

---

[10]This passage and ll. 6183ff. are reminiscent of the savage's puzzlement in *Iwein* at the meaning of knightly adventure and Iwein's fight for Laudine's life. Quite obviously, Tristan pursues here a «zweck-gebundenes Abenteuer».

und mit der harpfen singen
einen man sô rehte suoze,
7520 daz sîz in z'eime gruoze   7520
und ze âventiure nâmen
und von der stat nie kâmen,
die wîle er harpfete unde sanc.
diu vröude diu was aber unlanc,
7525 die sî von im hæten an de stete,   7525
wan swaz er in dâ spiles getete
mit handen oder mit munde,
daz engie niht von grunde:
daz herze dazn was niht dermite.
7530 so enist ez ouch niht spiles site,   7530
daz man'z dekeine wîle tuo,
daz herze daz enstê darzuo.
al eine geschehe es harte vil,
ez enheizet doch niht rehte spil,
7535 daz man sus ûzen hin getuot   7535
âne herze und âne muot.
wan daz diu jugent Tristanden
mit munde und ouch mit handen
ir z'einer kurzewîle twanc,
7540 daz er ir harpfete unde sanc,   7540
ez was dem marterære
ein marter unde ein swære.
[...]
Aber sprach diu küniginne dô:
7840 "Tantris, swenne ez gevüege alsô   7840
daz dir dîn dinc alsô gestê,
daz dirre smac an dir zergê
und ieman bî dir müge genesen,
sô lâ dir wol bevolhen wesen
7845 dise jungen maget Isôte,   7845
diu lernete ie genôte
diu buoch und dar zuo seitspil
und kan des ouch billîche vil
nâch den tagen und nâch der vrist,
7850 als sî derbî gewesen ist.   7850
und kanstu keiner lêre
und keiner vuoge mêre
danne ir meister oder ich,
des underwîse sî durch mich.
7855 dar umbe wil ich dir dîn leben   7855

und zu der Harfe singen / einen Mann so schön,
(7520) daß sie es für eine Begrüßung / und ein Wunder hielten / und sich nicht von der Stelle rührten, / solange er Harfe spielte und sang. / Die Freude dauerte aber nicht lange,

(7525) die sie an ihm dort hatten. / Denn was er ihnen dort vormusizierte / mit Händen und Mund, das kam nicht aus seinem Inneren. / Sein Herz war nicht dabei.

(7530) Es gehört zum Wesen der Musik, / daß man sie nicht lange betreiben kann, / wenn man nicht in Stimmung ist. / Wenn es auch oft geschieht, / so kann man es doch nicht wahre Musik nennen,

(7535) die man nur oberflächlich betreibt / ohne Herz und Gemüt. / Obwohl die Jugend Tristan / mit Mund und Hand / zur Unterhaltung zwang,

(7540) so daß er Harfe spielte und sang, / war es dem Leidenden doch / eine Qual und Beschwerde.

Tristan's first contact with the people of Ireland is thus made through his music, even though it is the music of a dying man. Royal messengers question him about his background, and in relating to them his accomplishments, Gottfried takes the opportunity to give us a catalogue of skills and talents considered essential for the life of a successful courtier: diplomacy (l. 7563), mastery of the most common musical instruments, such as lyre, fiddle, harp, and rote, a medieval string instrument, variously supposed to have been a kind of lyre or lute (l. 7564f.), the ability to entertain an audience (l. 7566), and a command of several languages, a fact of which Gottfried had already informed us earlier, in ll. 3692ff. (Breton, Welsh, Latin, and French; in fact, Tristan knows quite a few more languages). The news of his playing reaches the ears of the tutor of Isolde, daughter of the king of Ireland, and he brings the minstrel, who calls himself Tantris, before the queen, also named Isolde. Tristan plays with renewed spirit.

Wieder sprach da die Königin:
(7840) "Tantris, wenn es sich ergibt / und deine Lage sich so verbessert, / daß dieser Geruch vergeht / und jemand bei dir bleiben kann, / dann laß dir anvertrauen

(7845) dieses Mädchen Isolde. / Sie studiert eifrig / Buchwissen und auch Saitenspiel / und kann ziemlich viel, / gemessen an der Zeit,

(7850) die sie damit verbracht hat. / Und wenn du noch andere Künste / oder Fertigkeiten beherrschst / als ihr Lehrer oder ich, / dann unterrichte sie mir zuliebe darin.

(7855) Ich will dir dafür dein Leben

und dînen lîp ze miete geben
wol gesunt und wol getân.
diu mag ich geben unde lân,
diu beidiu sint in mîner hant."
7860 "jâ ist ez danne alsô gewant"   7860
sprach aber der sieche spilman
"daz ich sô wider komen kan
und mit spil genesen sol,
ob got wil, sô genise ich wol.
7865 sæligiu küniginne,   7865
sît daz iuwer sinne
alsô stânt, als ir dâ saget,
umbe iuwer tohter die maget,
sô trûwe ich harte wol genesen.
7870 ich hân der buoche gelesen   7870
in der mâze und alsô vil,
daz ich mir wol getrûwen wil,
ich gediene iu wol ze danke an ir."
[…]
sît gie diu junge künigîn
alle zît ze sîner lêre.
an die sô leite er sêre
7965 sînen vlîz und sîne stunde.   7965
daz beste daz er kunde,
sô schuollist, sô hantspîl,
daz ich niht sunder zalen wil,
daz leite er ir besunder vür,
7970 daz sî nâch ir selber kür   7970
ze lêre dar ûz næme,
swes sô sî gezæme.
Isôt diu schœne tete alsô:
daz allerbeste, daz si dô
7975 under allen sînen listen vant,   7975
des underwant si sich zehant
und was ouch vlîzec dar an,
swes s'in der werlde began.
ouch half si harte sêre
7980 diu vordere lêre.   7980
si kunde ê schœne vuoge
und höfscheit genuoge
mit handen und mit munde.
diu schœne si kunde
7985 ir sprâche dâ von Develîn,   7985

und deinen Körper als Lohn geben / in völliger Gesundheit und Schönheit. / Das kann ich tun und lassen. / Beides steht in meiner Macht."

(7860) "Ja, wenn es denn so ist", / erwiderte der kranke Spielmann, / "daß ich mich erholen kann / und geheilt werde durch mein Spiel, / so werde ich mit Gottes Willen geheilt.

(7865) Gesegnete Königin, / wenn Eure Absichten / so sind, wie Ihr sagt, / mit Eurer Tochter, dem Mädchen, / dann werde ich wohl gewiß geheilt werden.

(7870) Ich habe Bücher gelesen / in solchem Maße und so viele, / daß ich mir durchaus zutraue, / mir an ihr Eure Dankbarkeit zu verdienen."

The queen succeeds in curing Tristan, and in twenty days the wound's odor is no longer offensive. He can begin to instruct Isolde.

Von da an nahm die junge Königin / stets Unterricht bei ihm. / Ihr widmete er hingegeben (7965) seinen Eifer und seine Zeit. / Das Beste, was er konnte, / Buchwissen und Musizieren, / was ich im einzelnen nicht aufzählen will, / trug er ihr vor,

(7970) damit sie nach eigener Wahl / sich zum Lernen das aussuche, / was ihr angemessen erschien. / Das tat die schöne Isolde. / Das Allerbeste, das sie da

(7975) unter all seinen Künsten fand, / das erlernte sie schnell, / und sie konzentrierte sich eifrig auf alles, / was sie unternahm. / Dabei half ihr sehr

(7980) ihre frühere Ausbildung. / Schon vorher beherrschte sie feine Künste / und viele höfische Fertigkeiten / mit Hand und Mund. / Die Schöne konnte

(7985) die Sprache von Dublin,

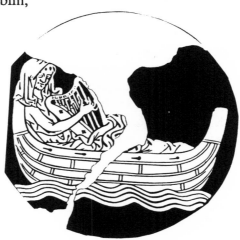

si kunde franzois und latîn,
videlen wol ze prîse
in welhischer wîse.
ir vingere die kunden,
7990 swenne sî's begunden,   7990
die lîren wol gerüeren
und ûf der harpfen vüeren
die dœne mit gewalte.
sie steigete unde valte
7995 die noten behendeclîche.   7995
ouch sanc diu sældenrîche
suoze unde wol von munde.
und swaz s'ê vuoge kunde,
dâ kam si dô ze vrumen an.
8000 ir meister der spilman   8000
der bezzerte si sêre.
under aller dirre lêre
gab er ir eine unmüezekeit,
die heizen wir morâliteit.
8005 diu kunst diu lêret schœne site.   8005
dâ solten alle vrouwen mite
in ir jugent unmüezic wesen.
morâliteit daz süeze lesen
deist sælic unde reine.
8010 ir lêre hât gemeine   8010
mit der werlde und mit gote.
si lêret uns in ir gebot
got unde der werlde gevallen.
s'ist edelen herzen allen
8015 ze einer ammen gegeben   8015
daz sî ir lîpnar unde ir leben
suochen in ir lêre.
wan sîne hânt guot noch êre,
ezn lêre sî morâliteit.
8020 diz was ir meiste unmüezekeit   8020
der jungen küniginne.
hie banekete s'ir sinne
und ir gedanke dicke mite.
hie von sô wart si wol gesite,
8025 schône unde reine gemuot,   8025
ir gebærde süeze unde guot.
Sus kam diu süeze junge
ze solher bezzerunge

Französisch und Latein,[11] / und sie spielte ausgezeichnet die Fiedel / auf welsche Art. / Ihre Finger verstanden es,

(7990) wenn sie es anfingen, / die Leier schön zu spielen / und auf der Harfe hervorzubringen / machtvolle Töne. / Aufwärts und abwärts

(7995) spielte sie die Tonleiter geschickt. / Zudem sang das begabte Mädchen / lieblich und mit schöner Stimme. / Und was sie an Künsten vorher schon beherrschte, / das war ihr nun von Nutzen.

(8000) Ihr Lehrer, der Spielmann, / förderte sie beträchtlich. / Neben all diesen Fächern / unterrichtete er sie in einem Gegenstand, / den wir Sittenlehre nennen.

(8005) Diese Kunst vermittelt feinen Anstand. / Alle vornehmen Damen sollten sich damit / in ihrer Jugend beschäftigen. / Sittenlehre ist eine liebliche Wissenschaft, / beseligend und rein.

(8010) Sie befindet sich in Übereinstimmung / mit der Welt und Gott.[12] / In ihren Gesetzen unterweist sie uns darin, / Gott und zugleich der Welt zu gefallen. / Allen vornehmen Menschen ist sie

(8015) als Nährmutter zugeordnet, / damit sie Nahrung und Lebenskraft / aus dieser Kunst beziehen. / Denn weder Besitz noch Ansehen wird ihnen zuteil, / wenn sie nicht in Sittenlehre unterwiesen sind.[13]

(8020) Damit beschäftigte sich am ausführlichsten / die junge Königin. / Hiermit übte sie ihren Geist / und ihre Gedanken sehr oft. / Dadurch bekam sie ein feines Benehmen,

(8025) ihr Geist wurde anmutig und vollkommen, / ihr Auftreten lieblich und angenehm.

So machte das reizende Mädchen / solche Fortschritte

---

[11]French and Latin were the principal languages of culture, but the recognition of Breton and Welsh skills in music is frequent in the poem.

[12]«Sittenlehre» ("morâliteit") appears nowhere else in Middle High German literature. Obviously Gottfried did not mean 'morality' and doubtless intended something other than courtliness. Quite probably he is thinking of the special intellectual and moral qualities required for the "edle herzen" of l. 47. In a life where the world and God seem juxtaposed, this «Sittenlehre» is meant to reconcile the two in an attempt to overcome the dualism of the early Middle Ages.

[13]The notion is repeated in Walther von der Vogelweide's poem "Ich saz ûf eime steine," where he speaks of the difficulty of reconciling "êre," "varnde guot," and "gotes hulde," «Ehre», «Besitz», and «Gottwohlgefälligkeit», or «honestum», «utile», and «summum bonum», the synthesis of which characterizes the ideal of perfect courtliness according to the so-called «ritterliche Tugendsystem» (G. Ehrismann), the courtly system of virtues.

an lêre und an gebâre
8030 in dem halben jâre,   8030
daz von ir sælekeite
allez daz land seite
und ouch ir vater der künec dâ van
vil grôze vröude gewan.
8035 ir muoter ward es sêre vrô.   8035
nu gevuogete ez sich dicke alsô,
ir vater sô der was vröudehaft
oder alse vremediu ritterschaft
dâ ze hove vor dem künege was,
8040 daz Isôt in den palas   8040
vür ir vater wart besant.
und allez daz ir was bekant
höfschlîcher liste und schœner site,
dâ kürzete s'ime die stunde mite
8045 und mit im manegem an der stete.   8045
swaz vröude sî dem vater getete,
daz vröute s'al gelîche:
arme und rîche
sî hæten an ir beide
8050 eine sælige ougenweide,   8050
der ôren und des herzen lust.
ûzen und innerhalp der brust
dâ was ir lust gemeine.
diu süeze Isôt, diu reine
8055 si sang in, si schreip und si las.   8055
[...]
si videlte ir stampenîe,
leiche und sô vremediu notelîn,
8060 diu niemer vremeder kunden sîn,   8060
in franzoiser wîse
von Sanze und San Dinîse.
der kunde s'ûzer mâze vil.
ir lîren unde ir harpfenspil
8065 sluoc sî ze beiden wenden   8065
mit harmblanken henden
ze lobelîchem prîse.
in Lût noch in Thamîse
gesluogen frouwen hende nie
8070 seiten süezer danne hie   8070
la dûze Isôt, la bêle.
si sang ir pasturêle,

an Bildung und Anstand,
(8030) innerhalb eines halben Jahres, / daß ihrer Vortrefflichkeit / jedermann rühmte / und auch ihr Vater, der König, darüber / sehr erfreut war.

(8035) Ihre Mutter war darüber ebenfalls überaus froh. / Nun ergab es sich häufig, / wenn ihr Vater gutgelaunt war / oder wenn fremde Ritter / sich bei dem König am Hofe aufhielten,

(8040) daß Isolde in den Palas / zu ihrem Vater gerufen wurde. / Und mit all ihrem Können / in höfischer Kunst und feinem Anstand / unterhielt sie ihn

(8045) und viele andere dort. / Womit sie ihren Vater erfreute, / das freute alle gleichermaßen. / Ob mächtig oder von geringerem Stande, / alle genossen

(8050) ihren beglückenden Anblick, / das Vergnügen für Ohren und Herzen. / In ihrer Brust und auch außerhalb / war ihre Freude ungeteilt. / Die liebliche, reine Isolde

(8055) sang, dichtete und las vor.

[...]

Sie fiedelte ihre Tanzweisen, / Lieder und fremdartige Melodien,
(8060) die fremdartiger nicht hätten sein können, / im französischen Stil / von Sens und Saint-Denis.[14] / Davon beherrschte sie überaus viele. / Leier und Harfe

(8065) spielte sie auf beiden Seiten / mit hermelinweißen Händen / ganz vortrefflich. / Weder in Lud noch in Themse[15] / schlugen Frauenhände jemals

(8070) die Saiten lieblicher als hier / die liebliche, schöne Isolde. / Sie sang ihre Pastourelle, /

---

[14]Both the Cathedral of Sens and the Abbey of Saint-Denis were famous for their church music.
[15]Krohn, in his commentary to ll. 3680f. suggests that both "Lût" and "Thamîse" refer to London. We may want to recall that Thomas of Brittany allegedly wrote his *Tristan* for the court of Henry II.

ir rotruwange und ir rundate,
schanzûne, refloit und folate
8075 wol unde wol und alze wol.   8075
wan von ir wart manc herze vol
mit senelîcher trahte.
von ir wart maneger slahte
gedanke und ahte vür brâht.
8080 durch sî wart wunder gedâht,   8080
als ir wol wizzet, daz geschiht,
dâ man ein solich wunder siht
von schœne und von gevuocheit,
als an Isôte was geleit.
8085 Wem mag ich sî gelîchen   8085
die schœnen, sælderîchen
wan den Syrênen eine,
die mit dem agesteine
die kiele ziehent ze sich?
8090 als zôch Isôt, sô dunket mich,   8090
vil herzen unde gedanken în,
die doch vil sicher wânden sîn
von senedem ungemache.
ouch sint die zwô sache,
8095 kiel âne anker unde muot,   8095
ze ebenmâzene guot.
si sint sô selten beide
an stæter wegeweide,
sô dicke in ungewisser habe,
8100 wankende beidiu an und abe,   8100
ündende hin unde her.
sus swebet diu wîselôse ger,
der ungewisse minnen muot,
rehte als daz schif âne anker tuot
8105 in ebengelîcher wîse,   8105
diu gevüege Isôt, diu wîse,
diu junge süeze künigîn
alsô zôch sî gedanken în
ûz maneges herzen arken,
8110 als der agestein die barken   8110
mit der Syrênen sange tuot.
si sanc in menges herzen muot
offenlîchen unde tougen
durch ôren und durch ougen.
8115 ir sanc, den s'offenlîche tete   8115

Chanson, Refloit und Folate[16]
(8075) über alle Maßen wunderschön, / denn sie füllte viele Herzen / mit Sehnsucht. / Durch sie wurden viele / Gedanken und Überlegungen geweckt.

(8080) Sie regte sehr viele Betrachtungen an, / wie es, wie Ihr genau wißt, geschehen kann, / wenn man ein solches Wunder erblickt / an Schönheit und Geschick, / wie es sich in Isolde offenbarte.

(8085) Mit wem kann ich vergleichen / das schöne, begnadete Mädchen / außer mit den Sirenen allein, / die mit dem Magnetstein / die Schiffe zu sich ziehen?[17]

(8090) Ebenso zog Isolde, / meine ich, viele Gedanken und Herzen an, / die sich ganz sicher fühlten / vor Liebeskummer. / Zudem sind

(8095) ein Schiff ohne Anker und Verliebtsein / gut vergleichbar. / Niemals bewegen sie sich / auf geradem Wege. / Häufig sind sie in einem unsicheren Hafen,

(8100) schwanken auf und ab, / werden von den Wellen hin und her geworfen. / So treibt das vage Verlangen, / die ungewisse Liebessehnsucht sie umher, / wie es das Schiff ohne Anker auch tut,

(8105) ganz genaus so. / Die kunstfertige, kluge Isolde, / die liebliche junge Königin, / zog so die Gedanken an / aus vielen fest verriegelten Herzen,

(8110) so wie der Magnetstein die Schiffe / mit dem Gesang der Sirenen anzieht. / Sie sang sich in viele Herzen, / offen und heimlich, / durch die Augen und die Ohren.

(8115) Ihr Gesang, den sie öffentlich

---

[16]In Provençal literature a «pastourelle» dealt with shepherds and knights courting shepherdesses in a pastoral setting; «Rotrouenge» and «Refloit» refer to the musical form of songs with a refrain; a «Rondeau» is a dance song; «Chanson» may perhaps be likened to the canzone, a lyric poem somewhat like a madrigal; «Folate» is a term solely used by Gottfried (Krohn).

[17]Magnetstein: legendary magnetic rocks in oriental tales which attract the metal parts of ships. In German literature, the theme is found as early as the twelfth-century «Spielmannsepos» Herzog Ernst (c. 1180). In Greek and Roman mythology, the sirens are any of several sea nymphs, represented as part bird and part woman, who lured sailors to their death on rocky coasts by seductive singing. Here the sirens are associated with the magnetic rocks.

beide anderswâ und an der stete,
daz was ir süeze singen,
ir senftez seiten clingen,
daz lûte und offenlîche
8120 durch der ôren künicrîche   8120
hin nider in diu herzen clanc.
sô was der tougenlîche sanc
ir wunderlîchiu schœne,
diu mit ir muotgedœne
8125 verholne unde tougen   8125
durch diu venster der ougen
in vil manic edele herze sleich
und daz zouber dar în streich,
daz die gedanke zehant
8130 vienc unde vâhende bant   8130
mit sene und mit seneder nôt.
[...]
si nam da swert ze handen,
si gienc über Tristanden,
10145 dâ er in einem bade saz.   10145
"ja" sprach si "Tristan, bistu daz?"
"nein vrouwe, ich bin'z Tantris."
"sô bistu, des bin ich gewis,
Tantris unde Tristan.
10150 die zwêne sint ein veiger man.   10150
daz mir Tristan hât getân,
daz muoz ûf Tantrîsen gân.
du giltest mînen œhein!"
"nein süeziu juncvrouwe, nein!
10155 durch gotes willen, waz tuot ir?   10155
gedenket iuwers namen an mir.
ir sît ein vrouwe unde ein maget.
swâ man den mort von iu gesaget,
dâ ist diu wunneclîche Isôt
10160 iemer an den êren tôt.   10160
diu sunne, diu von Irlant gât,
diu manic herze ervröuwet hât,
â, diu hât danne ein ende!
owê der liehten hende,
10165 wie zimet daz swert dar inne?"   10165

dort und überall anstimmte, / war ihr liebliches Singen, / ihr angenehmes Saitenspiel, / das laut und vernehmlich
(8120) durch das Königreich der Ohren / ins Herz drang. / Ihr heimlicher Gesang dagegen war / ihre wundervolle Schönheit, / die mit ihrem herrlichen Klang

(8125) heimlich und verborgen / durch die Fenster der Augen / in viele vornehme Herzen schlich / und dort einen Zauber bewirkte, / der die Gedanken sofort

(8130) einfing und fesselte / mit Sehnsucht und Liebesschmerz.

Upon their first meeting, Tristan and Isolde are drawn to each other by a common bond—their intellect and their music. As yet there is no evidence that they are in love. Tristan pleads that he has a wife at home waiting for him—a lie whose purpose is not at all clear, unless he thinks that this is the surest way of winning the sympathy of the queen and hence of obtaining leave to go. To the court of Dublin he is a simple minstrel; there could be no question of a royal marriage. Tristan returns to Cornwall and finds that Marke's desire to make him heir has aroused considerable opposition among the barons. They urge Marke to marry Isolde, and Marke, thinking that a marriage with the niece of the dead Morold would be impossible to arrange, swears that he will marry no one else and thus hopes to ensure the succession for Tristan. But Tristan, to Marke's consternation, insists on attempting to win Isolde for his uncle. He knows, as the others do not, that the king of Ireland has sworn to give his daughter in marriage to any man of noble birth who can rid his country of a ravaging dragon. He hopes that by killing the dragon he can win Isolde. Setting out with a hundred men, including some of the barons who have attacked him, he leaves them in hiding upon reaching Ireland and sets out alone. He does succeed in killing the dragon and cuts out its tongue as proof of his conquest. Foolishly, he thrusts the tongue inside his shirt, and its venom causes him to faint. Meanwhile a seneschal finds the beast, cuts off its head, and claims Isolde as his reward. Isolde and her mother do not believe him and are led by a dream to search in the area in which the fight took place. They find Tristan, remove the tongue, take him home, and cure him. They naturally recognize him as the minstrel, Tantris, and he gives a fictional account of his being forced to return to their shores. Since they regard him as a minstrel, they have no fear that he will claim Isolde's hand. One day, while Tristan is in the bath, Isolde, for no particular reason, examines his armor and wonders why so brave a man is not a nobleman. She idly draws his sword, sees the notch in the blade, and hastens to compare it with the fragment taken from Morold's skull. It matches, and she rushes to kill Tristan:

Sie ergriff das Schwert / und ging zu Tristan hinüber,
(10145) wo er in einem Bad saß. / "Ja", sagte sie, "bist du Tristan?" / "Nein, Herrin, ich bin Tantris." / "Dann bin ich sicher, du bist Tantris und Tristan zugleich.

(10150) Beide sind todgeweiht. / Was Tristan mir angetan hat, / trifft jetzt Tantris. / Du büßt mir für meinen Onkel." / "Nein, liebliche junge Dame, nein!

(10155) Um Gottes willen, / was tut Ihr? Bedenkt doch, wer Ihr seid! / Ihr seid ein vornehmes Mädchen. / Wo man von Eurer Mordtat erfährt, / ist die reizende Isolde

(10160) auf ewig ehrlos. / Die Sonne, die in Irland aufgeht / und viele Herzen beglückt hat, / ach sie ist dann erloschen. / Welch ein Jammer um diese weißen Hände;

(10165)wie passen sie zu dem Schwert, das sie halten?"

Nu gie diu küniginne,
ir muoter, zuo den türen în:
"wie nû?" sprach sî "waz sol diz sîn?
tohter, waz tiutest dû hie mîte
10170 sint diz schœne vrouwen site?   10170
hâstu dînen sin verlorn?
weder ist diz schimpf oder zorn?
waz sol daz swert in dîner hant?"
"â vrouwe muoter, wis gemant
10175 unser beider herzeswære.   10175
diz ist der mordære,
Tristan, der dînen bruoder sluoc.
nu habe wir guoter state genuoc,
daz wir uns an im rechen
10180 und diz swert durch in stechen.   10180
ez enkumet uns beiden niemer baz."
"ist diz Tristan? wie weistu daz?"
"ich weiz ez wol, ez ist Tristan.
diz swert ist sîn, nu sich ez an
10185 und sich die scharten dar bî   10185
und merke danne, ob er'z sî.
ich sazte iezuo diz stuckelîn
ze dirre veigen scharten în.
owê, dô sach ich, daz ez schein
10190 enbærelîche und rehte als ein."   10190
"â" sprach diu muoter zehant,
"Isôt, wes hâstu mich gemant?
daz ich mîn leben ie gewan!
und ist diz danne Tristan,
10195 wie bin ich dar an sô betrogen!"   10195
nu hæte ouch Isôt ûf gezogen
daz swert und trat hin über in.
ir muoter kêrte zuo z'ir hin:
"lâ stân, Isôt" sprach sî "lâ stân!
10200 weist iht, waz ich vertriuwet hân?"   10200
"ine ruoche, zwâre ez ist sîn tôt."
Tristan sprach: "merzî, bêle Isôt!"
"î übeler man", sprach Isôt "î,
unde vorderstû merzî?
10205 merzî gehœret niht ze dir.   10205
dîn leben daz lâzest dû mir!"

Nun kam die Königin, / ihre Mutter, durch die Tür hinein. / "Was soll das?" sagte sie. "Was soll das bedeuten? / Tochter, was tust du da?

(10170) Ist das das Benehmen einer feinen Dame? / Bist du von Sinnen? / Scherzt du oder bist du zornig? / Was soll das Schwert in deiner Hand?" / "Ach, Frau Mutter, sei erinnert

(10175) an unser beider Kummer. / Dies ist der Mörder, / der deinen Bruder erschlug: Tristan. / Dies ist eine gute Gelegenheit, / uns zu rächen

(10180) und ihn mit diesem Schwert zu durchbohren. / So günstig wird es nie wieder für uns sein." / "Das ist Tristan? Woher weißt du das?" / "Ich weiß es genau. Es ist Tristan. / Dies ist sein Schwert. Betrachte es

(10185) und vergleiche den Splitter daneben. / Und dann beurteile, ob er es ist. / Ich habe eben das Stückchen / in diese verfluchte Scharte eingepaßt. / Ach, da merkte ich, daß es aussah

(10190) wie aus einem Stück." / Sogleich sagte die Mutter: "Ach, / Isolde, woran erinnerst du mich! / Daß ich je geboren wurde! / Und wenn dies Tristan ist,

(10195) wie bin ich betrogen worden!" / Nun hatte Isolde das Schwert erhoben / und trat zu ihm. / Die Mutter wandte sich ihr zu / und rief: "Halt, Isolde, halt!

(10200) / Weißt du nicht, was ich versprochen habe?" / "Das kümmert mich nicht. Wahrlich, er soll sterben." / Tristan flehte: "Gnade, schöne Isolde!" / Isolde erwiderte: "Pfui, du Schurke, / du forderst Gnade?

(10205) Gnade steht dir nicht zu. / Dein Leben mußt du lassen!"

"Nein tohter" sprach diu muoter dô
"ez enstât nû leider niht alsô,
daz wir uns mügen gerechen,
10210 wir enwellen danne brechen   10210
unser triuwe und unser êre.
engâhe niht ze sêre.
er ist in mîner huote
mit lîbe und mit guote.
10215 ich hân in, swie'z dar zuo sî komen,   10215
genzlîche in mînen vride genomen."
"genâde vrouwe" sprach Tristan,
"vrouwe, gedenket wol dar an,
daz ich iu guot unde leben
10220 an iuwer êre hân ergeben   10220
unde enpfienget mich alsô."
"du liugest!" sprach diu junge dô
"ich weiz wol, wie diu rede ergie.
sine gelobete Tristande nie
10225 weder vride noch huote   10225
an lîbe noch an guote."
hie mite sô lief s'in aber an.
hie mite rief aber Tristan:
"â bêle Isôt, merzî, merzî!"
10230 ouch was diu muoter ie dâ bî,   10230
diu durnehte künigîn.
er mohte sunder sorge sîn.
Ouch wære er zuo den stunden
in daz bat gebunden,
10235 und Isôt eine dâ gewesen: 10235
er wære doch vor ir genesen.
diu süeze, diu guote,
diu siure an wîbes muote
noch herzegallen nie gewan,
10240 wie solte diu geslahen man?   10240
wan daz s'et von ir leide
und ouch von zorne beide
solhe gebærde hæte,
als ob si'z gerne tæte,
10245 und hæte ouch lîhte getân,   10245
möhte sî daz herze hân.
daz was ir aber tiure
ze sus getâner siure.
doch was ir herze nie sô guot,

"Nein, Tochter", sagte da die Mutter, / "zu meinem Schmerz geht das nicht. / Wir können uns nicht rächen,

(10210) wenn wir nicht brechen wollen / unseren Schwur und unser Wort. / Überstürze nichts. / Er steht unter meinem Schutz / mit seinem Leben und seinem Besitz.

(10215) Ich habe ihm, wie immer es dazu kam, / völlige Sicherheit garantiert." / "Danke, Herrin", sagte Tristan, / "und denkt daran, Herrin, / daß ich Leib und Gut

(10220) Eurer Zusicherung anvertraut habe / und Ihr sie mir auch garantiert habt." / Da rief die Jüngere: "Du lügst! / Ich kenne die Abmachung. / Niemals hat sie Tristan versprochen

(10225) Sicherheit und Schutz / für Leben und Besitz." / Mit diesen Worten ging sie erneut auf Tristan los. / Tristan aber flehte: "Gnade, schöne Isolde, habt Erbarmen!"

(10230) Es war auch die Mutter immer dabei, / die untadelige Königin. / Er konnte unbesorgt sein. / Selbst wenn er damals / im Bad gefesselt

(10235) und Isolde alleine dort gewesen wäre, / hätte er doch überlebt. / Das liebliche, herzensgute Mädchen, / das Bitterkeit in ihrer weiblichen Wesensart / und Galle niemals gekannt hat,

(10240) wie sollte es einen Mann umbringen? / Aus Schmerz nur / und auch aus Zorn / gab sie sich den Anschein, / als ob sie es gerne getan hätte,

(10245) und möglicherweise hätte sie es getan, / wenn sie das Herz dazu gehabt hätte. / Das aber war unfähig / zu solcher Härte. / Trotzdem war sie nicht so gutherzig,

10250 sine hæte zorn und unmuot,
      wan sî den hôrte unde sach,
      von dem ir leide geschach.
      si hôrte ir vînt unde sahen
      und mohte sîn doch niht geslahen.
10255 diu süeze wîpheit lag ir an
      unde zucte sî dâ van.
      an ir striten harte
      die zwô widerwarte,
      die widerwarten conterfeit
10260 zorn unde wîpheit,
      diu übele bî ein ander zement,
      swâ si sich ze handen nement.
      sô zorn an Isolde
      den vînt slahen wolde,
10265 sô gie diu süeze wîpheit zuo.
      "nein" sprach si suoze "niene tuo!"
      sus was ir herze in zwei gemuot,
      ein herze was übel unde guot.
      diu schœne warf daz swert dernider
10270 und nam ez aber iesâ wider.
      sine wiste in ir muote
      under übel und under guote,
      ze wederem si solte:
      si wolte unde enwolte;
10275 si wolte tuon unde lân.
      sus lie der zwîvel umbe gân,
      biz doch diu süeze wîpheit
      an dem zorne sige gestreit,
      sô daz der tôtvint genas
      und Môrolt ungerochen was.
      [...]
      Tristan ir meister dô gebôt,
11655 daz man ze lande schielte
      und eine ruowe hielte.
      nu man gelante in eine habe,
      nu gie daz volc almeistic abe
      durch banekîe ûz an daz lant.
11660 nu gienc ouch Tristan zehant
      begrüezen unde beschouwen
      die liehten sîne vrouwen.
      und alse er zuo z'ir nider gesaz
      und redeten diz unde daz

(10250) daß sie nicht doch Zorn und Verdruß verspürt hätte, / als sie den hörte und sah, / der ihr solchen Schmerz zugefügt hatte. / Sie hörte ihren Feind, sie sah ihn, / und doch konnte sie ihn nicht erschlagen.

(10255) Ihr zartes weibliches Empfinden bedrängte sie / und hielt sie davon zurück. / Heftig kämpften in ihrem Inneren / die beiden Widersacher, / die feindlichen Gegensätze,

(10260) Zorn und Weiblichkeit, / die so schlecht zueinander passen, / wo immer sie zusammentreffen. / Sobald der Zorn in Isolde / den Feind töten wollte,

(10265) trat die liebliche Weiblichkeit dazwischen / und sagte sanft: "Nein, tu das nicht!" / So war ihr Herz zwieträchtig, / teils gut, teils schlecht. / Die Schöne warf das Schwert zu Boden

(10270) und nahm es aber sogleich wieder auf. / Sie wußte nicht, ob sie sich bei ihren Gefühlen / für die gütigen oder die zornigen / entscheiden sollte. / Sie wollte und wollte nicht.

(10275) Sie wollte es tun und lassen. / So schwankte sie zweifelnd hin und her, / bis ihre sanfte Weiblichkeit / schließlich doch den Zorn besiegte, / so daß der Todfeind verschont wurde / und Morold ungerächt blieb.

Finally, Tristan's appeal and his reminder that they are dependent on him for help against the seneschal (ll. 10319-10325) restore peace. He now reveals his mission for Marke and it is agreed that the marriage shall take place. With great sorrow Isolde sets out with Tristan and his retinue, and there is marked tension between the two. Brangäne, Isolde's lady-in-waiting, has been entrusted by the Queen with a draught which her daughter and Marke are to drink on their wedding night and which is to ensure everlasting love between them. This potion Brangäne keeps in her cabin.

Tristan, ihr Kapitän, befahl,
(11655) daß man auf Land zuhielte / und eine Ruhepause einlegte. / Man kam in einen Hafen, / und die meisten gingen von Bord, / um an Land spazierenzugehen.

(11660) Sogleich ging Tristan, / um zu begrüßen und anzuschauen / seine strahlend schöne Herrin. / Und als er sich zu ihr setzte / und sie dies und jenes redeten

11665 von ir beider dingen,   11665
       er bat im trinken bringen.
       Nune was dâ nieman inne
       âne die küniginne
       wan cleiniu juncvrouwelîn.
11670 der einez sprach: "seht, hie stât wîn   11670
       in diesem vezzelîne."
       nein, ezn was niht mit wîne,
       doch ez ime gelîch wære.
       ez was diu wernde swære,
11675 diu endelôse herzenôt   11675
       von der si beide lâgen tôt.
       nu was aber ir daz unrekant.
       si stuont ûf und gie hin zehant,
       dâ daz tranc und daz glas
11680 verborgen unde behalten was.   11680
       Tristande ir meister bôt si daz
       er bôt Isôte vürbaz.
       si tranc ungerne und über lanc
       und gap dô Tristande unde er tranc
11685 und wânden beide, ez wære wîn.   11685
       iemitten gienc ouch Brangæne în
       unde erkande daz glas
       und sach wol, waz der rede was.
       si erschrac sô sêre unde erkam,
16690 daz ez ir alle ir craft benam   11690
       und wart reht alse ein tôte var.
       mit tôtem herzen gie si dar.
       si nam daz leide veige vaz,
       si truoc ez dannen und warf daz
11695 in den tobenden wilden sê.   11695
       "owê mir armen!" sprach s' "owê,
       daz ich zer werlde ie wart geborn!
       ich arme, wie hân ich verlorn
       mîn êre und mîne triuwe!
11700 daz ez got iemer riuwe,   11700
       daz ich an dise reise ie kam,
       daz mich der tôt dô niht ennam
       dô ich an dise veige vart
       mit Isôt ie bescheiden wart!
11705 ouwê Tristan unde Isôt,   11705
       diz tranc ist iuwer beider tôt!"
       [...]

(11665) über ihrer beider Angelegenheiten, / bat er, man möge ihm etwas zu trinken bringen. / Es war aber niemand da—/ neben der Königin—/ außer einigen jungen Hofdamen,

(11670) von denen eine sagte: / "Seht, hier ist Wein / in diesem kleinen Gefäß." / Nein, es war kein Wein, / wenn es ihm auch glich. / Es war das dauernde Leid,

(11675) die endlose Herzensqual, / an der sie beide sterben sollten. / Das aber wußte sie nicht. / Sie stand auf und ging gleich hin, / wo der Trank und das Glas

(11680) aufbewahrt und verborgen waren. / Sie gab es ihrem Kapitän, Tristan, / und der bot es zuerst Isolde an. / Sie trank widerwillig und erst nach einiger Zeit / und gab es dann Tristan, der davon trank.

(11685) Sie beide glaubten, es sei Wein. / Inzwischen war auch Brangäne hereingekommen, / die das Glasgefäß erkannte / und begriff, was geschehen war. / Sie erschrak und fuhr so sehr zusammen,

(11690) daß alle Kraft sie verließ / und sie totenbleich wurde. / Mit erstorbenem Herzen ging sie hin, / nahm das unselige, verfluchte Gefäß, / trug es fort und warf es

(11695) in die tobende, aufgewühlte See.[18] / "Weh mir, ich Arme", rief sie, "weh, / daß ich je geboren wurde! / Ich Arme, wie habe ich verwirkt / meine Ehre und Treue!

(11700) Daß es Gott erbarmen möge, / daß ich je diese Reise antrat, / daß mich der Tod nicht daran hinderte, / auf diese todbringende Fahrt / mit Isolde geschickt zu werden!

(11705) O weh, Tristan und Isolde, / dieser Trank ist Euer beider Tod!"[19]

---

[18]In Gottfried's source, Brangäne does not throw away the remainder of the potion, and it is later drunk by Marke. Gottfried apparently refuses to put Marke into the same predicament toward Isolde.

[19]The love potion appears to represent the central motif in the poem. Contrary to its relatively short-term effect in the works of Eilhart and Béroul, it will last until the lovers' death. H. Furstner points out in "Der Beginn der Liebe bei Tristan und Isolde" (*Neophil.* 41 (1957), pp. 25ff.) that there are essentially four possibilities for assessing the potion's significance (although, concerning this, there seems to exist no concensus among Gottfried scholars): the potion may be viewed as a symbol of love itself which unleashes Tristan and Isolde's fateful love; it may merely symbolize that they have become conscious of their love; but then it may also indicate the advent of sensuous love which had hitherto been subliminal, or it may have no significant symbolic function at all, and simply constitute a device dictated by tradition.

11975 ir begunde ir herze quellen,   11975
ir süezer munt ûf swellen,
ir houbet daz wac allez nider.
ir vriunt begunde ouch sî dar wider
mit armen umbevâhen,
11980 ze verre noch ze nâhen,   11980
niwan in gastes wîse.
er sprach suoze unde lîse:
"ei schœne süeze, saget mir:
waz wirret iu, waz claget ir?"

11985 Der Minnen vederspil Isôt,   11985
"lameir" sprach sî "daz ist mîn nôt,
lameir daz swæret mir den muot,
lameir ist, daz mir leide tuot."
dô sî lameir sô dicke sprach,
11990 er bedâhte unde besach   11990
anclîchen unde cleine
des selben wortes meine.
sus begunde er sich versinnen,
l'ameir daz wære minnen,
11995 l'ameir bitter, la meir mer.   11995
der meine der dûhte in ein her.
er übersach der drîer ein
unde vrâgete von den zwein.
er versweic die minne,
12000 ir beider vogetinne,   12000
ir beider trôst, ir beider ger.
mer unde sûr beredete er.
"ich wæne" sprach er "schœne Isôt,
mer unde sûr sint iuwer nôt.
12005 iu smecket mer unde wint.   12005
ich wæne, iu diu zwei bitter sint?"
"nein hêrre, nein! waz saget ir?
der dewederez wirret mir,
mirn smecket weder luft noch sê.
12010 lameir al eine tuot mir wê."   12010
dô er des wortes z'ende kam,
minne dar inne vernam,
er sprach vil tougenlîche z'ir:
"entriuwen, schœne, als ist ouch mir,
12015 lameir und ir, ir sît mîn nôt.   12015
herzevrouwe, liebe Isôt,

Although the lovers are irresistibly attracted to each other after drinking the love-potion, they do not yield to its effect. Isolde still thinks of her uncle and is ashamed of her feelings; Tristan is deeply concerned about his relationship to his uncle and the loss of honor he will incur if he is unfaithful to his trust. Then he hears Isolde lamenting, and, at first, does not know what to make of it:

Ihr Herz ging ihr über,
(11975) ihre süßen Lippen wurden voll, / ihr Kopf sank ganz nach vorne. / Ihr Geliebter / umarmte sie ebenfalls

(11980) weder zu eng noch zu weit, / wie es einem Fremden zukommt. / Sanft und leise sagte er zu ihr: / "Ach liebliche Schöne, sagt! / Was bestürzt Euch, was klagt Ihr?"

(11985) Isolde, der Falke der Liebe,[20] / antwortete: "*Lameir* ist mein Kummer, / *lameir* betrübt mein Herz, / *lameir* schmerzt mich." / Als sie so häufig *lameir* sagte,

(11990) überlegte er und betrachtete / sorgfältig und genau / die Bedeutung dieses Wortes. Da entsann er sich, / daß *l'ameir* «Liebe» heißt,

(11995) *l'ameir* 'bitter' und *la meir* 'Meer.'[21] / Es schien eine ganze Menge Bedeutungen zu haben. / Er überging eine von den dreien / und fragte nach den beiden anderen. / Er verschwieg die Liebe,

(12000) ihrer beider Herrin, / ihrer beider Trost und Streben. / Er sprach von Meer und bitter. / "Ich glaube", sagte er, "schöne Isolde, / Euch bedrücken Meer und Bitternis.

(12005) Euch mißfällt das Meer und der Wind. / Ich denke, beides ist bitter für Euch." / "Nein, Herr. Was sagt Ihr? / Keines von beiden bewegt mich. / Weder Luft noch See mißfallen mir.

(12010) *Lameir* allein tut mir weh." / Als er das Wort begriff, / bemerkte er 'Liebe' darin, / und er flüsterte ihr zu: / "Wahrhaftig, meine Schöne, so geht es mir auch:

(12015) Ihr und *lameir* bedrängen mich. / Liebste Herrin, liebliche Isolde,

---

[20]The falcon may represent the lover in medieval tradition (cf. Der von Kürenberg, "Ich zoch mir einen valken" and *Nibelungenlied* 1:13ff.);   here, however, the term "vederspil" is used, which could also suggest 'lure.'

[21]Notice the cumulative effect of having three lines start with the same word, "lameir," in ll. 11988ff. Also, this play on words appears to have already been used by Thomas of Brittany; it was not uncommon in Provençal literature.

ir eine und iuwer minne
ir habet mir mîne sinne
gar verkêret unde benomen,
12020 ich bin ûzer wege komen   12020
sô starke und alsô sêre:
in erhol mich niemer mêre.
mich müejet und mich swæret,
mir swachet unde unmæret
12025 allez, daz mîn ouge siht.   12025
in al der werlde enist mir niht
in mînem herzen liep wan ir."
Isôt sprach. "hêrre, als sît ir mir."

Dô die gelieben under in
12030 beide erkanden einen sin,   12030
ein herze und einen willen,
ez begunde in beidiu stillen
und offenen ir ungemach.
ietwederez sach unde sprach
12035 daz ander beltlîcher an: 12035
der man die maget, diu maget den man.
vremede under in diu was dô hin.
er kuste sî und sî kust in
lieplîchen unde suoze.
12040 daz was der minnen buoze   12040
ein sæleclîcher anevanc.
[...]

Ihr allein und Eure Liebe / habt mir die Sinne / ganz und gar verwirrt und geraubt.
(12020) Ich bin vom Wege abgekommen / so sehr und weit, / daß ich nicht mehr zurückfinde. / Mich schmerzt und bedrückt, / mir erscheint unwert und zuwider

(12025) alles, was ich sehe. / Nichts auf der Welt / liebe ich so innig wie Euch." / Isolde sagte: "Herr, genauso geht es mir mit Euch."

Als die Liebenden aneinander
(12030) merkten, daß sie dasselbe fühlten, / daß sie *ein* Herz und *einen* Wunsch hatten, / da besänftigte sich bei beiden / die Qual und wurde zugleich offenbar. / Jeder von ihnen sah und sprach

(12035) den anderen kühner an, / der Mann das Mädchen, das Mädchen den Mann.[22] / Die Fremdheit zwischen ihnen war vergangen. / Er küßte sie und sie ihn / liebevoll und zärtlich.

(12040) Das war zur Linderung ihrer Liebesqualen / ein beglückender Anfang.

The emotion of joy mixed with sorrow persists. In an attempt to keep their love secret, Tristan and Isolde persuade Brangäne to substitute for Isolde on the wedding night in order to conceal from the King the fact that Isolde was no longer a virgin. Marke is thoroughly deceived. Later, in panic, Isolde plots to have Brangäne killed by some huntsmen. She repents, however, and is relieved when she finds out that the men failed to accomplish the deed.

An Irish minstrel called Gandin had slyly tricked Marke into granting him anything he possessed for playing the rote (ll. 13190-13196). Subsequently, Gandin claims Isolde, but Tristan rescues the Queen. A series of trysts follows, arranged by Brangäne. These meetings, which lead to growing suspicion, are thwarted by Marke's courtiers. Finally, the dwarf Melot strews flour between the beds of the two lovers after Marke has announced that he will be away. Tristan leaps over the flour but he had recently been bled and leaves traces of blood. He flees the court, and Isolde is forced to defend her honor by undergoing the ordeal of the hot iron.[23] She arranges for Tristan, who is disguised as a pilgrim, to carry her from the ship and fall with her on the sand (ll. 15586-15606). Thus she can swear truthfully that she has lain in the arms of no man but those of the King and the 'pilgrim.'

Apparent harmony is restored. For reasons not disclosed by Gottfried, Tristan leaves for Wales where he stays with Duke Gilan. Tristan, still in exile, sends Isolde the little dog Petitcrü[24]—won from Gilan for his defeat of the giant Urgan—to delight her with the music of the magic bell tied around its neck. She tears off the bell, refusing to be happy while Tristan is not. Tristan comes back to court, but soon suspicions arise again, and this time the lovers are banished. They go to a cave of love, the so-called «Minnegrotte», which Tristan had discovered, a place of great beauty but cut off from civilization by treacherous mountains. Here they reach the pinnacle of their love. The grotto symbolizes the perfection of their mystical and sensual passion, and Gottfried describes it in allegorical terms.

---

[22]Here and elsewhere—particularly in the prologue—Gottfried maximizes the significance of the message expressed by mere words by employing inversion (chiasmus).

[23]Ordeals or «Gottesurteile» usually occurred in the form of a trial by combat («Zweikampf»), or a physical test to which the victim was subjected in order to verify the truth attested to under oath.

[24]Tristan had risked his life to obtain Petitcrü as a diversion for Isolde. The meaning of the name is somewhat unclear but suggests a priceless albeit 'small token' of Tristan's evergrowing love and unswerving devotion. French «cru» suggests 'yield, something growing within one's domain.'

Nune sol iuch niht verdriezen,
ir enlât iu daz entsliezen,
16925 durch welher slahte meine   16925
diu fossiure in dem steine
betihtet wære, als si was.
si was, als ich iezuo dâ las,
sinewel, wît, hôch, und ûfreht,
16930 snêwîz, alumbe eben unde sleht.   16930
diu sinewelle binnen
daz ist einvalte an minnen.
einvalte zimet der minne wol,
diu âne winkel wesen sol.
16935 der winkel, der an minnen ist,   16935
daz ist âkust unde list.
diu wîte deist der minnen craft,
wan ir craft ist unendehaft.
diu hœhe deist der hôhe muot,
16940 der sich ûf in diu wolken tuot.   16940
dem ist ouch nihtes ze vil,
die wîle er sich gehaben wil
hin ûf, dâ sich der tugende gôz
ze samene welbet an ein slôz.
16945 so gevælet ouch daz niemer,   16945
die tugende dien sîn iemer
gesteinet unde gewieret,
mit lobe alsô gezieret,
daz wir, die nidere sîn gemuot,
16950 der muot sich allez nider tuot   16950
und an dem esterîche swebet,
der weder swebet noch enclebet.
wir kapfen allez wider berc
und schouwen oben an daz werc,
16955 daz an ir tugenden dâ stât,   16955
daz von ir lobe her nider gât,
die ob us in den wolken swebent
und uns ir schîn her nider gebent.
die kapfe wir ze wunder an.
16960 hie wahsent uns die vedern van,   16960
von den der muot in vlücke wird,
vliegende lob nâch tugenden birt.
Diu want was wîz, eben unde sleht.
daz ist der durnehte reht.

Es soll Euch jetzt nicht verstimmen, / wenn Ihr Euch erklären laßt,
(16925) aufgrund welcher Bedeutung / die Höhle in dem Felsen / so gestaltet war, wie sie es war. / Sie war, wie ich schon sagte, / rund, weit, hoch und steil,

(16930) schneeweiß, überall eben und glatt. / Die Rundung innen / bedeutet die Einfachheit der Liebe. / Einfachheit paßt gut zur Liebe, die ohne Winkel sein soll.

(16935) Wenn Winkel an der Liebe sind, / sind es Betrug und Tücke. / Die Weite bezeichnet die Kraft der Liebe, / denn ihre Kraft ist unbegrenzt. / Die Höhe steht für die Hochstimmung des Gemüts,

(16940) das sich in die Wolken emporhebt.[25] / Ihm ist nichts zu schwer, / solange es sich emporheben will, / dorthin, wo das Abbild der Vollkommenheit / sich zur Gipfelkrone aufwölbt.

(16945) So kann es denn nicht ausbleiben: / Die Vollkomenheit ist stets / mit Edelsteinen geschmückt / und mit Lob so sehr verziert, / daß wir, die wir nicht hochgestimmt sind,

(16950) deren Gesinnung vollständig niedersinkt / und am Boden liegt, / ohne aufzusteigen oder sich zu lösen, / daß wir alle emporblicken / und oben das Werk betrachten,

(16955) das durch ihre Vollkommenheit dort entstanden ist, / das zu uns herabkommt zum Lobe derer, / die über uns in den Wolken schweben / und zu uns herabstrahlen; / sie staunen wir verzückt an.

(16960) Daraus wachsen uns die Flügel, / mit denen der Sinn sich aufschwingt / und im Fluge die Vollkommenheit preist. / Die Wand war weiß, glatt und eben. / Das ist das Wesen der Lauterkeit.

---

[25]The allegorical explanation of the characteristics of the grotto appears to be deliberately patterned after the allegorization practiced by medieval Bible exegesis, according to which a passage is not to be understood literally but interpreted allegorically. Earlier interpretations of the grotto episode insisted that Gottfried deliberately paralleled the standard of allegorization of the various parts of a church which is found in many of the Christian Fathers.

16965 der wîze und ir einbære schîn   16965
      dern sol niht missemâlet sîn.
      an ir sol ouch kein arcwân
      weder bühel noch gruobe hân.
      der marmelîne esterîch
16970 der ist der stæte gelîch   16970
      an der grüene und an der veste.
      diu meine ist ime diu bete
      von varwe und von slehte.
      diu stæte sol ze rehte
16975 ingrüene sîn reht alse gras,   16975
      glat unde lûter alse glas.
      Daz bette inmitten inne
      der cristallînen minne,
      daz was vil rehte ir namen benant.
16980 er hæte ir reht vil rehte erkant,   16980
      der ir die cristallen sneit
      z'ir legere und z'ir gelegenheit.
      diu minne sol ouch cristallîn,
      durchsihtic und durchlûter sîn.

16985 Innen an der êrînen tür   16985
      dâ giengen zwêne rigele vür.
      ein valle was ouch innen
      mit kündeclîchen sinnen
      hin ûz geleitet durch die want,
16990 aldâ s'ouch Tristan dâ vant.   16990
      die meisterte ein heftelîn,
      daz gie von ûzen dar în
      und leite sî dar unde dan.
      noch slôz noch slüzzel was dar an
16995 und wil iu sagen umbe waz.   16995
      dane was niht slôzes umbe daz:
      swaz man gerüstes vür die tür
      (ich meine ûzerhalp dervür)
      ze rûme oder ze slôze leit,
17000 daz tiutet allez valscheit.   17000
      wan swer zer minnen tür în gât,
      den man von innen niht în lât,
      daz enist der minnen niht gezalt,
      wan daz ist valsch oder gewalt.
17005 durch daz ist dâ der Minnen tor,   17005
      diu êrîne tür vor,

(16965) Ihre ganz und gar weiße Helligkeit / darf nicht durch Farben getrübt werden. / An ihr soll der Argwohn / weder Hügel noch Graben finden. / Der marmorne Fußboden

(16970) gleicht der Beständigkeit / in seiner ewig grünen Festigkeit. / Diese Bedeutung paßt am besten zu ihm / wegen seiner Farbe und Art. / Die Beständigkeit muß wahrlich

(16975) so grün sein wie das Gras, / so eben und klar wie Glas. / In der Mitte das Bett / der kristallenen Liebe / trug seinen Namen zu Recht.

(16980) Derjenige kannte ihre Eigenart ganz genau, / der den Kristall zurechtschnitt / zu ihrer Bequemlichkeit und Pflege. / Die Liebe soll ja auch kristallklar, / durchsichtig und ganz lauter sein.

Innen an der ehernen Tür
(16985) waren zwei Riegel angebracht. / Im Inneren war auch ein Schnappschloß / kunstvoll / durch die Wand verlegt,

(16990) wo Tristan es vorfand. / Es wurde von einer Klinke betätigt, / die von außen hineinführte / und es öffnete und schloß. / Es gab dort weder Schloß noch Schlüssel,

(16995) und ich will Euch sagen, warum. / Da war kein Schloß, / denn was für Vorrichtungen man auch an der Tür / (ich meine außerhalb) / zum Öffnen oder Schließen anbringt,

(17000) es bedeutet doch alles Falschheit. / Denn wenn einer das Tor der Liebe durchschreitet, / ohne daß man ihn von innen einläßt, / dann gilt das nicht als Liebe, / sondern es ist Falschheit und Gewalt.

(17005) Deswegen ist dort das Tor der Liebe, / die eherne Pforte davor,

die nieman kan gewinnen,
ern gewinne sî mit minnen.
ouch ist si durch daz êrîn,
17010 daz kein gerüste müge gesîn   17010
weder von gewalte noch von craft,
von liste noch von meisterschaft,
von valscheite noch von lüge,
dâ mite man sî verscherten müge.
17015 und innen ietweder rigel,   17015
ieweder minnen insigel
daz was zem andern gewant
ietwederhalben an der want.
und was der einez cêderîn,
17020 daz ander helfenbeinîn.   17020
nu vernemet die tiute ir bêder:
daz eine insigel der cêder
daz meinet an der minne
die wîsheit und die sinne;
17025 daz von dem helfenbeine   17025
die kiusche und die reine.
mit disen zwein insigelen,
mit disen reinen rigelen
sô ist der Minnen hûs bewart,
17030 valsch unde gewalte vor bespart.   17030
Daz tougenlîche heftelîn,
daz von ûzen hin în
zer vallen was geleitet hin,
daz was ein spinele von zin.
17035 diu valle was von golde,   17035
als sî ze rehte solde.
valle unde haft, diz unde daz,
diu enmohten beidiu niemer baz
an ir eigenschaft sîn brâht.
17040 daz zin daz ist diu guote andâht   17040
ze tougenlîchem dinge.
daz golt daz ist diu linge.
zin unde golt sint wol hier an.
sîn andâht mag ein ieclîch man
17045 nâch sînem willen leiten,   17045
smalen oder breiten,
kürzen oder lengen,
vrîen oder twengen
sus oder sô, her oder hin

die niemand überwinden kann, / es sei denn aus Liebe. / Sie ist auch deshalb aus Erz, / (17010) damit es kein Gerät geben könne, / womit man sie, durch Gewalt oder Kraft, / durch Schlauheit oder Können, / durch Betrug oder Lüge / etwa beschädigen könnte.

(17015) Im Inneren die beiden Riegel, / jeder von ihnen ein Siegel der Liebe, / waren einander zugewandt / von beiden Seiten der Wand. / Der eine war aus Zedernholz,

(17020) der andere aus Elfenbein. / Hört nun ihre Auslegung: / Das Zedernsiegel / bedeutet in der Liebe / die Weisheit und den Verstand,

(17025) das aus Elfenbein / Keuschheit und Reinheit. / Mit diesen beiden Siegeln, / mit diesen makellosen Riegeln / ist das Haus der Liebe[26] geschützt

(17030) und der Falschheit und Gewalt versperrt. / Die verborgene Klinke, / die von außen / zu dem Schnappschloß führte, / war eine zinnerne Stange,[27]

(17035) das Schloß selbst war aus Gold, / wie es ihm zukam. / Schloß und Klinke / hätten beide niemals besser / in ihrer Eigenheit betont werden können.

(17040) Das Zinn versinnbildlicht das ständige Streben / nach dem Geheimnis der Liebe. / Das Gold bezeichnet die Erfüllung. / Zinn und Gold passen hier sehr gut/ . Jeder kann sein Streben

(17045) nach seinem Willen gestalten, / verengen und verbreitern, / verkürzen oder verlängern, / befreien oder einzwängen, / so oder so, hin oder her,

---

[26]The concept of «der Minnen hûs» ("Haus der Liebe") could remind us of anonymous French love poems in which the lay-out and the components of the «maison d'amour» are allegorized. None of these however seem to pre-date *Tristan*.
[27]i.e. a lever in the shape of a rod made of tin that operates the latch

17050 mit lîhter arbeit alse zin   17050
     und ist dâ lützel schaden an.
     swer aber mit rehter güete kan
     ze minnen wesen gedanchaft,
     den treit binamen dirre haft
17055 von zine, dem swachen dinge,   17055
     ze guldîner linge.
     und ze lieber âventiure.

     Obene in die fossiure
     dâ wâren niwan driu vensterlîn
17060 schône unde tougenlîchen în   17060
     gehouwen durch den ganzen stein,
     dâ diu sunne hin în schein.
     der einez ist diu güete,
     daz ander diemüete,
17065 daz dritte zuht. ze disen drîn   17065
     dâ lachet in der süeze schîn,
     diu sælige gleste,
     êre, aller liehte beste
     und erliuhtet die fossiure
17070 werltlîcher âventiure.   17070
     ouch hât ez guote meine,
     daz diu fossiure als eine
     in dirre wüesten wilde lac,
     daz man dem wol gelîchen mac,
17075 daz minne und ir gelegenheit   17075
     niht ûf die strâze sint geleit
     noch an dekein gevilde.
     sie lôschet in der wilde,
     z'ir clûse ist daz geverte
17080 arbeitsam unde herte.   17080
     die berge ligent dar umbe
     in maneger swæren crumbe
     verirret hin unde wider.
     die stîge sint ûf unde nider
17085 uns marteræren allen   17085
     mit velsen sô vervallen.
     wir engân dem pfade vil rehte mite,
     verstôze wir an eime trite,
     wir enkomen niemer mêre
17090 ze guoter widerkêre.   17090
     swer aber sô sælic mac gesîn,

(17050) ohne große Mühe, so wie Zinn, / und es schadet nicht. / Wer aber in der richtigen Weise / nach der Liebe streben kann, / den führt gewiß diese Klinke

(17055) aus Zinn, dem wertlosen Metall, / zu goldenem Erfolg / und angenehmem Erlebnis.

Oben in der Grotte / waren nur drei kleine Fenster
(17060) schön und verborgen / durch das Gestein gehauen worden, / durch welche die Sonne hereinschien. / Das eine war die Güte, / das andere die Demut

(17065) und das dritte vornehmes Betragen. Durch diese drei / lachte der Sonnenschein, / der beglückende Glanz herein: / die Ehre, das strahlendste Licht, / und erleuchtete diese Höhle / weltlichen Glücks.

(17070) Es hat auch seinen guten Sinn, / daß die Grotte einsam / in dieser wüsten Wildnis lag. / Damit kann man durchaus vergleichen,

(17075) daß die Liebe und ihre Gegebenheiten / nicht auf der Straße liegen / oder irgendwo auf dem freien Felde.

In what follows, Gottfried explains the significance of the fact that the grotto was surrounded by wilderness, and then adds that getting there is arduous and difficult—one wrong step and the wilderness swallows the lover:

Sie liegt verborgen in der Wildnis; / zu ihrer Höhle ist der Weg
(17080) mühselig und schwer. / Die Berge liegen um sie herum / in vielen steilen Krümmungen, / hier und da verstreut. / Die Wege hinauf und hinunter sind

(17085) für uns Leidende alle / mit Felsbrocken versperrt, / daß wenn wir dem Weg nicht genau folgen, / wenn wir einen einzigen falschen Tritt tun, / wir niemals wieder

(17090) glücklich zurückkehren. / Wer jedoch so glücklich ist,

daz er zer wilde kumet hin în,
der selbe hât sîn arbeit
vil sæleclîchen an geleit.
17095 der vindet dâ des herzen spil.   17095
swaz sô daz ôre hœren wil
und swaz dem ougen lieben sol,
des alles ist diu wilde vol.
sô wære er ungern anderswâ.

17100 Diz weiz ich wol, wan ich was dâ.   17100
ich hân ouch in der wilde
dem vogele unde dem wilde,
dem hirze unde dem tiere
über manege waltriviere
17105 gevolget unde nâch gezogen   17105
und aber die stunde alsô betrogen,
daz ich den bast noch nie gesach.
mîn arbeit und mîn ungemach
daz was âne âventiure.
17110 ich vant an der fossiure   17110
den haft und sach die vallen.
ich bin ze der cristallen
ouch under stunden geweten.
ich hân den reien getreten
17115 dicke dar und ofte dan.   17115
ine geruowet aber nie dar an.
und aber den esterîch dâ bî,
swie herte marmelîn er sî,
den hân ich sô mit triten zebert:
17120 hæte in diu grüene niht ernert,   17120
an der sîn meistiu tugent lît,
von der er wahset alle zît,
man spurte wol dar inne
diu wâren spor der minne.
17125 ouch hân ich an die liehten want   17125
mîner ougen weide vil gewant
und hân mich oben an daz gôz,
an daz gewelbe und an daz slôz
mit blicken vil gevlizzen,
17130 mîner ougen vil verslizzen   17130
an der gezierde dar obe,
diu sô gestirnet ist mit lobe.
diu sunnebernde vensterlîn,

daß er in diese Wildnis gelangt, / der hat seine Mühe / glückbringend eingesetzt (17095) und findet dort seines Herzens Freude. / Was immer das Ohr hören will / und das Auge ergötzt, / von all dem ist diese Wildnis voll. / Dann möchte er gar nicht woanders sein.

(17100) Das weiß ich genau, denn ich war dort.[28] / Auch ich bin in der Wildnis / den Vögeln und den Tieren des Waldes, / dem Hirsch und dem Reh, / durch viele Waldgegenden

(17105) gefolgt und nachgegangen, / habe jedoch meine Zeit vergeudet / und niemals etwas erlegt.[29] / Meine Mühen und Anstrengungen / waren glücklos.

(17110) Ich fand bei der Höhle / die Klinke und sah das Schnappschloß. / Ich bin auch zu dem Kristall / bisweilen gegangen. / Tanzend bin ich oft gesprungen

(17115) dorthin und wieder fort. / Niemals aber habe ich darauf geruht. / Aber den Boden in der Nähe, / aus wie hartem Marmor er auch war, / den habe ich so zertreten,

(17120) daß, wenn ihn seine grüne Farbe nicht geschützt hätte, / die sein größter Vorzug ist / und durch die er stets wächst, / man auf ihm wohl wahrnehmen könnte / die Spur der wahrhaftigen Liebe.

(17125) Auch habe ich an der strahlend hellen Wand / häufig meine Augen geweidet. / Oft habe ich an die Gewölbekrone, / die Kuppel und den Schlußstein / aufmerksam meine Blicke geheftet

(17130) und meine Augen abgenutzt / an dem Schmuck dort oben, / der so mit Lob besternt[30] ist. / Die sonnenspendenden Fensterchen

---

[28]ll. 17100-17139 are seemingly autobiographical but represent most likely formal expressions of humility and modesty similar to those in ll. 12183-357 and in Hartmann von Aue's *Iwein*, l. 3015, and *Gregorius*, l. 798 (Krohn). Furthermore, Gottfried intended to indicate that the experience of love is not confined to the two lovers in the poem. Their story is to be interpreted in allegorical fashion and their grotto exists in the hearts of all true lovers.

[29]The hunting skills of Tristan remained legendary throughout the Middle Ages. Cf. ll. 2759-3013, where Tristan demonstrates his extraordinary skills to the master of the hunt at Marke's court.

[30]besternt: studded as if with stars

diu habent mir in daz herze mîn
17135 ir gleste dicke gesant.   17135
ich hân die fossiure erkant
sît mînen eilif jâren ie
und enkam ze Curnewâle nie.

Diu getriuwe massenîe,
17140 Tristan und sîn amîe   17140
si hæten in der wilde
ze walde und ze gevilde
ir muoze und ir unmuoze
besetzet harte suoze.
17145 si wâren z'allen zîten   17145
ein ander an der sîten.
des morgens in dem touwe
sô slichen sî zer ouwe,
dâ beide bluomen unde gras
17150 mit dem touwe erküelet was.   17150
diu küele prâerîe
was danne ir banekîe.
dâ giengen sî her unde hin
ir mære sagende under in
17155 und loseten mit dem gange   17155
dem süezen vogelsange.
sô danne nâmen s'ainen swanc,
hin dâ der küele brunne clanc,
und loseten sînem clange,
17160 sînem sliche und sînem gange.   17160
dâ er hin ûf die plaine gie,
da gesâzen sî durch ruowen ie,
dâ loseten sî dem duzze
und warteten dem vluzze
und was daz aber ir wunne.
[…]
17405 sie giengen an ir bette wider   17405
und leiten sich dâ wider nider
von ein ander wol hin dan
reht alse man unde man,
niht alse man unde wîp.
[…]
17412 ouch hæte Tristan geleit   17412
sîn swert bar enzwischen sî.
[…]

haben mir in mein Herz / oft ihren Glanz gesandt.
(17135) Ich kenne diese Grotte / schon seit meinem elften Lebensjahr / und war trotzdem nie in Cornwall.

Die getreue Gesellschaft, / Tristan und seine Liebste,
(17140) hatte in der Wildnis / der Wälder und Felder / ihre Zeiten der Ruhe und Arbeit / sehr angenehm eingerichtet:

(17145) Stets waren sie / einander zur Seite. / Morgens im Tau / lustwandelten sie zur Aue, wo die Blumen und das Gras

(17150) vom Tau gekühlt waren. / Die kühle Wiese / diente ihnen dann zur Erholung. / Dort gingen sie auf und ab, / redeten dabei miteinander

(17155) und lauschten beim Gehen / dem lieblichen Vogelsang. / Dann wandten sie sich um, / dorthin, wo die kühle Quelle rauschte, / und sie lauschten ihrem Rauschen,

(17160) ihrem Plätschern und Fließen. / Dort, wo sie zur Ebene hinaustrat, / setzten sie sich immer zum Ausruhen hin. / Dort hörten sie ihrem Rauschen zu, / beobachteten ihr Strömen / und freuten sich immer wieder daran.

In the grotto the two lovers pass their time in storytelling and musical pursuits. One of Marke's huntsmen finally discovers them by looking through one of the openings of the grotto. He calls Marke. It should be pointed out that Tristan and Isolde had anticipated their discovery and decided to bed down not as man and woman but as men:

(17405) Sie gingen wieder zu ihrem Bett / und legten sich dort nieder, / voneinander entfernt, / ganz so wie zwei Männer, / aber nicht wie Mann und Frau.

[...]

(17412) Zudem hatte Tristan gelegt / sein bloßes Schwert zwischen sie.

"Isôte lîp, Isôte leben
18530 diu sint bevolhen unde ergeben   18530
den segeln unde den winden.
wâ mac ich mich nu vinden?
wâ mac ich mich nu suochen, wâ?
nu bin ich hie und bin ouch dâ
18535 und enbin doch weder dâ noch hie.   18535
wer wart ie ouch sus verirret ie?
wer eart ie sus zerteilet mê?
ich sihe mich dort ûf jenem sê
und bin hie an dem lande."

However, neither the huntsman nor Marke was fooled. Yet, when the King sees them lying separated by Tristan's sword, he is deeply moved by the sight, and his passion for Isolde flares anew. The lovers are recalled to court, but before very long, the King finds them in a garden, sleeping together. Tristan flees and after a visit to his father's territories, he joins Kaedin in Arundel. There Isolde of the White Hands, Kaedin's sister, is attracted to him, and Tristan, in his loneliness, is reminded by her of the beauty of Isolde. His affection for her strikes us as pathetic since the sight of her keeps fuelling the pain of separation in him. He derives pleasures from this ambivalence (ll. 18965-18992), thus echoing Isolde's earlier confusion following Tristan's departure:

"Isoldes Leib und Leben
(18530) sind befohlen und ausgeliefert / den Segeln und dem Wind. / Wo kann ich mich nun finden? / Wo kann ich mich nun suchen, wo? / Jetzt bin ich hier und dort

(18535) und bin trotzdem weder dort noch hier. / Wer war jemals so verwirrt? / Wer war jemals so zerrissen? / Ich sehe mich dort auf dem Meer / und bin doch hier an Land."

Gottfried's poem breaks off at l. 19548. We know from Thomas of Brittany that Tristan marries Isolde of the White Hands, that he does not consummate the marriage for a long time, and that he takes along Kaedin to see the first Isolde to explain his feelings. Subsequently, Tristan receives a wound that only Isolde can cure. She is summoned, but Isolde of the White Hands, prompted by jealousy, tells Tristan that the returning ship carries a black sail—the prearranged sign that Isolde has refused to come. Tristan dies, and Isolde, arriving too late to save him, falls dead upon his body. Finally, in the prose novel of *Tristrant und Isalde* of 1484, the two lovers are buried side by side, and a rose is planted on top of Isolde's grave and a grape vine on Tristan's. After a while, the rose and the grape vine become intertwined, not miraculously, but still as a result of the love potion, "auß würckung vnd krafft des getranckes" (l. 5168).[31]

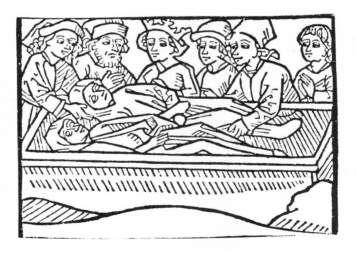

---

[31]*Tristrant und Isalde: Prosaroman.* Nach dem ältesten Druck aus Augsburg vom Jahre 1484, versehen mit den Lesarten des zweiten Augsburger Druckes aus dem Jahre 1498 und eines Wormser Druckes unbekannten Datums. Herausgegeben von Alois Brandstetter. Tübingen: Max Niemeyer Verlag, 1966.

Keiser Heinrich.

Lyric Poetry

Although many critics have postulated the existence of lyric poetry in Germany in the early Middle Ages by pointing out that all cultures have some forms of song transmitted in oral form, the fact remains that there are no true lyrics in German now extant that can be dated before the middle of the twelfth century. The earliest surviving works within the so-called «einheimische Lyrik», or native tradition, are anonymous. The first poems of known authors are of the so-called «Donauschule», or 'Danubian School.' Their authors lived in the southeastern part of the German-speaking area, and these Austro-Bavarian poets are not likely to have been influenced by the lyric poetry of France. The dates for their lives are largely unknown, but they do include Emperor Heinrich VI (1165-97), to whom three poems are ascribed. Der von Kürenberg is mentioned in one of the poems attributed to a knight of that name, and it was assumed by the compilers of the great medieval collections of lyric poetry that all the strophes written in the «Nibelungenstrophe» were composed by the same author, since this verse form is nowhere else used in lyric poetry and since the strophes do have a similar style. They are forceful and direct, and they express little of the yearning found in the more formalized «Minnesang». We know nothing of another poet, Meinloh von Sevelingen, or of Dietmar von Eist, to whom many strophes in the manuscripts are attributed.

In the last thirty years of the twelfth century the centers of lyric activity were in the west, near the Rhine, and the influence of northern French and Provençal poetry, that is, of the Romance tradition, is unmistakable. The verse forms and themes are the same as those in Old French poetry, and it is probable that the tunes were also borrowed. Yet no German poet mentions that he copied Old French originals, and although there are a few German lyrics that seem to be dependent on extant Old French or Provençal poems, there are no examples of actual translation. The early German «Minnesänger» wrote in meters taken from the Romance languages, and it may well be that they borrowed melodies—the existence at the peak of «Minnesang» of many «contrafacta», that is, poetry that was fitted to existing melodies, attests to that—but we have no extant music for the early «Minnesang». The «Minnesänger» also used Old French imagery, yet their treatment of love is different from their Provençal predecessors. The typical «Minnesänger» possesses a more serious tone, and the poet seeks to analyze the phenomenon of love rather than praise an individual lady. The poet's own emotions are stressed. The lady is not only anonymous, as she is in Romance lyric, but also shadowy. It is very hard to tell whether the lady really existed, but the poet's interest in love is real, and, if in fact he did not suffer, it must be admitted that he convinces his audience that he did.

The most common type of lyric in the early period is the «Minnelied», a formal love poem based on the Provençal «canzon» and its tripartite structure. Although the earliest examples have a flexible strophic and metrical form, one type of strophe soon became customary for this type of poem. The «Aufgesang», or first part, was divided into two halves, each of which showed an exact correspondence with the other in length of lines and rhyme scheme. These two parts were called «Stollen». The third part or «Abgesang» was completely independent of the form of the first two. It could be very short, only two or three lines, or longer than the other two combined. There was usually a division of subject as well as of form. Thus a «Minnelied» might appear with the rhyme arrangement abab—cdc, whereby the scheme 'abab' constitutes the two «Stollen» of the «Aufgesang», and cdc the «Abgesang», as, for instance, in the first strophe of the following poem by Reinmar der Alte:

[a] ich wil allez gâhen	(Ich will immer zu der eilen,
[b] zuo der liebe die ich hân.	die ich liebe. Doch ist das Ziel
[a] so ist ez niender nâhen,	meiner Hoffnung noch keineswegs nahe.
[b] daz sich ende noch mîn wân.	Aber ich strebe jeden Tag danach und
[c] doch versuoche ichz alle tage	diene ihr so, daß sie gegen ihren Willen
[d] und diene ir sô dazs âne ir danc	meinen Kummer
[c] mit fröiden muoz erwenden kumber den ich trage.	in Glück verwandeln muß)

It is not uncommon to find between the «Stollen» and the «Abgesang» an unrhymed line called a «Waise» ('waif'), which sometimes rhymes with the corresponding line in the other strophes. The technical terms are those used by the «Meistersinger», not, as far as we know, by the «Minnesänger» themselves. It is, however, interesting to note that there appears to be a certain similarity to the classical sonnet.

The Native Tradition
anonymous

> I Stetit puella rufa tunica;   I
> si quis eam tetigit, tunica crepuit.
> eia!
> Stetit puella tamquam rosula:
> facie splenduit et os eius floruit.
> eia!
> Stetit puella bi einem boume,
> scripsit amorem an eime loube.
> dar chom Uenus also fram;
> caritatem magnam,
> hohe minne bot si ir manne.

The Native Tradition

The existence of anonymous poetry and an early Austro-Bavarian tradition suggest that there was a native lyric tradition which had developed independently of Romance courtly lyric. Anonymous, «einheimische» lyric appears to have been fostered by students attending the emerging centers of medieval learning beginning with the 11th century. Attracted by famous teachers, but often impoverished, these so-called wandering scholars travelled from city to city. Their best German lyrics are found interspersed with Latin poems, some in a collection known as the *Carmina Burana* after the monastery of Benediktbeuren near Bad Tölz in Upper Bavaria, where the *Codex Buranus*—probably compiled, according to most recent research, between 1217/19 and 1250 in South Tyrol (Georg Steer)—was discovered in 1803, some in the chief manuscripts of «Minnesang»: the small Heidelberg (manuscript A), the Weingarten (manuscript B), and the large Heidelberg (manuscript C), also known as «Manessische Liederhandschrift».[1] In following, poems **I**, **II**, and **V** are from Carmina Burana, whereas **III** and **IV** are found in the «Große Heidelberger Liederhandschrift».

What is so peculiar about the anonymous German lyric is the fact that the poems are written in the first person, a characteristic which is also reflected by the «Wechsel», a poem of alternating monologues between a man and a woman, thus bearing testimony to what Colin Morris calls the "emerging self" in *The Discovery of the Individual*. Latin penitential hymns of the eleventh century began to be composed in the first person. Also typical is their affinity to the more sensuous aspects of love and that there is never even a remote allusion to married women.

anonymous

(**I**) The following pastoral poem illustrates how Middle High German and Latin were often interspersed rather effectively. The *Carmina Burana* show ample notation in the form of staffless neumes—with no indication of pitch or intervals—which no longer allow us to determine exactly the actual melodies, although musicologists have succeeded in adequately reconstructing some of them.[2]

Es stand ein Mädchen in einem roten Hemdchen; wenn es jemand berührte, raschelte das Hemdchen.
     Eia!
Es stand ein Mädchen, sah aus wie ein Röslein: leuchtend sein Gesicht und blühend seine Lippen.
     Eia!
Es stand ein Mädchen unter einem Baum, es schrieb seine Liebe auf ein Blatt. Da kam unverzüglich Venus herbei. Große Liebe, hohe Minne schenkte sie ihrem Mann.

---

[1]The «Große Heidelberger Liederhandschrift» represents the largest and most splendid collection of Middle High German lyric poetry, with poems by 140 poets and full-page miniature portraits of 137 of them. It is assumed to have been encouraged by the Manesse family of Zürich and was probably assembled between 1310-1330. It is also referred to as the «Pariser Handschrift» by nineteenth century scholars because until 1888 it had been in the possession of the National Library in Paris until 1888 from the Thirty-Years War.

[2]They are frequently performed by the Capella Antiqua and Studio der frühen Musik. The twentieth century German composer Carl Orff helped popularize the *Carmina* by composing a musical work by the same name which, however, merely utilizes the lyrics but makes no claim to using any of the original scores.

*From
Folk-Song
Tradition*

II Chume, chume geselle min,   II
   ih enbite harte din!
   ih enbite harte din,
   chum, chum, geselle min!

   Suozer roservarwer munt,
   chum unde mache mich gesunt!
   chum unde mache mich gesunt,
   suozer roservarwer munt!

III Der walt in grüener varwe stât: III
    wol der wunneclîchen zît!
    mîner sorgen wirdet rât.
    sælic sî daz beste wîp,
  5 diu mich trœstet sunder spot.   5
    ich bin vrô. dêst ir gebot.

    Ein winken unde ein umbesehen
    wart mir do ich si nâhest sach.
    dâ moht anders niht geschehen
 10 wan daz si minneclîche sprach: 10
    "Vriunt, du wis vil hôchgemuot."
    wie sanfte daz mînem herzen tuot!

    "Ich wil weinen von dir hân",
    sprach daz aller beste wîp,
 15 "schiere soltu mich enpfân   15
    unde trôsten mînen lîp."
    swie du wilt, sô wil ich sîn,
    lache, liebez vrowelîn.

IV Du bist mîn, ich bin dîn: IV
   des solt dû gewis sîn.
       dû bist beslozzen
       in mînem herzen:
   verlorn ist daz sluzzelîn:
   dû muost ouch immêr darinne sîn.

V Tougen minne diu ist guot,   V
  si chan geben hôhen muot.
      der sol man sich vlîzen.
          swer mit triwen der nit pfliget,
  deme sol man daz wîzen.

(II) As in the previous poem, the frequent epithets of courtly lyric poetry for mouth and cheeks are already employed here; they possibly stem from the medieval Latin tradition.

Komm, ach komm, mein liebster Freund, ich warte so sehr auf dich! Ich warte so sehr auf dich, komm, ach komm, mein liebster Freund!

Süßer, rosenfarbener Mund, komm und mach mich gesund! Komm und mach mich gesund, süßer rosenfarbener Mund.

(III) The following poem describes how a maiden might acknowledge with a very personal response the entreaties of an admiring suitor, illustrating once again the rather sensuous tone of these anonymous poems.

Der Wald steht in grüner Farbe, oh, wie herrlich ist diese Zeit! Meinen Sorgen wird abgeholfen. Gesegnet sei die beste der Frauen,
(5) die mich tröstet und nicht zum Narren hält. Ich bin glücklich, sie will es so.

Ein Winken und Umschauen erhielt ich, als ich sie kürzlich sah. Da konnte es denn nicht anders sein,
(10) als daß sie liebevoll sagte: "Freund, sei recht glücklich!" Wie wohl das meinem Herzen tut!

"Ich werde deinetwegen weinen", sagte die allerbeste der Frauen.
(15) "So bald es geht, sollst du mich zu dir kommen lassen und mich glücklich machen."
"Ich will, wie du willst. Lach doch, liebes Mädchen!"

(IV) This vignette dates from the second half of the twelfth century; it represents the summary of a Latin love letter—in which the exact words of the Middle High German verses have been written in Latin prose: "ad te [...] quem teneo medullis cordis inclusum"—composed most likely by a nun and discovered inside a manuscript from the monastery of Tegernsee in southern Bavaria.

Du bist mein, ich bin dein: dessen sollst du ganz sicher sein. Du bist in meinem Herzen verschlossen—das Schlüsselchen ist verloren: du mußt für immer drinnen bleiben.

(V) Verschwiegene Minne[3]—die ist gut; sie kann hohen Mut verleihen, sie soll man mit Eifer pflegen. Wenn einer unzuverlässig ist in der Minne, dann soll man ihn dafür tadeln.

---

[3]Verschwiegene Minne: clandestine, secret love

Der von Kürenberg

I "Ich zôch mir einen valken   mêre danne ein jâr   **I**
   dô ich in gezamete   als ich in wolte hân
   und ich im sîn gevidere   mit golde wol bewant,
   er huop sich ûf vil hôhe   und vlouc in ándèriu lant.

   Sît sach ich den valken   schône vliegen:
   er vuorte an sînem vuoze   sîdîne riemen,
   und was im sîn gevidere   alrôt guldîn.
   got sende sî zesamene   die gerne gelíep wéllen sîn!"

II "Ich stuont mir nehtint spâte   an einer zinne,   **II**
   dô hôrt ich einen rîter   vil wol singen
   in Kürenberger wîse   al ûz der menigîn:
   er muoz mir diu lant rûmen,   alder ich geniete mich sîn."

Der von Kürenberg

Der von Kürenberg is the earliest among the named representatives of «einheimische» or native Middle High German lyric poetry.   He lived in Lower Austria around the middle of the twelfth century. The fifteen poems which have been preserved are all written in the so-called "des Kürenberges wîse"—the «Kürenberger Strophe», as Der von Kürenberg proudly states in the poem "Ich stuont mir nehtint spâte an einer zinne" (II), revealing a healthy poetic ego. Although no affinity can be established to the Romance tradition, his poems are clearly embedded in a feudal setting. Just as in the anonymous poems, women assume an active role on the stage of love; they reveal their thoughts in so-called «Frauenstrophen», a feature which is illustrated poignantly in the falcon song below (I). «Frauenstrophen» are complemented by «Männerstrophen», which, when appearing in the form of an exchange between a man and a woman, become a «Wechsel».   In such an exchange, the song partners assume an almost epic stance and do not address each other directly. The third poem in the selection below (III) is a good example of a «Wechsel», alternating «Frauenstrophe» and «Männerstrophe».

The poems of Der von Kürenberg are all written in «Reimpaaren» or rhymed couplets, and in a metrical arrangement which imitates the Germanic long line familiar from Old High German poetry and anticipates the later «Nibelungenstrophe», with its strophic pattern of four long lines with seven to eight beats.

(I) The «Falkenlied» is Der von Kürenberg's best-known poem. Sayce, in *Poets of the Minnesang*, points out the difficulty we encounter when trying to come up with a definitive interpretation of the poem: Does the poem describe the loss of a real falcon, or is the falcon a symbol for the lover? Is it a «Wechsel», or is the speaker the same in both strophes? Parallels in courtly literature strongly suggest a symbolic interpretation, and only one speaker for both strophes.

"Ich habe mir länger als ein Jahr einen Falken abgerichtet. Als ich ihn gezähmt hatte, wie ich ihn haben wollte, und ich ihm sein Gefieder mit Gold schön umwunden hatte, stieg er hoch auf und flog davon."

"Seither sah ich den Falken herrlich fliegen. Er trug seidene Fesseln an seinem Fuß, und sein Gefieder war ganz rotgolden. Gott führe die zusammen, die einander lieben wollen."

(II) Take note of the general tone of this poem: "einen Ritter" in the first strophe and "einer Dame" in the second. Both lady and knight speak of each other in the third person, highlighting the nature of the «Wechsel», that is, an alternating non-personal address. And yet, they both speak in unmistakably self-assured terms.

"Ich stand gestern abend spät auf einer Zinne; da hörte ich mitten aus der Menge einen Ritter herrlich auf eine Kürenberger-Melodie singen—Er muß mir das Land verlassen, oder ich gewinne ihn für mich."

"Nu brinc mir her vil balde   mîn ros, mîn îsengewant,
wan ich muoz einer vrouwen   rûmen diu lant.
diu wil mich des betwingen,   daz ich ir holt sî.
si muoz der mîner minne   iemer dárbènde sîn."

III Wîp unde vederspil   diu werdent lîhte zam.   III
swer si ze rehte lucket,   sô suochent sî den man.
als warb ein schœne ritter   umbe eine vrouwen guot.
als ich dar an gedenke,   sô stêt wol hôhè mîn muot.

Dietmar von Eist

I "Slâfest du, vriedel ziere?   I
man wecket uns leider schiere;
woman   ein vogellîn sô wol getân
daz ist der linden an daz zwî gegân."

"Ich was vil sanfte entslâfen.
nu rüefestû kint wâfen.
liep âne léit mác niht sîn.
swaz du gebiutest, daz leiste ich, vriundin mîn."

Callrot / Wechsel   man

Diu frouwe begunde weinen.
"du rîtest hinnen und lâst mich eine.
woman   wenne wílt du wider her zuo mir?
owê du vüerest mîne vröide sant dir!"

II Uf der linden obene   dâ sanc ein kleinez vogellîn.   II
vor dem walde wart ez lût: dô huop sich aber daz herze mîn
an eine stat dâ ez ê dâ was.   ich sach dâ rôsebluomen stân:
die manent mich der gedanke vil   die ich hin zeiner vrouwen hân.

"Nun bring mir schnellstens mein Pferd, meine Rüstung, denn ich muß um einer Dame willen das Land verlassen. Die will mich dazu zwingen, daß ich sie liebe. Sie wird auf meine Liebe ein für allemal verzichten müssen."

(III) Frauen und Jagdvögel[4] werden leicht zahm: wenn man sie richtig lockt, dann fliegen sie auf den Mann. So umwarb ein schöner Ritter eine edle Dame; wenn ich daran denke, wird mir ganz warm ums Herz.

Dietmar von Eist
(c.1139-1171)

* Linden Tree connected with love for German literature

A nobleman like Der von Kürenberg, Dietmar von Eist also comes from upper Austria. He was presumably born in 1139 and died in 1171.

Tagelied – deals with lovers being seperated right before dawn.

(I) Various scholars have attributed one of Dietmar's most famous poems (I) to an as yet anonymous pseudo-Dietmar. The poem reveals some Provençal influence in that it utilizes features of the «alba», or dawn-song («Tagelied»): the nature setting, the warning of dawn's approach in the song of the bird, and the sorrowful parting of the lovers. On the other hand, the watchman who wakes the lovers, the refrain, and the concept of service, which are a sign of Romance influence, are absent (Sayce, *Poets of the Minnesang*).

"Schläfst du, schöner Liebster? Leider weckt man uns bald. [Schon] hat sich ein schönes Vögelchen auf den Zweig der Linde gesetzt."

"Ich war so sanft eingeschlafen, nun rufst du, Kind, 'auf, auf!' Lieb ohne Leid kann es nicht geben. Was immer du sagst, das tu ich, meine Freundin."

Die Frau begann zu weinen. "Du reitest fort und läßt mich allein. Wann wirst du wieder zu mir kommen? O weh! Du nimmst mein Glück mit dir fort."

(II) In this «Wechsel» the linden, the little bird, and the flowers serve as vehicles of somewhat parallel memories of happier times:

"Hoch oben auf der Linde, da sang ein kleines Vögelchen. Am Waldrand ließ es sich hören; Da zog es mein Herz wieder an einen Ort, wo es früher gewesen war. Ich sah die blühenden Rosen stehen, die erinnern mich an die vielen Gedanken, die ich einer Frau zuwende."

---

[4]"Vederspiel" is translated here as "Jagdvögel," but can also mean 'lure,' which adds an interesting twist to the interpretation of these lines.

"Ez dunket mich wol tûsent jâr,   daz ich an liebes arme lac.
sunder âne mîne schulde   vremedet er mich menegen tac.
sît ich bluomen niht ensach   noch enhôrtè der vogel sanc,
sît was mir mîn vröide kurz   und ouch der jâmer alzelanc."

Meinloh von Sevelingen

I Ich bin holt einer vrowen: ich weiz vil wol umbe waz.   I
   sît ich ir begunde dienen,   si geviel mir ie baz und ie baz.
   ie lieber und ie lieber   sô ist si zallen zîten mir,
   ie schœner und ie schœner,   vil wol gevállèt si mir.

"Es scheint mir tausend Jahre her zu sein, daß ich im Arm des Geliebten lag. Ganz ohne mein Verschulden meidet er mich [schon] manchen Tag. Seither hatte ich kein Auge mehr für Blumen und kein Ohr mehr für das Lied der Vögel, seither war alle Freude für mich von kurzer Dauer und der Schmerz allzu lang.

Meinloh von Sevelingen

Born near Ulm, Meinloh von Sevelingen is presumed to have written most of his poetry around 1180. He is the first known poet to describe courtship in terms of service and reward, leading scholars believe that he was familiar with the Romance lyric and its feudal traditions while still adhering to the indigenous use of «Frauen-» and «Männerstrophen». Moreover, the ennobling and refining effect of women on men in the poems of the later masters of «Minnesang» is anticipated by such lines as: "Du hâst im vil nâch bekêret beidiu sin unde leben" ("Du gabst ihm neuen Sinn und neues Leben," l. 5 of "Dir enbiutet sînen dienst"). The «Männerstrophe» (poem I) reveals fully the courtly concept of «Minne», expressing it in epithets typical of courtly convention according to which the lady appears as the epitome of perfection ("ie schœner und ie schœner"; "der besten tugende pfligt ir lîp"; "si ist sælic zallen êren"). Hyperbole serves as the vehicle of last resort when all other words seem to frustrate the poet's desire to express adequately what he feels.

(I) Ich liebe, ich weiß wohl, warum. Seit ich ihr zu dienen begonnen habe, gefiel sie mir immer besser und besser. Sie ist mir immer lieber und lieber [geworden], immer schöner und schöner, sie gefällt mir über die Maßen.

5 sist sælic zallen êren,   der besten tugende pfligt ir lîp.   5
sturbe ich nâch ir minne
        und wurde ich danne lebende,   sô wurbe ich aber umbe daz wîp.

II "Mir erwélten mîniu ougen   einen kíndèschen man.   II
daz nîdent ander vrowen: ich hân in anders niht getân,
wan obe ich hân gedienet,   daz ich diu líebèste bin.
dar an wil ich kêren   mîn herze und al den sin.
Swelhiu sînen willen   hie bevor hât getân,
verlôs si in von schulden,
        der wil ich nu niht wîzen,   sihe ichs unvrœlichen stân."

III "Sô wê den merkæren!   die habent mîn übele gedâht,   III
si habent mich âne schulde   in eine grôze rede brâht.
sie wænent mir in leiden,   sô sî sô rûnent under in.
nu wizzen alle gelîche,   daz ich sîn vríundè bin;
Ane nâhe bî gelegen,   des hân ich weiz got niht getân.
stæchen si ûz ir ougen!
        mir râtent mîne sinne   an deheinen andern man."

IV   Die lügener in dem lande,   swer der eine wil bestân,   IV
der sol stille swîgen   und sol die mérkære lân
reden, swaz in gevalle,   sô ist er guot vrowen trût.
sô mac er vil triuten,   sweder er wil, stille und überlût.
5 der dâ wol helen kan,   der hât der tugende alremeist.   5
er ist unnütze lebende,   der allez gesagen wil, daz er weiz.

"Ich hân vernomen ein mære   mîn muot sol aber hôhe stân:
wan er ist komen ze lande,   von dem mîn trûren sol zergân.
mîns hérzen leide   sî ein úrlòup gegeben.
10 mich heizent sîne tugende   daz ich vil stæter minne pflege.   10
ich gelege mir in wol nâhe,   den selben kíndèschen man.
sô wól mich sînes komens!   wie wol er vrowen dienen kan!"

(5) Sie ist gesegnet mit allen Ehren, übt sich in den besten Tugenden. Stürbe ich [vor Sehnsucht] nach ihrer Liebe und würde ich dann auferstehen, so würbe ich wieder um diese Frau.

Poems **II** and **III** are «Frauenstrophen»; their tone reminds us of the women in the poems of Der von Kürenberg and Dietmar von Eist, and the concept of unattainability, which is so prevalent in the poetry of subsequent «Minnesänger», is still entirely absent.

(II) "Meine Augen haben mir einen jungen Mann ausgesucht. Deswegen sind andere Frauen neidisch. Ich habe ihnen nichts anderes angetan, als daß ich mich angestrengt habe, die Liebste zu sein. Darauf will ich [weiterhin] Herz und Verstand richten. Wenn die, die vorher getan hat, wie er wollte, ihn durch eigene Schuld verloren hat, will ich sie jetzt nicht tadeln, wenn ich sie traurig dastehen sehe."

(III) Schande über die Spitzel! Die sind böse über mich hergefallen; sie haben mich schuldlos in ein großes Gerede gebracht. Sie glauben, sie verleiden ihn mir, wenn sie so untereinander tuscheln. Nun mögen es alle wissen, daß ich seine Liebste bin, aber ohne mit ihm geschlafen zu haben; das habe ich weiß Gott nicht getan. Stäche man ihnen doch die Augen aus! Mir raten meine Sinne doch zu keinem anderen Mann.

(IV) This poem, whose first strophe clearly falls into the category of «Spruchdichtung», or didactic poetry [5] —sometimes also referred to as 'gnomic poetry'—, deals with the subject of secrecy in matters of love ("tougen minne," cf. the anonymous poem "Tougen minne diu ist guot") and the one virtue necessary to assure its success: to be discrete and a confidant to one's lover. The second strophe, on the other hand, is again a «Frauenstrophe» with its familiar forward tone. Because there is some doubt among scholars whether the poem ought to be viewed as a «Wechsel», some, as for instance Schweikle in his *Mittelhochdeutsche Minnelyrik*, treat the strophes separately.

Wer mit den Lügnern im Lande nichts zu schaffen haben will, der muß sich ganz still verhalten und die Aufpasser reden lassen, was sie mögen: dann ist er den vornehmen Damen lieb, dann kann er durchaus nach seinem Willen im Geheimen oder offen lieben.
(5) Wer sich gut auf Geheimhalten versteht, ist der Allertüchtigste. (Aber) ein nutzloses Dasein führt, wer über alles redet, wovon er weiß.

"Ich habe etwas gehört, was mein Herz wiederum höher schlagen läßt, denn der ist angekommen, der meine Traurigkeit vertreiben soll. Mein Herzenskummer mag Abschied nehmen.
(10) Seine (des Freundes) Vorzüge gebieten mir, sehr beständig zu lieben. Ich will diesen jungen Freund ganz nahe zu mir legen. Welch ein Segen ist sein Kommen für mich! Wie gut er es versteht, den (adeligen) Frauen zu dienen."

---

[5]Particularly if one chooses one of several other variants for the first line of this poem. E.g. "Drîe tugende sint in dem lande, swer der eine kan begân."

The Romance Influence

In the poetry of those poets whose names are known, we can already detect features which suggest Romance influence. From about 1170 on, both Romance subject matter and form begin to assume an incontrovertible effect (cf. Sayce, *The Medieval German Lyric*). Since the northwestern part of Germany tended to be a kind of gateway for Romance influence (cf. Gregorius' spiritual preparation for knighthood by mentally acting out the practices and conventions of the knights from "Henegouwe, ze Brâbant, und ze Haspengau," that is modern-day Belgium and the Netherlands, in Hartmann von Aue's *Gregorius*, ll. 1575f.), it is particularly the poets from this region who first assimilated these influences. The most prominent among these are Heinrich von Veldeke who lived in what is now Belgium, and the Rhineland poet Friedrich von Hausen .

The formal love song is the most common type found in «Minnesang» at all periods, but there were also others. The «Botenlied» (address to a messenger) shows the lady or the man revealing to a messenger emotions that, by convention, could not be expressed directly to the beloved. The «Kreuzlied» (crusading song) does not usually tell of a crusade and its hardships, but rather of the pain caused by leaving the beloved behind. The «Wechsel» now represents an actual conversation between two lovers, but often convention is served by making the conversation take place in a dream. In all these types of poems the rules of formal love poetry are preserved, and the formal aspects of the «Minnelied» (love song) appear. The «Tagelied» (dawn song) also has usually the same formal aspects, but its attitudes are quite different. It shows the parting of two lovers at dawn after a night of illicit love. A watchman cries that dawn has come; the lovers are in danger from spies sent by a jealous husband or perhaps from a less successful suitor. The stress is on the feelings of the woman rather than those of the man, and there is no attempt to idealize the situation. German poets clearly did not fancy the «Tagelied», since there are few examples of it in early lyric poetry, and even after Romance traditions became established, resorting to a dreamlike setting seemed to be preferable to an explicit portrayal in the Romance vein (compare, for instance, Walther von der Vogelweide's "Nemt, frouwe, disen kranz"). Nor are there any «pastourelles»—again with the qualified exception of Walther von der Vogelweide's poem "Under der linden," which merely provides the 'classical' setting—, a type of poem in which a knight accosts a peasant girl and either persuades or forces her to accept his love.

In Provençal poetry there were several types of poems that were not concerned with love; they were not imitated to any degree by German authors, except, again, Walther von der Vogelweide in his «Spruchdichtung» (gnomic or didactic poetry). Such didactic poems may vary widely in range, from politics to subjects dealing with the Bible; they represent a repository for poems other than love poetry. Walther von der Vogelweide's treatment of political themes set the stage for subsequent generations of poets, but even these poems are only distantly related to their Romance counterparts. Their forms are those of the «Minnelied», but most of them are single strophe poems.

Friedrich von Hausen

I 1 Mîn herze und mîn lîp diu wellent scheiden,   **I 1**
         diu mit ein ander wâren nu manige zît.
         der lîp wil gerne vehten an die heiden,
         sô hât iedoch daz herze erwelt ein wîp
       5 vor al der werlt. daz müet mich iemer sît,   5
         daz siu ein ándèr niht volgent beide.
         mir habent diu ougen vil getân ze leide.
         got eine müese scheiden noch den strît.

2 Sît ich dich herze, niht wol mac erwenden,   **2**
      10 du wellest mich vil trûreclîchen lân,   10
         sô bite ich got, daz er dich geruoche senden
         an eine stat dâ man dich welle enpfân.
         Owê! wie sol ez armen dir ergân?
         wie getórstest eine an solhe nôt ernenden?
      15 wer sol dir dîne sorge helfen enden   15
         mít tríuwen als ich hân getân?

3 Ich wânde ledic sîn von solicher swære,   **3**
         dô ich daz kriuze in gotes êre nan.
         ez wære ouch reht, daz ez alsôwære,
      20 wan daz mîn stætekeit mir sîn verban.   20
         ich solte sîn ze rehte ein lebendic man,
         ob ez den tumben willen sîn verbære.
         nu sihe ich wol, daz im ist gar unmære,
         wie ez mir süle án dem ende ergân.

Friedrich von Hausen
(c. 1150-1190)

When compared to the Austro-Bavarian poets who wrote more or less exclusively in the native tradition, a little more is known of the Rhineland poets who introduced Romance forms and subject matter to medieval German literature. Friedrich von Hausen was a knight of some importance. Born near Kreuznach (c. 1150), he is, after emperor Henry VI (†1197), whose three poems open the «Große Heidelberger Liederhandschrift», the most significant representative of a group of Rhenish poets who dominated the lyric scene for quite some time. They can all be associated in one way or another with the court of emperor Frederick I Barbarossa. While on a crusade with Frederick in 1190, the poet fell from his horse and was killed during a battle in Asia Minor.

Friedrich von Hausen had a heightened sense of the «hoher muot» ("a particular kind of elevation of spirit appropriate to the lover," joy [Sayce, *The Medieval German Lyric*] which was considered an attribute characteristic of a lover, and also of the sorrow that love brings). During his lifetime he had personal contact with Romance poets. Consequently, his poetry owes more to their traditions than to native stimuli.

(I) This «Kreuzlied» is probably based on a poem by Conon de Béthune, a French «trouvère». By using the theme of a knight's separation from his lady while on a crusade, the author poses a series of clever paradoxes. A crusader should have his heart set wholly on the Lord. But he has given it to his lady—he now fights for God only with his body. Thus his immortal soul is endangered by love, and is torn between the demands of his heart, and those of God:

(1) Mein Herz und mein Leib wollen sich trennen, die schon so lange miteinander gezogen sind. Der Leib begehrt, gegen die Heiden zu kämpfen; das Herz hingegen hat sich
(5) vor aller Welt eine Frau erkoren. Das quält mich seither ständig, daß sie so auseinanderstreben. Mir haben meine Augen viel Schmerz zugefügt. Gott allein möge diesen Streit noch schlichten.

(2) Da ich dich, Herz, nicht gut abhalten kann,
(10) mich auf so traurige Weise zu verlassen, so bitte ich Gott, daß er dich an einen Ort senden möge, wo man dich gut aufnimmt. Ach, wie wird es dir, du Armes, ergehen! Wie durftest du dich allein an solche Gefahr wagen?
(15) Wer soll dir diese Not beenden helfen, so zuverlässig wie ich bisher?

(3) Ich glaubte frei zu sein von solchem Leid, als ich das Kreuz zum Ruhme Gottes nahm. Es wäre auch richtig, daß das Herz wie früher dabei wäre,
(20) nur daß meine Anhänglichkeit ihm das verbietet. Ich wäre—wie es sich gehört—ein lebendiger Mensch, wenn es seinen unbesonnenen Willen aufgäbe. Nun erkenne ich aber klar, daß es ihm ganz gleichgültig ist, wie es mir schließlich ergehen wird.

4 25 Niemen darf mir wenden daz zunstæte,   **4** 25
        ob ich die hazze die ich dâ minnet ê.
        swie vil ich si gevflêhte oder gebæte,
        sô tuot si rehte als sis niht verstê.
        mich dunket [], wie ir wort gelîche gê,
   30 als ez der summer vor ir ôren tæte.   30
        ich wær ein gouch, ob ich ir tumpheit hæte
        vür guot. ez engeschiht mir niemer mê.

II 1 Ich denke underwîlen,   **II 1**
        ob ich ir nâher wære,
        waz ich ir wolte sagen.
        daz kürzet mir die mîlen,
    5 swenn ich ir mîne swære   5
        sô mit gedanken klage.
        mich sehent mange tage
        die liute in der gebærde,
        als ich niht sorgen habe,
   10 wan ich si alsô vertrage.   10

2 Hete ich sô hôher minne   **2**
        nie mich underwunden,
        mîn möhte werden rât.
        ich tet ez âne sinne;
   15 des lîde ich ze allen stunden   15
        nôt, diu mir nâhe gât.
        Mîn stæte mir nu hât
        daz herze alsô gebunden,
        daz si ez niht schéiden lât
   20 von ir, als ez nu stât.   20

3 Ez ist ein grôze wunder: **3**
        die ich allre sêrste minne,
        diu was mir ie gevê.
        nu müeze solhen kumber
   25 niemer man bevinden,   25
        der alsô nâhe gê.
        Erkennen wânde ich in ê,
        nu hân ich in baz bevunden:
        mir was dâ heime wê,
   30 und hie wol drîstunt mê.   30

(4) (25) Niemand darf mir das als Unbeständigkeit auslegen, wenn ich die hasse, die ich einst liebte. Wie sehr ich sie auch immer anflehte oder bat, sie tut geradezu, als ob sie es nicht verstünde. Mir kommt es so vor, als wirkten meine Worte auf sie,
(30) wie wenn einer vor ihren Ohren eine Trommel rührt. Ich wäre ein Narr, wenn ich ihr ihre Torheit zu gute hielte: das passiert mir niemals wieder.

(II) The melody underlying this poem was borrowed from Guiot de Provins. It represents a typical example of «Minneklage» (poem lamenting the absence of a lover). The poet overcomes his sense of privation by lamenting quietly in his heart and by trying by way of sublimation (l. 8f.) to accept his love as hopeless, he finds enough comfort to sustain him while abroad.

(1) Ich stelle mir manchmal vor, was ich zu ihr sagen würde, wenn ich ihr näher wäre. Das verkürzt mir die Meilen,
(5) wenn ich ihr meinen Kummer so in Gedanken klage. So manchen Tag sehen die Leute, daß ich mich verhalte, als wäre ich frei von Sorgen, (aber nur)
(10) weil ich sie auf diese Weise ertrage.

(2) Wenn ich mich einer Liebe von solch hohem Anspruch nie ausgesetzt hätte, dann könnte mir geholfen werden. Ich war von Sinnen, dies zu tun.
(15) Deshalb leide ich nun immerzu eine Not, die mich hart bedrängt. Meine Beständigkeit hat mein Herz so gefesselt, daß sie ihm keine Trennung von ihr erlaubt,
(20) wie es jetzt steht.

(3) Es ist höchst sonderbar: diejenige, die ich geradezu schmerzlich liebe, die war mir immer feindselig gesinnt. Möge keiner eine solch bedrängende Not
(25) jemals mehr erfahren. Ich glaubte, sie früher zu kennen, jetzt habe ich sie noch tiefer erfahren. Ich habe zu Hause gelitten
(30) und hier noch dreimal mehr.

4   Swie klein ez mich vervâhe,   4
     sô vröwe ich mich doch sêre,
     daz mir sîn nieman kan
     erwern, ich gedenke ir nâhe,
35 swar ich landes kêre.   35
     den trôst sol sî mir lân.
     wil sîz für guot enpfân,
     <des vröwe ich mich iémer mêre,>
     wan ich vür alle man
40 ir ie was undertân.   40

Reinmar der Alte

I   Des er gert, daz ist der tôt   I
     und verderbet manigen lîp;
     bleich und eteswenne rôt,
     alse verwet ez diu wîp.
     Minne heizent ez die man
  5 unde mohte baz unminne sîn.   5
     wê ime, ders alrêst began.

(4) Wie wenig es mir auch hilft, ich freue mich doch schrecklich, daß mich niemand daran hindern kann, nahe zu ihr hinzudenken,

(35) in welchem Land ich auch immer reise. Den Trost muß sie mir lassen.
Will sie das gar gnädig aufnehmen, so wird mich das immer freuen, denn ich war und bin
(40) ihr mehr als alle anderen Männer ergeben.

Reinmar der Alte
(fl. c. 1180-1210)

To his contemporaries Reinmar der Alte, or Reinmar von Hagenau, was the greatest of the «Minnesänger». There are no records of his life; however, it can be assumed that he died between 1207 and 1210, based on references in Walther von der Vogelweide's necrologue "Owê daz wîsheit unde jugent," and in *Tristan* where Gottfried von Straßburg refers to him in the past as 'nightingale with the sweetness of Orpheus' (ll. 4779-4794). As the official court poet, it was Reinmar, the Alsatian, who was chiefly responsible for the introduction of Romance lyric poetry at the Babenberg court in Vienna.

Much of the superiority ascribed to him seems to have rested on his melodies, but he was also much admired for his skill in exploring the recognized themes of «Minnesang», particularly the tension between the desire for and the fear of fulfillment. Indeed, his treatment of these very limited subjects was so detailed and copious that it left little for his successors to do. They could either imitate from afar, or break new ground as Walther von der Vogelweide did, whose poem on the occasion of Reinmar's death bespeaks both the respect and the rivalry between the two poets. His poetry is rich in subtle reflection on his feelings, paired with a sense for moderation and nuance and accompanied by the acceptance of unrequited love or "hopeless, yet patient love," as Sayce calls it in *The Medieval German Lyric*. Unfortunately, the various manuscripts do not always clearly differentiate the poems of Reinmar from those of Walther von der Vogelweide and Hartmann von Aue, and some few are even attributed to Dietmar von Eist and the earlier Suabian poet Heinrich von Rugge.

(I) This excerpt is the fifth strophe of a poem entitled "Lieber bote, nu wirp alsô," a «Botenlied» in which Reinmar juxtaposes life and death in an effort to describe what Heinrich von Morungen refers to as the nearly oxymoric paradox of love:

Was er begehrt, das ist der Tod und richtet viele Leute zugrunde; blaß und manchmal rot macht es die Frauen. Minne nennen es die Männer
(5) und sollte besser Unminne heißen. Weh ihm, der zuallererst damit begann.

II 1   Swaz ich nu niuwer mære sage,   II 1
       des endárf mich nieman vrâgen: ich enbin niht vrô.
       die vriunt verdriuzet mîner klage.
       des man ze vil gehœret, dem ist allem sô.
   5   Nu hân ich es beidiu schaden unde spot.   5
       waz mir doch leides unverdienet, daz bedenke got,
       und âne schult geschiht!
       ich engelige herzeliebe bî,
       sôn hât an mîner vröude nieman niht.

2 10 Die hôchgemuoten zîhent mich,   2
       ich minne niht sô sêre, als ich gebâre, ein wîp.
       si liegent unde unêrent sich:
       si was mir ie gelîcher mâze sô der lîp.
       nie getrôste sî dar under mir den muot.
  15   der ungenâden muoz ich, und des si mir noch tuot,   15
       erbeiten, als ich mac.
       mìr ist eteswenne wol gewesen:
       gewínne aber ích nu niemer guoten tac?

3   Sô wol dir, wîp, wie rein ein nam!   3
  20   wie sanfte er doch z'erkennen und ze nennen ist!   20
       ez wart nie niht sô lobesam,
       swâ dûz an rehte güete kêrest, sô du bist.
       Dîn lop mit rede níemàn volenden kan.
       swes dû mit triuwen pfligest wol, der ist ein sælic man
  25   und mac vil gerne leben.   25
       du gîst al der werlde hôhen muot:
       maht ouch mir ein wênic vröide geben?

4   Zwei dinc hân ich mir vür geleit,   4
       diu strîtent mit gedanken in dem herzen mîn:
  30   ob ich ir hôhen wirdekeit   30
       mit mînen willen wolte lâzen minre sîn,
       oder ób ich daz welle, daz si grœzer sî
       und sî vil sælic wîp bestê mîn und áller manne vrî.
       siu tuont mir beidiu wê:
  35   ích wírde ir lasters niemer vrô;   35
       vergêt siu mich, daz klage ich iemer mê.

5   Ob ich nu tuon und hân getân,   5
       daz ich von rehte in ir hulden solte sîn,
       und sî vor aller werlde hân,

(II) Reinmar defends his integrity in this poem, reprimanding those who have expressed annoyance at his lamenting by doubting the sincerity of his feelings, and lecturing them on the art of singing of unrewarded love. In his necrologue upon Reinmar's death Walther von der Vogelweide refers to the famous praise of womanhood as a symbol of ideal beauty in the first line of the third strophe of this poem.

(1) Was ich jetzt Neues zu berichten habe, das darf mich niemand fragen: ich bin nicht fröhlich. Den Freunden ist meine Klage lästig. Wovon man zu oft hört, damit ist es immer so.

(5) Jetzt habe ich zum Schaden obendrein den Spott. Möge Gott erkennen, wieviel Leid mir doch unverdient und ohne meine Schuld widerfährt. Wenn ich nicht bei der Herzensfreundin liegen kann, so wird niemand von mir irgend Freude haben.

(2) (10) Die Frohgestimmten beschuldigen mich, daß ich diese Frau nicht so schmerzlich liebe, wie ich klage. Sie lügen und entehren sich: sie bedeutete mir immer so viel wie mein Leben. Dabei hat sie nie die Seele mir erheitert.

(15) Diese Verweigerung und was immer sie mir noch antut, muß ich ertragen, so gut ich kann. Mir ist früher machmal wohl gewesen. Darf ich nun auf keinen guten Tag mehr hoffen?

(3) Wohl dir, Frau, welch makelloses Wort!
(20) Wie mühelos es zu erfassen und zu nennen ist! Es gibt nichts, was mehr zu rühmen wäre als du, wenn du es aufs wahre Gutsein anlegst. Deinen Ruhm kann niemand ganz in Worte fassen. Wohl ihm, dem du dich aufrichtig zuwendest, der ist ein glücklicher Mensch

(25) und kann mit Freuden leben. Du schenkst allen freudige Stimmung. Warum kannst du nicht auch mir ein wenig Freude schenken?

(4) Zwei Möglichkeiten habe ich mir überlegt, die sich mit Gedanken in meinem Herzen bekämpfen:

(30) ob ich ihre hohe Vollkommenheit freiwillig herabmindern wollte oder ob ich will, daß sie noch größer sei und sie—die gesegnete Frau—weder von mir noch von einem anderen Mann beansprucht werde. Beides bringt mir Leid.
(35) Ich werde ihrer Unehre niemals froh; und wenn sie mich meidet, klage ich immerzu.

(5) Wenn ich nun so handele und gehandelt habe, daß ich mit Recht in ihrer Gunst stehen sollte, und sie höher halte als alles in der Welt

40 waz mac ich des, vergizzet sî darunder mîn?   40
    Swer nu giht, daz ich ze spotte künne klagen,
    der lâze im béidè mîn rede singen unde sagen
    <. . . . .>
    unde merke, wâ ich ie spræche ein wort,
    ezn lige ê i'z gespreche, herzen bî.

III 1 Ich wirbe umbe allez, daz ein man   III
       ze wéltlîchen vröiden iemer haben sol.
       daz ist ein wîp, der ich enkan
       nâch ir vil grôze werde niht gesprechen wol.
   5   Lobe ich si, sô man ander vrouwen tuot,   5
       daz engenímet si niemer tac von mir vür guot.
       doch swer ich des, si ist an der stat,
       dâs ûz wîplîchen tugenden nie vuoz getrat.
       daz ist in mat.

2 1 0 Alse eteswenne mir der lîp   2 10
       durch sîne bœse unstæte râtet, daz ich var
       und mir gevriunde ein ander wîp,
       sô wil iedoch daz herze níender wan dar.
       Wol íme des, dáz ez rehte welen kan
  15   und mir der süezen árbèite gan!   15
       doch hân ich mir ein liep erkorn,
       deme ích ze dienst—und wære ez al der welte zorn—
       wil sîn geborn.

  3   Unde ist, daz mirs mîn sælde gan,   3
  20   daz ich ábe ir wol rédendem múnde ein küssen mac versteln,
       gît got, daz ich ez bringe dan,
       sô wil ich ez tougenlîchen tragen und iemer heln.
       Und ist, daz sîz für grôze swære hât
       und vêhet mich durch mîne missetât,
  25   waz tuon ich danne, unsælic man?   25
       dâ nim eht ichz und trage ez hin wider, dâ ichz dâ nan,
       als ich wol kan.

  4   Si ist mir liep, und dunket mich,   4
       wie ich ir volleclîche gar unmære sî.
  30   waz darumbe? daz lîde ich: 30
       ich was ir ie mit stæteclîchen triuwen bî.
       Nu waz, ob lîhte ein wunder an mir geschiht,

(40) was kann ich dafür, wenn sie mich dabei vergißt? Wer nun behauptet, daß ich nur zum Spaße klage, dem sei meine Verteidigung gesungen und gesagt <...> und er beachte wohl, wenn ich je ein Wort gesprochen habe, das nicht, bevor ich es sprach, an meinem Herzen lag.

(III) The following poem is interesting for its use of chess terminology in l. 9 and Walther von der Vogelweide's poem "Ein man verbiutet âne pflicht," which clearly parodies it. However, the most important idea is contained in ll. 16ff.: Reinmar was born to love and serve this particular lady!

(**1**) Ich werbe um alles, das ein Mann zu seinem irdischen Glück je benötigt. Das ist eine Frau, von der ich gar nicht ihrer Vornehmheit ensprechend reden kann.
(5) Wenn ich sie preise, wie man es mit anderen Damen tut, dann hält sie das für von mir nicht gut genug. Doch beschwöre ich, nie hat sie auch nur mit einem Fuß den Pfad weiblicher Tugend verlassen. Das setzt alle anderen matt.

(**2**) (10) Wenn ich mich manchmal in meiner nichtswürdigen Unbeständigkeit entschließe, wegzugehen und mich mit einer anderen Frau anzufreunden, dann will doch mein Herz nirgendwo als zu ihr. Gut, daß es so vollkommen wählen kann
(15) und mir so süße Schmerzen zufügt. Darum habe ich mir eine Geliebte ausgesucht, der zu dienen—auch wenn es die ganze Welt ärgert—ich geboren bin.

(**3**) Und wenn mir mein Glück vergönnt,
(20) daß ich von ihrem Munde einen Kuß stehlen kann, so gebe Gott, daß ich ihn dann behalte. Dann will ich ihn heimlich bei mir tragen und immer verbergen. Wenn sie das aber als tiefe Kränkung empfindet und sie mich meiner Missetat wegen haßt,
(25) was tue ich dann, ich Unglücklicher? Dann nehme ich den Kuß und lege ihn dorthin zurück, woher ich ihn stahl, wie ich es wohl vermag.

(**4**) Ich liebe sie, aber ich glaube, ich bin ihr völlig gleichgültig.
(30) Was soll's? Das erdulde ich und will ihr doch treu dienen. Vielleicht geschieht ein Wunder mit mir,

daz sî mich eteswenne gerne siht?
sâ denne lâze ich âne haz,
35 swer giht daz ime an vröiden sî gelungen baz: 35
der habe im daz.

5 Diu jâr diu ich noch ze lebenne hân,   5
swie vil der wære, ir wurde ir niemer tac genomen.
sô gar bin ich ir undertân,
40 daz ich niht sanfte ûz ir gnâden mohte komen.   40
ich vröiwe mich des, daz ich ir dienen sol.
si gelônet mir mit lîhten dingen wol,
geloube eht mir, swénne ich ir ságe
die nôt, die ich <....> an dem herzen trage
dicke án dem tage.

und sie sieht mich eines Tages doch noch gerne. Dann lasse ich es auch gerne geschehen,
(35) wenn jemand behauptet, er habe schönere Freuden genossen. Soll er doch!

(5) Wie lange ich auch noch zu leben habe, wieviele Jahre es sein mögen—kein einziger Tag soll ihr genommen sein. So sehr habe ich mich ihr unterworfen,
(40) daß ich ihre Huld unter keinen Umständen verlieren möchte. Ich freue mich, daß ich ihr dienen darf. Sie belohnt mich mit kleinen Gunsterweisungen.
Sie möge mir glauben, wenn ich ihr erzähle von der Qual, die mein Herz ihretwegen bedrängt den ganzen Tag.

Heinrich von Morungen

I 1 Leitlîche blícke unde grôzlîche riuwe   I
   hânt mir daz herze und den lîp nâch verlorn.
   mîn alte nôt die klagte ich vür niuwe,
   wan daz ich vürhte der schimpfere zorn.
   Sínge aber ich dur die, díu mich vröwet hie bevorn,
  5 sô velsche dur got nieman mîne triuwe,   5
   wan ich durch sanc bin ze der welte geborn.

  2 Manger der sprichet: "nu sehent, wie der singet!   2
   wære ime iht leit, er tæte anders danne sô."
 10 der mac niht wizzen, waz mich leides twinget: 10
   nu tuon aber ich rehte, als ich tet aldô.
   Dô ich in leide stuont, dô huop sî mich gar unhô.
   diz ist ein nôt, diu mich sanges betwinget.
   sorge ist unwert, dâ die liute sint frô.

3 15 Diu mînes herzen ein wunne und ein krôn ist   3 15
   vor allen vrowen die ich noch hân gesehen,
   schœne unde schœne, diu liebe aller schônist,
   ist sî, mîn vrowe: des hœre ich ir jehen.
   Al diu welte si sol durch ir schœne gerne sehen.
 20 "noch wære zît, daz du mir, vrowe, lônist: 20
   ich kan mit lobe anders tôrheit verjehen."

  4 Stên ich vor ir unde schouwe daz wunder,   4
   daz got mit schœne an ir lîp hât getân,
   sô ist des sô vil, daz ich sihe dâ besunder,
 25 daz ich vil gerne wolt iemer dâ stân.   25
   ôwê, sô muoz ich vil trûric scheiden dan,
   sô kumt ein wolken sô trüebez dar under,
   daz ich des schînen von ir niht enhân.

Heinrich von Morungen
(†1222)

Like Friedrich von Hausen, Heinrich von Morungen, a native of Thuringia, is also attested to in contemporary documents. He served as a «Ministeriale», that is, as a member of the lower service nobility at the court of Margrave Dietrich of Meissen—for a while also the patron of Walther von der Vogelweide—whom he had probably also accompanied to the Holy Land in 1197. He was given a veteran's pension in the form of property by Dietrich, the proceeds of which he willed in a charter to the monastery of St. Thomas in Leipzig. He died in 1222.

Heinrich von Morungen's work is remarkable for its brilliant blend of imagery and formal beauty, its spirit of independence, and its ability to handle the conventional themes of «Minnesang» according to the rules, yet with complete individuality. Although his themes parallel those of Reinmar, including self-denial, unrequited love, complaint, and entreaty, Morungen is clearly distinguished from Reinmar in that he expands on the fateful juxtaposition of love and death and incorporates nature and the senses in his poetry. Again, the manuscript tradition shows some overlaping with Reinmar and Dietmar von Eist.

(I) This poem reveals brilliant treatment of a conventional theme: the pain of love. Notice the lover's tension—created by his desire to keep his feelings to himself for fear of ridicule. He longs for recognition by the lady, but knows that it is unattainable. He realizes it would be foolish to continue to love her, yet he cannot help it—she is so very beautiful. This and poem III are verse translations by Carl von Kraus:

(1) Blicke, die Leid schaffen, mächtiger Kummer / haben mir Seel und den Leib fast zerstört. / Die alte Not, die klagt' ich aufs neue, / müßt ich nicht fürchten der Spottenden Hohn.
(5) Doch sing ich für die, die mich einstens machte froh, / bei Gott soll kein Mensch für falsch mich drum halten / denn für Gesang hab das Licht ich erblickt.

(2) Mancher der spricht wohl: "ei, seht, wie der singet! / Hätt er ein Leid, er tät anders als so."
(10) Der kann nicht wissen, was mich treibt zu leiden: / jetzt mache ich's wieder genau so wie einst. / Als ich mich dem Leid hingab, da war ich ihr nichts. / Dies ist die Not, die mich zwingt da zu singen: / Sorge gilt wenig, wo Menschen sind froh .

(3)(15)Sie, meiner Seele Wonne, die Krone / aller der Fraun die ich jemals erblickt, / schön und noch schöner, an Schönheit die Schönste / ist sie, die Herrin: das muß ich gestehen. / All die Welt soll sie, die so schön ist, dringend sehn:
(20) "Noch wäre es Zeit, daß du, Herrin, mir lohntest: / Tor wär ich sonst dir zu widmen solch Lob."

(4) Steh ich vor ihr und betrachte der Schönheit / Wunder, das an ihr von Gott ist vollbracht,— / so viele Züge gibt's da zu beschauen,
(25) daß ich gar gerne wollt ewig da stehn. / Wehe, so muß ich gar betrübt von dannen gehn: / da kommen Wolken, so dunkle, dazwischen / daß ich bin all ihres Glanzes beraubt.

II 1 In sô hôher swebender wunne   II
      sô gestuont mîn herze ane vröiden nie.
      ich var, als ich vliegen kunne,
      mit gedanken iemer umbe sie,
    5 sît daz mich ir trôst enpfie,   5
      der mir durch die sêle mîn
      mitten in daz herze gie.

   2 Swaz ich wunneclîches schouwe,   2
      daz spile gegen der wunne, die ich hân.
   10 luft und erde, walt und ouwe,   10
      suln die zît der vröide mîn enpfân.
      mir ist komen ein hügender wân
      unde ein wunneclîcher trôst,
      des mîn muot sol hôhe stân.

3 15 Wol dem wunneclîchen mære,   3 15
      daz sô suoze durch mîn ôre erklanc,
      und der sanfte tuonder swære,
      diu mit vröiden in mîn herze sanc,
      dâ von mir ein wunne entspranc,
   20 diu vor liebe alsam ein tou   20
      mir ûz von den ougen dranc.

   4 Sælic sî diu süeze stunde,   4
      sælic sî diu zît, der werde tac,
      dô daz wort gie von ir munde,
   25 daz dem herzen mîn sô nâhen lac,   25
      daz mîn lîp von vröide erschrac,
      unde enweiz von liebe joch,
      waz ich von ir sprechen mac.

III   Vil süeziu senftiu tôterinne,   III
      war umbe welt ir tôten mir den lîp,
      und i'uch sô herzeclîchen minne,
      zewâre, frouwe, gar für elliu wîp?
    5 wênet ir <...> ob ir mich tôtet,   5
      daz ich iuch danne niemer mê beschouwe?
      nein, iuwer minne hât mich des ernôtet
      daz iuwer sêle ist mîner sêle frouwe.
      sol mir hie niht guot geschên
   10 von iuwerm werden lîbe,   10
      sô muoz mîn sêle iu de verjên
      dazs iuwerr sêle dienet dort   als einem reinen wîbe.

(II) The following poem illustrates how Heinrich von Morungen incorporates nature and the senses in his poetry.

(1) Noch nie hat mein Herz einen solchen Überschwang wonnevollen Glücks erlebt.
(5) Seit mich ihr Trost erreicht hat, der mir durch meine Seele mitten ins Herz gedrungen ist, kreise ich in Gedanken immerzu um sie, als könnte ich fliegen.

(2) Alles, was ich an Herrlichem erblicke, soll im Widerschein des Glücks erstrahlen, das ich empfinde.
(10) Luft und Erde, Wald und Wiese sollen meine Freudenzeit begrüßen. Ich habe zuversichtlichen Glauben und beseligenden Trost gewonnen; deswegen darf ich so überglücklich sein.

(3) (15) Gepriesen sei die beseligende Kunde, die mir so lieblich in den Ohren klang, und die süße Qual,
die mir mit so viel Freude ins Herz drang, wodurch mich ein Glücksgefühl durchströmte,
(20) das mir vor lauter Liebe wie ein Tau aus den Augen floß.

(4) Gepriesen sei die süße Stunde, gepriesen sei die Zeit, der Tag der Tage, an dem das Wort von ihrem Mund kam,
(25) das mir so zu Herzen ging, daß ich vor Glück erbebte und [ich] vor Liebe nicht mehr weiß, was ich über sie sagen soll.

(III) One of the principal conventions of «Minnesang» is that of the cruel lady whom the poet nevertheless cannot put out of his mind or cease to love. In this poem, Heinrich on Morungen plays with this convention in a series of paradoxes and oxymora—for instance 'gentle murderess'—, of which the first line is a good example, and threatens even to haunt his lady in the next life if she rejects him in this one, transferring the feudal conception of subjection and service to the next world (Sayce, *Poets of the Minnesang*).

Ihr Mörderin, ihr süße, sanfte, / warum nur wollt ihr töten mir den Leib, / wo ich von Herzen euch doch liebe, / fürwahr, o Herrin, über alle Fraun?
(5) Wähnet ihr <...>, wenn ihr mich tötet, / daß ich euch nimmer werde dann erschaun? / Nein, dazu hat die Liebe mich gezwungen, / daß eure Seel ist Herrin meiner Seele. / Soll mir hier nicht werden Heil
(10) von eurem hehren Leibe, / muß meine Seel euch doch gestehn, / daß Eurer Seele dort sie dient als einer reinen Frauen.

IV 1 Owê,—   IV
    sol aber mir iemer mê
    geliuhten dur die naht
    noch wîzer danne ein snê
5 ir lîp vil wol geslaht?   5
    Der trouc diu ougen mîn:
    ich wânde, ez solde sîn
    des liehten mânen schîn.
       Dô tagte ez.

2 10 "Owê,—   2 10
    sol aber er iemer mê
    den morgen hie betagen?
    als uns diu naht engê,
    daz wir niht durfen klagen:
15 'Owê, nu ist ez tac',   15
    als er mit klage pflac,
    do er júngest bî mir lac.
       Dô tagte ez."

3 Owê,—   3
20 si kuste âne zal   20
    in dem slâfe mich.
    dô vielen hin ze tal
    ir trehene nider sich,
    iedoch getrôste ich sî,
25 daz sî ir weinen lie   25
    und mich al umbevie.
       Dô tagte ez.

4 "Owê,—   4
    daz er sô dicke sich
30 bî mir ersehen hât!   30
    als er endahte mich,
    sô wolt er sunder wât
    mîn arme schouwen blôz.
    ez was ein wunder grôz
35 daz in des nie verdrôz.   35
       Dô tagte ez."

(IV) «Tagelieder» are rare in «Minnesang». And even this one is not of the ordinary kind. What makes this poem so remarkable are both the charming tension between secrecy and discovery expressed by the staccato-like reminders of the approaching day at the end of each strophe, and the clearly innovative and perhaps slightly ironic inclusion of the lover's anatomy. The dialog structure of the poem is also somewhat reminiscient of a «Wechsel».

(1) "Oh weh,
wird mir je wieder ihr herrlicher Körper—noch weißer als der Schnee— durch die Nacht entgegenschimmern?
(6) Der täuschte meine Augen; ich dachte, es sei der Schein des hellen Mondes.
        Da wurde es Tag."

(2)(10) "O weh,
wird er je wieder
(10) den Morgen hier in den Tag übergehen lassen können? Die Nacht soll uns so vergehen, daß wir nicht zu klagen brauchen:
(15) 'O weh, nun ist es Tag', wie er klagte, als er neulich bei mir schlief.
        Da wurde es Tag."

(3) "O weh,
(20) sie küßte mich unzählige Male, als ich schlief. Da tropften ihre Tränen herab. Ich tröstete sie jedoch,
(25) so daß sie aufhörte zu weinen und mich in die Arme nahm.
        Da wurde es Tag."

(4)"O weh,
daß er sich so oft
(30) an mir festgesehen hat! Als er mir die Decke wegnahm,wollte er meine bloßen Arme hüllenlos sehen. Es war wirklich ein Wunder,
(35) daß er dessen nie müde wurde.
        Da wurde es Tag."

Hartmann von Aue

I 1 Dem kriuze zimet wol reiner muot   I
  und kiusche site,
  sô mac man sælde und allez guot
  erwerben dâ mite.
  5 ouch ist ez niht ein kleiner haft   5
  dem tumben man,
  der sînem lîbe meisterschaft
  niht halten kan.
  Ez wil niht, daz man sî
  10 der werke dar under vrî.   10
  waz touget ez ûf der wât,
  der sîn an dem hérzen niene hât?

  2 Nu zinsent, ritter, iuwer leben   2
  und ouch den muot
  15 durch in, der iu dâ hât gegeben   15
  beidiu lîp und guot.
  swes schilt ie was zer welte bereit
  ûf hôhen prîs,
  ob er den gote nû verseit,
  20 der ist niht wîs.   20
  Wan swem daz ist beschert,
  daz er dâ wol gevert,
  daz giltet beidiu teil,
  der welte lop, der sêle heil.

  3 25 Diu werlt lachet mich triegende an   3
  und winket mir.
  nu hân ich als ein tumber man
  gevolget ir.
  der hacchen hân ich manigen tac
  30 geloufen nâch,   30
  dâ niemen stæte vinden mac
  dar was mir gâch.
  Nu hilf mir, herre Krist,
  der mîn dâ vârende ist,
  35 daz ich mich dem entsage   35
  mit dînem zeichen, daz ich hie trage.

Hartmann von Aue
(fl. c. 1170-1215)

Hartmann von Aue is better known as an epic poet. Thus, his lyric achievements are often overlooked in favor of his narrative works and the so-called «Büchlein» or «Klage»—which is what it is called in the prologue—, chronologically Hartmann's oldest work (c. 1180). It represents a «Streitgespräch» or debate between the poet's "herze," in its capacity as the repository of all the senses, and his "lîp," his body, concerning matters of love and which of the two is responsible for the spell of love. Attempts have been made to arrange his lyrical poems in chronological order, but these have largely remained futile (with the exception of the crusading songs whose lateness is unanimously accepted). Many formal features, such as the four-line «Abgesang», point to a definite Romance influence (Reusner)

(I) The following «Kreuzzugslied» was Hartmann von Aue's first. It reveals his conviction that knighthood's foremost task is to provide an answer to the call of "got unde der werlde gevallen" ('to please both God and the world'). Hartmann personifies the world as a deceitful temptress who beckons him to follow her. It may be interesting to speculate on the range of meaning hidden behind the word "hacchen" (3:5) (translated here as «Vettel»). It variously means 'whore,' 'witch,' 'demon,' 'hook,' and 'heel,' the latter perhaps suggesting the poet's chase. Personifications of this kind are fairly common throughout the Middle Ages, although not the kind of personal confession which culminates in Hartmann's rejection of Lady World's advances. In the fourth stanza Hartmann reiterates the grief over the death of his lord, which subsequently prompted him to take up the cross in the fervent hope that any blessings deriving from such a commitment might also benefit the soul of his departed master. The "Christi Blumen" of which Hartmann speaks in 5:2 probably just refer to the cross which he had affixed to his clothes.

(1) Nur ein reiner Sinn und ein Verhalten frei von Begehrlichkeit und Habsucht / paßt zum Zeichen der Kreuzfahrt; / dann aber kann man alles Glück und Gut [auf Erden wie im Himmel] / mit seiner Hilfe erlangen.
(5) Auch kräftigt es den Geist / dessen nicht wenig, / der seinen [schwachen] Leib / nicht beherrschen kann. / Es läßt nicht zu, daß man sich
(10) um die Erfüllung des göttlichen Gebotes drückt. / Was hat einer davon, es nur auf dem Rock zu tragen, / wenn es nicht sein Herz ausfüllt?

(2) Nun zahlt, Ritter, als Zins euer Leben / und euren Geist
(15) für ihn, der euch Leben und Reichtum / gegeben hat. / Wer stets für Erfolg und Ruhm in der Welt / zu kämpfen bereit war, / aber jetzt für Gott nicht kämpfen will,
(20) der weiß nicht, was er tut. / Denn wenn ihm vergönnt ist, / gesund zurückzukehren, / bringt ihm das doppelten Gewinn: / Ehre unter den Menschen und das ewige Leben im Himmel.

(3) (25) Voll Trug lacht die Welt mich an / und winkt mir zu. / Und in meiner Torheit ließ ich / mich von ihr verführen. Lange bin ich der Vettel
(30) nachgelaufen. / Dorthin trieb es mich, / wo zuletzt jeder verraten ist. / Mein Herr, Christus, hilf mir,
(35) mit deinem Zeichen, das ich hier trage, / mich von dem, der mich / verderben will, frei zu machen.

   4 Sît mich der tôt beroubet hât   **4**
     des herren mîn,
     swie nû diu werlt nâch im gestât,
40 daz lâze ich sîn.   40
     der vröide mîn den besten teil
     hât er dâ hin,
     schüefe ich nû der sêle heil,
     daz wær ein sin.
45 Mac ich íme ze helfe komen,   45
     mîn vart, die ich hân genomen,
     ich wíl ime ir hálber jehen.
     vor gote müeze ich in gesehen.

   5 Mîn vröide wart nie sorgelôs   **5**
50 unz an die tage,   50
     daz ich mir Kristes bluomen kôs,
     die ich hie trage.
     die kündent eine sumerzît,
     diu alsô gar
55 in süezer ougenweide lît.   55
     got helfe uns dar
     hin in den zehenden kôr,
     dar ûz ein hellemôr
     sîn valsch verstôzen hât
60 und noch den guoten offen stât.   60

   6 Mich hât diu welt alsô gewent,   **6**
     daz mir der muot
     sich zeiner mâze nâch ir sent
     —dêst mir nu guot,
65 got hât vil wol ze mir getân,   65
     als ez nu stât,
     daz ich der sorgen bin erlân—,
     diu menigen hât
     Gebunden an den vuoz,
70 daz er belîben muoz,   70
     swanne ich in Kristes schar
     mit vröiden wunneclîche var.

II **1** Ich var mit iuweren hulden, herren unde mâge. **II**
     liut unde lant die müezen sælic sîn!
     ez ist unnôt, daz ieman mîner verte vrâge,

(4) Nachdem der Tod mir / meinen Herrn genommen hat, / kümmert mich nicht mehr, / was nun, nach seinem Tod, in der Welt geschieht.

(41) Mit ihm ist dahingesunken / alle Freude, die mich wirklich berührte. / Wenn ich jetzt mein Seelenheil erwürbe, / täte ich, was (nun noch) vernünftig ist.

(45) Falls ich ihm damit beistehen kann, / soll ihm der halbe Gewinn der Fahrt, / zu der ich mich verpflichtet habe, gehören. / Gott gebe, daß ich ihn vor seinem Antlitz wiedersehe!

(5) Nie konnte ich ganz unbeschwert froh sein

(50) bis zu dem Tag, / an dem ich mir Christi Blumen wählte, / die ich hier trage. / Die zeigen einen Sommer an, / der mit seiner Fülle

(55) süß das Auge erquickt. / Gott leite uns dorthin, / wo den schwarzen Teufel seine Treulosigkeit / aus dem zehnten Chor gestoßen hat, / in den die Rechtschaffenen

(60) wohl noch aufgenommen werden können.

(6) Die Welt ist so mit mir umgegangen, / daß ich nach ihr / kaum noch Verlangen empfinde. / Das ist sehr gut für mich.

(65) So wie es nun steht, / hat Gott freundlich für mich gesorgt, / daß die Rücksicht auf Irdisches, / die viele wie eine Fessel bindet, / so daß sie zurückbleiben müssen,

(70) mich nicht zu kümmern braucht, / wenn ich nun mit dem Kreuzheer / in seliger Heiterkeit aufbreche.

(II) This «Kreuzzugslied» is celebrated by many as one of the highlights of Middle High German lyric poetry (Reusner). Again, Hartmann rejects «Minne», that is, courtly love, in favor of his love for God. At first, we are left in darkness as to what the "Reise" might entail and of what kind of «Minne» Hartmann is speaking. It is not until well into the second strophe, and finally, in the third, that he reveals his intentions: to lecture his fellow poets on the futility ("wân") of the kind of «Minne» they are celebrating in their songs.

(1) Mit eurem freundlichen Einverständnis breche ich auf, ihr Herren und verwandte Freunde. / Dem Land (das ich verlasse) und den Menschen (in ihm) wünsche ich Wohlergehen. / Unnötig ist es, daß jemand nach (dem Sinn) meiner Reise fragt;

ich sage wol vür wâr die reise <mîn>.
5 Mich vienc diu minne und lie mich varn ûf mîne sicherheit.
nu hât si mir enboten bî ir liebe, daz ich var.
ez ist unwendic, ich muoz endelîchen dar.
wie kûme ich bræche mîne triuwe und mînen eit!

2 Sich rüemet maniger, waz er dur die minne tæte.   **2**
10 wâ sint diu werc? die rede hœre ich wol.   10
doch sæhe ich gern, daz sî ir eteslîchen bæte,
daz er ir diente, als ich ir dienen sol.
Ez ist geminnet, der sich durch die minne ellenden muoz.
nu séht, wie sî mich ûz mîner zungen ziuhet über mer.
15 und lebte mîn her Salatîn und al sîn her   15
dien bræhten mich von Vranken niemer einen vuoz

3 Ir minnesinger, iu muoz ofte misselingen,   **3**
daz iu den schaden tuot, daz ist der wân.
ich wil mich rüemen, ich mac wol von minnen singen,
20 sît mich diu minne hât und ich si hân.   20
Daz ich dâ wil, seht, daz wil alse gerne haben mich.
sô müest aber ir verliesen underwîlent wânes vil:
ir ringent umbe liep, daz iuwer niht enwil.
wan müget ir armen minnen solhe minne als ich?

III 1 Maniger grüezet mich alsô   **III**
—der gruoz tuot mich ze mâze vrô—:
"Hartman, gên wir schouwen
ritterlîche vrouwen."
5 mac er mich mit gemache lân   5
und île er zuo den vrowen gân!
bî vrowen triuwe ich niht vervân,
wan daz ich müede vor in stân.

2 Ze vrowen habe ich einen sin: **2**
10 als sî mir sint, als bin ich in;   10
wand ich mac baz vertrîben
die zît mit armen wîben.
swar ich kum, dâ ist ir vil,
dâ vinde ich die, diu mich dâ wil;
15 diu ist ouch mînes herzen spil.   15
waz touc mir ein ze hôhez zil?

denn ich bekenne frei mein Ziel:

(5) Die Liebe hat mich gefangen, nur ließ sie mich (bisher) auf mein Treueversprechen hin meiner Wege gehn. / Nun hat sie mir, wenn ich sie nicht verlieren will, den Aufbruch geboten. / Es gibt kein Zurück, ich muß mich auf den Weg dorthin zu meinem endgültigen Ziel machen. / Unmöglich kann ich Treue und Eid brechen.

(2) Viele rühmen sich dessen,

(10) was sie um der Liebe willen vollbringen. / Die Worte höre ich gut, aber wo sind die Taten? / Dagegen verlangte mich danach zu sehen, daß sie viele von ihnen bitten würde, / ihr so zu dienen, wie es meine Aufgabe ist. / Das ist Liebe, wenn man um der Liebe willen, was man liebt, verlassen muß. / Nun seht, wie sie mich aus der Heimat über das Meer (in die Fremde) fortreißt.

(15) Und mag auch Herr Saladin[1] leben, er und sein ganzes Heer, / die brächten mich aus diesem Land nicht einen Schritt.

(3) Ihr Minnesänger, ihr müßt ja scheitern. / Wenn ihr erfolglos seid, liegt es daran, daß eure Liebe nicht mehr als (bloße) Hoffnung ist. / Ich kann mich dagegen rühmen, von wahrer Liebe zu singen,

(20) da wir, die Liebe und ich, gegenseitig unser sicher sind. / Was ich begehre, seht, das will ebenso begierig mich. / Dagegen muß euch eure Hoffnung immer wieder enttäuschen, / denn ihr jagt einem Partner nach, dem ihr gleichgültig seid. / Warum könnt ihr Armen nicht eine Liebe lieben wie ich?

(III) This critique of unrequited love reflects Hartmann's annoyance at one-sided relationships. What is unusual is the fact that he refers to himself in the poem by name, a rare feature in lyric poetry. It is debatable whether the poem is one of Hartmann's latest love songs, thus spelling out his final verdict of courtly love, or whether it merely represents an early glimpse at Walther von der Vogelweide's concept of «ebene Minne», or mutual love.

(1) Manch einer spricht mich so an—/ was mich gar nicht in Begeisterung versetzt: / "Hartmann, laß uns den ritterlichen Damen / den Hof machen!"

(5) Mag er mich doch in Ruhe lassen / und losrennen zu den Damen! / Bei vornehmen Frauen werde ich, wie ich weiß, nichts anderes zuwege bringen, / als müde vor ihnen zu stehen.

(2) In bezug auf Damen denke ich folgendes:

(10) Wie sie zu mir sind, so bin ich zu ihnen. / Denn ich kann meine Zeit angenehmer / mit einfachen Frauen verbringen. / Von ihnen gibt es viele, wohin ich auch komme. / Da finde ich eine, / der ich nicht nachlaufen muß;

(15) in sie bin ich gerne verliebt. / Was habe ich davon, wenn meine Gedanken zu hoch hinauswollen?

---

[1] Saladin: see the introductory notes preceeding Walther von der Vogelweide's poem "Philippes künec, die nâhe spehenden zîhent dich" (poem III)

3   In mîner tôrheit mir beschach,   **3**
        daz ich zuo zeiner vrowen gesprach:
        "vrowe, ích hân mîne sinne
20   gewant an iuwer minne."   20
        dô wart ich twerhes an gesehen.
        des wil ich, des sî iu bejehen,
        mir wîp in solher mâze spehen,
        diu mir des niht enlânt beschehen.

(3) Aus Dummheit / sagte ich einmal zu einer Dame: / "Herrin, ich / habe beschlossen,
(20) Euch zu lieben." Da hat sie mich schief angesehen. / Daher will ich, sei euch gesagt, /
mir solche Frauen aussuchen, bei denen mir so etwas nicht passieren kann.

[handwritten margin notes: politics → love; prestige / property / God's salvation; — erosion of empire]

Walther von der Vogelweide
(c.1170-c.1230)

Walther is undoubtedly the greatest of the lyric poets of the Middle High German period and has a good claim to be considered the greatest lyric poet of the Middle Ages. His claim rests not so much on his supremacy in any one lyric type—Heinrich von Morungen and Reinmar der Alte are both better poets of true «Minnesang»—but on his great range, profound humanity, and mastery of love poetry, political poetry, and religious verse. His deep concern about reflecting questions, which troubled not only the Germans of the Hohenstaufen period but which are the universal concern of thinking men at all times, gives him a timelessness rare in medieval poets. His love poetry moves into a freer treatment of spontaneous love between two human beings, instead of being merely a study of the inner conflicts arising from courtly love service. Love for Walther is, in his best poems, natural in the sense that it is part of nature's plan. Moreover, Walther also found it possible to treat the phenomenon of love with irony and humor. He was deeply involved in the politics of his time, and it would be sentimental to say that his support of one or other candidate for the imperial throne was always based on his sense of what was best for Germany, or that personal considerations in these matters were unimportant; there is direct evidence to the contrary in his poetry. Yet Walther had strong feelings about the role of a secular and, in particular, an imperial government in the world order which, according to medieval political thinking, was the ideal that all rulers must seek. His call for strong government and for the exclusion of papal influence from German affairs is based on a real concern for the welfare of the German state. He knew that outside interference could lead only to disunity among the German princes and the collapse of orderly government. How correct this judgment was, can be appreciated if one reads the history of Germany in the thirteenth century.

Although he attacked papal interference in secular affairs, Walther was far from being an irreligious man. Throughout his work he reveals his belief in the overriding importance of God's mercy and in the necessity of living one's life on earth in accordance with Christian concepts. His last poems are deeply concerned about the need for a new crusade, not only to defeat the 'infidels' but primarily to rehabilitate the souls of Christian men.

Walther's birthplace is uncertain. Many towns claim him, but such evidence as there is points to somewhere in Austria. Like Hartmann von Aue he was a «Ministeriale», a member of the service nobility, who had no land and was dependent for his livelihood on the whim of this or that member of the greater nobility. This fact was to cause Walther much anguish, for he made his living by singing, by composing lyric poetry for patrons. For a man of his independent temperament this was a hard lot, and we can sense his anger and frustration and guess at the sudden termination of some of his relationships. He learned his trade at the court of the Babenbergs in Vienna, where his teacher was none other than the great «Minnesänger» Reinmar der Alte of Hagenau in Alsace. A change of regime in 1198 forced him to leave—the new ruler, duke Leopold VI, did not care for poetry—and for many years he served different patrons, among them two very slippery politicians, Hermann von Thüringen and Dietrich von Meißen. Walther spent considerable time at one or the other of their courts and mentions Hermann's court in very uncomplimentary terms (poem **IV**). Their self-seeking political maneuvers certainly must have disgusted him, even as he tried to praise them in his poetry. We know also that in 1203 the poet was in the service of Bishop Wolfger of Passau, for his name appears in a record of the bishop's travel expenses as the recipient of money for the purchase of a fur coat—the only historical record of Walther's life.

Of much more significance than any of these connections were his relations with three imperial candidates: Philip II of Swabia, Otto IV, and Frederick II. Emperor Henry VI died on a crusade on September 28, 1197. Although the German nobles had agreed prior to his departure that they would accept his infant son (born in 1194) Frederick as emperor in the case of his death, the boy's age (he was not quite three) soon forced the regent, Henry's brother Philip, to abandon the pretense of regency and declare himself emperor. He was supported by some of the nobles and crowned with the proper insignia but in Mainz, not Aachen, and by the Archbishop of La Tarentaise in Savoy, who happened to be in Mainz at the time, instead of the Archbishop of Cologne. The September 1198 coronation had been anticipated by a rival claimant to the throne, Otto of Braunschweig, a member of the Welf (Guelph) family, who had the support of his uncle Richard I (the Lion-Hearted) of England and the newly elected pope, the able and ambitious Innocent III. Otto's coronation took place in Aachen and was conducted by the proper ecclesiastic. Thus each candidate had some claim to legitimacy. The struggle between the two lasted until 1208. Walther took service under Philip and wrote some of his best poetry in the form of one-strophe calls to the princes of Germany to rally to the support of Philip, and to Philip urging him to assert his divinely given rights. Walther almost certainly supported Philip because he saw in him the emperor who was independent of foreign, and particularly papal, influences. The struggle was going against Otto when Philip was murdered by Otto of Wittelsbach in 1208. There seems to have been no suspicion of any complicity by Otto IV in the murder. Indeed, he tracked down and punished the assassin.

Otto was elected as Otto IV without opposition. Although crowned emperor by Innocent in Rome, he soon made it clear that imperial policy changed little from that of his predecessor. His expeditions to Italy caused him to attack papal territory and in 1210 he was excommunicated. Many of the German nobles plotted against him, and he had to return north in great haste to prevent the crown from slipping from his grasp.

Walther now supported him eagerly, since he was no longer under papal influence, but his poems show that he had little personal liking for the crude and stingy Otto, and he does not hesitate to compare him unfavorably with his generous predecessor. Meanwhile the pope had thrown his support to Frederick II, seventeen years old and brilliantly talented. Frederick attracted support among the nobles, but the decisive blow was struck in northern France when Philip Augustus completely defeated Otto and his English allies at Bouvines near Lille. Thus in 1214 Frederick became undisputed emperor and remained so for the rest of Walther's life. Although Walther had not been among his supporters, Frederick proved more generous than either Philip or Otto. He presented the poet with a small fief near Würzburg, which restulted in return in one of Walther's most hearfelt poems (poem VIII).

It may be presumed that from 1220, when he received the fief, until about 1230, when he died, the poet lived on this fief. His last years were materially more prosperous, but his later poems reflect a profound concern over the decline in the courtly spirit and the disinclination of his fellow countrymen to serve either God or the emperor. It is easy to attribute such an attitude to the discontent of an old man, but events were to prove that Walther was right. The continued absence of the emperor in Sicily and the lack of central authority did result in a decline in the Hohenstaufen culture which had raised German-speaking lands to a level as high as that in France. It was to be centuries before such a period returned. The last datable reference in Walther's work is to the excommunication of Frederick II by Gregory IX in 1227 for his failure to lead a crusade as he had promised.

Many attempts have been made to produce an accurate chronology of Walther's poetry, but there is no real agreement. His first efforts were certainly love poems in the style of Reinmar der Alte, but he abandoned this style at a relatively early stage in his career, and about the time that he left the Viennese court he engaged in a poetic controversy with his mentor which touches on the very nature of love poetry. His new view of love poetry was echoed in some of Walther's best known works, the so-called «Mädchenlieder», poems addressed to women of a lower social status, not courtly ladies. These probably belong to the midpoint of his career, but they are naturally hard to date exactly. Later in life, Walther returned to the poems of «hohe wîp-Minne», but with an emphasis on the moral aspects rather than the forms of love.

Much easier to date, and in some ways more significant, are the poems Walther wrote about specific political events of his day. They reflect his own views not only of the event in question but also of its importance to the survival of the Germany (in a very broad linguistic sense) that he loved. Such political poetry—«Sprüche»—, written during the Middle Ages, was usually concerned with the activities of a liege lord and was either for or against a specific person. Walther alone sees the wider issues involved in the struggle. His political poems are one-strophe works, but they can be grouped together by the melody («Ton») used, as reflected in the strophic pattern of lines of varying length. Thus a group of poems on Otto IV contains poems written exclusively in the «Ottenton», all of which presumably were sung to the same melody. It is unnecessary to stress how effective this grouping would be in emphasizing the continuity—or in calling attention to changes—of policy.

Coupled with the strophes on specific events are the longer poems on political and moral subjects. These extend throughout Walther's active career, from his three «Reichssprüche» of about 1198 to his elegy "Heimkehr," which clearly belongs to the last years of the poet's life. Their tone changes from the firm but optimistic note of the earlier years to the deep melancholy of his last works, but in all these poems there is a profound sense of the divine order of the world.

Walther displays the linguistic and stylistic ability of a true poet—the ability to write poetry of great profundity and power in language whose apparent simplicity conceals its art. Not only his versification is as highly wrought as that of Reinmar, but he is a master of variety in strophic pattern and hence of melody. His greater attribute as a poet, however, remains his simplicity and his wide humanity.

Walther von der Vogelweide
POLITICAL POETRY

I 1 Ich saz ûf eime steine   **I 1**
und dahte bein mit beine,
dar ûf satzt ich den ellenbogen;
ich hete in mîne hant gesmogen
5 daz kinne und ein mîn wange.   5
dô dâhte ich mir vil ange,
wie man zer welte solte leben.
deheinen rât kond ich gegeben,
wie man driu dinc erwurbe,
10 der keines niht verdurbe.   10
diu zwei sint êre und varnde guot,
daz dicke ein ander schaden tuot.
daz dritte ist gotes hulde,
der zweier übergulde.
15 die wolte ich gerne in einen schrîn: 15
jâ leider desn mac niht gesîn,
daz guot und weltlich êre
und gotes hulde mêre
zesamene in ein herze komen.
20 stîg unde wege sint in benomen;   20
untriuwe ist in der sâze,
gewalt vert ûf der strâze,
fride unde reht sint sêre wunt.
diu driu enhabent geleites niht, diu zwei enwerden ê gesunt.

Walther von der Vogelweide
POLITICAL POETRY

Reichssprüche

(I) This is Walther's most famous political-moral poem. Some critics regard the stanzas as separate entities, based on references to different historical events, such as Henry VI's death in 1197, and Philip's election and eventual excommunication in 1201. The three sections, however, are so closely linked, that one can assume that it is to be read as one. The author portrays himself as contemplating the times which are marked by the dual election of 1198. He then discusses the problem of combining Christian ethics with worldly honor and material goods. The triad he mentions has often been interpreted as the moral trio of values (cf. the introduction to the Classical Period). Walther wishes to show that without protection from a secular authority, the chance of achieving a union is remote.

The second strophe refers to the universal struggle Walther observes in nature—the urge of all living creatures to appoint a strong ruler. This 'natural law' he uses as a basis to call on Philip to assert his rights against the petty kings (l. 47). He is undoubtedly referring to Richard I of England and Philip Augustus of France, who supported the opponents of Philip II, and he emphasizes their lower estate by his reference to their coronets ("cirkel," that is, foreign crowns which, unlike the imperial crown, were made up of circular bands), as compared to the emperor's crown with its "weisen," a large precious stone, the top stone of the brow plate, which was popularly referred to as the stone of wisdom,[1] although it was an unusually large solitaire («Waise»). Thus any prince who stepped back would see the sign of imperial supremacy.

The third strophe refers directly to the struggle with Pope Innocent III (1198-1216) and accuses Rome of using excommunication as a political weapon. Very effective is the introduction of the hermit, representing simple Christian faith, who complains about the pope's conduct.

(1) Ich saß auf einem Stein und hatte ein Bein über das andere geschlagen, den Ellbogen hatte ich darauf gestützt,
(5) Kinn und Wange hatte ich in die Hand gelegt. Da dachte ich gründlich darüber nach, wie man in dieser Welt leben sollte. Ich wußte [mir] keinen Rat zu geben, wie man drei Dinge erlangen könne,
(10) ohne daß eines davon Schaden nähme. Zwei davon sind Ansehen und weltlicher Besitz, die einander oft beeinträchtigen, das dritte ist die Gnade Gottes, unendlich viel wertvoller als die beiden andern.
(15) Diese [drei] besäße ich gern in einer Truhe. Ach leider, das kann nicht sein, daß Besitz und Ansehen in der Welt und dazu die Gnade Gottes zusammen in ein Herz kommen.
(20) Stege und Wege sind ihnen verwehrt, Untreue liegt im Hinterhalt, Gewalt hält die Straßen besetzt, Friede und Recht liegen auf den Tod danieder.[2] Wenn diese beiden nicht gesund werden, so finden jene drei kein sicheres Geleit.

---

[1] The crown itself can still be seen at the Imperial Treasury in the Hofburg in Vienna, although the stone itself was replaced sometime during the fourteenth century. See illustration on p. 321.

[2] A reference to the precarious state of law and order following the collapse of central power after the sudden death of Henry VI. Henry VI was a charismatic leader; when he died anarchy and confusion ensued. The times were so bad that the *Chronica regia Coloniensis* records that people turned into 'rapacious wolves' ("tamquam lupi rapaces").

2 25 Ich hôrte ein wazzer diezen   **2** 25
      und sach die vische fliezen,
      ich sach swaz in der welte was,
      velt, walt, loup, rôr unde gras.
      swaz kriuchet unde fliuget
   30 und bein zer erde biuget,   30
      daz sach ich, unde sage iu daz:
      der keinez lebet âne haz.
      daz wilt und daz gewürme
      die strîtent starke stürme,
   35 sam tuont die vogel under in,   35
      wan daz si habent einen sin:
      si dûhten sich ze nihte,
      si enschüefen starc gerihte.
      si kiesent künege unde reht,
   40 si setztent hêrren unde kneht.   40
      sô wê dir, tiuschiu zunge,
      wie stêt dîn ordenunge!
      daz nû diu mugge ir künec hât,
      und daz dîn êre alsô zergât!
   45 bekêrâ dich, bekêre,   45
      die cirkel sint ze hêre,
      die armen künege dringent dich.
      Philippe setze den weisen ûf, und heiz si treten hinder sich!

3   Ich sach mit mînen ougen   **3**
   50 mann unde wîbe tougen,   50
      daz ich gehôrte und gesach
      swaz iemen tet, swaz iemen sprach.
      ze Rôme hôrte ich liegen
      und zwêne künege triegen.
   55 dâ von huop sich der meiste strît   55
      der ê was oder iemer sît,
      dô sich begunden zweien
      die pfaffen unde leien.
      daz was ein nôt vor aller nôt,
   60 lîp unde sêle lac dâ tôt.   60
      die pfaffen striten sêre,
      doch wart der leien mêre.
      diu swert diu leiten si dernider
      und griffen zuo der stôle wider:
   65 si bienen die si wolten   65
      und niht den si solten.

(2) (25) Ich hörte ein Wasser rauschen und sah die Fische schwimmen, ich sah, was es auf der Welt gab, Feld und Wald, Laub, Schilf und Gras. Was kriecht und fliegt
(30) und auf vier Beinen geht, das sah ich, und [ich] sage euch: Keines von allen lebt ohne Feindseligkeit. Wilde und kriechende Tiere kämpfen gewaltige Kämpfe aus,
(35) ebenso tun es die Vögel untereinander; nur ein vernünftiges Prinzip haben sie [alle]: Sie würden sich verloren geben, hätten sie nicht eine mächtige Rechtsordnung geschaffen. Sie wählen Könige und Gesetz,
(40) sie bestimmen, wer Herr ist und wer Knecht. Weh dir, deutsches Volk, wie steht es um deine Ordnung! Daß die Mücke jetzt ihren König hat und daß dein Ansehen so verfällt!
(45) Bekehre, bekehre dich! Die Kronreifen sind zu mächtig, die kleinen Könige bringen dich in Bedrängnis. Setz Philipp den Waisen auf und weise sie in ihre Schranken!

(3) Ich sah mit meinen Augen
(50) insgeheim den Männern und Frauen zu, da hörte und sah ich, was jedermann tat, was jedermann sprach. Ich hörte, wie man in Rom log, zwei Könige betrog.[3]
(55) Davon entstand der gewaltigste Streit, der je war und je wieder sein wird, als sich Zwietracht unter den Geistlichen und den Laien erhob. Das war eine Not größer als alle Nöte;
(60) Leib und Seele gingen zugrunde. Die Geistlichen kämpfen heftig, doch waren die Laien in der Überzahl. Da legten sie ihre Schwerter nieder und griffen wieder zur Stola.
(65) Sie belegten die mit dem Bann, die sie [bannen] wollten, und nicht den, den sie hätten [bannen] sollen.

[3]The reference is to Frederick II, who had been elected king while still an infant in 1196, and Philip II.

dô stôrte man diu goteshûs.
ich hôrte verre in einer klûs
vil michel ungebære;
70 dâ weinte eine klôsenære,   70
er klagete gote sîniu leit:
    "Owê der bâbest ist ze junc; hilf, hêrre, dîner kristenheit!"

II Diu krône ist elter danne der künec Philippes sî: **II**
dâ muget ir alle schouwen wol ein wunder bî,
wies ime der smit sô ebene habe gemachet.
Sîn keiserlîchez houbet zimt ir alsô wol,
5 daz si ze rehte nieman guoter scheiden sol: 5
ir dewederz dâ daz ander niht enswachet.
Si liuhtent beide ein ander an,
daz edel gesteine wider den jungen süezen man:
die ougenweide sehent die fürsten gerne.
10 swer nû des rîches irre gê,   10
der schouwe wem der weise ob sîme nacke stê:
der stein ist aller fürsten leitesterne.

III Philippes künec, die nâhe spehenden zîhent dich,   **III**
dun sîst niht dankes milte: des bedunket mich
wie dû dâ mite verliesest michels mêre.
Dû möhtest gerner dankes geben tûsent pfunt
5 dan drîzec tûsent âne danc. dir ist niht kunt   5
wie man mit gâbe erwirbet prîs und êre.
Denk an den milten Salatîn:
der jach daß küneges hende dürkel solten sîn,
sô wurden sie erforht und ouch geminnet.
10 gedenke an den von Engellant,   10
wie tiure er wart erlôst von sîner gebenden hant.
ein schade ist guot, der zwêne frumen gewinnet.

Da zerstörte man die Gotteshäuser. Weit weg in einer Klause hörte ich großes Wehklagen; (70) dort weinte ein Klausner, er klagte Gott seinen Kummer: "O weh, der Papst ist zu jung; hilf, Herr deiner Christenheit!"[4]

Der Leitstern für alle Fürsten

(II) This poem, like the next two, is written in a strophic form and its accompanying melody came to be called the «Erster Philippston», since it is always connected with poetry concerned with Philip II. Philip was crowned on September 8, 1199, in Mainz, with the authentic imperial regalia (crown, sceptre, and orb) but by the wrong bishop and in the wrong place (cf. introduction to the Classical Period). Walther therefore stresses how well the crown suits the king and the significance of the «Waise», the precious stone already mentioned above (I: 48).

Die Krone ist älter als der König Philippus; ihr alle könnt darin ein Wunder erblicken, wie passend für ihn der Schmied sie geschaffen hat. Sein kaiserliches Haupt paßt so gut zu ihr, (5) daß kein Wohlmeinender von Rechts wegen sie mehr trennen soll; weder tut sie ihm noch er ihr Abbruch. Sie lachen beide einander an, der Edelstein und der herrliche junge Mann; diese Augenweide sehen die Fürsten gern.
(10) Wer jetzt noch unsicher ist, wer das Reich verkörpert, der sehe den, auf dessen Haupt der Waise ruht! Dieser Stein ist der Leitstern für alle Fürsten.

Saladin und Richard

(III) This poem shows Walther at his worst. He is begging shamelessly and deliberately, comparing Philip with two opponents, Richard I (the Lion-Hearted) of England and Sultan Saladin, a Muslim. Although the latter was reknowned as a noble opponent and generous man (he died in 1193), the comparisons are nevertheless decidedly odious. Richard I had been kept under arrest by Henry VI in 1194 at a fortress near Krems, Austria. Walther was no longer at Philip's court at this time. He intentionally uses the «Erster Philippston» to remind the emperor of his earlier poems in his praise.

Die genauer zusehen, König Philipp, werfen dir vor, deine Freigebigkeit komme nicht von Herzen. Mir scheint, dadurch verlierst du viel mehr als du gewinnst. Besser ist es, du gibst tausend Pfund mit freien Händen
(5) als dreißigtausend widerwillig. Du weißt nicht, wie man durch Schenken zu Ruhm und Ansehen kommt. Denk daran, wie freigebig Saladin war: der sagte, Königshände müßten durchlässig sein, dann würde man sie fürchten und lieben.
(10) Denke an den von England, wie seine schenkenden Hände ihn loskauften mit teurem Geld. Gut ist ein Schaden, der zweifach nützt.

---

[4]Innocent III was 38 when he ascended to the papacy.

IV Der in den ôren siech von ungesühte sî,   **IV**
    daz ist mîn rât, der lâz den hof ze Dürengen frî,
    wan kumet er dar, dêswâr er wirt ertœret.
    Ich hân gedrungen unz ich niht mê dringen mac:
   5 ein schar vert ûz, diu ander in, naht unde tac,   5
    grôz wunder ist daz iemen dâ gehœret.
    Der lantgrâve ist sô gemuot,
    daz er mit stolzen helden sîne habe vertuot,
    der iegeslîcher wol ein kenpfe wære.
 10 mir ist sîn hôhiu fuore kunt: 10
    und gulte ein fuoder guotes wînes tûsent pfunt,
    dâ stüende ouch niemer ritters becher lære.

V Ahî wie kristenlîche nû der bâbest lachet,   **V**
    swenne er sînen Walhen seit: "ich hânz alsô gemachet!"
    daz er dâ seit, des solt er niemer hân gedâht.
    er giht: "ich hân zwên Allamân under eine krône brâht,
   5 daz siz rîche sulen stœren unde wasten.   5
    ie dar under mülin in ir kasten:
    ich hâns an mînen stoc gement, ir guot ist allez mîn.

Der Hof Hermanns von Thüringen

(IV) The poet here shows another side of the patronage system. He had visited the court of Count Hermann of Thüringen at Eisenach in 1202 (or 1204), where too much time and money were given over to riotous living. On the other hand, Hermann was widely known as a fervent and generous supporter of poets, including Veldeke, Herbort, Wolfram, Albrecht von Halberstadt, Heinrich von Morungen, and Walther himself. The «Wartburgkrieg», a poetic contest which is supposed to have taken place at the Wartburg, Hermann's castle, is strictly fiction.

Walther's criticism is tempered but undoubtedly intended to be serious. Wolfram von Eschenbach complains about the same excesses in *Parzival* (**297**:16ff.).

Ohrenkranken rate ich, den Thüringer Hof zu meiden, sie würden dort völlig taub. Ich habe das Gedränge mitgemacht, bis ich nicht mehr konnte.
(5) Das ist ein Kommen und Gehen der Horden Tag und Nacht; ein Wunder daß man überhaupt noch hören kann. So ist der Landgraf nun einmal: mit wackeren Kriegern verschleudert er Hab und Gut; jeden von ihnen könnte man in die Arena stellen
(10) Ich weiß, wie großartig der Landgraf lebt:[5] und kostete eine Fuhre mit gutem Wein tausend Pfund, die Becher der Ritter wären niemals leer.

Der Papst zu Rom

(V) Written in the so-called «Unmutston»—like the following poem as well—this is Walther's most vicious antipapal satire. Unlike the anticlerical satires of the Latin poets, it is directed against the person of the pope and blames him for the misconduct it alleges. At Easter in 1213, collection boxes for financial contributions for a new crusade were placed in the churches. Walther assumes, without any evidence that we know of, that the funds were to be diverted to the personal treasury of the pope. The poem is clearly chauvinistic, attacking the pope because he favored Frederick II and attempted the overthrow of Otto IV, whom Walther was now supporting. The only criterion Walther uses is whether German unity and independence will be helped or hindered by the pope's actions. The poem is thus pure propaganda, intended to persuade the German people not to contribute money to the papal see, even for a good cause. Apparently it was effective, as we know from the remarks of Thomasin von Cerclære ("wan er hât tûsent man betœret / daz sie habent überhœret / gotes und des bâbstes gebot," *Der Welsche Gast*, ll. 11223-11225). In his poem, written in 1215, Thomasin says that many Germans had been misled by Walther's attacks. These attacks are made more deadly by the device of making the pope reveal his wicked plans.

Hei, wie christlich sich jetzt der Papst [ins Fäustchen] lacht, wenn er zu seinen Italienern sagt: "Ich habe das Ding so gedreht!" (Was er da sagt, sollte er nicht einmal gedacht haben.) Er sagt [nämlich]: "Ich habe zwei Deutsche unter eine Krone gebracht,
(5) damit sie das Reich verwirren und verwüsten; währenddessen mülin [6] ihnen ihre Truhen. Ich habe sie an meinen Opferstock getrieben,[7] ihr ganzes Geld gehört mir.

---

[5]There is a certain irony in this allusion since part of Hermann's means certainly stemmed from his habit of changing allegiances. Thus, in 1198 he sided with Philip's opponent Otto IV in return for a sizeable 'retainer fee,' and in 1199 he once again changed sides, this time back to Philip for which he obtained some imperial property.

[6]mülin: grind like mills

[7]The original "gemennet" suggests 'being hitched to the collection box like some draft animal.'

ir tiuschez silber vert in mînen welschen schrîn.
ir pfaffen, ezzet hüener und trinket wîn
10 unde lânt die tiutschen leien magern unde vasten."   10

VI Swelch herze sich bî disen zîten niht verkêret,   VI
      sît daz der bâbest selbe dort den ungelouben mêret,
      dâ wont ein sælic geist und gotes minne bî.
      û seht ir waz der pfaffen werc und waz ir lêre sî.
   5 ê dô was ir lêre bî den werken reine,   5
      nû sint si aber anders sô gemeine,
      daz wirs unrehte würken sehen, unrehte hœren sagen,
      die uns guoter lêre bilde solden tragen.
      des mugen wir tumbe leien wol verzagen:
10 wæn aber mîn guoter klôsenære klage und sêre weine. 10

VII Ich wolt hêrn Otten milte nâch der lenge mezzen,   VII
      dô hât ich mich an der mâze ein teil vergezzen:
      wær er sô milt als lanc, er hete tugende vil besezzen.
      Vil schiere maz ich abe den lîp nâch sîner êre,
   5 dô wart er vil gar ze kurz als ein verschrôten werc,   5
      miltes muotes minre vil dan ein getwerc,
      und ist doch von den jâren daz er niht enwahset mêre.
      Dô ich dem künege brâhte daz mez, wie er ûf schôz!
      sîn junger lîp wart beide michel unde grôz.
10 nû seht waz er noch wahse: erst ieze über in wol risen gnôz.

Ihr deutsches Silber hüpft in meine italienische Truhe. Ihr Geistlichen, eßt Hühner und trinkt Wein
(10) und laßt die Deutschen [...] fasten!"

Rom und das Ketzertum

(VI) Again the hermit, the symbol of pure, unadulterated Christianity (Schaefer) and an arbiter of his times, is called as a witness in the conclusion to a poem that criticizes the papacy in terms of its own contributions toward heresy.

Wenn unser Herz in diesen Zeiten den wahren Glauben nicht verliert, wo doch der Papst in Rom höchstselbst die Ketzerei begünstigt, dann muß ein guter Geist und Gottes Liebe uns zur Seite stehn. Seht doch, was die Pfaffen uns sagen und was sie tun.
(5) Einst waren ihre Worte rein wie ihre Werke; auch heute sind Worte und Werke eins: wir sehen schlechte Taten, hören schlechte Worte—doch sollten ihre Lehre und ihr Leben uns Vorbild sein. Da müssen wir armen Laien verzagen.
(10) Ich glaube, mein lieber Klausner klagt und weint bitterlich wie einst.

Milde und Länge

(VII) This poem, like the next one, is written in the «Friedrichston» which Walther used in poems during the time when he changed his loyalty from Otto IV to Frederick II, who had been king officially since 1212. The exact meaning of the poem has been disputed, but the general sense is clear. Philip II was a short man but long on generosity. Otto IV was a tall man, but his gifts were in inverse proportion to his height. The play on words becomes more significant when one realizes that Frederick II, too, was short but, because of his youth, could of course still grow both in stature and generosity.

Wie freigebig Herr Otto sei, das wollte ich an seiner Körperlänge messen, doch mit diesem Maß hatte ich mich verrechnet: Wäre seine Hand so gebefreudig wie sein Körper lang, er wäre ein Ausbund der Tugend. Schnell maß ich ihn wieder, nun die äußere Länge mit dem Maß des inneren Wertes,
(5) da war er viel zu kurz, wie schlecht geschnittener Stoff, an Großmut kleiner als ein Zwerg—und ist doch in den Jahren, da man nicht mehr wächst. Als ich jedoch dasselbe Maß an den König[8] legte, wie machtvoll wuchs er empor, sein junger Körper wurde hoch und groß.
(10) Denkt nur, wie er noch wachsen mag, dabei überragt er den anderen jetzt schon, riesengleich.

---

[8]Frederick II.

VIII Ich hân mîn lêhen, al die werlt, ich hân mîn lêhen. **VIII**
nû enfürhte ich niht den hornunc an die zêhen
und wil alle bœse hêrren dester minre flêhen.
Der edel künec, der milte künec hât mich berâten,
5 daz ich den sumer luft und in dem winter hitze hân.   5
mîn nâhgebûren dunke ich verre baz getân,
sie sehent mich niht mêr an in butzen wîs als sî wîlent tâten.
Ich bin ze lange arm gewesen ân mînen danc,
ich was sô voller scheltens daz mîn âten stanc:
10 daz hât der künec gemachet reine, und dar zuo mînen sanc.

LOVE POETRY

IX 1 Aller werdekeit ein füegerinne,   **IX 1**
daz sît ir zewâre, frouwe Mâze;
er sælic man, der iuwer lêre hât!
Der endarf sich iuwer niender inne
5 weder ze hove schamen noch an der strâze;   5
dur daz sô suoche ich, frouwe, iuwern rât.
Daz ir mich ebene werben lêret!
wirbe ich nidere, wirbe ich hôhe, ich bin versêret.
ich was vil nâch ze nidere tôt,
10 nû bin ich aber ze hôhe siech: unmâze enlât mich âne nôt.

Das Reichslehen

(VIII) This poem is not only an outburst of joy over the small fiefdom near Würzburg, granted to the poet by Frederick II in 1220, but also an admission that his miseries had caused him to be crude and bitter in his writings and in his relations with others, especially reluctant patrons.

Ich habe mein Lehen, [ich rufe es] der ganzen Welt [zu], ich habe mein Lehen! Nun fürchte ich keinen Februar mehr für meine Zehen, und werde auch die geizigen Herren nicht mehr anbetteln. Der edle König, der gütige König hat mich versorgt,
(5) sodaß ich im Sommer luftige Kühle und im Winter Wärme habe. Meinen Nachbarn komme ich jetzt sehr viel ansehnlicher vor, sie sehen mich nicht mehr an, als wäre ich ein Buhmann,[9] wie sie es früher taten. Ich bin zu lange ohne mein Verschulden arm gewesen, ich war so voll bitterer Worte, daß mein Atem stank.
(10) Das hat der König wiedergutgemacht und mein Singen auch.

LOVE POETRY
Minne: hohe, niedere, ebene

(IX) The following poems are concerned either with the celebration of so-called «hôhe-wîp-Minne», that is, the formal courtship of aristocratic ladies, or «ebene Minne» through poems called «Mädchenlieder». The poem below is rather difficult to interpret. Literary scholars have deduced from it some of the concepts which are central and rather essential to the understanding of Walther's love poetry: «hôhe minne», and «ebene minne», that is, a love that neither gets lost in sublimation or is so demoralizing that it leads to debauchery («nideriu minne»). It is not entirely clear whether Walther had intended the result of the latter to be referred to as «nideriu minne», or whether he merely wanted to suggest that there are relationships which will make the poet stray from accepted forms of formal courtship. It is interesting to note that the frustration expressed in Hartmann von Aue's poem "Maniger grüezet mich alsô," points in the same direction. Also, the attribute "füegerinne," meaning a woman who challenges men to a higher intellectual and ethico-moral consciousness (cf. poems **X**:23f.; **XIII**:20ff.), has led to sundry speculations, sometimes in the form of a deliberate juxtaposition of "füegerinne" and "vâlandinne," the debasing perversion of the former, as expressed by the changes Kriemhild undergoes between parts I and II of the *Nibelungenlied* (cf. strophe 2371, footnote).

(1) Alles, was wertvoll ist, bewirken wahrlich Sie, erhabene Einsicht in das rechte Maß. Glücklich der Mann, der Ihrer Lehre folgt! Der braucht sich Ihrer nirgendwo,
(5) weder am Hof noch draußen im Land, zu schämen. Deshalb bitte ich um Ihren Beistand, Herrin, daß Sie mich werben lehren, wie es sich für mich schickt. Werbe ich zu tief [unter meinem Stand], werbe ich zu hoch [über ihm], ist es mein Schaden.
Ich bin beinahe zugrunde gegangen, weil ich zu tief herunterging,
(10) nun bin ich wiederum krank, weil ich zu hoch gestiegen bin; Maßlosigkeit läßt mich nicht ohne Qual.

---

[9]Buhmann: whipping boy. It is interesting to note that a 'whipping boy' originally meant a boy who was brought up and educated together with a young prince and was required to take the punishment for the misdeeds of the latter.

2   Nideriu minne heizet diu sô swachet   2
    daz der lîp nâch kranker liebe ringet;
    diu minne tuot unlobelîche wê.
    Hôhiu minne reizet unde machet
15 daz der muot nâch hôher wirde ûf swinget;   15
    diu winket mir nû, daz ich mit ir gê.
    Mich wundert wes diu mâze beitet.
    kumet diu herzeliebe, ich bin iedoch verleitet.
    mîn ougen hânt ein wîp ersehen;
20 swie minneclich ir rede sî, mir mac doch schade von ir
                                          [geschehen.

X 1 "Frouwe, vernemt dur got von mir diz mære: X 1
    ich bin ein bote und sol iu sagen,
    Ir sült wenden einem ritter swære,
    der si lange hât getragen.
 5 Daz sol ich iu künden sô: 5
    ob ir in welt fröiden rîchen,
    sicherlîchen
    des wirt manic herze frô.

2   Frouwe, enlât iuch des sô niht verdriezen,   2
10 ir engebt im hôhen muot.   10
    Des mugt ir und alle wol geniezen,
    den ouch fröide sanfte tuot.
    Dâ von wirt sîn bereit,
    ob ir in ze fröiden bringet,
15 daz er singet   15
    iuwer êre und werdekeit.

3   Frouwe, sendet im ein hôhgemüete,   3
    sît an iu sîn fröide stât.
    Er mac wol geniezen iuwer güete,
20 sît diu tugent und êre hât.   20
    Frouwe, gebt im hôhen muot.
    welt ir, sîn trûren ist verkêret,
    daz in lêret
    daz er daz beste gerne tuot."

4 25 "Jâ möhte ich michs an in niht wol gelâzen,   4 25
    daz er wol behüete sich.

(2) Niedrige Liebe heißt die, die so demoralisiert, daß der Sinn nach unstandesgemäßer[10] Liebschaft verlangt; diese Art von Liebe fügt unrühmlichen Schmerz zu. Hohe Liebe stachelt an und bewirkt,
(15) daß sich der Sinn auf ein hohes Ziel richtet; diese winkt mir nun zu, mit ihr zu gehen. Ich frage mich, warum die Einsicht in das rechte Maß [dennnoch] zaudert. Wenn die Herzensneigung erwacht, bin ich doch wieder verführt. Meine Augen haben eine Frau erblickt,
(20) durch die mir, mögen ihre Worte auch noch so liebenswürdig sein, dennoch Unglück erwachsen kann.

Vollkommenheit und Freude

(X) This «Botenlied», a genre in which the knight gives a message to a messenger who in turn delivers the message without necessarily returning with a message from the lady, belongs among the earliest songs of Walther. Notice the ennobling influence the lady has on the aspirations of the knight and on the world surrounding her.

(1) "Herrin, hört bei Gott, was ich Euch künde! Ich bin ein Bote und muß Euch sagen, Ihr sollt einem Ritter seinen Kummer nehmen, den er schon so lange trägt.
(5) Ich soll's mit diesen Worten sagen: Schenktet Ihr ihm reiche Freude, viele andere würden froh durch seine Freude.

(2) Herrin, Ihr sollt es nicht müde werden
(10) und seiner Seele hohe Freude schenken. Das kommt Euch und allen zugute, denen Freude Glück bereitet. Wenn Ihr ihm solche Freude schenkt, so ist sein Herz gestimmt,
(15) Euren Ruhm und Euren Wert zu preisen und zu singen.

(3) Herrin, schenkt ihm ein frohes Herz, denn all seine Freude liegt an Euch. Er verdient es, teilzunehmen an Eurer Vollkommenheit,
(20) die alles Edle umgreift. Herrin, gebt seiner Seele diese hohe Freude. Wenn Ihr nur wollt, dann ist sein Leid zu Ende. So zeigt Ihr ihm den Weg, sich selbst nach dem Vollkommenen zu sehnen."
(4) (25) "Daß er sich von Herzen bewahrt, darauf kann ich nicht fest vertrauen.

---

[10]unstandesgemäß: below one's social rank

Krumbe wege die gênt bî allen strâzen;
dâ vor, got, behüete mich.
Ich wil nâch dem rehten varn,
30 ze leide im der mich anders lêre.   30
swar ich kêre,
dâ müeze mich doch got bewarn."

XI 1 Muget ir schouwen waz dem meien   **XI 1**
wunders ist beschert?
Seht an pfaffen, seht an leien,
wie daz allez vert.
5 Grôz ist sîn gewalt.   5
ine weiz obe er zouber künne;
swar er vert in sîner wünne,
dân ist niemen alt.

2 Uns wil schiere wol gelingen: **2**
10 wir suln sîn gemeit,   10
Tanzen, lachen unde singen
âne dörperheit.
Wê wer wære unfrô?
sît die vogele also schône
15 singent in ir besten dône,   15
tuon wir ouch alsô!

3 Wol dir, meie, wie dû scheidest   **3**
allez âne haz!
Wie dû walt und ouwe kleidest
20 und die heide baz!   20
Diu hât varwe mê.
"du bist kurzer, ich bin langer"—
alsô strîtens ûf dem anger,
bluomen unde klê.

4 25 Rôter munt, wie dû dich swachest!   **4**
lâ dîn lachen sîn.
Scham dich daz dû mich an lachest
nâch dem schaden mîn.
Ist daz wol getân?
30 owê sô verlorner stunde,   30
sol von minneclîchem munde
solch unminne ergân.

Neben allen geraden Straßen laufen krumme Wege, vor ihnen möge mich Gott behüten. Den geraden Weg will ich gehen,
(30) allen zum Trotz, die mir andere Wege weisen. Auf allen Wegen bewahre mich, lieber Gott."

Frühlingswonne

(XI) Although Walther von der Vogelweide rarely uses the so-called «Natureingang», or 'nature opening' in his poetry, which was rather common in medieval Latin and Romance love poetry and was gleaned from the poets of antiquity, he does so here with great effectiveness (Schaefer). The personification of the forces of nature and the ironical treatment of 'love-in-spring' combine to make this the most successful of Walther's spring poems. It probably originated during his years of wandering following his departure from the court in Vienna in 1198. The poet mocks at the convention of the 'cruel lady' by calling upon her to be just a little less unrelenting.

(1) Wollt ihr nicht schauen, wieviel an Herrlichkeiten dem Mai geschenkt ist? Seht nun, wie allen, geistlich oder weltlich, zumute ist!
(5) Gewaltig ist seine Macht. Ich weiß nicht, ob er nicht [sogar] zaubern kann; wo er mit seiner Pracht hinkommt, da fühlt sich niemand alt.

(2) Uns wird es bald herrlich gehen,
(10) wir werden fröhlich sein, tanzen, lachen und singen—aber manierlich! Ach, wer wollte traurig sein, wo doch die Vögelchen so lieblich
(15) ihre schönsten Melodien singen. Laßt es uns ebenso tun!

(3) Lob verdient es, Mai, wie du alles in Frieden schlichtest! Wie schön du die Bäume herausputzt
(20) und noch schöner die Heide! Die ist noch farbiger. "Du bist kleiner, ich bin größer", so streiten auf der Wiese Blumen und Klee.

(4) (25) Roter Mund, warum tust du, was deiner nicht würdig ist! Hör auf zu lachen! Schäm dich, mich anzulachen, wo es mir so übel ergeht! Ist das recht gehandelt?
(30) Weh über so vertane Zeit, wenn durch einen so liebenswürdigen Mund etwas so gar nicht Liebes getan wird!

5 Daz mich, frouwe, an fröiden irret,   5
    daz ist iuwer lîp.
35 An iu einer ez mir wirret,   35
    ungenædic wîp.
    Wâ nemt ir den muot?
    ir sît doch genâden rîche:
    tuot ir mir ungnædeclîche,
40 sô sît ir niht guot.   40

6 Scheidet, frouwe, mich von sorgen,   **6**
    liebet mir die zît!
    Oder ich muoz an fröiden borgen.
    daz ir sælic sît!
45 Muget ir umbe sehen?   45
    sich fröit al diu welt gemeine:
    möhte mir von iu ein kleine
    fröidelîn geschehen!

XII 1 Sô die bluomen ûz dem grase dringent,   **XII 1**
    same si lachen gegen der spilden sunnen
    in einem meien an dem morgen fruo,
    Und diu kleinen vogellîn wol singent
5 in ir besten wîse die si kunnen,   5
    waz wünne mac sich dâ gelîchen zuo?
    Ez ist wol halb ein himelrîche!
    suln wir sprechen waz sich deme gelîche,
    sô sage ich was mir dicke baz
10 in mînen ougen hât getân   10
    und tæte ouch noch, gesæhe ich daz.

2 Swâ ein edeliu schœne frouwe reine,   **2**
    gekleidet unde wol gebunden,
    dur kurzewîle zuo vil liuten gât;
15 Hovelîchen hôhgemuot, niht eine,   15
    umbe sehende ein wênic under stunden,
    alsam der sunne gegen den sternen stât—
    Der meie bringe uns al sîn wunder:
    waz ist dâ sô wünneclîches under
20 als ir vil minneclîcher lîp?   20
    wir lâzen alle bluomen stân
    und kapfen an daz werde wîp.

(5) Sie sind es, gnädige Frau, die mir alle Freude nimmt.
(35) Sie bringen mich ständig aus der Fassung, unerbittliche Frau. Warum sind Sie so? Sie haben doch so viel zu verschenken; wenn Sie gegen mich hartherzig sind,
(40) dann sind Sie nicht gut.

(6) Gnädige Frau, erlösen Sie mich von [meinen] Sorgen, machen Sie, daß ich den Mai genießen kann! Sonst muß ich mir Glück zusammenbetteln. Sie sollen glücklich sein.
(45) Wollen Sie nicht um sich schauen? Alle Welt freut sich. Könnte doch auch mir eine winzig kleine Freude zuteil werden!

Frühling und Frauen

(XII) In this lyric poem Walther shows his ability to make the 'spring-topos' come alive. The woman is seen as part of nature. The mood of the poem and the portrayal of women are similar to that expressed by the «Mädchenlieder» below.

(1) Wenn die Blumen aus dem Grase sprießen, als lachten sie der lachenden Sonne entgegen früh an einem Morgen im Mai, und die kleinen Vögel
(5) ihre schönsten Lieder singen— gibt es ein schöneres Glück? Es ist, als wären wir im Himmel. Doch soll ich sagen, was jener Freude gleicht?
(10) Es hat meine Augen noch mehr beglückt und würde sie immer wieder beglücken, dürfte ich's wiedersehen.

(2) Wenn eine edle Frau, vollendet schön die Seele und die Gestalt, in prächtigen Kleidern und mit schön geschmücktem Haupt in Gesellschaft geht,
(15) um mit andern froh zu sein, festlich elegant, von Gefolge begleitet, manchmal hierhin, manchmal dorthin schauend, und neben Sternen leuchtet wie die Sonne—da mag der Mai uns alle seine Wunder schenken! Ist auch nur eins so herrlich schön
(20) wie ihre Lieblichkeit? Wir lassen alle Blumen und sind versunken im Anblick der edlen Frau.

3 Nû wol dan, welt ir die wârheit schouwen,   3
   gên wir zuo des meien hôhgezîte!
25 der ist mit aller sîner krefte komen.   25
   Seht an in und seht an schœne frouwen,
   wederz dâ daz ander überstrîte:
   daz bezzer spil, ob ich daz hân genomen.
   Owê der mich dâ welen hieze,
30 deich daz eine dur daz ander lieze,   30
   wie rehte schiere ich danne kür!
   hêr Meie, ir müeset merze sîn,
   ê ich mîn frouwen dâ verlür.

XIII 1 Ein niuwer sumer, ein niuwe zît,   XIII 1
        ein guot gedinge, ein lieber wân,
        diu liebent mir en widerstrît,
        daz ich noch trôst ze fröiden hân.
     5 Noch fröwet mich ein anderz baz   5
        dan aller vogellîne sanc:
        swâ man noch wîbes güete maz,
        dâ wart ir ie der habedanc.
        Daz meine ich an die frouwen mîn.
    10 dâ muoz noch mêre trôstes sîn: 10
        sist schœner danne ein schœne wîp,
        die schœne machet lieber lîp.

   2   Ich weiz wol daz diu liebe mac   2
        ein schœne wîp gemachen wol.
    15 iedoch swelch wîp ie tugende pflac,   15
        daz ist diu der man wünschen sol.
        Diu liebe stêt der schœne bî
        baz danne gesteine dem golde tuot.
        nû jehet waz danne bezzer sî,
    20 hânt dise beide rehten muot.   20
        Si hoehent mannes werdekeit.
        Swer ouch die süezen arebeit
        dur si ze rehte kan getragen,
        der mac von herzeliebe sagen.

   3 25 Der blic gefröwet ein herze gar,   3
        den minneclîch ein wîp an siht.
        wie welt ir danne daz der var,
        dem ander liep von ir geschiht?

(3) Wollt ihr die Wahrheit wissen, so laßt uns alle nun zum Fest des Maien gehn!
(25) Der ist mit aller Macht gekommen. Schaut ihn an und dann die schönen Frauen und seht, wer Sieger bleibt—habe ich nicht das bessere Spiel gespielt? Ach, wenn ich da wählen müßte,
(30) das eine nehmen, das andere lassen, ohne Zögern wählte ich da! März müßtet Ihr werden, Herr Mai, ehe ich für Euch meine Herrin aufgäbe!

Der Sinn des Minnesangs

(XIII) In this poem Walther reflects on what a man ought to do when the lady he loves will not relent. He will still be better for it; courtship makes a man's life more valuable and meaningful, and ennobles him in many ways ("hœhe[]t mannes werdekeit"). Walther cleverly juxtaposes here the change of season with that of hope: with every new season there is renewed hope and expectation though all his efforts may prove to be for nought. This poem is significant in another way since it illustrates one of the essential ingredients of «hôhe-wîp-Minne»: reflexion on the subject of love.

(1) Ein neuer Sommer, neue Zeit im Jahr, schönes Erwarten, süßer Hoffnungstraum: ich weiß nicht, was mir lieber ist; sie alle geben mir Zuversicht, daß ich noch Freude finde.
(5) Doch eines freut mich mehr als aller Vogelsang: wo man den Wert der Frauen mißt, da gewann sie, meine Herrin, stets den Preis.
(10) Sie kann mir noch größere Hoffnung geben, denn sie ist schöner als eine schöne Frau: erst Anmut macht wahrhaft schön.

(2) Ich weiß, daß einer schönen Frau Anmut wahre Schönheit geben kann;
(15) doch soll man eine gute Frau sich wünschen. Anmut steht bei der Schönheit wie der Edelstein beim Gold, doch sagt, was könnte vollkommener sein,
(20) kommt ein edles Herz dazu? Sie geben einem Mann tieferen Wert und reicheres Glück. Und wer die süße Not um ihretwillen wahrhaft tragen kann, der darf sagen, daß er herzlich frohe Liebe hat.

(3) (25) Die Augen einer Frau erfreuen ein Herz, wenn sie ihm liebend begegnen. Wie muß ein Mann empfinden, dem sie noch Lieberes schenkt?

Der ist eht manger fröiden rîch,
30 sô jenes fröide gar zergât.   30
waz ist den fröiden ouch gelîch,
dâ liebez herze in triuwen stât,
in schœne, in kiusche, in reinen siten?
swelch sælic man daz hât erstriten,
35 ob er daz vor den frömden lobet,   35
sô wizzet daz er niht entobet.

4   Waz sol ein man der niht engert   4
gewerbes umb ein reine wîp?
si lâze in iemer ungewert,
40 ez tiuret doch wol sînen lîp.   40
Er tuo dur einer willen sô
daz er den andern wol behage:
sô tuot in ouch ein ander frô,
ob im diu eine gar versage.
45 Dar an gedenke ein sælic man,   45
dâ lît vil sælde und êren an:
swer guotes wîbes minne hât,
der schamt sich aller missetât.

XIV 1   Saget mir ieman, waz ist minne?   XIV
ich des ein teil, sô wist ichs gerne mê.
Der sich baz denn ich versinne,
der berihte mich durch waz si tuot sô wê.
5 Minne ist minne, tuot si wol;   5
tuot si wê, so enheizet si niht rehte minne.
sus enweiz ich wie si danne heizen sol.

2   Obe ich rehte râten künne   2
waz diu minne sî, sô sprechet denne jâ.
10 Minne ist zweier herzen wünne,   10
teilent sie gelîche, sost diu minne dâ.
Sol abe ungeteilet sîn,
sô enkans ein herze alleine niht enthalten.
15 owê woldest dû mir helfen, frouwe mîn!   15

3   Frouwe, ich trage ein teil ze swære,   3
wellest dû mir helfen, sô hilf an der zît.
Sî abe ich dir gar unmære,
daz sprich endelîche, sô lâz ich den strît

Der ist immer reich an vielen Freuden,
(30) wenn des andern Freude schon vergangen ist. Welche Freude ist so groß wie diese, wenn ein liebes, liebendes Herz Treue, Schönheit, Unschuld, Reinheit hat? Wenn ein Glücklicher ein solches Herz gewann, der ist kein Narr,
(35) wenn er's vor den Menschen preist.

(4) Was taugt ein Mann, der sich nicht sehnt, eine reine Frau zu gewinnen? Und wenn sie auch nie sich ihm schenkt, sein Werben macht sein Leben reicher und edler.
(40) Er soll der einen zuliebe so sein und so handeln, daß er allen gefällt: so mag eine andere ihn glücklich machen, wenn die eine sich ihm versagt.
(45) Ein edler Mann soll daran denken, viel Glück und Ehre steht darin: Wem eine wahre Frau ihre Liebe gab, der schämt sich, je Böses zu tun.

Unerläßlichkeit der Gegenliebe

(XIV) This poem belongs to a group in which Walther wrestles with the concept of «Minne»; he ultimately concludes that love requires love in return, that it must be an experience shared equally, thus arriving at a new definition of courtly love. Walther takes a conventional topic, "waz ist minne," and treats it in his own, inimitable way.

(1) Sagt mir jemand, was Liebe ist? Ein wenig weiß ich von ihr, doch wüßte ich gerne mehr. Wer sie tiefer versteht als ich, der soll mir sagen, warum sie so schmerzt.
(5) Liebe ist Liebe, wenn sie wohltut; tut sie weh, dann heißt sie zu Unrecht Liebe. Doch einen andern Namen weiß ich nicht.

(2) Wenn ich richtig raten kann,
(10) was Liebe ist, so ruft: Ja! Liebe ist das Glück zweier Herzen; teilen sie beide, gleich und gleich, dann ist die Liebe da. Doch wenn sie nicht teilen, ein Herz allein kann die ganze Liebe nicht fassen.
(15) Ach, Herrin, wolltest du mir helfen!

(3) Herrin, ich trage zu schwer; wenn du mir helfen willst, dann hilf, so lang es noch Zeit ist. Doch wenn ich dir gar nichts bedeute, dann sag es mir klar und offen;
dann höre ich auf, um dich zu ringen,

         Unde wirde ein ledic man.
20 dû solt aber einez rehte wizzen, frouwe,   20
         daz dich lützel ieman baz geloben kan.

4   Kan mîn frouwe süeze siuren?   **4**
         wænet si daz ich ir liep gebe umbe leit?
         Sol ich si dar umbe tiuren
25 daz siz wider kêre an mîne unwerdekeit?   25
         Sô kund ich unrehte spehen.
         wê waz sprich ich ôrenlôser ougen âne?
         den diu minne blendet, wie mac der gesehen?

XV   "Nemt, frouwe, disen kranz!",   **XV**
         alsô sprach ich zeiner wol getânen maget.
         "Sô zieret ir den tanz
         mit den schœnen bluomen, als irs ûffe traget.
5 Het ich vil edele gesteine,   5
         daz müest ûf iur houbet,
         obe ir mirs geloubet.
         Sêt mîne triuwe, daz ichz meine."

2   Si nam daz ich ir bôt   **2**
10 einem kinde vil gelîch daz êre hât.   10
         Ir wangen wurden rôt,
         same diu rôse, dâ si bî liljen stât.
         Do erschampten sich ir liehten ougen,
         doch neic si mir schône,
15 daz wart mir ze lône.   15
         wirt mirs iht mêr, daz trage ich tougen.

3   "Ir sit sô wol getân,   **3**
         daz ich iu mîn schapel gerne geben wil,
         So ich aller beste hân.
20 wîzer unde rôter bluomen weiz ich vil,   20
         Die stênt sô verre in jener heide;
         dâ si schône entspringent
         und die vogele singent,
         dâ suln wir si brechen beide."

4 25 Mich dûhte daz mir nie   **4**
         lieber wurde, danne mir ze muote was.
         Die bluomen vielen ie

(20) und werde frei. Doch eines sollst du wissen, Herrin: kein anderer kann dich schöner rühmen.

(4) Kann meine Herrin denn Süßes bitter machen? Glaubt sie, ich gebe ihr Freude für Leid?
(25) Soll ich sie erhöhen, nur daß sie mich zum Dank erniedrigt und verhöhnt? Da müßte ich blind sein. Aber ach, was sag' ich denn, der ich weder Augen noch Ohren habe? Wen die Liebe blendet, wie soll der sehen können!

Liebestraum

(XV) This 'flirtatious' poem, like the one following it, is considered one of the best of the « Mädchenlieder». The young lady is not the hard-hearted "frouwe" of the courtly love poems, but a modest girl—for the poet she is part of spring. A pity that she proves to be merely a dream. Note the symbolism of the falling blossoms and the reference to the «Tagelied» in the fourth strophe. The poem leaves some room for speculation, particularly since the version found in Manuscript E (Würzburger Sammelhandschrift—before mid-fourteenth century) omits the fourth strophe.

(1) "Nehmt, edle Dame, diesen Kranz!" sagte ich zu einem schönen Mädchen. "Dann seid Ihr die Schönste beim Tanz mit den schönen Blumen in Eurem Haar.
(5) Hätte ich edle Steine, ich wollte Euer Haupt damit schmücken, ganz gewiß. Seht doch, wie ehrlich ich's meine."

(2) Sie nahm, was ich ihr gab;
(10) so nimmt ein schlichtes, edles Mädchen ein edles Geschenk. Ihre Wangen erröteten, da stand bei der Lilie die Rose. Sie senkte scheu ihre klaren Augen; doch anmutig neigte sie sich
(15) mir zum Dank. Schenkt sie mir mehr, das will ich still im Herzen tragen.

(3) "Ihr seid so schön, ich gebe Euch gerne meinen Kranz, den schönsten, den ich habe.
(20) Ich weiß, wo viele weiße und rote Blumen stehen, weit fort auf jener Heide; sie blühen dort so schön, und die Vögel singen, da wollen wir beide sie pflücken."

(4) (25) Mir war, als sei ich noch nie so glücklich gewesen. Um uns fielen immer und immer Blüten

       von dem boume bî uns nider an daz gras.
       Seht, dô muost ich von fröiden lachen.
30 do ich sô wünneclîche   30
       was in troume rîche,
       dô taget ez und muos ich wachen.

5   Mir ist von ir geschehen,   5
       daz ich diesen sumer allen meiden muoz
35 vast under dougen sehen: 35
       lîhte wirt mir einiu, so ist mir sorgen buoz.
       Waz obe si gêt an disem tanze?
       frouwe, dur iur güete
       rucket ûf die hüete.
40 Owê gesæhe ichs under kranze!   40

XVI 1 "Under der linden an der heide,   XVI 1
           dâ unser zweier bette was,
           Dâ mugt ir vinden schône beide
           gebrochen bluomen unde gras.
    5 Vor dem walde in einem tal,   5
           tandaradei,
           schône sanc diu nahtegal.

2   Ich kam gegangen zuo der ouwe,   2
       dô was mîn friedel komen ê.
10 Dâ wart ich enpfangen: 'hêre frouwe!',   10
       daz ich bin sælic iemer mê.
       Kuster mich? wol tûsentstunt,
       tandaradei,
       seht wie rôt mir ist der munt.

3 1 5 Dô het er gemachet alsô rîche   3
           von bluomen eine bettestat.
           Des wirt noch gelachet inneclîche,
           kumt iemen an daz selbe pfat.
           Bî den rôsen er wol mac,
20 tandaradei,   20
           merken wâ mirz houbet lac.

vom Baum ins Gras. Da mußte ich lachen vor Glück. Als ich im Traum
(30) so ganz vor Freude selig war, da kam der Tag, und ich erwachte.

(**5**) Ihretwegen muß ich diesen Sommer allen Mädchen nun
(35) tief in die Augen sehen; vielleicht finde ich die Rechte, dann bin ich meinen Kummer
los. Ob sie gar mittanzt bei diesem Tanze? Ihr Damen, seid so lieb, rückt Eure Hüte ein
wenig aus der Stirn.
(40) Ach, fände ich sie doch unter dem Kranz!

Unter der Linde

(**XVI**) This charming poem is a fine example of art concealing art. It is ironical in its treatment of a love
affair recounted by a country girl, who is clearly overwhelmed because she has found favor with a person of
higher status and is given the kind of courtesies normally extended only to courtly ladies. Technically, this
is one of the few «Frauenstrophen» which has the distinct overtones of the French «pastourelle», where a
knight meets a peasant girl and makes love to her, except that here we are privy only to the sweet memories
of the girl. There is no doubt that poems such as this reflect the local tradition of the early songs composed
in what is now Austria.

(**1**) "Unter der Linde auf der Heide, wo unser beider Lager war, da könnt ihr Blumen und
Gras liebevoll zusammengetragen finden.
(5) Am Waldrand im Tal, tandaradei, sang süß die Nachtigall.

(**2**) Ich kam zu der Wiese, da war mein Liebster schon vor mir gekommen.
(10) Da wurde ich so empfangen—Madonna!—, daß ich immer und immer überglücklich
bin. Ob er mich küßte? Tausendmal! Tandaradei, seht, wie rot mein Mund ist.

(**3**) (15) Da hatte er aus Blumen ein so prächtiges Bett gemacht. Darüber lacht noch von
Herzen, wer dort vorbeikommt. An den Rosen kann er noch sehen,
(20) tandaradei, wo mein Kopf lag.

4 Daz er bî mir læge, wessez iemen   **4**
        (nu enwelle got!), sô schamt ich mich.
        Wes er mit mir pflæge, niemer niemen
25 bevinde daz wan er und ich   25
        und ein kleinez vogellîn,
        tandaradei,
        daz mac wol getriuwe sîn."

REFLECTIVE POETRY

XVII Dêswâr, Reimâr, dû riuwes mich   **XVII**
          michels harter danne ich dich,
          ob dû lebtes und ich wær erstorben.
          Ich wilz bî mînen triuwen sagen,
  5   dich selben wolt ich lützel klagen: 5
          ich klage dîn edelen kunst, daz sist verdorben.
          Dû kundest al der werlte fröide mêren,
          sô duz ze guoten dingen woltes kêren:
          mich riuwet dîn wol redender munt und dîn vil süezer sanc,
10 daz die verdorben sind bî mînen zîten.   10
          daz dû niht eine wîle mohtest bîten!
          sô leiste ich dir geselleschaft: mîn singen ist niht lanc.
          dîn sêle müeze wol gevarn, und habe dîn zunge danc.

(4) Wüßte jemand, daß er bei mir lag—Gott bewahre—, dann würde ich mich schämen. Was er mit mir tat, das soll
(25) kein Mensch wissen, nur er und ich, und ein kleines Vögelchen, tandaradei, das wird gewiß nichts verraten."

REFLECTIVE POETRY
Auf Reinmars Tod

(XVII) Although there is no doubt that the three «Reichsprüche» are equally reflective, they are in a category all their own because of the universal subject matter they address, as well as the different melody —the «Reichston», which he employs in no other poem—used for them. This poem is a necrologue on the occasion of Reinmar von Hagenau's death in 1205. There can be little doubt that Reinmar was Walther's teacher, formally or informally, when both were in Vienna at the court of the Babenbergs. This and a few other poems may indicate that there was some rivalry between them—a rivalry that was presumably rekindled when Walther was more or less forced to leave Vienna, and Reinmar was retained. The date of this elegy is uncertain—perhaps 1208 to 1210. There is a possibility that Walther had hoped to succeed Reinmar as «poeta laureatus», that is, as court poet in Vienna. If he did, he was disappointed. The poem is written in the «Leopoldston», a melody used in poems addressed to Duke Leopold of Babenberg. It is interesting to note that Walther clearly distinguishes between Reinmar the man and Reinmar the artist, particularly here and in the poem "Owê daz wîsheit unde jugent," where Walther refers to Reinmar's skills as great art—"guote kunst"—, just as he calls it precious ("edele"), in this poem.

Es ist wahr, Reinmar, ich betraure dich selbst viel mehr als du mich, wenn du [noch] lebtest und ich gestorben wäre. Ich will ganz aufrichtig sein;
(5) Um dich selbst will ich nicht so sehr klagen, ich beklage, daß deine edle Kunst verloren ist. Du konntest alle Welt froher machen, wenn du dich auf die rechten Gegenstände verlegtest. Ich traure um deine poetische Sprache und darum, daß deine süßen Melodien
(10) zu meinen Lebzeiten verstummt sind. Hättest du nicht noch eine Weile warten können! Dann hätte ich dir Gesellschaft geleistet, [auch] mein Singen wird nicht mehr lange währen. Möge es deiner Seele wohl ergehen und hab Dank für dein Dichten!

Elegie

(XVIII) Walther's songs are usually written in forms borrowed ultimately from French and Provençal, but this poem is in a metrical form whose lines closely approximate those of Der von Kürenberg and the *Nibelungenlied*. Walther probably intended to impart a heroic and archaic tone to this particular work and also, perhaps, a purely German one. The poem is frequently called Walther's 'Elegy' because of its general tone of sadness and remembrance of things past. Certainly it incoporates many formal expressions of the decay of nobility and the emptiness of life—the «laudatio temporis acti», or praise of life as it used to be when the poet was young, the 'life-is-a-dream' motif, the degeneracy of modern youth, the bitterness of life even in its sweetest moments. But the poem is far from being a mere collection of commonplaces. It is a deeply felt statement that the world, as the poet had known it in his youth, is gone forever, and with it, ideals of behavior and conduct which graced life at court. He was right. The world of Hohenstaufen chivalry was gone. Walther's imagery is very appropriate. Water, usually the image of change and impermanence, is the one stable thing left. The purity and beauty of the woods and fields (which appear in so many of his love poems as figures of ideal beauty) have been ravaged by man. Most of all, however, he is horrified at the behavior of young men who act like peasants.

XVIII 1   Owê war sint verswunden alliu mîniu jâr!   XVIII 1
           Ist mir mîn leben getroumet oder ist ez wâr?
           Daz ich ie wânde ez wære, was daz allez iht?
           Dar nâch hân ich geslâfen und enweiz es niht.
        5 Nû bin ich erwachet, und ist mir unbekant   5
           daz mir hie vor was kündic als mîn ander hant.
           Liut unde lant, dar inn ich von kinde bin erzogen,
           die sint mir worden frömde reht als ez sî gelogen.
           Die mîne gespilen wâren, die sint træge unt alt.
       10 Bereitet ist daz velt, verhouwen ist der walt.   10
           Wan daz daz wazzer fliuzet als ez wîlent flôz,
           für wâr mîn ungelücke wânde ich wurde grôz.
           Mich grüezet maneger trâge, der mich bekande ê wol;
           diu welt ist allenthalben ungenâden vol.
       15 Als ich gedenke an manegen wünneclîchen tac,   15
           die mir sint enpfallen als in daz mer ein slac,
           iemer mêre owê.

        2 Owê wie jæmerlîche junge liute tuont,   2
           den ê vil hovelîchen ir gemüete stuont!
       20 Die kunnen niuwan sorgen, owê wie tuont si sô?   20
           Swar ich zer werlte kêre, dâ ist nieman frô.
           Tanzen, lachen, singen zergât mit sorgen gar:
           nie kristenman gesæhe sô jæmerlîche schar.
           Nû merket wie den frouwen ir gebende stât;
       25 jâ tragent die stolzen ritter dörpellîche wât.   25
           Uns sint unsenfte brieve her von Rôme komen,
           uns ist erloubet trûren und fröide gar benomen.
           Daz müet mich inneclîchen (wir lebten ê vil wol),
           daz ich nû für mîn lachen weinen kiesen sol.
       30 Die vogel in der wilde betrüebet unser klage: 30
           waz wunders ist ob ich dâ von an fröiden gar verzage?
           Wê waz spriche ich tumber durch mînen bœsen zorn!
           Swer dirre wünne volget, hât jene dort verlorn,
           iemer mêr owê.

        3 35 Owê wie uns mit süezen dingen ist vergeben!   35
           Ich sihe die bittern gallen in dem honege sweben.
           Diu Welt ist ûzen schœne, wîz, grüen unde rôt,
           und innân swarzer varwe, vinster sam der tôt.
           Swen si nû habe verleitet, der schouwe sînen trôst,
       40 er wirt mit swacher buoze grôzer sünde erlôst.   40

(1) O weh, wohin sind alle meine Jahre entschwunden? Habe ich mein Leben geträumt, oder ist es Wirklichkeit? Was ich je für wirklich gehalten habe, war das [wirklich] etwas? Demnach habe ich geschlafen und weiß es nicht.

(5) Nun bin ich aufgewacht und mir ist unbekannt, was mir früher so bekannt war wie eine meiner Hände. Leute und Land, wo ich von Kind an erzogen worden bin, die sind mir so fremd geworden, als ob es gar nicht wahr gewesen sei. Die meine Spielgefährten waren, sind träge und alt.

(10) Aus den Wiesen sind Äcker geworden, der Wald ist abgeholzt; flösse nicht das Wasser noch so, wie es damals floß, wahrhaftig, ich glaube, mein Unglück würde übermächtig. Mancher grüßt mich lässig,[11] der mich früher recht gut gekannt hat. Die Welt ist allenthalben hart und trostlos.

(15) Wenn ich mich an die vielen herrlichen Tage erinnere, die mir zerronnen sind wie ein Schlag ins Meer, [dann] weh und immer weh!

(2) O weh, wie kläglich führen sich die jungen Leute auf, die einst so heiteren Gemütes waren!

(20) Die können heute nichts anderes als sich grämen. O weh, warum führen sie sich so auf? Wohin ich mich auf dieser Welt wende, niemand ist heiter. Tanzen, Singen geht vor lauter Sorgen verloren, nie hat ein Christenmensch so klägliche Zeiten gesehen. Seht auch an, was die Frauen für einen Kopfputz tragen!

(25) Die edlen Ritter tragen Bauernkittel. Wir haben ungute Briefe aus Rom bekommen,[12] wir haben die Erlaubnis zu trauern und das Verbot, uns zu freuen, erhalten. Es tut mir unsäglich leid (früher lebten wir so gut), daß ich jetzt mein Lachen gegen Weinen eintauschen muß.

(30) [Selbst] die wilden Vögel betrübt unsere Klage; ist es da ein Wunder, wenn ich darüber ganz verzweifelt bin? Was aber rede ich Tor da in meinem schlimmen Zorn? Wer der [irdischen] Freude anhängt, hat die im Jenseits verloren. Weh und immer weh!

(3)(35) O weh, wie sind wir mit Annehmlichkeiten vergiftet worden! Ich sehe die bittere Galle den Honig durchziehen. Die Welt ist von außen schön, weiß, grün und rot und von innen schwarz, finster wie der Tod. Der, den sie verführt hat, sehe zu, was ihn retten kann:

(40) Er wird durch geringe Buße von großer Sünde erlöst.

---

[11]lässig: nonchalant, here: indifferently

[12]"Ungute Briefe" refers to the bull of excommunication issued against Frederick II by Pope Gregory IX in 1227 because of Frederick's failure to carry out a promised crusade. It is to this crusade that Walther is alluding when he expresses his wish to go on the "segensreiche Reise." Only such dedication, he believes, can restore the moral fiber of the nation.

Dar an gedenket, ritter; ez ist iuwer dinc.
Ir traget die liehten helme und manegen herten rinc,
dar zuo die vesten schilte und diu gewîhten swert.
Wolte got, wan wære ich der segenunge wert!
45 Sô wolte ich nôtic armman verdienen rîchen solt.   45
Joch meine ich niht die huoben noch der hêrren golt:
ich wolte sælden krône êweclîchen tragen,
die mohte ein soldenære mit sîme sper bejagen.
Möht ich die lieben reise gevaren über sê,
50 sô wolte ich denne singen wol und niemer mêr owê,   50
niemer mêr owê.

Denkt daran, ihr Ritter, euch geht es an! Ihr tragt die blitzenden Helme und die harten Panzer, auch die festen Schilde und die geweihten Schwerter. Wollte Gott, ich wäre des Sieges würdig!

(45) Dann würde ich Armer reichen Lohn verdienen. Ich meine jedoch weder die Ländereien noch das Gold der Herren. Ich würde selbst auf ewig jene Krone tragen, die ein Söldner[13] mit seinem Speer erkämpfen kann. Könnte ich die segensreiche Reise über das Meer antreten,

(50) dann wollte ich "Heil" singen und niemals mehr "Weh".

---

[13]"Söldner" may simply refer to any soldier on a holy quest or it may refer specifically to the centurion, traditionally called Longinus, who pierced Christ's side with a spear and, according to some legends, was thereby miraculously cured of his physical ailments and his spiritual blindness.

Neidhart von Reuental
(c. 1190-c. 1246)

Neidhart, a Bavarian by birth, spent much of his life traveling, once as far as Italy. He divulges a great deal about himself in his poems, but it is hard to determine whether he is really talking about himself or about a «persona» of Neidhart who takes part in the action of his lyrics. These poems are among the most interesting and puzzling in medieval German literature. Almost all of them deal with the peasant class and can be divided into those that describe the peasants' summer amusements in the open fields, and the winter dances indoors. The «Winterlieder»—perhaps Neidhart's most important legacy (Kühn)—tend to follow a rigid structure: a beginning with "o wê," a complaint about difficulties with a lady, and trouble with the peasants. In many of the «Sommerlieder», on the other hand, he prefers the form of a dialog between a mother and a daughter. Their activities, especially in the «Winterlieder», are described in a language and poetic form that is deliberately reminiscent of the high «Minnesang». Many poems begin with lines about spring and a love lament that could easily be taken seriously, but then the illusion is suddenly shattered by a peasant girl's name, a description of some rural activity, or a crude peasant expression. Neidhart's songs were still performed before courtly audiences. Yet, by pointing up the discrepancy between the courtly realm and peasant reality, his «Dörperdichtung» satirizes both. It is quite clear that Neidhart's main purpose was satire, both of the peasants and of the conventions of the «Minnesang», and that his method, in general, is to make his lowborn, ill-bred, and ill-behaved characters attempt to ape the more extreme conventions of courtly love. It is certain that there are some realistic touches in his work, but the object is caricature, not realistic portrayal. Unquestionably the results are brilliant, even though Neidhart's language is often obscure, and there can be little doubt that a good deal of the «double-entendre» escapes the modern reader.

Neidhart's influence on later poetry was profound, and much of the lyric poetry of the next two centuries follows his example in coupling peasants with the conventions of the «Minnesang». Neidhart ushers in a new realism. The picture of himself that he presents in his poetry—a nobleman who contends with the peasants on their own ground for the love of peasant girls and is constantly worsted in the encounters—became the foundation upon which the later Middle Ages built a series of Neidhart Plays, of which he is the hero and in which he continues his conflict with the peasants.

The poems are difficult to render into modern German. Not only are there many words whose meaning is obscure or unknown, but the whole point of the satire rests on the parody of the «Minnesang», which is easily lost in modern idiom. The first two poems are «Sommerlieder» and the third one is a typical «Winterlied». The translations of the «Sommerlieder» (**I**; **II, 1-2**) are those of Dieter Kühn, who appears to capture best the meaning of Neidhart's poetic genius; the translations of **II, 3** and the «Winterlied» (**III**) are by Siegfried Beyschlag.

Neidhart von Reuental

I 1   "Der walt mit loube stât",   **I 1**
      sprach ein meit, "ez mac wol mîner sorgen werden rât.
      bringt mir mîn liehte wât!
      der von Riuwental uns niuwiu liet gesungen hât:
  5 ich hœr in dort singen vor den kinden.   5
      jâne wil ich nimmer des erwinden,
      ich springe an sîner hende zuo der linden."

2   Diu muoter rief ir nâch;   **2**
      sî sprach: "tohter, volge mir, niht lâ dir wesen gâch!
  10 weistû, wie geschach   10
      dîner spilen Jiuten vert, alsam ir eide jach?
      der wuohs von sînem reien ûf ir wempel,
      und gewan ein kint, daz hiez sie lempel.
      alsô lêrte er sî den gimpelgempel."

3 15 "Muoter, lât iz sîn!   **3 15**
      er sante mir ein rôsenschapel, daz het liehten schîn,
      ûf daz houbet mîn,
      und zwêne rôte golzen brâhte er her mir über Rîn:
      die trag ich noch hiwer an mînem beine.
  20 wes er mich bat, daz weiz niwan ich eine.   20
      jâ volge ich iuwer ræte harte kleine."

4   Diu muoter sprach: "wol hin!   **4**
      verstû übel oder wol, sich, daz ist dîn gewin.
      dû hâst niht guoten sin.
  25 wil dû mit im gein Riuwental, dâ bringet er dich hin. 25
      alsô kan sîn treiros dich verkoufen.
      er beginnt dich slahen, stôzen, roufen
      und müezen doch zwô wiegen bî dir loufen."

5   Der muoter der wart leit,   **5**
  30 daz diu tohter niht enhôrte, daz si ir vor geseit; 30
      iz sprach diu stolze meit:
      "ich hân im gelobt: des hât er mîne sicherheit.
      waz verliuse ich dâ mit mîner êren?
      jâne wil ich nimmer widerkêren,
  35 er muoz mich sîne geile sprünge lêren."   35

(I) This poem, which could be entitled 'The love-crazed daugther,' does not leave much room for the 'ideal spring' theme, but plunges immediately into the peasant milieu.

(1) "Der Wald ist nun belaubt", / sprach ein Mädchen, "und so ist mein Kummer bald vorbei. / bring mein helles Kleid! / Neue Lieder hat der Reuental für uns gesungen.
(5) Ich höre sie ihn singen mit den jungen Leuten. / Ich halte es nicht länger aus— / zur Linde springe ich an seiner Hand!"

(2) Ihre Mutter ruft ihr nach: / "Tochter, bleib daheim und überstürz das nicht!
(10) Ich weiß sehr gut von ihrer Mutter, / was mit deiner Freundin Jutta so passierte: / mit einem Lied hat er ihr Bäuchlein dick gemacht —/ sie hat ein Kind gekriegt, das man 'Lämmchen' nannte— / Pimmel-Polka[1] hat er sie gelehrt!"

(3) (15) "Mutter, hört schon damit auf! / Er hat mir einen Kranz aus Rosen auf den Kopf gesetzt, / der sieht aus, wie gemalt! / Und brachte mir zwei bunte Schuhe mit, von über Rhein, / die trag ich hier an meinen Füßen.
(20) Worum er mich gebeten, weiß nur ich allein. / Auf Euren Ratschlag geb ich deshalb nichts!"

(4) Die Mutter sprach: "Dann geh. / Obs dir schlecht geht oder gut, schau, das trifft nur dich. / Du bist nicht recht gescheit!
(25) Willst du mit ihm ins Reuental, dort bringt er dich auch hin![2] / Da lernst du, wie man so ein Lied verhökert[3]... / Er wird dich schlagen, und er wird dich prügeln, / und doch mußt du zwei Wiegen vor dir schaukeln."

(5) Der Mutter war es leid,
(30) daß ihre Tochter in den Wind schlug, was sie ihr gesagt / über diesen Blödian.[4] / "Ich bin mit ihm liiert, er hat mein Pfand darauf;[5] / meinem Ansehn kann das gar nicht schaden. / Nein, ich kehr auf keinen Fall zurück.
(35) Ich muß von ihm sein Tanzlied lernen."

---

[1]Pimmel-Polka: dance with obscene gestures
[2]Reuental: play on words suggesting 'vale of regrets.'
[3]verhökern: colloquially for 'verschachern,' that is, 'to barter away.'
[4]Blödian: silly fool
[5]"Ich bin mit ihm liiert, er hat mein Pfand darauf": I am going with him, I gave him my pledge.

II 1 Ein altiu diu begunde springen   **II 1**
    hôhe alsam ein kitze enbor: si wolde bluomen bringen.
    "tohter, reich mir mîn gewant!
    ich muoz an eines knappen hant,
    5 der ist von Riuwental genant.   5
    traranuretun traranuriruntundeie."

2 "Muoter , ir hüetet iuwer sinne!   **2**
    erst ein knappe sô gemuot, er pfliget niht stæter minne."
    "tohter, lâ mich âne nôt!
    10 ich weiz wol, waz er mir enbôt.   10
    nâch sîner minne bin ich tôt.
    traranuretun traranuriruntundeie."

3 Dô sprachs' ein alte in ir geile: **3**
    "trûtgespil, wol dan mit mir! ja ergât ez uns ze heile.
    15 wir suln beid nâch bluomen gân.   15
    war umbe solte ich hie bestân,
    sît ich sô vil geverten hân?
    traranuretun traranuriruntundeie."

III 1 Owê, sumerwünne,   **III 1**
    daz ich mich dîn ânen muoz!
    der mir dîn enbünne,
    dem enwerde nimmer buoz
    5 herzenlîcher leide,   5
    und der wolgetânen,
    nâch der ie mîn herze ranc!
    sol ich mich ir ânen,
    daz ist under mînen danc.
    10 swenne ich von ir scheide,   10
    sô geschiet nie man unsanfter von deheinem wîbe.
    bezzer wære mir der tôt,
    danne ein seneclîchiu nôt
    die lenge alsô belîbe.

(II) The charm of this poem consists mostly in the reversal of the roles of mother and daughter: the mother goes through her second spring and it is the daughter who does the chiding and the mother who refuses to listen. The third strophe is translated by Siegfried Beyschlag.

(1) Eine Alte machte Sprünge / wie ein Zicklein, hoch hinaus! Durch die Blume wollte sies.[6] / "Tochter, reich mein Sonntagskleid! / Muß mit einem Ritter tanzen,
(5) ist 'von Reuental' genannt. / Dideldum, dideldum, dideldumbumbum."

(2) "Mutter, dreht nicht völlig durch! Dieser Ritter denkt nicht dran, in der Liebe treu zu sein." / "Tochter, laß mich bloß in Ruh,
(10) weiß am besten, was er schwor. / Ich bin ganz verrückt nach ihm. / Dideldum, dideldum, dideldumbumbum." /

(3) Einer Alten rief sie lüstern: / "Trautgespielin, komm mit mir, Glück haben wir ganz sicher!
(15) Wir wollen Blumen pflücken gehn! / Wozu blieb' ich denn etwa hier, / nachdem ich so viel Freunde habe'? / Dideldum, dideldum, dideldumbumbum."

(III) The first two strophes of this poem sound exactly like a conventional «Minnelied». The break comes in line 4 of the third strophe, where the poet suddenly interjects the names of 'rivals' who are clearly peasants. The crude behavior described in the strophe as well as the remainder of the poem needs no comment.

(1) O weh, Sommerfreude, / daß ich auf dich verzichten soll! / Der mir dich mißgönnte, / der erfahre Hilfe nie
(5) für seinen Herzenskummer, / und auch nicht die Schöne, / nach der mein Herz seit je gestrebt! / Muß ich auf sie verzichten, / geschiehts mit meinem Willen nie.
(10) Käme es zur Trennung, / hat härter sich kein Mann jemals getrennt von einem Weibe. Besser wäre mir der Tod, / als eine solche Sehnsuchtsqual, / die kein Ende fände.

---

[6]sies: sie es

2 15 Klagte ich nû besunder, **2**
    waz ich leides ie gewan,
    ich hân ez vür wunder,
    daz mir maneger niht engan,
    ob mir liep geschæhe
20 von dem besten wîbe, 20
    diech mit ougen ie gesach.
    sî hât an ir lîbe,
    des man ie ze guote jach.
    swie si mich versmæhe,
25 ich geloube niht, daz siz alsô von herzen meine. 25
    ich getrouwe ir, als ich sol,
    lônes und genâden wol,
    und hulfe ez mich joch kleine.

3 Ich bin in von schulden **3**
30 immer nîdic unde gram, 30
    die mich von ir hulden
    dringent: daz ist Berehtram
    und der junge Gôze
    und der ungenande,
35 des ich nennen niht entar, 35
    der daz gerne wande,
    næme sî mîn inder war.
    sîner spiezgenôze.
    der sweimte einer von dem oberisten Bireboume.
40 dô ers umbe ir minne bat, 40
    ûf daz röckel er ir trat
    dâ niden bî dem soume.

4 Dâ si bî dem tanze **4**
    gie (er gie ir an der hant),
45 von dem ridewanze 45
    kom sîn vuoz ûf ir gewant:
    daz lac an der erde.
    an dem umbeslîfen,
    daz den jungen sanfte tuot,
50 wart er von der phîfen 50

(2) (15) Klagte ich nun eigens, / was ich je an Leid erfuhr, / dann nimmt es mich Wunder, daß so mancher mir nicht gönnt, / wenn Liebes mir geschähe
(20) von dem besten Weib, / das mein Auge je erblickt hat. / Sie trägt an sich , was immer man als gut verstanden hat. / Wie sie mich auch verschmähe,
(25) ich glaub' es nicht, daß sie es so im Herzen wirklich meine. / Ich trau' ihr zu, wie's meine Pflicht, / daß Lohn und Gnade sie besitzt, / selbst wenn es mir nichts hülfe.

(3) Ich bin mit Grund für immer
(30) jenen feind und ihnen gram, / die mich von ihrer Neigung / wegdrängen. Bertram meine ich / und den jungen Goße. / Dazu den Ungenannten,
(35)—ihn zu nennen scheu' ich mich— / er würd' es gern verhindern, / beachtete sie irgend mich. / SeinerSpießgesellen / kam von Oberbierbaum[7] her zu uns gependelt.
(40) Als er um ihre Liebe warb, / trat er dabei aufs Röckchen ihr an dem Saum da unten.

(4) Wie sie an dem Tanze / schritt [er ging an ihrer Hand],
(45) kam bei dem Ridewanze[8] / er mit dem Fuße auf ihr Kleid; / sie ließ die Schleppe schleifen. / Bei dem Schleiftanzwenden,[9] / das den Jungen so behagt,
(50)wurde von der Pfeife

---

[7]Oberbierbaum: a community near Tulln in Austria between the rivers Traisen and Perschling
[8]Ridewanz: a type of slow dance involving shuffling dance steps («Schleiftanz»).
[9]Schleiftanzwenden: slow dance involving shuffling one's feet and spinning

üppic unde hôchgemuot;
wande er gie im werde.
selten kom sîn munt mit rûnen dankes ûz ir ôren,
des vil sêre mich verdrôz.
55 er und ouch sîn spiezgenôz   55
sint guoter sinne tôren.

5   Von der Persenicke   5
nider unz an daz Ungertor
in der dörper dicke
60 weiz ich ninder zwêne vor,   60
die mit ebenhiuze
sich zuo zin gelîchen.
jâ wæn inder zwêne knaben
in allen diutschen rîchen
65 bezzer ez mit wîben haben   65
niht gein ein er griuze.
Engelmâr gewan ez niht sô guot mit Vriderûne,
als ez doch der einer hât.
jener dürkel ir die wât,
70 ê daz er dâ gerûne!   70

er wie toll und durchgedreht; / er fühlte sich so richtig. / Freiwillig kam sein Mund mit Tuscheln[10] nie von ihren Ohren, / was mir zu großem Ärger war.
(55) Er und auch sein Spießgesell' / sind vollkommene Narren.

(5) Von dem Perschlingbache / abwärts bis zum Ungertor[11] / in der Bauern Menge
(60) weiß ich nirgends sonst noch zwei / die frech mit gleichem Treiben / die Stange ihnen hielten.[12] / Ich glaube nicht, daß irgendwo / in deutschem Land zwei Burschen
(65) besser auch nur um ein Korn[13] / mit Weibern es verstehen. / Engelmar geriet es nicht so gut mit Friederune, / wie's ihrer einem gleichwohl geht. / Zerreiß' er lieber ihr das Kleid,
(70) als daß er mit ihr tuschle!

---

[10]tuscheln: to whisper

[11]Ungertor: Hungarian Gate. Beyschlag believes this to be either the southwestern gate of Wiener Neustadt, or, together with Haupt, the «Ungertor» in the city of Hainburg. The Perschlingbach is a tributary to the Danube west of Tulln.

[12]"die Stange ihnen hielten": 'would be a match for them'

[13]"besser auch nur um ein Korn mit Weibern es verstehen": The literal meaning is clear, that is, the two peasants remain unrivalled in all of Germany as far as their way with women is concerned. Of course, the audience immediately acknowledges the nature of this dubious distinction.

Owe somer wunne daz ich mich din anen muʒ
d' mir din ersprinne. dem en werde nimmer
wol. hertzenlicher leide vnt der volgetanen noch
d'ie min hertze zanch. sol ich mich ir anen daz ist
wider minen danch. swenn ich von ir scheide. so ge
schiet nie man vnsanfter von einem wibe. bezzer
were mir d' tot dann ein fartlichliv noch lange al
so belibe

Iblagtu ich nv besinder waz ich leides ie gewan
ich han ez vur wndet daz mir manic get niht
engan. ob mir liep geschæhe. von dem besten wibe
di ich mit ougen ie gesah. si hat an ir libe des
man ir ze gute ubh. swie si mich vsmahe. ich ge
loube niht daz sis also von hertzen meine. ich ge
trew ir als ich sol. lones vñ genaden wol. haffi ab
ez mich erlæine.

Ich bin ir von schulden gram imm' neidich
vnde gram. di mich von ir hulden dwm
gent. daz ist Berhtram vñ der iunge Goz
ze. vñ der vngenande des ich minnen niht
en tar. d' daz gerne wande. næme si min i'
der war. sine spiez genozzen der swarmet
einer von dem obersten pyrbovme d' si vm
ir minne bat. ist daz wæht er ir trat da nit
den bei dem sovme.

Da si bi dem tanze gie er gie ir ander hant
von dem ridewantze chom sin vurz vff
ir gewant daz lag an der erde von dem vm
besluffen daz dem iunge sanfte tvt. ward er vß
d' pheiffe vppich vñ hohgemut wand er
gie im werde selten chom sin mvnt mit
iornen danch es vz ir oren des vil sere mich
verdroz guter sinne toren.

Von der persenich wider vntz an daz vm
get toz. in der dorper dicke weiz ich
minder zwene vor. di mir ebenheize sich zv
zin gelichen u wæn in der zwene ch ̄aben
in allen dertschen richen bezzer mit wibe
haben nuht gein einer grozze. Engelmar
gewan ez niht. so gut. mit vnde wo ̄ne als ez
doch d' eine hat uener durchel er ir div mitt
e daz er gewo ̄ne.

LATER MEDIEVAL LITERATURE

The number of literary works written during the thirteenth, fourteenth, and fifteenth centuries exceeds that of the classical period by far. In addition to works of the kind that had flourished at the end of the twelfth century, there were others, such as the drama, short narrative poems («Mären»), didactic works, and mystical writings. Although many of these can be considered important, one cannot argue convincingly that any of the literary works of these centuries is comparable to the great achievements of the classical period. The romances become longer, the stress is shifted from the development of the individual to the more superficial aspects of description and action, and there is an increasing tendency to stress formal religion and morality. Rudolf von Ems (fl. 1220-54) is an excellent example of these developments. His output is vast, his themes are largely taken from French literature, and he is a conscientious but uninspired writer. Konrad von Würzburg was roughly a contemporary (c. 1225/30-1287) and presents the same genres with greater talent and technical skill. The Arthurian tradition appears at its best in this period in the *Jüngerer Titurel* (1272) of a certain Albrecht who may be identical with Albrecht von Scharfenberg (fl. 1260-1275).

The heroic material is represented by the Dietrich epics, but the extant versions of these are usually very late reworkings. Although the *Nibelungenlied* continued to be popular, the only original work in the tradition was the *Gedicht vom Hürnen Seyfried*, a thirteenth century work extant only in a sixteenth-century printed version.

Lyric poetry continued to be composed in the «Minnesang» tradition, and much of it is nothing more than variations on the clichés of this type of poetry. The more interesting poets—Steinmar (c. 1250-1300), Gottfried von Neifen (fl. 1234-55)— follow the tradition of Neidhart von Reuental in parodying the «Minnesang» by giving it a peasant background. Other poets, particularly Frauenlob (c. 1250-1318), stress the didactic and religious elements, whereas Ulrich von Lichtenstein (fl. 1198-c. 1275) and Johannes Hadlaub (c. 1300-1340) introduce a biographical element, which, whether accurate or not, makes their poetry more personal. The poetry of Oswald von Wolkenstein (c. 1377-1445) encompasses all these elements, for his poetry is in turn formal, religious, personal, coarse, and realistic. The lyric poetry of the period is never far from didacticism, and several poets wrote both love lyrics and «Sprüche». Longer didactic works are *Der Renner* by Hugo von Trimberg (c. 1230-c. 1313) and Freidank's (c. 1200-c. 1233) *Von der Bescheidenheit* (c. 1215-1230), a collection of pithy sayings, gnomic verses, and epigrams on topics ranging from religion to ethics, which retained its influence well into the 16th century, particularly among the «Meistersinger».

Although the old types of courtly literature continued to be writtten, the audience for them changed completely. The courts of the great nobles ceased to be the centers of literary activity—their place being taken over by the towns. Here the patrons were naturally the wealthy merchants, and their tastes are reflected in the literature they sponsored. They mistrusted the idealism of the courtly literature of the twelfth and early thirteenth centuries and probably did not understand the unofficial code of virtues it celebrated. They felt that literature ought to have an obvious purpose, such as entertainment or moral instruction. Thus they not only caused the existing types to be modified but they also encouraged new types, particularly those concerned with moral behavior. Perhaps the best example of these are the works of Der Stricker (c. 1215-c. 1230), whose *Pfaffe Amîs*, the first German collection of «Schwänke» or farces, greatly influenced the development of narrative prose, and the various «Mären». The latter are short stories with an obvious moral, of which by far the most effective is *Helmbrecht* by Wernher der Gärtner (fl. c. 1250-1280). This work also reflects another new aspect of literature: concern for the peasant. Many of the works in which peasants appear are far from being sympathetic to them, and we should beware of thinking in terms of 'realism.' The village-types are often stereotyped characters in stereotyped situations, but this does not prevent the scenes presented from being very amusing and vividly drawn. The two favorites were the peasant wedding and the drunken brawl, which appear at their most comic in Heinrich Wittenwiler's (c.1350-1436) encyclopedic *Ring* (c. 1400).

Much the same can be said about the short poems on the relations between man and wife. Occasionally a virtuous woman is depicted, but far more frequently there are scenes of quarreling, violence, or sheer eroticism. Such works provided a great deal of the source material for Hans Sachs' plays.

As might be expected, the later Middle Ages saw a great advance in prose writing. In theology in particular a distinctive style was developed and the specialized vocabulary enlarged by the vernacular works of Meister Eckhart (1260-c. 1327), Heinrich Seuse (1295-1366), and Johannes Tauler (1300-1361), who together virtually created a new means of expression for mystical theology. On a more mundane level, the great poetical works of earlier ages were put into popular prose form. Short stories, such as those about Till Eulenspiegel, were also very popular. By far the most distinguished prose work of the later Middle Ages is the *Ackermann aus Böhmen* (c. 1400), a debate between Death and the Ploughman.

There is a considerable amount of drama from the later Middle Ages which will be discussed in some detail in the introduction to the *Osterspiel von Muri* (c. 1250) and *Ein Vastnachtspil* (c. 1450).

Some of the most effective writing of the later Middle Ages is in Low German. The *Theophilus* play is extant in a Low German version and there are several other plays in various dialects. By far the best known type, however, is the beast epic, which is con- cerned with the struggle between the cunning and amoral fox Reynard (Reinhart, Reineke) and the equally amoral but stupid wolf Isegrim. These epics developed entirely in the Low Countries, and versions are extant in Latin, French, Dutch, and German. The various stories in verse, which are known collectively as the *Roman de Renart,* appeared in France in the late twelfth and in the first part of the thirteenth century, but there was a parallel, if less well documented, development in Holland which resulted in the production of several very similar versions of the story, in prose at Gouda (1479) and Delft (1485), and in verse at Antwerp in 1487. The earliest Low German version appeared in verse in Lübeck in 1498. It was frequently reprinted. The beast epic was a very effective form of social and political satire and was employed with great gusto by both sides in the Reformation struggle.

Märendichtung

In his *Studien zur Märendichtung* (Tübingen, 1968), Hanns Fischer added many new insights to the discussion of the «Märe» as a separate type of short narrative—as distinguished from the later «Novelle»—which became rather popular with the beginning of the decline of traditonal courtly culture in the 13th century. Geoffrey Chaucer's *Canterbury Tales* (c. 1387) and Giovanni Boccaccio's *Decamerone* (c. 1348-1358) are the best-known examples of this genre in world literature. «Mären» range from short exemplary («moralisch-exemplarisch») narratives, legends («legendenhaft»), courtly short epics, and farces («Schwank», a type of narrative which, incidentally, was greatly influenced by the lyrics of Neidhart von Reuental whose poetry and themes already contained the seed for the late fifteenth-century collection of anecdotal strophic poems, referred to as *Neidhart Fuchs* [1]), to lenghty stories, often written by anonymous authors. In these stories, courtly ethics are often summarized by a moral, usually at the end of the tale, in the form of a warning, such as in *Helmbrecht*—which is often referred to as the first German 'village story,' or «Dorfgeschichte»—or in the form of an exhortation, as is the case in *Schneekind,* or Konrad von Würzburg's *Herzmære*, which concludes with an appeal to the audience to learn a lesson and to preserve the ideal of love. So popular were the various «Mären» that an entire manuscript is devoted to them; the 1393 Codex Vindobonensis contains both the *Herzmäre*—although in abbreviated form—and the *Schneekind*. The following selections from the «Märendichtung» represent somewhat of a cross-section of the above-mentioned variants.

---

[1] "Fuchs" refers here to the occasional addition of a foxtail to the escutcheon of Neidhart, alluding to the cunning of its principal character, the peasant-hating Neidhart. Also cf. ll. 217f. in *Helmbrecht* where Neidhart is mentioned as an authority in poetic matters.

Das Schneekind

Ez het ein koufman ein wîp,
diu was im liep als der lîp.
Er wære ir liep, des jach ouch sie:
ie doch gewan ir herze nie
5 Dîe wârheit darinne;   5
daz wâren valsche minne.
Ez geschach bî einen zîten,
niht langer wolde er bîten,
Von sînem hûse vuor er
10 mit koufe durch gewinnes ger.   10
Er huop sich ûf des meres vluot.
als noch manik koufman tuot.
Dô kom er in ein vremdez lant,
da er guoten kouf inne vant.
15 Er beleip durch gewinne   15
driu jâr darinne,
Daz er nie wider heim kam,
unz daz vierde jâr ende nam.
Sîn wîp in minneklîche enpfienk:
20 ein kindelîn mitsamt ir gienk.   20
Dô vrâgt' er der mære,
wes daz kint wære?
[Si sprach:] "herre, mich geluste dîn,
dô gieng ich in mîn gertelîn:
25 Des snêwes warf ich in den munt,   25
dô wurden mir dîn minne kunt,
Do gewan ich dizze kindelîn:
ze mînen triuwen, ez ist dîn."—
Jâ mahtu vil wol wâr hân;
30 wir suln ez ziehen." sprach der man.   30
Ern' brâhte si des inne,
daz er valscher minne
An ir was worden gewar,
unz dar nâch (wol) über zehen jâr.
35 Er lêrtez kint understunden   35
mit hebechen und mit hunden,
Schâchzabel, und mit vederspil
maneger hant vröude vil,
Mit zühte sprechen [und] swîgen,
40 herpfen, rotten [und] gîgen   40
Und aller hande seit spil,

Das   Schneekind

The origins of the anonymous *Das Schneekind* go back to the tenth and eleventh century Latin story *Modus Liebinc,* where the hero of the story is already referred to as 'Suevulus,' i.e. a Swabian from Konstanz.

Ein Kaufmann hatte eine Frau, die er wie sein Leben liebte. Auch sie behauptete, ihn zu lieben, doch war das nicht die Wahrheit ihres Herzens;

(5) ihre Liebe war geheuchelt. Nun geschah es einmal, daß der Mann nicht länger zu Hause bleiben wollte und sich in der Hoffnung

(10) auf Gewinn auf eine Handelsreise begab. Er fuhr über das weite Meer, wie das ja viele Kaufleute tun, und gelangte endlich in ein fremdes Land, wo er günstige Geschäftsbedingungen vorfand.

(15) Drei Jahre blieb er dort, um Geld zu machen, und erst am Ende des vierten kehrte er wieder in die Heimat zurück. Seine Frau empfing ihn liebevoll

(20) mit einem kleinen Kind an der Hand. Da wollte er wissen, von wem denn das Kind stamme, und die Frau antwortete ihm: "Einmal, mein Gebieter, hatte ich Sehnsucht nach dir. Da ging ich hinaus in den Garten

(25) und steckte ein wenig Schnee in den Mund. Da berührte mich deine Minne, und ich empfing dieses Kindlein. Bei meiner Treue, es ist dein Kind."   "Damit kannst du schon recht haben", sagte der Mann darauf,

(30) "wir wollen es großziehen." Er ließ sie aber nicht merken, daß er ihre heuchlerische Liebe durchschaut hatte, bis zehn Jahre vergangen waren.

(35) Nun ließ er das Kind unterweisen in der Jagd mit Habichten und Hunden, im Schachspiel und in der Beizjagd,[1] dazu in vielen anderen Spielen, lehrte es auch mit Anstand reden und schweigen,

(40) Harfe, Rotte[2] und Geige spielen, und was es sonst noch an Saiteninstrumenten gibt

---

[1]Beizjagd: falconry

[2]Rotte: rote, a medieval stringed instrument, variously supposed to have been a kind of lyre or lute.

und ander kurzwîle vil.
    Er gebôt daz sîn knehte
diu schef bereitten rehte
45 Mit spîse nâch dem altem site.   45
des snêwes sun vuorte er mite.
Er huop sich ûf daz wilde mer.
die unde sluogen in entwer:
Si sluogen in in ein schœne lant,
50 da er einen rîchen koufman vant.   50
Der vrâgte in der mære,
wâ sîn koufschaz wære.
Des snêwes sun wart vür gestalt.
mit [drîn] hundert marken er in galt;
55 Daz was ein grôzer rîchtuom.   55
ouch hete er des vil grôzen ruom,
Daz er daran niht was betrogen,
daz er daz göuchel hæte gezogen.
Der schaz brâht' im in sînen gewalt,
60 daz ime zwir als vil galt.   60
Nu beleip er niht langer dâ,
mit vröuden vuor er heim sâ.
Sîn hûsvrouwe gein im gienk,
minneklîche sin enpfienk.
65 Si vrâgte in: wâ ist daz kint?"   65
er sprach: mich sluok der wint
Beidiu hin unde her
ûf dem wildem mer entwer:
Dô wart daz kint naz dâ
70 und wart ze wazzer ie sâ;   70
Wande ich het von dir vernomen,
daz er von snêwe wære bekomen.
Ist aber wâr, deich hœre sagen,
sone darft du'n nimmer geklagen,
75 Dehein wazzer vlieze (sô) sêre,   75
ez(n') habe (die) widerkêre
Innerthalbe jâres vrist,
zem ursprink, danne ez komen ist:
Sô solt ouch dû gelouben mir,
80 ez vliuzet schiere wider ze dir.   80
Sus hete er widernüllet,
daz er was betrüllet.
    Swelch man sich des bedenket,
ob in sîn wîp bekrenket,

oder an unterhaltsamen Beschäftigungen. Dann aber befahl er eines Tages seinen Knechten, die Schiffe

(45) mit Speise zu versehen wie früher. Das Schneekind nahm er mit. Er befuhr wiederum das wilde Meer, und die Wellen warfen ihn hierhin und dorthin und verschlugen ihn endlich in ein schönes Land,

(50) wo er einen reichen Kaufmann traf. Der fragte ihn gleich, was er zu verkaufen habe. Da wies man ihm das Schneekind, und er bezahlte dreihundert Mark dafür;

(55) das war eine große Summe. Außerdem mehrte es das Ansehen unseres Kaufherrn beträchtlich, daß er sich nicht damit verrechnet hatte, den kleinen Bastard aufzuziehen. Der Kaufpreis, den er für ihn bekam,

(60) betrug das Doppelte seiner Aufwendungen.[3] Jetzt blieb er nicht länger, sondern fuhr vergnügten Sinns sogleich nach Hause. Seine Gattin ging ihm entgegen und grüßte ihn zärtlich.

(65) Dann aber fragte sie: "Wo ist das Kind geblieben?", und er erwiderte: "Der Wind hat mich hierhin und dorthin getrieben, kreuz und quer über das wilde Meer. Dabei wurde das Kind naß

(70) und ist gleich wieder in Wasser zerlaufen. Du hast mir ja gesagt, daß du es vom Schnee empfingst. Wenn du mir damit die Wahrheit erzählt hast, so darfst du jetzt nicht das Kind bejammern.

(75) Es gibt ja kein Wasser, wie sehr es auch fließe, das nicht innerhalb Jahresfrist zu dem Ursprung zurückkehrt, aus dem es herstammt. Du darfst mir also glauben,

(80) daß auch das Schneekind wieder in dich zurückfließt." So rächte sich der Kaufmann dafür, daß er betrogen worden war. Ein Mann, der, wenn ihn seine Frau betrügt, darauf sinnt,

---

[3]"betrug das Doppelte seiner Aufwendungen": amounted to twice as much the money he had spent [on the boy].

85 Daz er den schaden (wider) stürze   85
   un mit listen liste lürze,
   Daz ist ein michel wîsheit;
   wan diu wîp hânt mit karkeit
   Vil manegen man überkomen,
   als ir ê dikke habt habt vernomen.

(85) wie er den Schaden wieder gutmachen und der List mit einer zweiten begegnen kann, beweist große Klugheit, denn die Frauen haben mit ihrer Durchtriebenheit[4] schon viele Männer hintergangen, wie euch sattsam bekannt ist.

<hr/>

[4]Durchtriebenheit: guile.

Konrad von Würzburg
(c. 1225/30-1287)

It will be noted that Konrad was born at a time when the great figures of courtly poetry were ending their career. This is significant, for his work is very closely modeled on the great romances and yet it is utterly different from them in spirit and execution. Conscious of his role as poet and curator at a time when most poets are merely "künstelôse tôren," bumbling fools, during an age characterized by the collapse of central power—the so-called «Interregnum» from 1256-1273—and general social decline, he refers to himself as "nahtegal," nightingale, in *Der Trojanerkrieg* (l. 192).

Konrad was born in Würzburg, where Walther von der Vogelweide probably spent his last years and where he was buried. He did not stay there, however, nor did he find his patrons among nobles or bishops, but rather among the bougeoisie, a fact which is typical of the new forces guiding and supporting literature. In fact, he may be called the first professional 'burgher poet.' Konrad was a man of great talent. He wrote long romances, short verse narratives, and lyric poetry. He was a master of form, as his best lyrics show, but he was subject to the weakness of all writers who say things well but have little to say. He was best when he came closest to imitating the great classical writers, and at his worst when he tried to be more sophisticated than they and to improve upon their techniques. Then the result was preciosity, exaggeration, and even absurdity. In his narrative work, Konrad was closer to Gottfried von Straßburg than to Wolfram von Eschenbach, and he delights in brilliant description. He chose his material from the French romances, as can be seen from the titles of his poems of this type—*Partonopier* based on the work of Denis Piramus, and *Trojanerkrieg,* an unfinished version of the famous work of Benoit de Ste. Maure—but he needed a translator to help him with the French language. His other long work, *Engelhard,* is based on a Latin story on the theme of faithful friends, one of whom sacrifices his children so that the other may be cured of leprosy by their blood; the children are then miraculously restored to life. All these works share the common characteristics of the romance of adventure and little of the human interest or psychological skill of a Wolfram or a Gottfried. Konrad is at his best where such skills would not be expected, namely in the short verse narrrative. Here his technical abilities stood him in good stead. He could tell a story well, and there was no danger of his losing himself in overly long descriptions. Three of these are saints' legends, *Sylvester*, *Alexius*, and *Pantaleon*, but the others fall into the category of the «Versnovelle«, or «Märe». Most of these narratives were probably written relatively early in his career. *Der Welt Lohn* tells of the temptation of Wirnt von Grafenberg, himself a poet, to devote himself to «Frau Welt» and his revulsion on learning her true character. *Otte mit dem Bart* is the story of a quarrel between Heinrich von Kempten and Emperor Otto—possibly the historical Emperor Otto II (973-983) who had a reputation as a young firebrand and womanizer—that almost borders on the burlesque, and their subsequent reconciliation. *Schwanritter* is based on the widespread legendary history of the family of Godefroi de Bouillon.

Konrad von Würzburg
Das Herzmäre

   Ich prüeve in mîme sinne
   daz lûterlîchiu minne
   der werlte ist worden wilde.
   dar umb sô sulen bilde
5 ritter unde frouwen   5
   an diesem mære schouwen,
   wand ez von ganzer liebe seit.
   des bringet uns gewisheit
   von Strâzburc meister Gotfrit:
10 swer ûf der wâren minne trit   10
   wil eben setzen sînen fuoz,
   daz er benamen hœren muoz
   sagen unde singen
   von herzeclichen dingen,
15 diu ê wâren den geschehen   15
   die sich dâ hæten undersehen
   mit minneclichen ougen.
   diu rede ist âne lougen:
   er minnet iemer deste baz
20 swer von minnen etewaz   20
   hœret singen oder lesen.
   dar umbe wil ich flîzec wesen
   daz ich diz schœne mære
   mit rede alsô bewære
25 daz man dar ane kiesen müge   25
   ein bilde daz der minne tüge,
   diu lûter unde reine
   sol sîn vor allem meine.
    Ein ritter unde ein frouwe guot
30 diu hæten leben unde muot   30
   in einander sô verweben,
   daz beide ir muot unde ir leben
   ein dinc was worden alsô gar:
   swaz der frouwen arges war,

Konrad von Würzburg
Das Herzmäre

The *Herzmære* is based on a story which was told of several troubadours, as well as about Reinmar von Brennenberg (†c. 1276; 'Ritter Bremberger'), a «Ministeriale» at the court of the bishop of Regensburg who is known for a style of poetry which is reminiscent of Walther von der Vogelweide's «Minnelieder». Konrad clearly intends to portray a love not unlike that of Tristan and Isolde, which goes beyond any earthly considerations. Each of the protagonists dies of love, each believes in a higher love. The eating of the heart is obviously a symbolic, almost religious gesture. Yet, as Konrad tells it, the story tends to border on sentimentality. Konrad has considerable difficulty in depicting the passion of love the way Gottfried does. Thus he tells a pleasant tale rather than a tragic love affair. One can be sorry for his lovers, but they are not tragic. It will be noted that a great deal of the work consists of speeches, an indication of Konrad's desire to probe into the feelings of his characters.

Both English and French literature have versions of the story: the French *Li roumans dou Chastelain de Couci et de la dame de Fayel*, which supposedly represents the story of the life of the troubadour Guilem de Cabestanh, and a sixteenth century English romance, *The Knight of Courtesy and the Fair Lady of Faguell*. It is also interesting to note that the figure of the count was still well known in Goethe's days; he mentions in a letter to Frau von Stein (January 27, 1776): "als Couci konnte man bei Bällen erscheinen." Ludwig Uhland resumed the theme in his "Der Kastellan von Couci" with an ironic, Romantic twist: the lady had not realized her love for the poet until she had eaten of his heart.

Wenn ich es recht bedenke, muß ich feststellen, / daß reine Minne / der Welt fremd geworden ist. / Deshalb sollen

(5) Ritter und edle Damen[1] / ein Vorbild in dieser Geschichte erkennen, / denn sie erzählt von echter Liebe. / Dafür verbürgt sich kein Geringerer als / Meister Gottfried von Straßburg, daß

(10) jeder, der sich recht auf die Spur / der wahren Minne begeben will, / fürwahr / singen und sagen hören muß / von Herzensabenteuern,

(15) wie sie die einst erlebten, / die sich voll Liebe in die / Augen gesehen haben. / Denn es ist tatsächlich wahr: / Alle verstehen sich wirklich besser auf die Liebe,

(20) wenn sie etwas von der Minne / aus Lied oder Buch hören. / Darum will ich mich bemühen, / diese schöne Geschichte / so wahrhaftig zu erzählen,

(25) daß man dadurch ein Beispiel / gewinnt, das der Minne dient, / die rein und frei / von jeglichem Makel sein soll.

Ein Ritter und eine edle Dame
(30) waren einander mit Leib und Seele / so sehr verbunden, / daß beide innerlich wie äußerlich / ganz und gar eins geworden waren: / Alles, was die Frau betrübte,

---

[1]The prologue clearly addresses a courtly audience, pointing out the theme (Minne) and purpose (Beispiel) of the work.

35 daz war ouch deme ritter;   35
    dâ von ze jungest bitter
    wart ir ende leider;
    diu minne was ir beider
    worden sô gewaltec,
40 daz si vil manicvaltec   40
    machte in herzesmerzen.
    grôz smerze wart ir herzen
    von der süezen minne kunt.
    si hæte si biz an den grunt
45 mit ir fiure enzündet   45
    und alsô gar durgründet
    mit minneclicher trûtschaft,
    daz niemer möhte ir liebe kraft
    mit rede werden zende brâht.
50 ir lûterlichen andâht   50
    niemen künde vollesagen.
    nie ganzer triuwe wart getragen
    von manne noch von wîbe,
    danne ouch in ir lîbe
55 si zwei zesamne truogen.   55
    doch kunden sie mit fuogen
    zuo einander komen niht
    alsô daz si zer minne pfliht
    ir gernden willen möhten hân.
60 daz süeze wîp vil wol getân   60
    het einen werden man zer ê,
    des wart ir herzen dicke wê:
    wande ir schœne was behuot
    sô vaste daz der herre guot
65 nie mohte an ir gestillen   65
    sîns wunden herzen willen,
    daz nâch ir minne lac versniten.
    des wart diu nôt von in geliten
    diu strenge was und engestlich,
70 nâch ir lîbe minneclich   70
    begunde er alsô vaste queln
    daz er sînen pîn verheln
    niht mohte vor ir manne.
     zuo der schœnen danne
75 reit er swenne ez mohte sîn,   75
    und tet ir dô mit clage schîn
    sînes herzen ungemach;

(35) das schmerzte den Ritter gleichermaßen. / Daraus sollte ihnen schließlich / ein bitteres Ende erwachsen.[2] / Die Minne hatte über beide / solche Gewalt gewonnen,

(40) daß sie ihren Herzen / tausendfache Schmerzen bereitete. / Ja, tiefen Schmerz mußte ihr beider Herz / durch die süße Minne kennenlernen. / Denn sie hatte sie bis auf den Grund ihrer Seele

(45) mit ihrer Glut entzündet / und sie so völlig durchdrungen / mit inniger Zuneigung, / daß niemals die Stärke ihrer Liebe / mit Worten wirklich wiedergegeben werden könnte.

(50) Ihre reine Zuneigung / kann niemand zureichend darstellen. / Größere Treue wurde / von keinem Menschen bewahrt, / als diese beiden in ihrem Leben

(55) einander bewahrten. / Doch konnten sie auf schickliche Weise / nicht zusammenkommen, / um ihrer Leidenschaft / den Minnesold zu gewähren.

(60) Die liebliche, wohlgestalte Frau nämlich / hatte einen angesehenen Gemahl: / Daraus entstand ihrem Herzen oft großer Kummer; / denn ihre Schönheit wurde so sehr bewacht, / daß der vornehme Ritter

(65) niemals bei ihr / das Verlangen seines wunden Herzens stillen konnte, / das die Liebe zu ihr verletzt hatte. / Deshalb litten sie große Pein, / die hart und schrecklich war;

(70) nach ihrem lieblichen Leib / ergriff ihn solche Sehnsucht, / daß er seine Qual nicht / vor ihrem Gatten verbergen konnte: / Er ritt jederzeit zu der Schönen,

(75) wenn es nur möglich war, / um ihr unter Klagen / den Kummer seines Herzens zu gestehen. /

---

[2]A foreboding comment, similar to the ones employed in the *Nibelungenlied*, anticipates the unhappy ending. Cf. ll. 78f. and ll. 88f.

      dâ von ze jungest im geschach
      ein leit daz in beswârte.
80 der frouwen man der vârte   80
      mit starker huote ir beider
      sô lange unz er leider
      an ir gebærden wart gewar
      daz si diu süeze minne gar
85 het in ir stric verworren,   85
      daz si muosten dorren
      nâch einander beide.
      dar umbe wart vil leide
      disem guoten herren dô.
      […]
      er kêrte dar ûf sînen sin
      daz er mit der frouwen
120 benamen wolte schouwen   120
      Jerusalem daz reine lant.
      und dô der ritter daz bevant,
      der nâch ir süezen minne bran,
      dô wart der muotsieche man
125 vil schiere des ze râte   125
      daz er nâch ir drâte
      wolte ouch varen über mer.
      in dûhte daz er âne wer
      dâ heime tôt gelæge,
130 ob er sich des verwæge   130
      daz er wendic würde.
      der strengen minne bürde
      twanc sô vaste sînen lîp
      daz er durch daz schœne wîp
135 wær in den grimmen tôt gevarn;   135
      dar umbe er doch niht langer sparn
      wolte nâch ir sîne vart.
      und dô des an im innen wart
      diu süeze tugende rîche,
140 do besande in tougenlîche   140
      daz vil keiserlîche wîp.
      "friunt, herre", sprach si, "lieber lîp,
      mîn man ist an den willen komen,
      als dû wol selbe hâst vernomen,
145 daz er mich flœhen wil von dir.   145
      nû volge, trûtgeselle, mir
      durch dîner hôhen sælden art

Durch dieses Verhalten sollte ihn schließlich / ein schweres Leid treffen.
(80) Der Ehemann spürte / ihnen beiden sehr genau nach, / so lange, bis er zu ihrem Unglück / an ihrem Verhalten bemerkte, / daß die liebliche Minne sie ganz und gar

(85) in Fesseln geschlagen hatte, / so daß sie beide / vor Sehnsucht nacheinander vergingen. / Daraus erwuchs / dem ehrsamen Mann viel Leid.

The husband decides to take his wife to the Holy Land, but she pursuades her lover to go and thus save her from the journey.

Er beabsichtigte fest, / mit seiner Gemahlin
(120) wirklich Jerusalem, die Heilige Stadt, / zu besuchen. / Als der Ritter das erfuhr, / der sich nach ihrer süßen Minne brennend sehnte, / da kam der liebeskranke Mann

(125) sehr schnell zu dem Entschluß, / ihr eilig nachzufahren, / ebenfalls übers Meer.[3] / Er glaubte nämlich, daß er unweigerlich / in der Heimat sterben müsse,

(130) wenn er sich dazu entschlösse, / seine Absicht zu ändern. / Die Gewalt der unerbittlichen Minne[4] / bedrängte ihn so stark, / daß er wegen der schönen Frau

(135) selbst in den bitteren Tod gegangen wäre. / So wollte er seine Fahrt / ihr nach nicht länger verzögern. / Als die Liebliche, Untadelige[5] / seine Absicht erkannte

(140) da ließ die herrliche Frau / ihn heimlich zu sich rufen. / "Freund, Herr", begann sie, "Geliebtester, / mein Gemahl hat den Beschluß gefaßt— / wie du gewiß selbst gehört hast—,

(145) mich dir durch die Flucht zu entziehen. / Nun höre auf mich, Geliebter: / bei deiner edlen Güte bitte ich dich, /

---

[3] Notice how the poet in the story does not plan to go to the Holy Land to serve the Lord, but only to be close to his lady.
[4] "Die Gewalt der unerbittlichen Liebe": the power of inexorable love
[5] Untadelige: this would suggest that she has not done anything wrong thus far.

       unde erwende dise vart,
       die sîn lîp hât ûf geleit
150 über daz wilde mere breit: 150
       var alters eine drüber ê,
       dar umbe daz er hie bestê.
       wan swenne er hât von dir vernomen
       daz dû bist vor im über komen,
155 sô belîbet er zehant,   155
       und wirt der arcwân erwant
       den sîn lîp hât ûfe mich,
       wand er gedenket wider sich:
       'wære an diesen dingen iht
160 der mîn herze sich versiht   160
       an mînem schœnen wîbe guot,
       der werde ritter hôchgemuot
       wære niht von lande komen.'
       sus wirt der zwîvel im benomen
       den wider mich sîn herze treit.
       [...]
180 nu genc, vil lieber herre, her,   180
       enpfâch von mir diz vingerlîn:
       dâ bî soltû der swære mîn
       gedenken under stunden,
       dâ mite ich bin gebunden,
185 sô dich mîn ouge niht ensiht: 185
       wan zwâre swaz sô mir geschiht,
       ich muoz an dich gedenken,
       dîn vart diu kan mir senken
       jâmer in mîns herzen grunt.
190 gip mir her an mînen munt   190
       einen süezen friundes kus
       und tuo dur mînen willen sus
       als ich hân gesaget dir."
       [...]
230 den êrsten kiel den er dâ vant,   230
       darinne wart er über brâht.
       er hæte sich des wol bedâht
       daz er ûf der erden
       niemer wolte werden
235 fröudehaft noch rehte frô,   235
       got gefuoctez danne alsô
       daz er ze lande quæme
       und etewaz vernæme
       von der lieben frouwen sîn.

verhindere diese Fahrt / über das gefährliche, weite Meer,
(150) die er geplant hat: / Fahr du allein zuvor hinüber, / damit er hierbleibt./ Denn wenn er erst einmal von dir gehört hat, / daß du vor ihm über das Meer gelangt bist,

(155) dann bleibt er ohne weiteres hier, / und zugleich wird sein Argwohn beseitigt, / den er gegen mich hegt; / denn er wird bei sich denken: / 'Wäre etwas von den Befürchtungen wahr,

(160) die mein Herz / wegen meiner schönen, ehrenhaften[6] Gemahlin hegt, / dann hätte der edelgesinnte Ritter / nicht das Land verlassen.' / Auf diese Weise wird ihm der Verdacht genommen,

(165) den sein Herz gegen mich gefaßt hat."

[...]

(180) "Nun komm her, Geliebtester, nimm von mir diesen Ring; er soll dich in der Zwischenzeit an meinen Schmerz erinnern, durch den ich dir verbunden bin,

(185) wenn dich auch mein Auge nicht sieht. Denn wahrlich, was mir auch geschieht, ich werde immer an dich denken; deine Fahrt wird mir den Kummer bis tief in des Herzens Grund senken.

(190) Gib mir auf den Mund einen zärtlichen[7] Kuß, und handle um meinetwillen so, wie ich dir gesagt habe!"

The knight is so intent on pleasing his lady that he sets out for the Holy Land ("ließ er sich übersetzen") on the very first ship he sees on the shore.

(230) Mit dem ersten Schiff, das er dort fand, ließ er sich übersetzen. Er war völlig darauf gefaßt, auf dieser Welt nie mehr

(235) froh und glücklich zu werden, es sei denn, Gott fügte es, daß er wieder in die Heimat zurückkäme und etwas von seiner geliebten Herrin erführe.

---

[6]The fact that she refers to herself as 'virtuous' sounds somewhat specious under the circumstances.
[7]"zärtlich" suggests more than the original "friundes kus."

240 des wart sîn herzeclîcher pîn   240
      vil strenge und ouch vil bitter:
      der tugenthafte ritter
      begunde nâch ir trûren
      und in sîn herze mûren
245 vil jâmerlîche riuwe.   245
      sîn altiu sorge niuwe
      nâch ir süezen minne wart.
      der reinen turteltûben art
      tet er offenlîche schîn,
250 wande er nâch dem liebe sîn   250
      vermeit der grüenen fröuden zwî
      und wonte stæteclîche bî
      der dürren sorgen aste.
      er sente nâch ir vaste,
255 und wart sîn leit sô rehte starc   255
      daz im der jâmer durch daz marc
      dranc unz an der sêle grunt;
      er wart vil tiefer sorgen wunt
      und inneclicher swære.
260 der sende marterære   260
      sprach ze maneger stunde
      mit siufzendem munde:
      "gêret sî daz reine wîp,
      der leben und der süezer lîp
265 mir gît sô herzeclichen pîn.   265
      jâ si liebiu frouwe mîn,
      wie kan ir süeziu meisterschaft
      sô bitterlicher nœte craft
      senden mir ze herzen!
270 wie mac sô grôzen smerzen   270
      ir vil sælic lîp gegeben!
      sol si trœsten niht mîn leben,
      sô bin ich endelîche tôt."
      In dirre clagenden herzenôt
275 was er mit jâmer alle tage,   275
      und treip sô lange dise clage
      biz er ze jungest wart geleit
      in alsô sende siecheit
      daz er niht langer mohte leben.
280 im wart sô grimmiu nôt gegeben   280
      daz man wol ûzen an im sach
      den tougenlichen ungemach

(240) Daraus enstand ihm / harte und bittere Herzensqual. / Der edle Ritter / sehnte sich trauernd nach ihr / und vermauerte dieses qualvolle Leid

(245) in sein Herz. / Seine alte Sehnsucht / nach ihrer zärtlichen Minne wurde immer wieder neu. / Wie die unschuldige Turteltaube[8] / verhielt er sich offenkundig;

(250) denn in Gedanken an seine Geliebte / mied er den Zweig der grünenden Freude / und verharrte ständig / auf dem Ast der dürren Trübsal.[9] / Er sehnte sich unendlich nach ihr,

(255) und sein Schmerz wurde so übermächtig, / daß ihm das Leid durch das Mark / bis in den tiefsten Grund seiner Seele drang. / Er wurde krank vor großem Gram und innerlichem Schmerz.

(260) Der sehnsuchskranke Märtyrer / redete oft / mit seufzender Stimme: / "Gepriesen sei die edle Frau, / deren Leben und lieblicher Leib

(265) mir solche Herzensqual bereiten. / Ach, sie meine geliebte Herrin— / wie kann ihre zarte Herrschaft / eine solche Menge bitterer Schmerzen meinem Herzen zufügen!

(270) Wie kann so großen Schmerz / diese Holdselige verleihen! / Wenn sie mir nicht Trost und Zuversicht gibt, / so werde ich bald tot sein." / In dieser tiefen Herzensqual

(275) trauerte er alle Tage / und klagte so lange / bis er zuletzt / so liebeskrank wurde,[10] / daß er nicht länger zu leben vermochte.

(280) Ihm wurde ein so großer Schmerz zugefügt, / daß man ihm schon äußerlich ansah, welch heimliche Trübsal

---

[8] Already in the *Song of Songs* (2:12) the turtle dove is a symbol of love, and its woeful cooing is often compared to sighs of love. Notice also that the wife in *Der Ackermann aus Böhmen* is referred to as "mein auserwelte turteltauben" (chapt. **III**).

[9] For an interesting parallel, cf. Shakespeare's *The Winter's Tale* V, 3: "I, an old turtle, will wing me to some wither'd bough, and there my mate, that's never to be found again, lament till I am lost."

[10] cf. the description of Tristan as "der edele senedære" (l. 121), that is, one who is overcome with yearning and the pain of love.

den innerhalp sîn herze truoc
[...].
dô sprach er zuo dem cnehte sîn:
"vernim mich, trûtgeselle mîn;
ich bevinde leider wol
290 daz ich benamen sterben sol   290
dur liebe mîner frouwen,
wan si mich hât verhouwen
biz ûf den tôt mit sender clage.
dar umbe tuo daz ich dir sage:
295 swenne ich sî verdorben   295
unde ich lige erstorben
durch daz keiserlîche wîp,
sô heiz mir snîden ûf den lîp
und nim dar ûz mîn herze gar,
300 bluotic unde riuwevar;   300
daz soltu denne salben
mit balsam allenthalben,
durch daz ez lange frisch bestê.
vernim waz ich dir sage mê:
305 frum eine lade cleine   305
von golde und von gesteine,
dar în mîn tôtez herze tuo,
und lege daz vingerlîn dar zuo
daz mir gab diu frouwe mîn:
310 sô diu zwei bî einander sîn   310
verslozzen und versigelet,
sô bring alsô verrigelet
si beidiu mîner frouwen,
durch daz si müge schouwen
315 waz ich von ir habe erliten,   315
und wie mîn herze sî versniten
nâch ir vil süezen minne.
[...]
Mit dirre clagenden herzenôt
335 der ritter nam sîn ende.   335
dar umbe sîne hende
der cneht vil jâmerlîche want;
er hiez in snîden ûf zehant
unde erfulte im sîne bete.
340 swaz er in ê gebeten hete   340
daz tet er unde kêrte dan

er in seinem Herzen trug.

As he lies dying, he orders his squire to have his heart embalmed and to take it back to his beloved.

Da sagte er zu seinem Knappen: / "Höre mich an, mein Freund, / ich spüre leider zu genau,
(290) daß ich unweigerlich sterben muß, / und zwar aus Liebe zu meiner Herrin; / denn sie hat mich mit Sehnsuchtsschmerz / zu Tode verwundet. / Darum tu, was ich dir auftrage:

(295) Wenn ich gestorben bin / und tot daliege / wegen dieser herrlichen Frau, / dann laß mir den Leib aufschneiden / und nimm mein Herz gänzlich heraus,

(300) blutend und trauerfarben, wie es ist. / Das sollst du dann / völlig einbalsamieren, damit es lange erhalten bleibt. / Höre, was ich dir noch auftrage:

(305) Richte ein zierliches Kästchen her / aus Gold und Edelsteinen; / dorthinein bette mein totes Herz / und lege den Ring dazu, / den mir meine Herrin gegeben hat.

(310) Wenn Herz und Ring zusammen / eingeschlossen und versiegelt sind, / dann bringe beide so verwahrt / meiner Herrin, damit sie daraus ersehen kann,

(315) was ich ihretwegen erlitten habe / und wie mein Herz in Sehnsucht / nach ihrer zärtlichen Minne gebrochen ist."

[...]

In solcher Seelenqual
(335) verschied der Ritter. / Da rang der Knappe / voll Jammer die Hände. Er ließ ihn sogleich aufschneiden / und erfüllte ihm seine Bitte.[11]

(340) Alles, um was er ihn vor seinem Tod gebeten hatte, / führte er aus, um dann

---

[11]This is not as barbarian as one might think. In fact, it was not at all uncommon for royalty to have his or her heart cut out and placed in an urn at a pilgrimage church.

als ein fröudelôser man
mit dem herzen alsô tôt.
er fuorte ez, als er im gebôt,
345 zuo der selben veste   345
dâ er si ûfe weste
durch die der liebe herre sîn
leit des grimmen tôdes pîn.
Dô er zuo der veste quam
350 dâ diu frouwe tugentsam   350
was inne bî der selben zît,
dô reit im ûf dem velde wît
ir man engegen von geschiht
und wolte, als uns daz mære giht,
355 dâ lîhte hân gebeizet.   355
des wart der cneht gereizet
ûf clegelichez ungemach;
wan dô der ritter in gesach,
dô gedâhte er alzehant:
360 "zwâre, dirre ist her gesant   360
umb anders niht wan umbe daz
daz er mæres etewaz
bringe mînem wîbe
von sînes herren lîbe
365 der nâch ir minne jâmer treit."   365
hie mite er zuo dem cnehte reit
und wolte in mære frâgen sâ.
dô gesach er schiere dâ
die lade von gezierde cluoc,
370 darinnen er daz herze truoc   370
und der frouwen vingerlîn.
er hætes an den gürtel sîn
gehenket beidiu von geschiht
als ob ez wære anders iht.
375   Dô der ritter daz ersach,   375
den cnappen gruozte er unde sprach,
waz er dar inne trüege.
dô sprach der vil gefüege
und der getriuwe jungelinc:
380 "herr, ez ist einer hande dinc   380
daz verre bî mir ist gesant."
"lâ sehen", sprach er alzehant,
"waz drinne sî verborgen!"
dô sprach der cneht mit sorgen:

als freudloser Mensch / mit dem toten Herzen heimzukehren. Er brachte es, wie ihm aufgetragen worden war,

(345) zu eben der Burg, / auf der er die Dame wußte, / derentwegen sein geliebter Herr / den bitteren Todesschmerz hatte erdulden müssen.

Als er zu der Burg kam,
(350) in der die Edle / sich damals aufhielt, / da ritt ihm auf dem freien Feld / zufällig ihr Ehemann entgegen / und wollte, wie uns die Geschichte erzählt,

(355) dort wohl der Falkenjagd nachgehen. / Diese Begegnung versetzte den Knappen in Unruhe, / denn er fürchtete ein beklagenswertes Unglück. / Als der Ritter ihn nämlich erkannt hatte, / dachte er gleich bei sich:

(360) "Gewiß ist der Knappe / zu keinem andern Zweck hierhergesandt, / als um meiner Frau irgendeine Nachricht / zu überbringen, und zwar von seinem Herrn,

(365) der sich klagend nach ihrer Minne sehnt." / Mit diesen Gedanken ritt er zu dem Knappen / und wollte ihn sogleich wegen der Nachricht befragen. / Als er angekommen war, gewahrte er bald / das kunstvoll verzierte Kästchen,

(370) worin der Knappe das Herz trug / und den Ring der Herrin. / Er hatte es an seinen Gürtel wie zufällig[12] gehängt, / als handle es sich um etwas Gleichgültiges.[13]

(375) Als aber der Ritter das sah, / grüßte er den Knappen und fragte, / was er darin trüge. / Da sagte der gehorsame / und treue Bursche:

(380) "Herr, das ist etwas, / was jemand aus der Ferne durch mich hergesandt hat." / "Laß sehen", erwiderte der Ritter sogleich, / "was darin verborgen ist!" / Besorgt antwortete der Knappe:

---

[12]wie zufällig: casually
[13]etwas Gleichgültiges: some trifle

385 "zwâre des entuon ich niht,   385
    kein mensche ez niemer gesiht
    wan der ez sol von rehte sehen."
    "nein, alsô mag ez niht geschehen",
    sprach der ritter aber zime,
390 "wand ich dirz mit gewalte nime   390
    und schouwe ez sunder dînen danc."
    Dar nâch was vil harte unlanc
    biz daz er im daz ledelîn
    brach von deme gürtel sîn.
395 daz tet er ûf mit sîner hant: 395
    daz herze sach er unde vant
    dâ bî der frouwen vingerlîn.
    an den zwein wart ime schîn
    daz der ritter læge tôt
400 und disiu beidiu sîner nôt   400
    ein urkünde wæren
    ze der vil sældenbæren.
        Der ritter sprach dem cnehte zuo:
    "ich sage dir, cnappe, waz du tuo:
405 var dîne strâze, wellest dû,   405
    ich wil daz cleinœte nû
    mir selben hân, daz sage ich dir."
    Sus reit er heim nâch sîner gir
    und sprach ze sînem koche sâ,
410 daz er im ûz dem herzen dâ   410
    ein cleine sundertrahte
    mit hôhem flîze mahte.
    daz tet der koch mit willen gar:
    er nam zuo im daz herze dar
415 und mahte ez alsô rehte wol   415
    daz man enbîzen niemer sol
    dekeiner slahte spîse,
    diu alsô wol nâch prîse
    mit edeln würzen sî gemaht
420 als daz herze vil geslaht.   420
        Als ez wart gar bereitet,
    dô wart niht mê gebeitet;
    der wirt gienc ezzen über tisch
    und hiez tragen alsô frisch
425 die trahte sînem wîbe dar.   425
    "frouwe", sprach er suoze gar,
    "diz ist ein spîse cleine,

(385) "Das tu ich beileibe nicht; / kein Mensch wird es je sehen / außer dem, der es rechtens sehen darf." / "Nein, das wird nicht geschehen", / erwiderte der Ritter ihm,

(390) "denn ich nehme es dir mit Gewalt / und sehe es mir eben ohne deine Zustimmung an." / Im selben Augenblick / riß er ihm das Kästchen / vom Gürtel ab und

(395) öffnete es mit der Hand. / Da sah er das Herz und fand / dabei den Ring seiner Gemahlin; / daran erkannte er, / daß der Ritter gestorben war

(400) und daß diese beiden / ein Zeugnis seiner Qual / um die beglückende Geliebte waren.

Der Ritter wandte sich zu dem Knappen: / "Ich will dir sagen, Knappe, was du zu tun hast:
(405) "Zieh gefälligst deines Wegs; / ich werde jetzt diesen Schatz für mich behalten, / das laß dir gesagt sein." / Darauf trieb es ihn heimzureiten. / Seinem Koch befahl er sofort,

(410) ihm aus dem Herzen / eine feine, besonders köstliche Mahlzeit / mit größter Sorgfalt zu bereiten. / Das tat der Koch sehr gern. / Er nahm das Herz entgegen

(415) und richtete es so köstlich an, / daß man wohl niemals mehr / ein Gericht wird essen können, / das ebenso vorzüglich / mit edlen Gewürzen bereitet ist
(420) wie dieses hochedle Herz.

Als es fertig angerichtet war, / da wartete man nicht länger. / Der Hausherr setzte sich zur Tafel / und ließ das Gericht frisch

(425) seiner Gemahlin auftragen. / "Herrin", sagte er honigsüß, / "dies ist ein köstliches Gericht

    die solt du ezzen eine,
    wan dû ir niht geteilen maht."
430 sus nam diu frouwe vil geslaht   430
    und az ir friundes herze gar,
    alsô daz si niht wart gewar
    welher slahte ez möhte sîn.
    daz jâmerlîche trehtelîn
435 sô süeze dûhte ir werden munt   435
    daz si dâ vor ze keiner stunt
    nie dekeiner spîse gaz
    der smac ir ie geviele baz.
     Dô diu frouwe stæte
440 daz herze gezzen hæte,   440
    dô sprach der ritter alzehant:
    [...]
460 "vernim vil rehte waz ich dir   460
    mit worten hie bescheide:
    zam und wilde beide
    was disiu trahte, sam mir got!
    den fröuden wilde sunder spot,
465 den sorgen zam ân underlâz: 465
    du hâst des ritters herze gâz
    daz er in sîme lîbe truoc,
    der nâch dir hât erliten gnuoc
    jâmers alle sîne tage.
470 geloube mir waz ich dir sage.   470
    er ist von sender herzenôt
    nâch dîner süezen minne tôt,
    und hat dir daz herze sîn
    und daz guote vingerlîn
475 zeim urkünde her gesant   475
    bî sînem cnehte in ditze lant."
     Von disem leiden mære
    wart diu sældenbære
    als ein tôtez wîp gestalt,
480 ir wart in deme lîbe kalt   480
    daz herze, daz geloubent mir.
    ir blanken hende enphielen ir
    beide fürsich in die schôz,
    daz bluot ir ûz dem munde dôz,
485 als ir diu wâre schult gebôt.   485
    "ja", sprach si dô mit maneger nôt,
    "hân ich sîn herze denne gâz

das sollst du ganz allein essen; / teilen kannst du es nicht."
(430) So nahm die edle Frau das Gericht / und verspeiste das Herz ihres Freundes, / ohne zu merken, / was sie da aß. / Die beklagenswerte kleine Mahlzeit

(435) schmeckte der Edlen so köstlich, / daß sie nie zuvor / eine Speise gegessen hatte, / die ihr besser gemundet hätte.

Als die getreue Dame
(440) das Herz gegessen hatte, / sagte ihr Gemahl sogleich:

[...]

"Herrin,
(460) hör genau zu, / was ich dir hier auseinandersetze: / Zahm und wild zugleich / war diese Speise—bei Gott! / Diesem Fleisch war wahrhaftig alle Freude

(465) fremd geworden, aller Kummer aber ständig vertraut. / Du hast das Herz des Ritters gegessen, / das er in seinem Leib trug; / er hat deinetwegen sein Leben lang / Kummer übergenug erlitten.

(470) Glaube mir, was ich dir sage. / Er ist vor quälender Herzenssehnsucht / nach deiner zärtlichen Minne gestorben / und hat dir sein Herz / und den kostbaren Ring

(475) zum Beweis / durch seinen Knappen hierhergesandt."

Bei dieser leidvollen Erzählung / nahm die Beglückende[14] / das Aussehen einer Toten an;
(480) das Herz erkaltete ihr im Leib, / das glaubt mir. / Ihre makellosen Hände sanken ihr / leblos in den Schoß, / Blut stürzte aus ihrem Mund—

(485) das bewirkte ihr hartes Schicksal. / "Ja", sagte sie dann unter vielen Qualen, / "habe ich also dessen Herz gegessen, /

---

[14]die Beglückende: she who used to make others happy

der mit hât ân underlâz
von grunde ie holden muot getragen,
490 sô wil ich iu benamen sagen,   490
daz ich nâch dirre spîse hêr
dekeiner trahte niemer mêr
mich fürbaz wil genieten.
got sol mir verbieten
495 durch sînen tugentlichen muot,   495
daz nâch sô werder spîse guot
in mich kein swachiu trahte gê.
enbîzen sol ich niemer mê
dekeiner slahte dinges,
500 wan des ungelinges   500
daz geheizen ist der tôt.
ich sol mit sender herzenôt
verswenden hie mîn armez leben
umb in der durch mich hât gegeben
505 beidiu leben unde lîp.   505
ich wære ein triuwelôsez wîp,
ob ich gedæhte niht daran
daz er vil tugenthafter man
sante mir sîn herze tôt.”
[...]
sus wart ir nôt sô rehte starc
daz si von herzenleide
ir blanken hende beide
mit grimme zuo einander vielt.
520 daz herze ir in dem lîbe spielt   520
von sender jâmerunge.
Hie mite gap diu junge
ein ende ir süezen lebene
und widerwac vil ebene
525 mit eime swæren lôte   525
swaz ir dâ vor genôte
ir friunt geborget hæte.
si galt mit ganzer stæte
und ouch mit hôhen triuwen ime.
530 Got welle, swaz ich dinges nime,   530
daz ich wider geben daz
müeze sanfter unde baz
dann ir vil reinez herze tete.
ich wæne daz an keiner stete
535 wart nie vergolten alsô gar   535

der mir stets aus ganzer Seele hold gewesen ist,
(490) so will ich Euch ein für allemal sagen, / daß ich nach solch edler Speise / ferner[15] keine Mahlzeit mehr / genießen will. / Gott bewahre mich

(495) in seiner Güte, daß ich nach einer / so auserwählten und einzigartigen Speise / jemals wieder gewöhnliche Nahrung zu mir nähme! / Nie mehr will ich irgend etwas genießen, / es sei, was es wolle:

(500) einzig und allein nur das Leid, / das Tod genannt wird. / Ich will mit quälender Herzenssehnsucht / mein elendes Leben fortan hingeben / für ihn, der um meinetwillen

(505) Leib und Leben verloren hat. / Ich wäre eine treulose Frau, / wenn ich nicht stets daran dächte, / daß er, der edle Mann, / mir sein totes Herz gesandt hat.

[...]

Da wurde ihr Schmerz so übergroß, / daß sie vor Herzensjammer/ ihre makellosen Hände / schmerzlich ineinanderkrampfte.[16]

(520) Das Herz brach ihr im Leibe / vor Sehnsuchtsschmerz. / So gab die junge Frau / ihrem Leben ein Ende / und wog all das genau

(525) mit schwerem Gewicht auf, / was ihr zuvor ohne Zögern / ihr Freund alles gegeben hatte. / Sie vergalt es ihm mit unbeirrbarer / und großer Treue.

(530) Gott gebe, daß ich alles, was ich je borge, / weniger schmerzlich und auf leichtere Art / zurückzugeben vermöchte, / als es ihr reines Herz getan hat. / Denn ich glaube, daß noch nirgendwo

(535) etwas so vollständig vergolten wurde,

---

[15]ferner: from now on
[16]schmerzlich ineinanderkrampfte: she squeezed her hands so hard that it hurt

noch niemer wirt: des nim ich war
an den liuten die nu sint;
wand in froun Minnen underbint
lît niht sô strengeclichen an
540 daz beidiu frouwen unde man   540
zesamene gebunden sîn,
daz si des grimen tôdes pîn
nu durch einander lîden.
[...]
âne grimmes tôdes strît
werdent si gescheiden wol
550 die nu kumberlîche dol   550
durch einander wellent tragen.
frou Minne gît bî disen tagen
in selten alsô guoten kouf.
wîlen dô sie niender slouf
555 ze tugentlôser diete   555
umb alsô swache miete,
dô dûhte ir süezekeit sô guot
daz durch si manic edel muot
biz ûf den tôt versêret wart.
560 nu hât verkêret sich ir art   560
und ist sô cranc ir orden,
daz sie wol veile ist worden
den argen umbe ein cleinez guot.
dar umbe lützel iemen tuot
565 durch si nû dem lîbe wê.   565
man wil dar ûf niht ahten mê,
und tiuret daz vil cleine
daz sich algemeine
den liuten hât gemachet,
570 daz ist dâ von geswachet.   570
als ist ez umb die minne:
gewünne si die sinne
daz si noch tiurre würde,
ez wære jâmers bürde
575 nie geleget vaster an   575
dann iezuo frouwen unde man:
ez würde nâch ir sô gestriten
und für einander sô geliten
daz man ez gerne möhte sehen.
580 Niht anders kan ich iu verjehen,   580
von Wirzeburc ich Cuonrât.

noch je vergolten wird. Das sehe ich / an den Menschen, die jetzt leben;[17] / denn für sie ist die Bindung durch die Frau Minne / nicht mehr so fest,

(540) daß Mann und Frau / derart miteinander verbunden sind, / daß sie den bitteren Todesschmerz / auch heute noch umeinander erleiden würden.[18]
[...]

Ohne harten Todeskampf / lassen sich heute die trennen,
(550) die ein beschwerliches Los / umeinander tragen sollten. / Frau Minne gibt ihnen heutzutage / nie einen derartigen Gewinn. / Aber damals fand sie sich auch nie

(555) bei gewöhnlichen Leuten zu einem so geringen Preis ein; / damals[19] galt die Minne noch so viel, / daß um ihretwillen viele edle Gemüter / auf den Tod verwundet wurden.

(560) Nun aber hat sich ihr Wesen gewandelt, / und ihr Stand ist so schwach, / daß sie schlechten Menschen käuflich wurde / für eine Kleinigkeit. / Darum empfindet auch niemand mehr

(565) um ihretwillen körperlichen Schmerz. / Man achtet sie nicht mehr; / denn man schätzt das gar nicht, / was sich den Leuten / gemein gemacht hat.

(570) Davon wird es wahrlich geschwächt. / So steht es auch um die Minne: / Wenn sie die Seelen gewinnen könnte, / so daß sie wieder geschätzt würde, / dann wäre die Last des Kummers

(575) niemandem stärker auferlegt / als den heute lebenden Frauen und Männern: / Denn dann würde wieder um sie so gekämpft / und füreinander so gelitten, / daß man es mit Freude sehen könnte.
(580) Nichts anderes kann ich euch erzählen, / ich Konrad von Würzburg.[20]

The remaining seven lines of the poem represent an appeal to the men and women who may still have preserved within their hearts the pure love of an "edel herze"[21] to consider the story, to learn its lesson well, and to strive for the preservation, if not revival, of this special kind of love.

---

[17]These lines are reminiscent of the «laudatio temporis acti» in Walther von der Vogelweide's elegy.

[18]Konrad bemoans the fact that men and women have lost their capacity for total commitment.

[19]damals: in the days of courtly love. Konrad is perhaps alluding to Tristan and Isolde as examples of this relentless commitment of love.

[20]It is interesting to note how Konrad appears to place himself on a level with Gottfried von Straßburg by mentioning the latter in ll. 8f. at the beginning of the *Herzmære* and himself in the eighth line from the end.

[21]The choice of words is significant here particularly in light of what was mentioned in the previous footnote.

Wernher der Gärtner
(fl. c. 1250-1280)
Helmbrecht

We know nothing of the author of this «Märe» except what he tells of himself in the poem. His name, Gartenære, may suggest that Wernher was a travelling poet who made a living by begging (Middle High German «garten» = to beg). He has considerable learning and is acquainted with the work of Wolfram von Eschenbach and other courtly writers. He also knows the society, including courtly society, of his own time, and the poem shows an intimate knowledge of the area of the Bavarian-Austrian Inn district where the events of the poem take place. The description of the area and of the events is so vivid that some critics have tried to show that Wernher was recounting an occurrence of which he had first-hand knowledge. This is unlikely in the narrow sense, but the poem undoubtedly reflects faithfully the social mores of the time. The work was written at a time when the feudal order had suddenly been plunged into a deep crisis following the end of the Hohenstaufen reign. A previously well-defined and tightly organized society came apart at the seams with the advent of new classes, the ever-growing power of the cities and their form of economy, and a rise in the number of «Raubritter», or outlaw knights. In essence, *Helmbrecht* is a sermon in verse («Verspredigt»), based on the parable of the prodigal son, but with quite a different ending. It is a warning both to parents and children of the moral duty of a father to be ruthless in training his son in good conduct, and of a son to follow dutifully the path his father prescribes and not to aspire to a rank in society which is unsuited for him. In the process, the poem criticizes sharply the decline in standards of conduct among the nobility and the increasing self-assertiveness of the peasants (cf. ll. 553ff.), shown by a desire for material display.

Although there are several passages of considerable comic power, in particular the one in which young Helmbrecht shows off his newly acquired capabilities in courtly manners and foreign languages—the mutilation of which only an educated audience would appreciate—, the poem as a whole is quite serious, and the doctrine it preaches, that Christian duty means stern punishment even of one's dearest kin, is graphically portrayed in the horrid fate meted out to young Helmbrecht. The work shows Franciscan influence in its use of the «exemplum» ("bîspel"), or story to teach a moral. Although the amplification of the «exemplum» makes the work an excellent poem, it nevertheless remains an «exemplum». The work is written in the usual narrative form—rhyming four-beat lines. The brief prologue gives various reasons for writing poetry; the poet then speaks of the narrative he is going to tell: a personal experience, about a boy with lavish blond hair and an elaborate cap—both of which contemporary customs and dress codes forbade—, and what happened to him. Wernher's description of the boy's cap is an obvious mockery of the elaborate descriptions found in courtly romances. The resemblance to Homer's portrayal of the shield of Achilles is almost certainly accidental. A more likely source is the description of the saddle in the Latin poem "Phyllis and Flora." The subjects depicted on the cap are first those of the romances of antiquity («matière de Rome»), then those of the «chansons de geste» material («matière de France»), all amounting to an attempt by young Helmbrecht to legitimize his pretended knighthood (cf. ll.303ff.)

Einer seit waz er gesiht,
der ander seit waz im geschiht,
der dritte von minne,
der vierde von gewinne,
5 der fünfte von grôzem guote,   5
der sehste von hôhem muote:
hie wil ich sagen waz mir geschach,
daz ich mit mînen ougen sach.
Ich sach, deist sicherlîchen wâr,
10 eins gebûren sun, der truoc ein hâr,   10
daz was reide unde val;
ob der ahsel hin ze tal
mit lenge ez volleclîchen gie.
in eine hûben er ez vie,
15 diu was von bilden wæhe.   15
ich wæne ieman gesæhe
sô manegen vogel ûf hûben:
siteche unde tûben
die wâren al dar ûf genât.

20 Nû hœrt wiez umbe die hûben stât.   20
ein meier der hiez Helmbreht:
des sun was der selbe kneht
von dem daz mære ist erhaben.
sam den vater nante man den knaben:
25 si bêde hiezen Helmbreht.   25
mit einer kurzen rede sleht
künde ich iu daz mære,
waz ûf der hûben wære
wunders erziuget
30 (daz mære iuch niht betriuget;   30
ich sage ez niht nâch wâne):
hinden von dem spâne
nâch der scheitel gegen dem schopfe,
reht enmitten ûf dem kopfe,
35 der lîm mit vogelen was bezogen,   35
als si wæren dar geflogen
ûz dem Spehtharte.
ûf gebûren swarte
kom nie bezzer houbetdach,
40 dan man ûf Helmbrehte sach.   40
dem selben geutôren
was gegen dem zeswen ôren

Einer erzählt von dem, was er gesehen hat, / ein zweiter von dem, was ihm widerfahren ist, / der dritte von Liebe, / der vierte von Handel und Wandel,

(5) der fünfte von Reichtum, / der sechste von hohen Idealen. / Hier will ich erzählen, was ich selbst erlebt / und mit eigenen Augen gesehen habe. / Ich habe—das ist absolut zuverlässig!—

(10) einen Bauernsohn gekannt, / dessen lockiges blondes Haar / über die Schulter / lang herabfiel. / Diese Haarpracht bändigte er in eine

(15) mit Bildern kunstreich verzierte Kappe. / Ich glaube: Niemand hat bisher / so viele Vögel auf einer Kappe abgebildet gesehen: / Papageien und Tauben / waren darauf gestickt.

(20) **H**ört nun, wie es mit dieser Kappe bestellt war. / Ein Gutspächter hieß Helmbrecht. / Dessen Sohn ist der Held / dieser Geschichte.[1] / Der Junge hieß ebenso wie sein Vater.

(25) Beide hießen sie Helmbrecht. / Knapp und ohne Umschweife / will ich euch berichten, / was auf der Kappe / noch für wundersame Dinge dargestellt waren

(30) / (diese Geschichte ist nicht eitel Phantasie; / ich berichte es nicht bloß so auf Verdacht hin): / Hinten von den Ringellöckchen im Nacken / bis zum Scheitel / mitten auf dem Kopf

(35) war der Mittelstreifen der Kappe mit Vögeln bestickt; / die wirkten als wären sie eben / aus dem Spessart herangeflogen.[2] / Noch niemals hat ein Bauernschädel / eine so herrliche Kopfbedeckung getragen

(40) wie hier Helmbrecht. / Diesem Bauerntölpel / war auf die rechte Seite

---

[1]The protagonist of the «Märe» is not Meier Helmbrecht but his son. «Meier» is an archaic word for 'tenant farmer.'

[2]Spessart is a heavily wooded region near Aschaffenburg on the Main.

ûf die hûben genât—

Welt ir nû hœren waz dâ stât?—
45 wie Troye wart besezzen,   45
   dô Pâris der vermezzen
   dem künege von Kriechen nam sîn wîp,
   diu im was liep alsam sîn lîp,
   und wie man Troye gewan
50 und Enêas von danne entran   50
   ûf daz mer in den kielen,
   und wie die türne vielen
   und manec steinmûre.
   owê daz ie gebûre
55 solhe hûben solde tragen   55
   dâ von sô vil ist ze sagen!

Welt ir nû hœren mê
   waz anderhalp dar ûf stê
   mit sîden erfüllet?
60 daz mære iuch niht betrüllet: 60
   ez stuont gegen der winstern hant
   wie künec Karle und Ruolant,
   Turpîn und Oliviere,
   die nôtgestalden viere,
65 waz die wunders mit ir kraft   65
   worhten gegen der heidenschaft:
   Prôvenz und Arle
   betwanc der künec Karle
   mit manheit und mit witzen,
70 er betwanc daz lant Galitzen;   70
   daz wâren allez heiden ê.

Welt ir nû hœren waz hie stê
   von ener nestel her an dise
   (ez ist wâr daz ich iu lise)
75 zwischen den ôren hinden?   75
   von frouwen Helchen kinden
   wie die wîlen vor Raben
   den lîp in sturme verloren haben,
   dô si sluoc her Witege,
80 der küene und der unsitege,   80
   und Diethern von Berne.
   noch mügt ir hœren gerne
   waz der narre und der gouch

der Kappe gestickt—
Wollt ihr wirklich hören, was darauf gestickt war?—
(45) wie Troja belagert wurde, / nachdem Paris in seiner Vermessenheit[3] / dem König von Griechenland seine Frau entführt hatte, / die er wie das eigene Leben liebte, / und wie Troja erobert wurde

(50) und von dort allein Äneas / mit den Schiffen aufs Meer entkam / und wie die Türme / und Steinmauern geschleift wurden. / Schlimm, daß überhaupt jemals ein Bauer
(55) eine solche Kappe hat tragen können, / von der es so viel zu erzählen gibt!

Wollt ihr nun noch weiter hören, / womit die andere Seite der Kappe / in Seide bestickt war?

(60) Die Geschichte hält euch gewiß nicht zum Narren: / Links war zu sehen, / wie vier Kampfgefährten: / König Karl und Roland, / Turpin und Olivier,[4]

(65) was die für Heldentaten im grimmigen Kampf / mit den Heiden vollbrachten: / Die Provençe und das Arelat[5] / hat bekanntlich König Karl / durch Tapferkeit und durch Klugheit unterworfen,

(70) ebenso auch die Landschaft Galizien,[6] / in der vorher nur Heiden gelebt hatten.

Wollt ihr nun auch weiter hören, was hinten auf der Kappe / von Schnalle zu Schnalle[7] zu sehen war / (es ist wirklich wahr, was ich euch vortrage!)

(75) in ihrer Breite von einem Ohr zum andern? / Von den Söhnen der Königin Helche,[8] / wie die einst im Sturm auf Ravenna / ihr Leben lassen mußten, / als Held Witege,

(80) der kampfwütige Haudegen,[9] / sie und Diether von Bern erschlug. / Auch könnt ihr gespannt noch weiter hören, / was dieser Tölpel und Tor

[3]Note that Paris's «hybris» and the death of Helche's sons at the battle of Ravenna («Rabenschlacht») are aptly contrasted to Aeneas, who is known for his filial piety, and to Charlemagne's justified use of force against the heathen.
[4]King Charles, that is, Charlemagne, Roland, and Oliver are the principal characters in the *Chanson de Roland* (c. 1100), of which there was a German version by Pfaffe Konrad. Turpin was the archbishop who was also in Roland's army and to whom a Latin account of the fight at Roncesvaux was ascribed.
[5]Presumably the town of Arles in southern France.
[6]Galicia is a former province of northwestern Spain and not to be confused with a province by the same name in southern Poland.
[7]Schnalle: lacing
[8]Ort and Erp, who appear in German stories referred to as the Dietrich poems, the *Rabenschlacht, Alpharts Tod*, and *Dietrichs Flucht*.
[9]Haudegen: experienced fighter, 'old blade'

truoc ûf sîner hûben ouch.

85 Ez hêt der gotes tumbe   85
   vor an dem lîme al umbe
   von dem zeswen ôren hin
   unz an daz lenke (des ich bin
   mit wârheit wol bewæret;
90 nû hœrt wie ez sich mæret),   90
   man möht ez gerne schouwen,
   von rittern und von frouwen,
   ouch was dâ niht überhaben,
   beidiu von meiden und von knaben
95 vor an dem lîme stuont ein tanz   95
   genât mit sîden, diu was glanz.
   ie zwischen zwein frouwen stuont,
   als si noch bî tanze tuont,
   ein ritter an ir hende;
100 dort an enem ende   100
   ie zwischen zwein meiden gie
   ein knabe der ir hende vie.
   dâ stuonden fidelære bî.
   [...]
   Noch habt ir alles niht vernomen
   wie diu hûbe her sî komen:
   die nâte ein nunne gemeit.
110 diu waz durch ir hövescheit   110
   ûz ir zelle entrunnen.
   [...]
   her Nîthart, und solde er leben,
   dem hêt got den sin gegeben,
   der kunde ez iu gesingen baz
220 danne ich gesagen. nû wizzet daz: 220
   si verkoufte manec huon und ei,
   ê si im gewunne diu zwei,
   hosen und spargolzen.

   Als si dô dem stolzen
225 sîniu bein hêt gekleit,   225
   "mîn wille mich hinz hove treit",
   sprach er. "lieber vater mîn,
   nu bedarf ich wol der stiure dîn:
   mir hât mîn muoter gegeben
230 und ouch mîn swester, sol ich leben,   230

sonst noch auf seiner Kappe zur Schau trug.

(85) Dieser gottverlassene Narr hatte / vorn am Saum ringsherum / vom rechten Ohr bis hin / zum linken (jedenfalls ist mir das / als vollkommen glaubhaft versichert worden;

(90) hört nur, wie es weitergeht)—/ mit Vergnügen konnte man betrachten, / wie von Rittern und adligen Damen—/ keiner war dort übergangen—, / von Edelfräulein und Knappen[10]

(95) vorn am Saum eine Tanzszene / mit glänzender Seide aufgestickt war. / Zwischen zwei Edelfrauen stand, / wie man noch heute tanzt, / ein Ritter und hielt sie an den Händen.

(100) Am anderen Ende / schritt ein Knappe zwischen zwei Edelfräulein / und hielt sie an den Händen gefaßt. / Auch Musikanten standen dabei.

There follows a description of how and by whom young Helmbrecht's cap and dress were sewed: by a runaway nun.

Eine lebenslustige Nonne nämlich hatte sie genäht.[11]
(110) Weil ihr ganzes Sinnen und Trachten dem Hofleben galt, / war sie aus ihrer Klosterzelle entwichen.

Helmbrecht's foppish dress is grossly overelaborate, with decorations unsuited for a peasant's station. The author wishes Neidhart von Reuental were still alive so that he could compose a song about it:

Neidhart von Reuental, wenn der noch lebte, / dem hätte Gott die Begabung verliehen, / daß er es viel schöner als Lied vorzutragen gewußt hätte

(220) als ich bloß mit Worten. Hört nur: / Die Mutter hatte viele Hühner und Eier verkaufen müssen, / bevor sie ihm / noch Hosen und wunderschönes Schuhzeug hatte kaufen können.[12]

Als sie nun diesen eingebildeten Laffen
(225) so eingekleidet hatte, / sagte er: "Liebster Vater, / mich zieht's jetzt mit Gewalt an den Hof. / Dazu habe ich nun besonders deine Hilfe nötig. / Mutter und

(230) Schwester haben mich so mit Geschenken überhäuft,

---

[10]The description of this scene, with its groups of dancing figures is a burlesque in two ways—mockery of the peasant who wears such finery and attempts thereby to associate himself with courtliness, and of the whole tradition of romance which purported to be able to depict scenes like this on cloth, cloaks, hoods, saddles, and the like.

[11]This parallels Helmbrecht in that she, too, has abandonded her station in life.

[12]Helmbrecht's female relatives are largely responsible for his misguided ambitions because of their determination to dress him above his station.

daz ich in alle mîne tage
immer holdez herze trage."
Dem vater was daz ungemach.
zuo dem sune er in spotte sprach:
235 "ich gibe dir zuo der wæte   235
einen hengest, der ist dræte
und der wol springe zuine und graben,
den soltû dâ ze hove haben,
und der lange wege wol loufe.
240 wie gerne ich dir den koufe,   240
ob ich in veile vinde!
[...]
nû volge mîner lêre,
des hâstu frum und êre;
wan selten im gelinget,
290 der wider sînen orden ringet.   290
dîn ordenunge ist der phluoc.
dû vindest hoveliute genuoc,
swelhez ende dû kêrest.
dîn laster dû gemêrest."
[...]

Er sprach: "Vater, und wirde ich geriten,
300 ich trûwe in hovelîchen siten   300
immer alsô wo genesen,
sam die ze hove ie sint gewesen.
swer die hûben wæhe
ûf mînem houpte sæhe,
305 der swüer wol tûsent eide   305
für diu werc beide,
ob ich dir ie gemente
oder phluoc in furch gedente.
swenne ich mich gekleide
310 in gewant daz si mir beide   310
ze stiure gâben gester,
mîn muoter und mîn swester,
sô bin ich sicherlîche
dem vil ungelîche,
315 ob ich etewenne   315
korn ûf dem tenne
mit der drischele ûz gebiez,
oder ob ich stecken ie gestiez.
swenne ich fuoz unde bein

daß ich, solange ich lebe, / jeden Tag / immer in Liebe an sie denken werde." / Der Vater, dem das gar nicht recht war, / sagte spöttisch zu seinem Sohn:

(235) "Selbstverständlich werde ich dir zu dieser Ausstattung / auch noch einen flinken Hengst schenken,[13] / der sicher über Zäune und Gräben setzt—/ den mußt du ja bei Hofe haben!—/ und der lange Strecken mühelos zurücklegt:

(240) ich brenne darauf, ihn dir zu kaufen, / wenn ich ihn nur einigermaßen preiswert bekommen kann!

Although he is willing to help, the father attempts to persuade his son to stay on the farm, but he refuses to listen.

Folge doch meinem Rat: / davon wirst du Nutzen haben und Ansehen gewinnen; / denn niemals hat der Glück,

(290) der sich gegen seinen Stand auflehnt. / Du bist nun einmal für den Pflug bestimmt. / Hofleute findest du in Hülle und Fülle. / Wohin du auch gehst, / du wirst deine Schande nur noch vergrößern."

[...]

Der Junge erwiderte: "Vater, wenn ich nur erst ein Pferd hätte,
(300) dann traue ich mir zu, im höfischen Benehmen / allezeit ebenso erfolgreich zu sein / wie die, die immer am Hof gelebt haben. / Jeder, der die prächtige Kappe / auf meinem Kopf sieht,

(305) der würde sicherlich tausend Eide schwören, / daß ich dir niemals / die Ochsen angetrieben / oder mit dem Pflug Furchen gezogen hätte. / Wenn ich die Kleider anlege,

(310) die / Mutter und Schwester / mir gestern als Ausstattung geschenkt haben, / so sehe ich ganz gewiß / überhaupt nicht mehr aus,

(315) als ob ich jemals / Korn auf der Tenne / mit dem Flegel ausgedroschen / oder jemals Pfosten eingeschlagen hätte. / Wenn ich mir erst Füße und Beine

---

[13]The horse was considered a sign of position or rank of the upper classes, and by buying it the father also contributes to his son's downfall.

320 hân gezieret mit den zwein,   320
    hosen und schuohen von korrûn,
    ob ich ie geziunte zûn
    dir oder ander iemen,
    des meldet mich niemen.
325 gîst dû mir den meidem,   325
    meier Ruoprehte zeinem eidem
    bin ich immer mê verzigen:
    ich wil mich niht durch wîp verligen."

    Er sprach: "sun, eine wîle dage
330 und vernim waz ich dir sage.   330
    swer volget guoter lêre,
    der gewinnet frum und êre:
    swelh kint sînes vater rât
    ze allen zîten übergât,
335 daz stât ze jungest an der schame   335
    und an dem schaden rehte alsame.
    wilt dû dich sicherlîchen
    genôzen und gelîchen
    dem wol gebornen hoveman,
340 dâ muoz dir misselingen an;   340
    er treit dir dar umbe haz.
    [...]
    lieber sun, nû bouwe:
    jâ wirt vil manec frouwe
555 von dem bûwe geschœnet,   555
    manec künec wirt gekrœnet
    von des bûwes stiuwer.
    wan niemen wart sô tiuwer,
    sîn hôchvart wære kleine
560 wan durch daz bû aleine."   560
    [...]
    Der vater sprach: "nu vrâge,
    daz dich des iht beträge,
    swâ dû sîst den wîsen bî,
580 mir troumte ein troum, waz daz sî.   580
    dû hêtest zwei lieht in der hant,
    diu brunnen, daz si durch diu lant
    lûhten mit ir schîne.
    lieber sun der mîne,
585 sust troumt mir vert von einem man,   585
    den sach ich hiure blinden gân."

(320) mit diesen Hosen und Schuhen / von feinstem Ziegenleder ausstaffiert habe, / dann kann mir niemand mehr nachsagen, / ich hätte dir oder irgendeinem andern / jemals Zäune geflochten.

(325) Wenn du mir den Hengst schenkst, / so kann ich gut und gern darauf verzichten, / Pächter Ruprechts Schwiegersohn zu werden: / auf keinen Fall will ich um einer Frau willen herumlungern."[14]

Der Vater antwortete: "Junge, schweig einen Augenblick
(330) und hör zu, was ich dir sage. / Wer eine gute Lehre befolgt, / der hat Nutzen und Ansehen davon. / Die Kinder, die den Rat ihres Vaters / allezeit in den Wind schlagen,

(335) die enden zuletzt in Schande / und Verderben. / Wenn du dich aber unbedingt / den hochgeborenen Rittern / zugesellen und es ihnen gleichtun willst,

(340) so wird es dir mißlingen; / sie werden dich deswegen nur anfeinden."

The father sells some of his stock to buy the horse but still attempts to convince his son to stay, only to be met with scorn not merely of peasant life in general but of his own wisdom and his 'preaching.' Young Helmbrecht is thus guilty of pride and disobedience, vices which his doting mother and sister Gotelint have encouraged. The father then relates to him three dreams (four in the B version of the «Märe») he had.

"Lieber Junge, nun bestell das Feld. / Du kannst mir glauben: Alle Edelfrauen
(555) verdanken der Bauernarbeit ihre Schönheit, / und alle Könige verdanken allein / der Bauernarbeit ihre Krone. / Denn wie vornehm einer auch ist— / sein Stolz wäre nichtig,

(560) wenn es die Bauernarbeit nicht gäbe.

[...]

Nun befrage—laß dich's nicht verdrießen—, / ringsherum weise Männer,
(580) was der Traum bedeutet, den ich geträumt habe. / Du hieltest zwei Lichter in der Hand, / die brannten so hell, daß sie durchs ganze Land / mit ihrem Schein leuchteten. / Mein lieber Junge,

(585) dasselbe habe ich im vorigen Jahr von einem Mann geträumt, / den ich in diesem habe blind herumtappen sehen."

---

[14]Ruprecht is a neighbor to whose daughter the father had wished to marry Helmbrecht. This rather ironic allusion to the conflict in Hartmann von Aue's *Erec*—as related in *Iwein*, l. 2790—who had become so infatuated with his wife that he neglected adventurous pursuits, emphasizes the hubris of Helmbrecht.

Er sprach: "vater, daz ist guot.
ich geláze nimmer mînen muot
umb sus getâniu mære;
590 ein zage ich danne wære."   590

In enhalf et niht sîn lêre.
er sprach: "mir troumte mêre:
ein fuoz dir ûf der erde gie,
dâ stüende dû mit dem andern knie
595 hôhe ûf einem stocke;   595
dir ragete ûz dem rocke
einez als ein ahsendrum.
sol dir der troum wesen frum,
oder waz er bediute,
600 des frâge wîse liute."   600
[...]
Er sprach: "sun, noch troumte mir
ein troum, den wil ich sagen dir.
605 dû soldest fliegen hôhe   605
über welde und über lôhe:
ein vettich wart dir versniten:
dô wart dîn vliegen vermiten.
sol dir der troum guot sîn?
610 owê hende, füeze und ougen dîn!"   610
[...]
635 "Ob dir nû, vater, wizze Krist,   635
troumte allez daz der ist,
beide übel unde guot,
ich geláze nimmer mînen muot
hinnen unz an mînen tôt.
640 mir wart der verte nie sô nôt.   640
vater, got der hüete dîn
und ouch der lieben muoter mîn;
iuwer beider kindelîn
diu müezen immer sælec sîn.
645 got habe uns alle in sîner phlege."   645
dâ mite reit er ûf die wege.
urloup nam er zuo dem vater;
hin drâte er über den gater.
[...]
Uf eine burc kom er geriten.
dâ was der wirt in den siten,
655 daz er urliuges wielt   655

Der Junge sagte: "Vater, schön und gut. / Ich jedenfalls werde niemals meinen Vorsatz / wegen einer solchen Traumgeschichte aufgeben;
(590) dann wäre ich ja wohl ein elender Feigling!"

So hatten dem Vater diese Worte nichts genutzt. / Trotzdem fuhr er fort: "Weiter habe ich geträumt: / Mit dem einen Fuß gingst du auf der Erde, / während du mit dem andern Knie

(595) hoch auf einem Stelzbein[15] standst; aus dem Ärmel ragte dir / so etwas wie ein Achsenstumpf[16] heraus. / Wenn dir dieser Traum etwas nützen soll, so frage nur weise Männer danach,
(600) was er bedeutet. [...]

"Junge, dann habe ich / noch einen Traum geträumt; auch den will ich dir noch erzählen.
(605) Es war, als wolltest du hoch / über Wald und Busch hinwegfliegen; / doch weil dir ein Flügel gestutzt worden war, / konntest du nicht mehr fliegen. / Sollte auch dieser Traum Gutes[17] für dich bedeuten?

(610) Jammer und Weh um deine Hände, Füße und Augen!"

[...]

(635) "Vater, in Christi Namen, wenn du auch / von allem geträumt hättest, / was es überhaupt Schlimmes und Gutes gibt, / so werde ich trotzdem meinen Entschluß / bis an meinen Tod nicht ändern.

(640) Noch nie ist es mir so notwendig erschienen, von hier fortzugehen, wie jetzt. / Vater, Gott befohlen, / und auch du, liebste Mutter. / All euren Kindern möge es immer glücklich ergehen.

(645) Gott möge uns allesamt behüten!" / Damit lenkte er auf die Straße, verabschiedete sich vom Vater / und setzte über den Zaun.

[...]

Schließlich ritt er auf eine Burg. / Weil der Burgherr gerade
(655) in Fehde lag,

---

[15]Stelzbein: wooden leg

[16]Achsenstumpf: the stump left after his arm has been cut off

[17]In ll. 601f. young Helmbrecht had offered his own interpretation of his father's dreams: using courtly diction in anticipation of his new life, the author has him proclaim them as omens of good fortune and happiness.

        und ouch vil gerne die behielt,
        die wol getorsten rîten
        und mit den vînden strîten.
        dâ wart der knabe gesinde.
660 an roube wart er sô swinde,   660
        swaz ein ander ligen liez,
        in sînen sac erz allez stiez.
        er nam ez allez gemeine:
        dehein roup was im ze kleine,
665 im was ouch niht ze grôz.   665
        ez wære rûch, ez wære blôz,
        ez wære krump, es wære sleht,
        daz nam allez Helmbreht,
        des meier Helmbrehtes kint.
670 er nam daz ros, er nam daz rint,   670
        er lie dem man niht leffels wert;
        er nam wambîs unde swert,
        er nam mandel unde roc,
        er nam die geiz, er nam den boc,
675 er nam die ou, er nam den wider: 675
        daz galt er mit der hiute sider.
        röckel, pheit dem wîbe
        zôch er ab dem lîbe,
        ir kürsen und ir mandel:
680 des hêt er gerne wandel   680
        gehabt, dô in der scherge machete zam,
        daz er wîben ie genam:
        daz ist sicherlîchen wâr.
        [...]
        dô sprach er zuo der swester:
        "gratia vester!"
        hin für was den jungen gâch,
        die alten zugen hinden nâch;
725 si enphiengen in beide âne zal.   725
        zem vater sprach er: "dê ûs sal!"
        zuo der muoter sprach er sâ
        bêheimisch: "dobra ytra!"
        si sâhen beide einander an,

war es ihm hoch willkommen, die bei sich zu behalten, / die mutig im Sattel saßen / und sich tapfer mit Gegnern herumschlugen. / Dort trat der Bursche in Dienst.[18]

(660) Aufs Beutemachen verstand er sich so großartig, / daß er alles, was ein anderer verschmähte, / in seine Satteltasche stopfte. / Er raffte ohne Ausnahme alles zusammen: / keine Beute war ihm zu gering;

(665) natürlich war ihm auch nichts zu schwer. / Ob struppig oder glatt, / ob krumm oder gerade, / alles raffte Helmbrecht zusammen, / der Sohn des Pächters Helmbrecht.

(670) Er raubte Pferde, er raubte Rinder, / er ließ niemandem auch nur einen Pappenstiel, / er raubte Kettenpanzer und Schwerter, / er raubte Mäntel und Röcke, / er raubte Ziegen, er raubte Böcke,

(675) er raubte Schafe, er raubte Widder—/ das hat er später mit Haut und Haar büßen müssen. / Rock und Hemd riß er / den Frauen vom Leibe, / den Pelz und den Mantel—

(680) als ihn der Büttel kirre machte,[19] / hätte er am liebsten ungeschehen gemacht, / daß er Frauen jemals etwas geraubt hatte: / das ist die reine Wahrheit!

After a year of successful plundering he decides to pay a visit to his parents' home. Although his family recognizes him, he speaks to them in such tortured phrases from many languages that they doubt the evidence of their eyes and wonder whether it is indeed Helmbrecht come home.

Da sagte er zur Schwester: / "Gratia vestra!"[20] / Die Jungen stürmten vorneweg, / die Alten folgten langsamer hinterdrein;

(725) die Begrüßung nahm überhaupt kein Ende. / Zum Vater sagte er : "Dieu vous salue!"[21] Zur Mutter sagte er sogleich / auf tschechisch: "Dobrí jitro!" [22] / Verdutzt sahen sich die beiden an,

---

[18]At the time this «Märe» was written there were undoubtedly many so-called noblemen who robbed and plundered in exactly the way described here. A more 'refined' form of plunder was to exact tolls on goods passing through one's territory, a practice that explains why there are so many castles in strategic locations in Europe.

[19]"als ihn der Büttel kirre machte": when the bailiff 'tamed' him.

[20]"Gratia vester" in the original, which is clearly bad kitchen Latin for perhaps 'your Grace.'

[21]French for 'Gott zum Gruß'

[22]Czech for 'Good Morning'; however, this is inappropriate because Helmbrecht arrives late in the day (ll. 795-801) and should be saying 'Good Evening.'

730 beide daz wîp und der man.   730
diu hûsfrou sprach: "herre wirt,
wir sîn der sinne gar verirt.
er ist niht unser beider kint:
er ist ein Bêheim oder ein Wint."
735 der vater sprach: "er ist ein Walh.   735
mîn sun, den ich got bevalh,
der ist ez niht sicherlîche
und ist im doch gelîche."
dô sprach sîn swester Gotelint:
740 "er ist niht iuwer beider kint.   740
er antwurt mir in der latîn:
er mac wol ein phaffe sîn."
"entriuwen", sprach der vrîman,
"als ich von im vernomen hân,
745 sô ist er ze Sahsen   745
oder ze Brâbant gewahsen.
er sprach "liebe sœte kindekîn":
er mac wol ein Sahse sîn."

Der wirt sprach mit rede sleht:
750 "bist dûz mîn sun Helmbreht,   750
dû hâst gewunnen mich dâ mite,
sprich ein wort nâch unserm site,
als unser vordern tâten,
sô daz ichz müge errâten.
755 dû sprichest immer 'dê ûs sal',   755
daz ich enweiz zwiu ez sal.
êre dîne muoter und mich,
daz diene wir immer umbe dich:
sprich ein wort tiutischen.
760 ich wil dir dînen hengest wischen,   760
ich selbe unde niht mîn kneht,
lieber sun Helmbreht,
daz dû immer sælec müezest sîn."
"Ei wat snacket ir gebûrekîn
765 und jenez gunêrte wîf?   765
mîn parit, mînen klâren lîf
sol dehein gebûric man
zewâre nimmer gegrîpen an."
[...]

(730) Mann und Frau. / Die Bäuerin sagte: "Vater, wir können nicht mehr bei Sinnen sein. / Er ist gar nicht unser Sohn; / er ist vielmehr ein Tscheche oder ein Slowene."[23]

(735) Der Vater sagte: "Er ist ein Franzose.[24] / Mein Sohn, den ich Gott befohlen hatte, / der ist es sicherlich nicht, / wenn er ihm auch aufs Haar gleicht." / Darauf sagte seine Schwester Gotelint:

(740) "Euer Sohn ist er bestimmt nicht, / denn er begrüßte mich auf lateinisch: / er kann nur ein Geistlicher sein." / "Wahrhaftig", sagte der Großknecht, / "wie ich ihn habe reden hören,

(745) so ist er in Niedersachsen / oder in Brabant großgeworden. / Er sagte: 'Leiwe seute Kinderkens':[25] Er kann nur ein Niedersachse sein."

Der Bauer sagte schlicht und einfach:
(750) "Bist du wirklich mein Sohn Helmbrecht, / dann überzeugst du mich davon dadurch, / daß du nur ein einziges Wort nach unserer Weise sagst, / so wie unsere Vorfahren geredet haben, / so daß ich's verstehen kann.

(755) Du sagst immer: 'Dieu vous salue', / so daß ich nicht weiß, was es bedeuten soll. / Ehre deine Mutter und mich, / das haben wir seit eh und je um dich verdient; / sage nur ein einziges deutsches Wort.

(760) Dann werde ich dir deinen Hengst putzen, / und zwar ich selber und nicht mein Knecht, / liebster Junge Helmbrecht; / möchtest du nur immer glücklich sein!" / (Der Sohn:) "Ei, wat snackt ju för Takeltüg

(765) und dit ole Schandwif dor? / Min Pird und minen klaren Lif / soll mindag keen Bur mit sine Poten angrapschen."[26]

---

[23]Neither father nor mother can understand Helmbrecht's words and conclude that the speaker comes from one of the remote areas of the German territory, Bohemia in the southeastern, Saxony in the northeastern, or Brabant in the northwestern region of the Empire. The Wends were the Slavic inhabitants of the Brandenburg area around Berlin.

[24]This could also indicate that the father—who is obviously perplexed and has no knowlegde of languages—thought that he was Italian since "Walh" refers to a resident of any romance-speaking area, usually France or Italy.

[25]The meaning is clear. Helmbrecht addresses the servants in a mixture of Flemish and Low German as 'dear sweet children.' During the thirteenth century it was quite fashionable to adorn one's speech with Flemish expressions, as Fritz Tschirch points out in his commentary. The fact that Helmbrecht mixes the two is evidence of his ignorance and reveals him to be a typical «parvenu».

[26]'What's all that nonsense you are talking about? You and that silly old wench over there. No peasant should ever dare touch my horse or me with his paws.'

925 "die ritter hêten einen site,   925
    dâ liebtens sich den frouwen mite:
    einez ist buhurdiern genant,
    daz tete ein hoveman mir bekant,
    dô ich in frâgte der mære
930 wie ez genennet wære.   930
    si fuoren sam si wolden toben
    (dar umbe hôrte ich si loben),
    ein schar hin, diu ander her;
    ez fuor diser unde der
935 als er enen wolde stôzen.   935
    under mînen genôzen
    ist ez selten geschehen
    daz ich ze hove hân gesehen.
    als si danne daz getâten,
940 einen tanz si dô trâten   940
    mit hôchvertigem sange;
    daz kurzte die wîle lange.
    vil schiere kom ein spilman,
    mit sîner gîgen huop er an:
945 dô stuonden ûf die frouwen,   945
    die möht man gerne schouwen;
    die ritter gegen in giengen,
    bî handen si si viengen.
    dâ was wunne überkraft
950 von frouwen und von ritterschaft   950
    in süezer ougenweide."
    [...]
985 "daz sint nû hovelîchiu dinc: 985
    'trinkâ, herre, trinkâ trinc!
    trinc daz ûz, sô trink ich daz!
    wie möhte uns immer werden baz?'
    [...]
    ein affe und ein narre waser,
1005 der ie gesente sînen lîp   1005
    für guoten wîn umbe ein wîp.
    swer liegen kan der ist gemeit,
    triegen daz ist hövescheit.
    er ist gefüege, swer den man

The father cannot believe that such a person is his son, but when Helmbrecht is able to give the names of his oxen, he is convinced and treats him like a returning prodigal. Everything the farm can provide is at the son's disposal. The father then tells what courtly life was like in his youth:

(925) "Diese Ritter wollten mit allerlei höfischen Künsten / den Edelfrauen gefallen: eine heißt buhurdieren;[27] / das erklärte mir ein Höfling / auf meine Frage,

(930) wie das heiße. / Sie stoben aufeinander los, als ob sie rasend wären / (deswegen wurden sie noch gerühmt!), / eine Gruppe hin, die andere her; / dieser und jener sprengten los,

(935) als wollten sie sich vom Pferd stoßen. / Bei uns auf dem Lande / hat es das noch nie gegeben, / was ich auf der Burg gesehen habe. / Als sie damit aufhörten,

(940) tanzten sie einen Reigen / mit fröhlichem Gesang; / das verkürzte ihnen die Langeweile. / Augenblicklich trat ein Musikant herzu / und begann zu fiedeln.

(945) Da erhoben sich die Edelfrauen—/ an denen könnte man sich noch heute nicht satt sehen!—; / ihnen schritten die Ritter entgegen / und faßten sie an den Händen. / Übermütig ausgelassen und fröhlich waren da

(950) Edelfrauen und Ritter; / es war ein wunderschöner Anblick.

The father adds to this somewhat idyllic picture an account of the court's activities in singing and hunting and then asks his son to tell him what the courts are like now. He is told that they pass their time mainly in heavy drinking and that good manners are now considered out of style. The cleverest man is the one who can insult his fellows with most effect.

(985) "Das ist jetzt Mode auf einer Burg: / 'Prost, Ritter, prost! Sauf! Ex![28] / Trink du das aus, so trink ich das!' / Wie könnten wir je besser leben?

[...]

Ein Affe und ein Narr muß der gewesen sein,
(1005) den nach einer Frau / statt nach gutem Wein gelüstete. / Wer zu lügen versteht, der ist obenauf, / und betrügen gilt als vornehm. / Als hoch anständig gilt, wer einem Menschen

---

[27]"Buhurdieren" was a form of tournament in which a large number of knights lined up, divided into two groups, and fought until one side was clearly beaten. The conditions approximated those of actual combat much more than did the formal joust between two individuals, which was governed by an increasingly complex set of rules (cf. ill. 45, p. 401).
[28]Ex!: bottoms up!

1010 mit guoter rede versnîden kan.   1010
     swer schiltet schalclîche,
     der ist nû tugentrîche.
     der alten leben, geloubet mir,
     die dâ lebent alsam ir,
1015 die sint nû in dem banne   1015
     und sint wîbe und manne
     ze genôze alsô mære
     als ein hâhære.
     âht und ban daz ist ein spot."

1020 Der alte sprach: "daz erbarme got   1020
     und sî im immer gekleit,
     daz diu unreht sint sô breit.
     die alten turnei sint verslagen
     und sint die niuwen für getragen.
1025 wîlen hôrt man kroyieren sô: 1025
     'heiâ ritter, wis et frô!'
     nû kroyiert man durch den tac:
     'jagâ ritter, jagâ jac!
     stichâ stich! slahâ slach!
1030 stümbel den der ê gesach!   1030
     slach mir disem abe den fuoz!
     tuo mir dem der hende buoz!
     dû solt mir disen hâhen
     und enen rîchen vâhen:
1035 der gît uns wol hundert phunt.'"   1035

     "Mir sint die site alle kunt,
     vater mîn, wan daz ich enwil,
     ich trûwe dir gesagen vil
     niuwan von den niuwen siten:
1040 ich muoz slâfen, ich hân vil geriten,   1040
     mir ist hînt ruowe nôt."
     dô tâten si als er gebôt.
     [...]
     dem vater er brâhte einen wetzestein,
     daz nie mâder dehein
     in kumph bezzern gebant,
1060 und eine segense, daz nie hant   1060
     sô guote gezôch durch daz gras
     (hei welh gebûrkleinât daz was!),
     und brâhte im ein bîle,

(1010) mit scheinheiligen Worten die Ehre abzuschneiden / versteht, und wer hinterrücks verleumdet, / der gilt heute als rechtschaffen. / Das Leben der alten Leute, glaubt mir, / die so leben wie ihr,

(1015) die sind jetzt wie geächtet und bei Männern und Frauen / geradeso beliebt / wie der Henker. / Acht und Bann sind zum Spott geworden."

The father is horrified at the account and once again recalls the good old times, but this does not prevent him from accepting the presents his son has brought nor from allowing his wife and his daughter, Gotelint, to receive presents of a kind quite unbecoming to their station in life.

(1020) Der Alte sagte: "Das möge Gott erbarmen, / und es sei ihm immerfort geklagt,/ daß das Unrecht sich so breit macht. / Die Turniere, wie sie früher waren, werden verachet; / dafür sind die heutigen aufgekommen.

(1025) Früher hörte man den Herold rufen: / 'Heißa, Ritter, sei doch fröhlich!' / Jetzt ruft man den lieben langen Tag: / 'Los, jage, Ritter, los, jage, jag! Stich zu, stich! Schlag drein, schlag zu!

(1030) Blende den, der vorher sehen konnte! / Hau mir dem den Fuß ab; / schlag mir diesem die Hand ab! / Diesen sollst du mir aufhängen / und jenen Reichen fangen:

(1035) der zahlt uns bestimmt hundert Pfund Silber!'"

(Der Sohn:): "Dies Leben kenne ich ganz genau, / lieber Vater; nur habe ich keine Lust mehr, / sonst könnte ich dir noch viel mehr / bloß von diesem neuen Leben erzählen.

(1040) Doch ich muß jetzt schlafen; ich bin viel geritten; / daher brauche ich heute nacht meine Ruhe." / Da erfülllten sie ihm seinen Wunsch

[...]

Dem Vater brachte er einen Wetzstein[29] mit—kein Mäher hat je einen besseren / sich in den Gurt gesteckt

(1060)—und eine Sense[30]—keine Hand hat je / mit einer so vorzüglichen Gras gemäht / (hei, was für ein Schatz war das für einen Bauern!)—/ und brachte ihm ein Beil mit,

[29]Wetzstein: whetstone
[30]Sense: scythe

daz in maneger wîle
1065 gesmit sô guotez nie kein smit,   1065
und eine hacken dâ mit.
ein fuhspelz sô guoter,
den brâht er sîner muoter
Helmbreht, der junge knabe;
1070 den zôch er einem phaffen abe.   1070
ob erz roubte oder stæle,
vil ungerne ich daz hæle,
wær ich sîn an ein ende komen.
einem krâmer hêt er genomen
1075 ein sîdîn gebinde,   1075
daz gap er Gotelinde,
und einen borten wol beslagen,
en billîcher solde tragen
eines edelen mannes kint
1080 dan sîn swester Gotelint.   1080
dem knehte schuohe mit riemen
(die hêt er ander niemen
sô verre gefüeret
noch mit handen gerüeret:
1085 sô hövesch was Helmbreht;   1085
wær er noch sînes vater kneht,
er hêt in lâzen âne schuoch),
dem frîwîbe ein houbettuoch
brâht er und einen bendel rôt:
1090 der zweier was der dierne nôt!   1090
[...]
Neinâ, lieber sun vil guoter,
ob dû trûwest geleben
1100 des ich dir hân ze geben   1100
immer unz an mîn ende,
sô sitz und twach dîne hende;
gâ niuwan ûz unde in.
sun, tuo die hovewîse hin;
1105 diu ist bitter und ist sûr.   1105
noch gerner bin ich ein gebûr
danne ein armer hoveman
1110 ûf den lîp muoz rîten   1110
den âbent und den morgen
und muoz dar under sorgen,
swenne in sîne vînde vâhen,
stümbeln unde hâhen." [...]

wie noch zu keiner Zeit
(1065) ein Schmied ein so vorzügliches geschmiedet hat, / und schließlich noch eine Hacke. / Einen wunderbaren Fuchspelz / brachte Helmbrecht, der junge Bursche, / der Mutter mit;

(1070) den hatte er einem Geistlichen vom Leibe gezogen. / Ob er's geraubt oder gestohlen hatte, / das würde ich sicherlich nicht verheimlichen, / wenn ich dem nur auf den Grund hätte kommen können. / Einem Kaufmann hatte er

(1075) ein kostbares Seidenband fortgenommen, / das er Gotelint schenkte, / und einen mit Beschlägen herrlich verzierten Gürtel, / den mit weit mehr Recht / die Tochter eines Edelmanns hätte tragen sollen

(1080) als seine Schwester Gotelint. / Dem Knecht brachte er Schnürschuhe / (die hatte er für niemanden sonst / so weit hergebracht / und nicht angerührt—

(1085) so vornehm nämlich benahm sich Helmbrecht; / wenn er noch seines Vaters Knecht gewesen wäre, / so hätte er ihn weiter barfuß laufen lassen); / der Großmagd brachte er ein Kopftuch / und ein rotes Band mit—

(1090) beides hatte das Mädel wahrhaftig dringend nötig!

[…]

(Der Vater:) "Nicht doch, liebster, bester Junge, / wenn du dich doch mit dem begnügen wolltest,

(1100) was ich dir / immer bis zu meinem Tode geben kann, / so brauchst du keinen Schlag mehr zu tun / und kannst ganz nach deinem Belieben spazierengehen. / Junge, laß das Ritterleben sein;

(1105) das hat einen bitterbösen Nachgeschmack. / Viel lieber will ich ein Bauer sein / als ein armer Ritter, / der kein Pachtgeld bekommt / und den ganzen Tag

(1110) immer nur sein Leben / in die Schanze schlagen / und sich davor fürchten muß, / daß ihn seine Feinde gefangennehmen, / verstümmeln und aufhängen."

The father's offer is refused. Helmbrecht wishes to resume his life of plunder and mentions the kind of people he plans to attack and the reasons why. Helmbrecht then enumerates the names of his associates: «Lemberslint» (he who swallows lambs), «Slickenwider» (he who swallows rams), «Hellesac» (he who carries a bag as deep and wide as hell), «Rütelschrîn» (he who goes through closets and chests), «Küefrâz» (he who rustles cattle), «Müschenkelch» (he who smashes sacred vessels), «Wolvesguome» ('wolf jaws'), «Wolvesdrüzzel» ('wolf snout'), «Wolvesdarm» ('wolf belly')—all epithets that reflect greed and violence. He tells them that his own name is «Slintezgeu» (he who swallows the countryside). These are by no means

dô si nâch dem ezzen
wâren eine wîle gesezzen
und die spilliute
1610 enphiengen von der briute   1610
ir gâbe und von dem briutegomen,
dar nâch zehant sach man komen
den rihter selpfünfte.
mit der sigenünfte
1615 gesigete er den zehen an.   1615
die nie huobegelt gewan
und niuwan zallen zîten
der in den oven niht entran,
der slouf under die banc;
ieglîcher für den andern dranc.
der ê vieren niht enflôch,
1620 des schergen kneht al eine in zôch   1620
her für bî dem hâre.
daz sag ich iu für wâre:
ein rehter diep, swie küene er sî,
slüege er eines tages drî,
1625 daz er sich vor dem schergen   1625
nimmer mac erwergen.
sus wurden si gebunden
die zehen an den stunden
mit vil starken banden
1630 von des schergen handen.   1630
Gotelint verlôs ir briutegewant;
bî einem zûne man si vant
in vil swacher küste.
si hêt ir beide brüste
1635 mit handen verdecket: 1635
si was unsanfte erschrecket.
ob ir anders iht geschæhe?
der sage ez der daz sæhe.
got ist ein wunderære,
1640 daz hœret an dem mære.   1640
[...]
swaz geschehen sol daz geschiht.
got dem vil selten übersiht,
1685 der tuot des er niht tuon sol.   1685
daz schein an Helmbrehte wol,
an dem man den vater rach:
der scherge im ûz diu ougen stach.

fictitious names but are documented by contemporary records. The father foretells that they will all come to a bad end, and Helmbrecht threatens to withdraw his protection, which has hitherto kept his father's possessions intact. He also says that his friend «Lemberslint» wishes to marry Gotelint and would make her a wonderful husband. Gotelint secretly asks Helmbrecht to take her to «Lemberslint», and, without the knowledge of her parents, she leaves with him.

The passages that follow are a parody of exaggerateed courtly love preceding the couple's marriage. The character of the wedding feast is reminiscent more of the peasants they are than of the nobles they aspire to be. During the course of the festivities Gotelint is seized with a foreboding of evil that quickly proves to be well-founded.

Als sie nämlich nach dem Essen / noch ein Weilchen zusammengesessen / und die Musikanten

(1610) von der jungen Frau und dem jungen Ehemann / ihren Lohn bekommen hatten, / sah man plötzlich / den Richter mit vier Gerichtsdienern[31] nahen. Im Triumph

(1615) überwältigte er die zehn. / Wer nicht in den Ofen entkam, / der kroch unter die Bank; / jeder drängte sich vor den andern! / Wer früher nicht vor vieren die Flucht ergriffen hätte,

(1620) den zog ein einziger Büttel / an den Haaren aus dem Versteck. / Das ist eine alte Weisheit: Ein richtiger Verbrecher, selbst wenn er noch so kühn ist / und an einem Tag drei erschlägt,

(1625) ist einfach nicht imstande, sich gegen den Büttel / zur Wehr zu setzen. / So wurden / die zehn sofort / vom Büttel

(1630) mit starken Stricken gefesselt. / Gotelint büßte ihr Hochzeitskleid ein. / Hinter einem Zaun wurde sie / in jämmerlichem Zustand aufgefunden. / Ihre Brüste

(1635) bedeckte sie mit den Händen; / sie war völlig verstört. / Ob ihr sonst noch etwas zugestoßen ist? / Das soll der sagen, der es mit angesehen hat. / Wie wunderbar Gott handelt,
(1640) das hört am Fortgang der Geschichte.

The men in the wedding party are hauled off to judgment and nine of them are hanged. Helmbrecht alone escapes death because as the tenth man, he is at the disposition of the executioner.

Doch alles, was geschehen soll, das geschieht auch. / Denn Gott hat noch niemals den ungestraft gelassen,
(1685) der etwas tut, was er nicht tun darf. / Das zeigte sich an Helmbrechts Schicksal ganz deutlich: / an ihm wurde der Vater gerächt: / Der Büttel stach ihm die Augen aus.

---

[31]Gerichtsdiener: deputy, bailiff

dannoch der râche was niht genuoc:
1690 man rach die muoter, daz man im sluoc   1690
abe die hant und einen fuoz.
dar umbe daz er swachen gruoz
vater unde muoter bôt,
des leit er schande unde nôt.
1695 dô er sprach ze dem vater sîn: 1695
"wat snacket ir gebûrekîn?"
und sîn muoter hiez 'gunêrtez wîp':
von den sünden leit sîn lîp
dise maneger slahte nôt,
1700 daz im tûsent stunt der tôt   1700
lieber möhte sîn gewesen
dan sîn schemlîch genesen.
[...]
1775 Der wirt hônlachte,   1775
swie im sîn herze krachte:
er was sîn verch und sîn kint,
swie er doch stüende vor im blint.
er sprach: "nû fuort ir twerhes die welt;
1780 iuwer meidem gie niht enzelt,   1780
er dravete unde schûfte.
manec herze von iu ersûfte.
ir wârt sô ungehûre,
manec wîp und gebûre
1785 sint von iu alles worden vrî.   1785
nû sprechet ob die troume drî
an iu sint bewæret?
noch hœher ez sich mæret,
daz iu wirt wirser danne wê;
1790 ê der vierde troum ergê,   1790
hebt iuch balde für die tür!
kneht, sperre, stôz den rigel für!
ich wil hînte hân gemach.
den ich mit ougen nie gesach,

Doch reichte diese Vergeltung noch nicht hin:
(1690) Auch die Mutter wurde an ihm gerächt, indem ihm / die Hand und ein Fuß abgehackt wurden. / Weil er Vater und Mutter / so schändlich begrüßt hatte, / deshalb erlitt er nun Schmach und Leid.

(1695) Weil er zum Vater gesagt: / "Wat snackt ju för Takeltüg?" / und die Mutter "Schandwif" geschimpft hatte, / um dieser Sünden willen erlitt er / diese fürchterlichen Vestümmelungen,

(1700) so daß ihm der Tod tausendmal / lieber gewesen wäre, als so schmählich mit dem Leben davonzukommen.

Helmbrecht makes his way back to his father's house, but he is turned away in scorn.

(1775) Der Bauer lachte höhnisch auf, / wie sehr sich ihm auch das Herz zusammen-krampfte—/ er war ja sein eigen Fleisch und Blut!—, / wie er als Blinder da vor ihm stand. / Er sagte: "Nun sind Sie kreuz und quer durch die Welt geritten;

(1780) nie ist Ihr Hengst im Paßgang[32] gelaufen, / nein, immer ging's im Trab oder Galopp. / Viele haben Sie in tiefe Verzweiflung gestürzt. / Sie waren so entsetzlich, / daß viele Bauersfrauen und Bauern

(1785) von Ihnen um alles gebracht worden sind. / Sagen Sie selbst, ob die drei Träume / an Ihnen sich nicht erfüllt haben? / Aber noch höher hinaus wird es mit Ihnen kommen, / so daß es Ihnen schlimmer als schlimm ergehen wird.

(1790) Doch bevor der vierte Traum sich erfüllt, / scheren Sie sich sofort hinaus! / Knecht, sperr die Tür ab, schieb den Riegel vor! / Ich will heute nacht meine Ruhe haben![33] / Eher würde ich einen wildfremden Menschen

---

[32]im Paßgang laufen: pace
[33]Mockingly the father repeats young Helmbrecht's own words (ll. 1040f.)

1795 den behielt ich unz an mînen tôt,   1795
     ê ich iu gæbe ein halbez brôt."
     [...]
     Swa noch selpherrischiu kint
     bî vater unde muoter sint,
1915 die sîn gewarnet hie mite.   1915
     begânt si Helmbrehtes site,
     ich erteile in daz mit rehte:
     in geschehe als Helmbrehte.
     ûf den strâzen und ûf den wegen
1920 was diu wagenvart gelegen: 1920
     die varent alle nû mit fride,
     sît Helmbreht ist an der wide.
     [nû seht ûf und umbe:
     râte iu wol ein tumbe,
1925 dem volget und ouch des wîsen rât.   1925
     waz ob Helmbreht noch hât
     etewâ junge knehtel?
     die werdent ouch Helmbrehtel.
     vor den gib ich iu niht fride,
1930 si komen ouch danne an die wide.]   1930
     Swer iu ditze mære lese,
     bitet daz im got genædec wese
     und dem tihtære,

                              Wernher dem Gartenære.

(1795) mein Leben lang bei mir aufnehmen, / bevor ich Ihnen auch nur ein Stück Brot schenken würde."

Helmbrecht thus leaves his house for the last time. Wandering about the countryside, he is caught by some peasants whom he had wronged and is summarily hanged after they have shredded his cap and torn all his hair out. The author ends his story with the moral:

Überall, wo Kinder, die ihr eigener Herr sein wollen, / noch bei Vater und Mutter leben, (1925) die sollen sich hierdurch warnen lassen. / Wenn sie's wie Helmbrecht treiben, / so sage ich ihnen das Urteil voraus: / Ihnen wird es wie Helmbrecht ergehen. Wo auf Straßen und Wegen

(1920) kein Wagen mehr unbehelligt hatte fahren können, / da sind die Wege nun wieder sicher für jedermann, / seit Helmbrecht in der Schlinge baumelt. / (Nun schaut euch überall um: / Wenn euch ein einfacher Mann einen guten Rat gibt,

(1925) so befolgt ihn genauso wie den Ratschlag eines lebenserfahrenen. / Wie, wenn Helmbrecht etwa noch / hier und da unter der Jugend Anhänger haben sollte? / Die werden dann gewiß auch Helmbrechte werden. / Vor denen, meine ich, werdet ihr so lange keinen Frieden haben,

(1930) bis auch sie in der Schlinge baumeln.) / Und nun betet für jeden, der euch diese Geschichte vorträgt: / Gott möge ihm gnädig sein / und auch dem Dichter /

Wernher dem Gärtner.

Der selig hainrich süsze cosrentz geboren am bodmer see
Nam die ewig wysshait zum ymahel gaistlicher ee
Sein gespons tet im den namen verwanden
Amandus hieß sy in nennen in allen landen
Sein leben wz er in irm dienst verzeren   ewe
Des frödt sich vlm die sein grab vnd hailtum hale in

Mystical Writers
of the 13th and 14th Centuries

The period from 1250 to 1450 was deeply influenced by the sermons of preachers and the thoughts of mystical writers who not only transcended traditional forms of piety but, in doing so, also greatly advanced the fortunes of prose writing. Berthold von Regensburg (c. 1210-1272), to only name one of the earliest such masters, attempted in his sermons to show ways in which man could try to reach perfection directly and without any intermediary assistance from a representative of the Church in order to become "ein geist mit gote," one with God, thus anticipating the Lutheran 'priesthood of all believers' and the so-called «unio mystica» which was to become the ultimate goal of mystics such as Mechthild von Magdeburg (1300-1361), and the three Dominican mystics: Meister Eckhart (1260-1327), Heinrich Seuse (1295-1366), and Johannes Tauler (1300-1361), who was the only one among them to write exclusively in German. In the following excerpt from the highly speculative mystical song "Granum sinapis"[1] (anonymous, c. 1300) the concluding strophe clearly illustrates the difficult task of expressing through words the concepts and images of mystical thought. At the same time, the ten lines capsulize, to the degree that this is possible, the very essence of mystical reflection:

O sele myn	O meine Seele,
genk vz, got in,	geh aus, Gott ein!
sink al myn icht	Sinke mein ganzes Etwas,
in gotis nicht,	in Gottes Nichts,
sink in di grundelose vlut!	tauche ein in die grundlose Flut!
Vli ich von dir,	Fliehe ich von dir,
du kumst czu mir;	kommst du zu mir,
vorlise ich mich,	verliere ich mich,
so vinde ich dich:	so finde ich dich,
o ubirweseliches gut!	o du über alles Sein hinaus seiendes Gut!

Mysticism is a vague name for much that cannot be easily categorized. Its representatives were never the favorites of the Church establishment although some, as for instance Hildegard von Bingen (1098-1170) and Elisabeth von Schönau (1129-1164), were nevertheless canonized. Then came Meister Eckhart, the "most creative genius among them, indeed, the creative type of much that became Luther" (H. O. Taylor, *Erasmus and Luther*).

In their desire to express the inexpressible, the mystical writers resorted to the use of abstract nouns ending in -heit ("istecheit" for 'essence')—for instance, a comparison study of Hartmann von Aue and Mechthild von Magdeburg yielded a five-fold increase in the use of such nouns by Mechthild—, -unge, and infinitives used as nouns, to negate

[1]"Granum sinapis" is Latin for 'mustard seed.'

concepts introduced by the prefixes un- (unaussprechlich), ent- (entwerden), ver- (verwerden), and ab- (abgruntlich), the suffixes -los (wortelos), as well as non-concepts (nichtsin), intensive forms with über- (überheilig) and al- (algewaltec), new abstract compounds (e.g. "ûzgang" to express the idea of denial), and the bold use of verbal prefixes, anticipating Klopstock's «bewegte Sprache» ("ufvlammen" to describe a reaching for the Divine in terms of a flame leaping into the sky).

Meister Eckhart
(c. 1260-1327)

I *Rede der unterscheidunge*
VI Von der abegescheidenheit und von habenne gotes

> Ich wart gevrâget: etlîche liute zügen sich sêre von den liuten und wæren alles gerne aleine, und dar ane læge ir vride, und daz sie wæren in der kirchen, ob daz daz beste wære? Dô sprach ich: nein! und merke, war umbe! Wem reht ist, in der wârheit, dem ist in allen steten und bî allen liuten
> 5 reht. Wem aber unreht ist, dem ist unreht in allen steten und bî allen liuten. Wem aber reht ist, der hât got in der wârheit bî im. Wer aber got rehte in der wârheit hât, der hât in in allen steten und in der strâze und bî allen liuten als wol als in der kirchen oder in der einœde oder in der zellen; ob er in anders rehte hât und ob er in aleine hât, den menschen enmac nie-
> 10 man gehindern. War umbe?

Meister Eckhart
(c. 1260-1327)

Meister Eckhart was born into the noble family of Hochheim near Gotha in Thuringia. After entering the Dominican order and subsequently holding high office, he was soon to become the order's first prominent preacher. He studied in Paris and began his scholarly life teaching theology at schools in Paris, Strasbourg, and Cologne. His sermons and treatises reveal him as a speculative thinker. Deeply influenced by the scholastic thought of St. Albert the Great (1193-1280), he probed for ways to attain to God: the cognitive process (III, 1. 88: "bekennenne") is to open the way to the Divine and the mystical union («unio mystica») thus achieved with God is safeguarded through the act of love (III, 1. 88: "minnenne"). We are to distance ourselves from everything that is connected with self-seeking desire (III, 1. 80: "begern") and, instead, accept everything unquestioningly (III, 100: "âne warumbe") irrespective of any reward. Creation to Eckhart is the eternally repeating rebirth of God, thus the creatures are deified in a way by constantly recreating the Divine. There is a divine spark embedded in the soul («Fünklein Gottes») and the return to the divine source epitomizes the essence of mystical striving. Similar to Berthold von Regensburg, he also dismissed the need of the faithful to rely on the Church as an intermediary in matters of faith. Also, in the fourth chapter of *Die rede der unterscheidunge* (Reden der Unterweisung) Eckhart anticipates Luther's rejection of the merits of good works («Werkheiligkeit») when he states: "Swie heilic diu werck iemer sîn, sô enheili- gent sie uns zemâle niht..." ("Die Werke heiligen nicht uns, sondern wir sollen die Werke heiligen"; cf. I, 1. 13). It was ideas such as these that led to his being accused of heresy by the Franciscans and even some of his confrères. His formal defense—in Latin—completely preoccupied him during the last two years of his life, but he died before he could successfully defend himself against the Church's accusations. Subsequently, Pope John XXII refuted 28 theses of Meister Eckhart in the bull of 1329. Aside from his achievements as a mystical thinker and preacher, Eckhart laid the cornerstone of German philosophical ter-minology while wrestling with the difficulty of putting his mystical speculations into words.

Among Eckhart's principal German writings are *Die rede der unterscheidunge*, which were intended as inspirational readings during meals at the monastery of Erfurt where Eckhart was prior and provincial of the order, the *Büchlein der göttlichen Tröstung,* and the sermons whose authenticity, however, is at best questionable considering the fact that they were handed down only in the form of copies made by members of his congregation.

(I) The following excerpts from the sixth chapter of *Die rede der unterscheidunge,* entitled "Von der Abge-schiedenheit und vom Besitzen Gottes," illustrate the above-mentioned concept of the «unio mystica»:

Ich wurde gefragt: manche Leute zögen sich streng von den Menschen zurück und wären immerzu gern allein, und daran läge ihr Friede und (daran), daß sie in der Kirche wären, —ob dies das Beste wäre? Da sagte ich: nein! Und gib acht, warum. Mit wem es recht steht, wahrlich, dem ist's an allen Stätten und unter den Leuten
(5) recht. Mit wem es aber unrecht steht, für den ist's an allen Stätten und unter (den) Leuten unrecht. Wer aber recht daran ist, der hat Gott in Wahrheit bei sich; wer aber Gott recht in Wahrheit hat, der hat ihn an allen Stätten und auf der Straße und bei allen Leuten ebenso gut wie in der Kirche oder in der Einöde oder in der Zelle. Wenn anders er ihn recht und nur ihn hat, so kann einen solchen Menschen nie-
(10) mand behindern. Warum?

Da hât er aleine got und meinet aleine got und werdent im alliu dinc lûter
got. Dér mensche treget got in allen sînen werken und in allen steten, und
alliu des menschen werk diu würket got lûterlîchen; wan wer daz werk
sachet, des ist daz werk eigenlîcher und wærlîcher dan des, der dâ würket
15   daz werk.
[…]
Der mensche sol got nemen in allen dingen und sol sîn gemüete wenen, daz
er alle zît got habe in *gegenwerticheit in dem gemüete und in der meinunge
und in der minne.* Merke, wie dû dînen got meinest, sô dû bist in der
kirchen oder in der zellen: daz selbe gemüete behalt und trac daz under die
20   menige und in die unruowe und in die unglîcheit. Und—als ich mêr
gesprochen hân—als man saget von glîcheit, sô enmeinet man niht, daz man
alliu werk glîch sül ahten oder alle stete oder alle liute. Daz wære gar unreht,
wan ez ist ein bezzer werk beten wan spinnen und ein edelriu stat diu kirche
dan diu strâze. Aber dû solt in den werken ein glîchez gemüete haben und
25   ein glîchez getriuwen und eine glîche minne ze dînem gote und einen
glîchen ernst. Entriuwen, wære dir alsô glîch, sô enhinderte dich nieman
dînes gegewertigen gotes.
Aber, wem alsô in der wârheit got niht innen enist, sunder alles got von ûz-
30   wendic muoz nemen in dem und in dem, und wenne er in unglîcher
wîse got suochet, ez sî werk oder liute oder stete, sô enhât er got niht.
[…]
War ane liget nû diz *wâre haben gotes,* daz man in wærlîche habe? Diz
wærliche haben gotes liget an dem gemüete und an einem *inniclîchen
vernünftigen zuokêrenne und meinenne gotes,* niht an einem stæten anege-
35   denkenne in einer glîchen wîse, wan daz wære unmügelich der natûre
in der meinunge ze habenne und sêre swære und ouch daz aller beste niht.
Der mensche ensol niht haben noch im lâzen genüegen mit einem gedâhten
gote, wan, swenne der gedank vergât, sô vergât ouch der got. Mêr: man sol
haben einen gewesenden got, der verre ist obe den gedenken des men-
40   schen und aller crêatûre. Dér got envergât niht, der mensche enkêre
denne williclîche abe.

II Von dem schawen gottes:

Der kunig Davit sprach: "herr in deinem liecht süllen wir sehen das liecht."
[…]
Ich han etwan gesprochen, das der mensch hat in im ein liecht, das haist die
wurckende vernunft: in diesem liecht soll der mensch got sehen in der

Weil er einzig Gott hat und es nur auf Gott absieht, und alle Dinge werden ihm lauter Gott. Ein solcher Mensch trägt Gott in allen seinen Werken und an allen Stätten, und alle Werke dieses Menschen wirkt allein Gott; denn wer das Werk verursacht, dem gehört das Werk eigentlicher und wahrhaftiger zu als dem, der da
(15) das Werk verrichtet.
[...]
Der Mensch soll Gott in *allen* Dingen ergreifen und soll sein Gemüt daran gewöhnen, Gott allzeit gegenwärtig zu haben im Gemüt und im Streben und in der Liebe. Achte darauf, wie du's mit deinem Gott meinst![2] Wenn du in der Kirche bist oder in der Zelle: dieses selbe Gemüt behalte und trage es unter
(20) die Menge und in die Unruhe und in das Ungleichartige. Und—wie ich schon öfter gesagt habe— wenn man von 'Gleichheit' spricht, so meint man damit nicht, daß man alle Werke als gleich erachten solle oder alle Stätten oder alle Leute. Das wäre gar unrichtig; denn Beten ist ein besseres Werk als Spinnen und die Kirche eine würdigere Stätte als die Straße. Du sollst jedoch in den Werken ein gleichbleibendes Gemüt haben und
(25) ein gleichmäßiges Vertrauen und zu deinem Gott einen gleichbleibenden Ernst hegen. Fürwahr, wärest du so gleichmütig, so würde dich niemand hindern, deinen Gott gegenwärtig zu haben.
Wem aber Gott nicht so wahrhaft innewohnt, sondern wer Gott beständig
(30) von draußen her nehmen muß in diesem und in jenem, und wer Gott in ungleicher Weise sucht, sei's in Werken oder unter den Leuten oder an Stätten, der *hat* Gott nicht.
[...]
Woran liegt nun dieses wahre Innehaben Gottes, daß man ihn wahrhaft besitze? Dieses wahrhafte Innehaben Gottes liegt am Gemüt und an einer innigen, geistigen Hinwendung und Strebung zu Gott, nicht (dagegen) an einem beständigen, gleichmäßigen Daran-
(35) denken; denn das wäre der Natur unmöglich zu erstreben und sehr schwer und zudem nicht das Allerbeste. Der Mensch soll sich nicht genügen lassen an einem gedachten Gott; denn wenn der Gedanke vergeht, so vergeht auch der Gott. Man soll vielmehr einen wesenhaften Gott haben, der weit erhaben ist über die Gedanken des Men-
(40) schen und alle Kreatur. Der Gott vergeht nicht, der Mensch wende sich denn mit Willen (von ihm) ab.

(II) The following excerpts from the treatise "Vom Schauen Gottes und von Seligkeit" reflect the spiritual kinship between Eckhart's teachings and Luther's religious consciousness and his concept of grace:

"Herr, in deinem Lichte werden wir das Licht erschauen!" spricht König David.
[...]
Ich habe bei früherer Gelegenheit ausgeführt, daß der Mensch in sich *ein Licht* besitzt, seine tätige Vernunft:[3] die soll das Licht sein, mit welchem der Mensch im Erleben der

---

[2]meinen: to direct one's thoughts at God
[3]tätige Vernunft: creative reason

seligkeit, als sie es beweisen wollen. Der mensch ist nach seiner geschaf-
5   fenheit gesatzt in grosse unvolkumenheit, das er naturlich enmag gott
bekennen dann in der weise creature und bild und form, als ich es beweiset
han vortzeiten. Nu enmag die sele von ir selber und von ir naturlichen kreft
heruber nicht komen; es muss geschechen in einer ubernaturlichen craft als
in dem liecht der gnaden. Nu mercket disen synn,
10   den ich nu sprechen will! Sant Paulus spricht: "der gnaden gottes bin
ich das ich pin." Er spricht nicht, das er von genaden sey. Unterscheid ist:
von genaden zu sein und gnaden selb zu sein. Die meister sprechen, das ein
iglich form der materien gibt wesen. Nu ist mancherley rede unter den
meistern, was genade sey. Ich sprich, das genade nicht anders ist denn ein
15   fliessendes liecht sunder mittel auss der naturen gottes in die sel, und
ist ein ubernaturlich form der selen, das er ir gibt ein ubernaturlich wesen.
Das ich nun meyne und gesprochen han, das die (sele) nicht von ir selber
mag komen uber ir naturlich werk, das vermag sie in der kraft der genaden,
die ir hat gegeben ein ubernaturlich wesen.
[...]
Wan die sele also stet in einem uberswang ir selbers, und in ein nicht ir sel-
20   bers geit und ir eigen werck, dan ist sie von gnaden; wan genad zu sein
das ist, das die sele disen uberswang und diesen ubergang ir selbes vol-
bracht habe und uberkomen sey und die sele allein ste in ir puren ledigkeit
und anders nicht enwiss, den sich zu geben nach der weiss gottes.
[...]
Ditz ist das obrist werck der gnaden, das sie die sele bringet in das sie selb
25   ist. Die gnade beraubet die sele ir eygen werck, die gnade beraubet die
sell ires eygen wesens. In disen uberswangk uberget die sell naturlich
liecht, das creature ist, wan sye got beruret sunder alle mittel. Ich begere das
ir mich nu wol verstet! Ich will sprechen von einem synne, den ich nyemer
gesprach. Der werde Dionisius spricht: "als gott nit enist dem geist, also
enist

Seligkeit Gott schaue; was sie folgendermaßen beweisen wollen: Als das geschaf-
(5) fene Wesen, das er nun einmal ist, befindet sich der Mensch in einem Zustande großer
Unvollkom- menheit, so daß er von Natur Gott nicht anders zu erkennen vermag als in der
Weise des Geschöpfes (nämlich mittels Bilder und Formen, wie ich das vorzeiten dargetan
habe); von sich aus nun und bloß mit jenem natürlichen Vermögen vermag die Seele
hierüber nicht hinauszukommen: das muß vielmehr geschehen in einem übernatürlichen
Vermögen, eben im Licht der Glorie.[4] Hiergegen haltet die Auffassung,
(10) die ich nun vortragen will! Sankt Paulus sagt einmal: "Durch Gottes Gnade bin ich,
was ich bin!" (Daß er "durch Gnade" sei, sagt er nur; nicht daß 'die Gnade' sei; es ist das
zweierlei!) Es ist nun ein ausgemachter Satz: immer die Form gibt der Materie ihr Wesen.
Was Gnade sei, darüber stellen die Meister[5] mancherlei Bestimmungen auf; ich sage, sie
ist noch etwas Anderes als bloß 'ein
(15) Licht,[6] das aus Gottes Natur unmittelbar in die Seele strömt': sie ist eine
übernatürliche Form für die Seele, vermöge der er ihr ein übernatürliches Wesen gibt.
Wenngleich nun auch ich der Ansicht bin und sie ausgesprochen habe, daß die Seele von
sich aus über ihr natürliches Wirken nicht hinaus zu gelangen vermag, so vermag sie es
doch kraft der Gnade, die ihr ein übernatürliches Wesen verliehen hat.
[...]
Wenn so die Seele noch im Begriffe steht, den Schwung[7] über sich selbst hinaus zu
vollziehen und einzugehen in ein Nichts ihrer
(20) selbst und ihres Eigenwirkens, dann ist sie "durch Gnade." Dagegen, selber 'die
Gnade' sein, das bedeutet, daß die Seele diese Selbstüberholung und Selbstüberwindung
auch wirklich vollbracht habe und hinübergekommen sei: daß sie allein noch stehe in ihrer
puren Bestimmungslosigkeit und einzig nur sich selber wisse—wie Gott!
[...]
Der Gnade höchste Leistung ist, daß sie die Seele in das bringt, was sie selber
(25) ist! Die Gnade beraubt die Seele des eigenen Wirkens, und sie beraubt sie auch des
eigenen Wesens! In dieser Selbstüberholung erhebt sich die Seele über das 'natürliche
Licht', das nur dem Geschöpfe zukommt, und tritt mit Gott in unmittelbare Berührung. Es
liegt mir daran, daß ihr mich nun wohl verstehet; ich will einen Gedanken behandeln, über
den ich noch nie gesprochen habe.—Der werte Dionysius[8] äußert einmal: "Sobald Gott
für den Geist nicht mehr ist, sobald ist

---

[4]Licht der Glorie: state of grace

[5]This "fliessendes liecht" clearly parallells the «fließendes Licht der Gottheit», Mechthild von Magdeburg's attempt to describe divine grace.

[6]Meister: the Church Fathers, Church authorities

[7]Schwung: leap

[8]Dionysios Areopagites (after the Areopagus, the highest court of ancient Athens, of which the legendary first bishop of Athens was a member); here the name refers to an anonymous apocryphal Christian writer of the 6th century who advocated a form of theology which assumes one can only say and understand that which is not God. His treatises deeply influenced medieval mystical thinkers. A manifestation of this negative theology can even be detected in the writings of the Baroque poet Angelus Silesius.

30   im auch das ewig pild nicht, das sein ewig ursprung ist. Ich han
gesprochen und sprich es noch: gott hat ewigklich geworcht ein werck; in
disem werck hat er die sele gewörcht sich selber, auss disem werck und
uber nutz dicz werck ist die sele geflossen in ein geschaffen wesen, und ist
got ungeleich worden und fremd irem eygen pilde, und in irem geschaf-
35   fenheit hat got gemacht, das er nicht enwas ee den die sell geschaffen
würde. Ich han gesprochen unter wilen: das got got ist, des bin ich ein
sach. Gott hat sich von der sell, sein gotheit von im selber; wan ee die
creature wurd, da enwas got nicht got, aber er was wol gotheit, und das
enhat er von der sele nicht. Wan gott vindet ein vernichtet sele, die zu nichte
40   worden ist uber mittels die (der?) gnade ir selber (und?) ir eygen
werck, so wurckt got oben gnaden in der sele sein ewig werck und erhebt
die sele auss irem geschaffen wesen. Alhie vernicht sich gott in der sele,
und den so beleibt nymer noch got noch sele. Das seit gewiss, dass ditz
gottes eygen ist. Ist das sach, das die sele gottes werck enpfahen mag, so
45   wirt sie dar jn geseczt, das sie nymer enhat keinen gott; da ist die sele
das ewig pild, da got sie ewigklich hat angesehen sein ewig wort. Das
spricht sant Dionysius, das got nicht mer enist dem geist, das ist also als ich
nu gesprochen han.
[...]
Sant Dionysius spricht: "Gott sey nicht." Das mag man also verstan, das
50   Sant Augustin spricht: "Gott sey alle ding, das ist: an gott ist nicht."
Das sant Dionysius spricht: "Gott enist nicht," das ist das kein ding bei in
selber sind. Herumb so muss der geist ubertreten ding und dinglikeit, forme
und formlikeit und wesen und wesenlicheit, den wirt in im geoffenwart das
werck der selikeit, das da wesenlich besiczet die wurcklich vernuft.

(30) für ihn auch das ewige *Urbild* [9] nicht mehr, das sein ewiger Ursprung ist." Ich habe behauptet und behaupte es noch: Gott hat in Ewigkeit nur *ein* Werk verrichtet. In diesem Werke hat er—für sich selber—auch die Seele gesetzt. Zum Überfluß jedoch ist die Seele aus dieser ewigen Setzung herausgetreten in ein Geschöpfeswesen und ist so Gott unähnlich geworden und ihrem eigenen Bilde fremd.[10] Und doch hat *sie* erst mit ihrem Geschöpf-

(35) Sein 'Gott' *gemacht,* so daß es den nicht eher gab, als bis die Seele zu etwas Erschaffenem wurde. Ich habe vor einiger Zeit geäußert: "Daß Gott 'Gott' ist, dessen bin *ich* eine Ursache!" *Gott* hat sich von der Seele: daß er *Gottheit* ist, hat er von sich selber. Denn ehe die Kreaturen da waren, war auch Gott nicht Gott; wohl aber war er Gottheit, denn das hat er nicht von der Seele. Findet nun Gott eine vernichtete Seele—eine die (vermöge der Gnade) ein Nichts

(40) geworden ist an Selbstheit und Eigenwirken, so wirkt Gott (jenseits aller Gnade) in ihr sein *ewiges* Werk und hebt sie damit aus ihrem Geschöpfesdasein heraus. Damit aber vernichtet Gott *sich selber* in der Seele, und so bleibt denn nicht länger weder 'Gott' noch 'Seele.' Seid überzeugt, dies ist Gottes Eigenstes! Hat die Seele den Stand erreicht, wo sie fähig geworden ist, das Wirken Gottes zu erleiden, so wird sie

(45) auch dazu eingesetzt, keinen Gott mehr zu haben! Da ist sie wieder: das ewige Urbild, in welchem Gott sie ewiglich erschaut hat, da ist sie wieder: ein ewiges Wort.—Wenn also Dionysius sagt: "*Gott* ist nicht mehr für den Geist," so ist damit das gemeint, was ich eben ausgeführt habe.

[...]

Gott sei *Nichts,* sagte Dionysius. Darunter kann man dasselbe verstehn, was

(50) Augustinus so ausdrückt: "Gott sei *Alles.*" Das bedeutet: *an ihm* gibt es nichts! Und wenn Dionysius sagt: "Gott ist Nichts," so besagt das: irgend welche 'Dinge' gibt es bei ihm nicht!—Deshalb muß der Geist hinausschreiten über die Dinge und alle Dinglichkeit, über die Gestaltungen und alle Gestaltigkeit, selbst über das Wesen in seiner Wesensgeartetheit: dann wird in ihm aufgehen die volle Wirklichkeit der Seligkeit—die als Wesensbesitz nur zukommt der *Schaffenden Vernunft* !

---

[9]Urbild: the soul as the primordial image of God
[10]that is, the soul is now subject to its own desires which in turn alienate it from God.

III Iusti vivent in aeternum

"Die gerehten suln leben êwiclîche, und ir lôn ist bî gote." Nû merket disen
sin gar eben; aleine er grop lûte und gemeine, sô ist er doch gar merklich
und gar guot.

"Die gerehten suln leben." Welhez sint die gerehten? Ein geschrift sprichet:
5   "der ist gereht, der einem ieglîchen gibet, daz sîn ist." Die gote gebent,
daz sîn ist, und den heiligen und den engeln, daz ir ist, und dem eben-
menschen, daz sîn ist.

Gotes ist diu êre. Wer sint, die got êrent? Die ir selbes alzemâle sint
ûzgegangen und des irn alzemâle *niht ensuochent* an keinen dingen, swaz
10   ez joch sî, noch grôz noch klein, die niht ensehent under sich noch
über sich noch neben sich noch an sich, die niht enmeinent noch guot noch
êre noch gemach noch lust noch nuz noch innicheit noch heilicheit noch lôn
noch himelrîche und dis alles sint ûzgegangen, alles des irn, dirre liute hât
got êre, und die êrent got eigenlîche und gebent im, daz sîn ist.

15   Man sol geben den engeln und den heiligen vröude. Eyâ, wunder über
alliu wunder! Mac ein mensche in disem lebene vröude geben den, die in
dem êwigen lebene sint? Jâ wærlîche! ein ieglich heilige hât sô grôzen lust
und sô unsprecheliche vröude, von einem ieglîchen guoten werke, von
einem guoten willen oder einer begerunge hânt sie sô grôze vröude, daz
20   ez kein munt ûzsprechen kan, noch kein herze kan ez erdenken, wie
grôze vröude sie dâ von hânt. War umbe ist daz? Dâ minnent sie got als
unmæzlîche sêre und hânt in sô rehte liep, daz sîn êre in lieber ist dan ir
sælicheit. Niht aleine die heiligen noch die engel, mêr: got selber hât sô
grôzen   lust dar abe,   rehte als ob ez sîn sælicheit sî, und sîn wesen swebet
25   dar an und sîn genüegede und sîn wollust. Eyâ, nû merket! Enwellen
wir gote niht dienen umbe kein ander sache wan umbe die grôzen vröude,
die sie dar an hânt, die in dem êwigen lebene sint, und got selber, wir
möhten ez gerne tuon und mit allem vlîze.

Man sol ouch den geben, die in dem vegeviure sint, hilfe und bezzerunge
30   und [] den, die noch lebent.

Dirre mensche ist gereht in einer wîse, und in einem andern sinne sô sint die
gereht, die alliu dinc glîch enpfâhent von gote, swaz ez joch sî, ez sî grôz
oder klein, liep oder leit, und al glîch, noch minner noch mêr, einz als daz
ander. Wigest dû

(III) A large segment of Eckhart's German writings is in the form of sermons. The following sermon, entitled "Iusti vivent in aeternum" (The just live forever), which comments on 5:16 of the *Book of Wisdom* , is one of Meister Eckhart's more controversial sermons. In fact, he was accused of heresy for allegedly preaching man's equality with God when he really only desired to describe how to best prepare man for his rebirth in God. He stipulates three criteria which must be met: "uzgân" (surrender of one's will), "niht mêr begêrn" (proper understanding and direction of desire), and "gôtes wesen ist mîn leben" (God is my life)—the proper interpretation and the meaning of the question of life.

"Die Gerechten werden leben ewiglich, und ihr Lohn ist bei Gott." Nun merkt genau auf den Sinn dieses Wortes; mag er auch schlicht und allgemeinverständlich klingen, so ist er doch sehr beachtenswert und durchaus gut.

"Die Gerechten werden leben." Welches sind die Gerechten? Eine Schrift sagt:

(5) "Der ist gerecht, der einem jeden gibt, was sein ist," und den Heiligen und den Engeln, was ihrer ist, und dem Mitmenschen, was sein ist.

Gottes ist die *Ehre*. Wer sind die, die Gott ehren? Die aus sich selbst gänzlich *ausgegangen* sind und das Ihrige ganz und gar nicht suchen in irgendwelchen Dingen, was immer

(10) es sei, weder Großes noch Kleines; die auf nichts unter sich noch über sich noch neben sich noch an sich sehen; die nicht nach Gut noch Ehre noch Gemach noch Lust[11] noch Nutzen noch Innigkeit noch Heiligkeit noch Lohn noch Himmelreich trachten und sich alles dieses *entäußert* haben, alles Ihrigen,—von diesen Leuten hat Gott Ehre, und die ehren Gott im eigentlichen Sinne und geben ihm, was sein ist.

(15) Den Engeln und den Heiligen soll man *Freude* geben. O Wunder über alle Wunder! Kann ein Mensch in diesem Leben Freude geben denen, die in dem ewigen Leben sind? Ja, wahrhaftig! Jeglicher Heilige hat so große Lust und so unaussprechliche Freude durch jegliches gute Werk,—durch ein gutes Wollen oder ein Begehren haben sie so große Freude, daß

(20) kein Mund es auszusprechen und kein Herz auszudenken vermag, wie große Freude sie dadurch haben. Warum ist dem so? Weil sie Gott so ganz über alle Maßen lieben und ihn so recht lieb haben, daß seine Ehre ihnen lieber ist als ihre Seligkeit. Und nicht nur die Heiligen und die Engel, vielmehr Gott selbst hat so große Lust daran, recht als sei es seine Seligkeit, und sein Sein hängt

(25) daran und sein Genügen und sein Wohlbehagen. Wohlan, nun merkt auf! Wollten wir Gott aus keinem andern Grunde dienen als um der großen Freude willen, welche die daran haben, die im ewigen Leben sind, und Gott selbst, wir könnten es gern tun und mit allem Fleiß.

Man soll auch denen Hilfe geben, die im Fegefeuer sind, und Förderung

(30) (und gutes Beispiel) denen, die noch leben.

Ein solcher Mensch ist gerecht in einer Weise, aber in einem andern Sinne sind die gerecht, die alle Dinge von Gott als gleich hinnehmen, was immer es sei, groß oder klein, lieb oder leid, und zwar ganz gleich, ohne Weniger oder Mehr, das eine wie das andere. Schlägst du

---

[11]"die nicht nach Gut noch Ehre noch Gemach noch Lust noch Nutzen noch Innigkeit noch Heiligkeit noch Lohn noch Himmelreich trachten": those who seek neither worldly possessions nor external honor, neither amenities nor gratification of their desires, neither utility nor intimate relationships, neither holiness nor rewards or the kingdom of heaven

daz ein iht mêr dan daz ander, sô ist im unreht. Dû solt dînes eigenen willen
35   alzemâle *ûzgân*.
Ich gedâhte niuwelîche umbe ein dinc: enwölte got niht als ich, sô wölte ich doch als er. Sumlîche liute wellent irn eigenen willen hân an allen dingen; daz ist bœse, dar în vellet gebreste. Die andern sint ein wênic bezzer, die wellent wol, waz got wil, wider sînen willen enwellent sie niht; wæren sie
40   siech, so wölten sie wol, daz ez gotes wille wære, daz sie gesunt wæren. Alsô wölten die liute, daz got nâch irm willen wölte, lieber dan daz sie nâch sînem willen wölten. Man muoz ez vertragen, im ist aber unreht. Die gerehten enhânt zemâle keinen willen; waz got wil, daz ist in allez glîch, swie grôz daz ungemach sî.
45   Den gerehten menschen den ist alsô ernst ze der gerechticheit, wære, daz got niht gereht wære, sie enahteten eine bône niht ûf got und stânt alsô vaste in der gerehticheit und sint ir selbes alsô gar ûzgegangen, daz sie niht enahtent pîne der helle noch vröude des himelrîches noch keines dinges. Jâ, wære alliu diu pîne, die die hânt, die in der helle sint, menschen oder vîende, oder alliu diu pîne, diu in ertrîche ie geliten wart oder iemer sol wer-
50   den geliten, wære diu gesast bî der gerehticheit, sie enahteten sîn niht einen bast; sô vaste stânt sie an gote und an der gerehticheit. Dem gerehten menschen enist niht pînlîcher noch swærer, dan daz der gerehticheit wider ist, daz er in allen dingen niht glîch ist. Als wie? Mac sie ein dinc vröuwen und ein anderz betrüeben, sô ensint sie niht gereht, mêr: sint sie ze einer zît
55   vrô, sô sint sie ze allen zîten vrô; sint sie ze einer zît mêr vrô und ze der andern minner, sô ist in unreht. Swer die gerehticheit minnet, der stât sô vaste dar ûf, swaz er minnet. daz ist sîn wesen; den enmac kein dinc abeziehen, noch keines dinges enahtet er anders. Sant Augustînus sprichet: "dâ diu sêle minnet, dâ is sie eigenlîcher, dan dâ sie leben gibet."
[...]
60   "Die gerehten suln leben." Ez enist kein dinc sô liep noch sô begirlich als leben under allen dingen. Sô enist kein leben sô bœse noch sô swærlich, ein mensche enwelle dennoch leben.
[...]
War umbe lebest dû? Umbe leben, und enweist dennoch niht, war umbe dû lebest. Sô begirlich ist daz leben in im selber, daz man ez umbe sich selber
65   begert. Die in der helle sint in êwiger pîne, die enwölten niht ir leben verliesen, noch vîende noch sêlen, wan ir leben ist sô edel, daz ez sunder allez mitel vliuzet von gote in die sêle. Dar umbe wan ez von gote alsô vliuzet sunder mitel, dar umbe wellent sie leben.

das eine irgendwie höher an[12] als das andere, so ist es verkehrt. Du sollst dich *deines*
(35) *eigenen Willens entäußern.*

Mir kam neulich der Gedanke: Wollte Gott nicht wie ich, so wollte ich doch wie er.
Manche Leute wollen in allen Dingen ihren eignen Willen haben; das ist böse, es steckt ein
Makel darin.[13] Die anderen sind ein wenig besser: die wollen wohl, was Gott will, und
gegen seinen Willen wollen sie nichts; wären sie aber
(40) krank, so wollten sie wohl, es möchte Gottes Wille sein, daß sie gesund wären. So
wollten also diese Leute lieber, daß Gott nach ihrem Willen wollte, als daß sie nach seinem
Willen wollten. Man muß es hingehen lassen, es ist aber das Rechte nicht. Die Gerechten
haben überhaupt keinen Willen; was Gott will, das gilt ihnen alles gleich, wie groß das
Ungemach[14] auch sei.
(45) Den gerechten Menschen ist es so ernst mit der Gerechtigkeit, daß, wenn Gott nicht
gerecht wäre, sie nicht die Bohne auf Gott achten würden;[15]   und sie stehen so fest in der
Gerechtigkeit und haben sich so gänzlich ihrer selbst entäußert, daß sie weder die Pein der
Hölle noch die Freude des Himmelreiches noch irgend etwas beachten. Ja, wäre alle Pein,
die jene haben, die in der Hölle sind, Menschen oder Teufel, oder alle Pein, die je auf
Erden erlitten wurde oder wird
(50) erlitten werden, wäre die mit der Gerechtigkeit verknüpft, sie würden es nicht im
mindesten beachten; so fest stehen sie zu Gott und zur Gerechtigkeit. Nichts ist dem
gerechten Menschen peinvoller und schwerer, als was der Gerechtigkeit zuwider ist: daß er
nicht in allen Dingen gleich(mütig)[16] ist. Wie das? Kann ein Ding die Menschen erfreuen
und ein anderes sie betrüben, so sind sie nicht gerecht; vielmehr, wenn sie zu einer Zeit
(55) froh sind, so sind sie zu allen Zeiten froh; sind sie zu einer Zeit mehr und zur anderen
weniger froh, so sind sie unrecht daran. Wer die Gerechtigkeit liebt, der steht so fest
darauf, daß, was er liebt, sein Sein ist; kein Ding vermag ihn davon abzuziehen, und auf
nichts sonst achtet er. Sankt Augustinus spricht: "Wo die Seele liebt, da ist sie eigentlicher
als da, wo sie Leben gibt."
[...]
(60) "Die Gerechten werden leben." Nichts ist so lieb und so begehrenswert unter allen
Dingen wie das Leben. Und wiederum ist kein Leben so schlimm noch so beschwerlich,
daß der Mensch nicht dennoch leben wolle.
[...]
Warum lebst du? Um des Lebens willen, und du weißt dennoch nicht, warum du lebst. So
begehrenswert ist das Leben in sich selbst, daß man es um seiner selbst willen
(65) begehrt. Die in der Hölle sind, in ewiger Pein, selbst die wollten ihr Leben nicht
verlieren, weder die Teufel noch die Seelen, denn ihr Leben ist so edel, daß es unvermittelt
von Gott in die Seele fließt. Weil es so unmittelbar von Gott fließt, darum wollen sie leben.

---

[12]anschlagen: to value
[13]"es steckt ein Makel darin": this kind of thinking is flawed
[14]Ungemach: adversity
[15]that is, not care anything at all about God

Waz ist leben? *Gotes wesen ist mîn leben.* Ist mîn leben gotes wesen, sô muoz daz gotes sîn und
70   *gotes isticheit mîn isticheit* , noch minner noch mêr.
[...]
Dô got den menschen machete, dô machete er die vrouwen von des mannes sîten, dar umbe daz si im glîch wære. Er machete sie niht von dem houbte noch von den vüezen, daz si im wære weder vrouwe noch man, sunder daz si glîch wære. Alsô sol diu gerehte sêle glîch bî gote sîn und bî neben gote,
75   rehte glîch, noch unden noch oben.
[...]
Die sêlen, die alsô glîch sint, den gibet der vater glîch und entheltet in nihtes niht vor. Swaz der vater geleisten mac, daz gibet er dirre sêle glîch, jâ ob si glîch stât ir selber niht mêr dan einem andern, und si sol ir selber niht næher sîn dan einem andern. Ir eigen êre, ir nuz und swaz ir ist, des ensol si *niht*
80   *mêr begern* noch ahten dan eines vremden.
[...]
Ich sprach einest alhie und ist ouch wâr: waz der mensche ûzer im ziuhet oder nimet, dem ist unreht. Man ensol got niht nemen noch ahten ûzer im sunder als mîn eigen und daz in im ist; noch man ensol dienen noch würken umbe kein warumbe, noch umbe got noch umbe sîn êre noch umbe nihtes
85   niht, daz ûzer im sî, wan aleine umbe daz, daz sîn eigen wesen und sîn eigen leben ist in im. Sumlîche einveltige liute wænent, sie süln got sehen, als er dâ stande und sie hie. Des enist niht. Got und ich wir sint ein. Mit *bekennenne* nime ich got in mich, mit *minnenne* gân ich in got. Etlîche sprechent, daz sælicheit niht lige an bekantnisse sunder aleine an willen. Die
90   hânt unreht; wan læge ez aleine an willen, sô enwære ez niht ein. Daz würken und daz werden ist ein. Sô der zimmerman niht enwürket, sô enwirt ouch daz hûs niht. Dâ diu barte liget, dâ liget ouch daz gewerden. Got und ich wir sint ein in disem gewürke; er würket, und ich gewirde. Daz viur verwandelt in sich, swaz im zuogevüeget wird und wirt sîn natûre. Daz holz
95   daz verwandelt daz viur in sich niht, mêr: daz viur verwandelt daz holz in sich. Alsô werden wir in got verwandelt, daz wir in bekennen suln, als er ist. Sant Paulus sprichet: "alsô suln wir bekennende sîn, rehte ich in als er mich, noch minner noch mêr, glîch blôz." 'Die gerehten suln leben êwiclîche, und ir lôn ist bî gote' alsô glîch .
100   Daz wir die gerehticheit minnen durch sich selben und got *âne warumbe,* des helfe uns got. Amen.

Was ist Leben? Gottes Sein ist mein Leben. Ist denn mein Leben Gottes Sein, so muß Gottes Sein mein sein und

(70) *Gottes Wesenheit* [17] *meine Wesenheit,* nicht weniger und nicht mehr.

[...]

Als Gott den Menschen schuf, da schuf er die Frau aus des Mannes Seite, auf daß sie ihm gleich wäre. Er schuf sie weder aus dem Haupte noch aus den Füßen, auf daß sie weder unter noch über ihm wäre, sondern daß sie gleich wäre. So auch soll die gerechte Seele gleich *bei* Gott sein und neben Gott,

(75) ganz gleich, weder darunter noch darüber.

[...]

Die Seelen, die in solcher Weise gleich sind, denen gibt der Vater gleich und enthält ihnen nichts vor. Was der Vater zu leisten vermag, das gibt er einer solchen Seele in gleicher Weise, fürwahr, wenn sie sich selbst nicht mehr gleicht als einem andern, und sie soll sich selbst nicht näher sein als einem andern. Ihre eigene Ehre, ihren Nutzen und was immer das Ihre ist, das soll sie

(80) *nicht mehr begehren noch beachten* als das eines Fremden.

[...]

Ich sagte einst eben hier, und es ist auch wahr: Wenn der Mensch etwas von außerhalb seiner selbst bezieht oder nimmt, so ist das nicht recht. Man soll Gott nicht als außerhalb von einem selbst erfassen und ansehen, sondern als mein Eigen und als das, was *in* einem ist; zudem soll man nicht dienen noch wirken um irgendein Warum, weder um Gott noch um die eigene Ehre noch um irgend

(85) etwas, was außerhalb von einem ist, sondern einzig um dessen willen, was das eigene Sein und das eigene Leben in einem ist. Manche einfältigen Leute wähnen, sie sollten Gott (so) sehen, als stünde er dort und sie hier. Dem ist nicht so. Gott und ich, wir sind *eins.* Durch das Erkennen[18] nehme ich Gott in mich hinein; durch die Liebe hingegen gehe ich in Gott ein. Manche sagen, die Seligkeit liege nicht im Erkennen, sondern allein im Willen.

(90) Die haben unrecht; denn läge sie allein im Willen, so handelte es sich nicht um Eines. Das Wirken und das Werden aber ist eins. Wenn der Zimmermann nicht wirkt, wird auch das Haus nicht. Wo die Axt ruht, ruht auch das Werden. Gott und ich, wir sind eins in solchem Wirken; er wirkt, und ich werde. Das Feuer verwandelt in sich, was ihm zugeführt wird, und dies wird zu seiner Natur. Nicht das Holz

(95) verwandelt das Feuer in sich, vielmehr verwandelt das Feuer das Holz in sich. So werden auch wir in Gott verwandelt, so daß wir ihn erkennen werden, wie er ist (1 Joh. 3: 2). Sankt Paulus sagt: "So werden wir erkennen: recht ich ihn, wie er mich, nicht weniger und nicht mehr, schlechthin gleich" (1 Kor. 13:12). 'Die Gerechten werden ewiglich leben, und ihr Lohn ist bei Gott'—ganz so *gleich* .

(100) Daß wir Gerechtigkeit um ihrer selbst willen und Gott *ohne Warum* lieben, dazu helfe uns Gott. Amen

---

[17]Wesenheit: existence

[18]that is, the cognitive process

Heinrich Seuse
Büchlein der ewigen Weisheit

I PROLOGUE

Hie vahet an daz ander buechli

Es stuond ein bredier ze einer zit nah einer metti vor einem kruzifixus und
klaget got inneklich, daz er nit konde betrachten nah siner martter und nah
sinem lidenne, und daz ime daz als bitter waz; wan dar an hatte er bis an die
stunde gar grozen gebresten gehabt. Und do er in der klage stuont, do ka-
5   men sine inren sinne in ein ungewonlich ufgezogenheit, und luhte im gar
geswinde und klarlich in also: "du solt

Heinrich Seuse
(c. 1295-1366)

Like Meister Eckhart and Mechthild von Magdeburg, Heinrich Seuse was descended from a noble family. He was born in Constance in c. 1295 and died in Ulm in 1366. He is the poet among the mystics of the thirteenth and fourteenth centuries. Like Meister Eckhart, he, too, was a member of the Dominican order; moreover he was a pupil of Meister Eckhart during the latter's tenure at the order's novitiate in Cologne. Indeed, even after Eckhart's death, Seuse remained close to his mentor in nightly visions, and his partisanship made him suspect long after Eckhart had been charged with heresy.

Seuse's imagery and vocabulary undoubtedly reveal more his family background and his indebtedness to courtly poetry than to his teacher's speculative approach. Indeed, the initial lines of his autobiography are even reminiscent of the opening verses of Hartmann von Aue's *Iwein* when he writes: "Es waz ein brediger in tútschem lande, von geburt ein Swabe, dez nam geschriben sie an dem lebenden buoch. Der hat begird, daz er wurde und hiesse ein diener der ewigen wisheit." Some German scholars even refer to him as the «geistliche Minnesänger». Thus, in the forty-fourth chapter of his autobiography, sitting in a boat on Lake Constance, he discusses with a squire the courtly ideas of adventure, knightly contests, and the courtship of ladies, summing it all up in his desire to become Wisdom's "geischliche riter" ('spiritual knight'). He is fond of the familiar hyperbolic expressions favored by courtly poetry, and his mystical approach to the attainment of the Divine is couched in the imagery of courtly love, with the exception that his only love ("ewiges liep," "minnekliches liep," "einiger trost," "einiges ein") is «Ewige Weisheit». This mystical ascent takes place in three steps, known in mystical terminology as «via purgativa» (clarifying), «via illuminativa» (enlightening), and «via unitiva» (mystical union) and which he sums up in the forty-ninth chapter of his autobiography.

Seuse's language is noticeably characterized by such Alemannic characteristics as /ou/ instead of ô, /scht/ instead of /st/ in medial and final position ("geischlich"), subjunctive forms in -i ("wari" instead of 'wäre,' "wurdi" instead of 'würde'), diminutive suffix -li instead of -lîn, "luogen" in addition to "schawen" for 'to look,' etc.

Aside from his autobiography and the *Büchlein der Ewigen Weisheit,* Seuse wrote the *Büchlein der Wahrheit,* his earliest work, which represents a treatise in which he recapitulates and discusses in the form of a dialogue current theological issues, as for instance the question of God's essence and of the soul as the image of God; in addition some few sermons and several letters have been handed down to us.

(I) The *Büchlein der Ewigen Weisheit* (written c. 1328) is a discourse between the servant, Seuse, with his only love, Eternal Wisdom. In it he engages the service/reward motif familiar from courtly poetry and converts it into an imitation of Christ; even the concept of "hoher muot" is resurrected as a constituant of mystical love. Critics have described the *Büchlein der Ewigen Weisheit* as the most elegant expression of German mysticism. The following selection is taken from the prologue to the *Büchlein* .

Es stand ein Prediger einstmals nach der Messe vor dem Kruzifix und klagte Gott inniglich, daß ihm das Betrachten seiner Marter und seiner Leiden nicht gelänge, und daß ihm das sehr leid sei; denn er hätte damit bis zu dieser Stunde große Schwierigkeit. Und als er so klagte, ka-
(5) men seine inneren Sinne in ein außergewöhnliches Hinaufgezogensein, und es leuchtete ihm plötzlich und deutlich das folgende ein: "Du sollst

hundert venjen machen und iedie venje mit einer sunderlichen betrahtunge mins lidennes und die betrahtunge mit einer begerunge, und ein ieklichs liden sol dir geistlich in gedruket

10   werden, daz selb durch mich wider ze lidenne, als verre es dir muglich ist." Und do er also in dem liecht stuond und sú zellen wolte, do vant er nit me denne núnzig. Do begerte er ze got also: "minneklicher herr, du hattest gemeinet von hunderten, und ich envinde nit me denne núnzig." Do wart er gewiset dennoch uf

15   zehen, die hate er vor in dem capittel genomen, e daz er nah siner gewonheit die gelichnús sins ellenden usfuerens in den tot hetti begangen und under daz selb kruzifixus were komen. Und do vant er, daz die hundert betrahtunge sinen bittern toud von dem anvang bis an daz ende gar eigenlich hatten beschlossen.   Und do er sich dar an begonde ueben nah dem, als er

20   bewiset waz, do wart im dú vorder hertikeit verkeret in ein minneklich suezikeit.

Nu begerte er, ob vil liht ieman me in dem selben gebresten were, in hertikeit und in bitterkeit der betrahtunge dez minneklichen lidennes, in dem ellú selikeit lit, daz dem och gehulfen wurdi, und daz er sich hier an uobti

25   und nit ab liezi, unz daz er och geheilti. Und dar umb so screib er die betrahtunge an und tet daz ze tútsche, wan sú im och also von gotte waren worden.

Dar nah gewan er mengen liechten influz goetlicher warheit, dero sú im ein ursach waren, und stuont in im uf ein kosen mit der Ewigen Wisheit; und

30   daz geschah nit mit einem liplichen kosenne noh mit bildricher ent- wúrt, es geschah allein mit betrahtunge in dem lieht der heiligen schrift, der entwúrt bi núti getriegen mag, also daz die entwúrt genomen sint eintweder von der Ewigen Wisheit munde, die si selber sprach an dem evangelio, oder aber von dien hoehsten lerern; und begrifent eintweder dú selben wort oder

35   den selben sin oder aber sogtan warheit, dú nah dem sinne der heiligen scrift geriht ist, usser der mund dú Ewig Wisheit hat geredet.

Die gesihte, die hie nach stent, die geschahen ouch nút in liplicher wise, sú sint allein ein usgeleitú bischaft.

Die entwúrt von unser vrowen klag hat er genomen von dem sinne der wor-

hundert Venien[19]   machen und jede Venie mit einer besonderen Betrachtung meines Leidens, und [sollst] diese Betrachtungen mit einer Begehrung [nach Gott] verbinden; und jedes Leiden soll dir geistlich [so] eingedrückt

(10) werden, daß du es um meinetwillen wieder leiden [wolltest], sofern es dir möglich sei." Und da er selbst in der Erleuchtung stand und die [Venien] zählen wollte, fand er nicht mehr als neunzig. Da begehrte er zu Gott also: "Minniglicher Herr, du hast hundert [Venien] gemeint, und ich finde nicht mehr als neunzig." Da wurde er auf

(15) zehn [andere] hingewiesen, die er vorher in dem Kapitelsaal[20] vorgenommen hatte, ehe er nach seiner Gewohnheit dem Bilde des elenden Hinausgeführtwerdens [Christi] in den Tod gefolgt und unter dieses Kruzifix gekommen war. Und da fand er, daß die hundert Betrachtungen sein bitteres Sterben vom Anfang an bis an das Ende ganz eigentlich umschlossen hatten. Und als er sich darin zu üben begann, wie es ihm

(20) gewiesen worden war, da wurde ihm seine bisherige Bitterkeit verkehrt in eine minnigliche Süßigkeit.

Nun verlangte er, wenn vielleicht jemand sonst in derselben Not wäre, so daß ihn die Betrachtung des minniglichen Leidens, an dem [dort] die Seligkeit liegt, bedrücke und bitter mache, daß dem auch geholfen würde, und daß er sich an [seinem Beispiel] übte

(25) und nicht abließe, bis daß er auch geheilt würde. Deshalb schrieb er diese Betrachtungen auf und tat es auf deutsch, denn also waren sie ihm auch von Gott geworden.[21]

Danach empfing er manchen klaren Einfluß göttlicher Wahrheit, der von ihnen verursacht war, und es stand in ihm ein liebendes Unterreden mit der Ewigen Wahrheit auf.[22]

(30) Das geschah aber nicht in einem leiblichen Sprechen noch in bildreicher Antwort: es geschah allein in Betrachtung im Licht der heiligen Schrift, deren Antwort mitnichten trügen mag, so daß also die Antworten genommen sind entweder aus dem Munde der Ewigen Weisheit, die sie selber im Evangelium gesprochen hat, oder aber aus den höchsten Lehrern;[23] und [diese Antworten] schließen in sich sowohl die Worte, wie

(35) die Gedanken, wie die Wahrheit, die nach dem Sinne der heiligen Schrift gerichtet sind, durch deren Mund die Ewige Weisheit geredet hat.

Die Gesichte [Visionen], die hiernach folgen, die geschahen ebenfalls nicht in leiblicher Weise, sie sind nur ein ausgelegtes Beispiel.[24] Die Antworten in den Klagen unserer Frau sind den Wor-

---

[19]penance in the form of a series of prostrations

[20]Kapitelsaal: chapter room in a monastery where the so-called chapter of faults was held.

[21]A certain parallel can be seen here between Luther's fondness of the German language and mystical writers, such as Seuse, who, too, seemed to prefer German in the expression of their most ardent thoughts.

[22]stand in ihm auf: rose within him

[23]The authorities referred to here are the Scriptures and the Church Fathers.

[24]ausgelegtes Beispiel: symbolic

40   ten sant *Bernhardes*.

Und die lere git er also vúr in vragwise, dar umb daz si dest begirlicher sie, nút daz er der si, den es an gehoeret, oder daz er es von im selber hab gesprochen. Er meint dar inne ein gemein lere geben, da beidú, er und ellú menschen, mugen an vinden, ein ieklicher daz, daz in an gehoeret.

45   Er nimt an sich, als ein lerer tuon sol, aller menschen person: nu redet er in eins súndigen menschen person, denne in eins volkomen menschen person, etwenne in der minnenden sele bilde, dar nah als dú materie ist, in einer gelichnúze eins dieners, mit dem dú Ewig Wisheit redet.

II

Entwúrt der Ewigen Wisheit: Zuovallender lon lit an sunderlicher vroede, die dú sel gewinnet von sunderlichen und erwirdigen werken, mit dien si hie gesiget hat, als die hohen lerer, die starken martrer und die reinen jungfrouwen; aber wesentlicher lon lit an schoewlicher vereinunge der sele mit der blosen gotheit, wan e geruowet si niemer, e si gefueret wirt über

5   alle ir krefte und mugentheit, und gewiset wirt in der personen naturlich wesentheit und in des wesens einvaltigen blozheit. Und in dem gegenwurfe vindet si denne genuegde und ewig seligkeit; und ie abgescheidner lediger usgang, ie vrier ufgang, und ie vrier ufgang, ie neher ingang in die wilden wuesti und in daz tief abgrúnde der wiselosen gotheit, in die sú ver-

10   senket, verswemmet und vereinet werdent, daz sú nút anders mugen wellen, denn daz got wil, und daz ist daz selb wesen, daz da got ist, daz ist, daz sú selig sint von gnaden, als er selig ist von natur.

(40) St. Bernhards entnommen.[25]

[Der Diener] legt seine Lehre in Frage und Antwort vor, damit sie um so begehrenswerter sei; und damit [erkennbar] sei, daß nicht er es sei, dem [diese Lehre] zugehöre, oder daß er sie nicht etwa aus sich selber gesprochen habe. Er möchte darin eine allgemeine Lehre geben, an der sowohl er wie die Menschen finden mögen, was einem jeglichen gehört.

(45) Er nimmt, wie es ein Lehrer tun soll, die Gestalt aller Menschen an: jetzt redet er in der Person eines sündigen Menschen, jetzt in der eines vollkommenen Menschen, zuweilen in der Gestalt einer liebenden Seele, je nachdem die Materie beschaffen ist, und [das alles] unter dem Bild eines Dieners, mit dem die Ewige Weisheit redet.

(II) Throughout the Büchlein der Ewigen Weisheit, Eternal Wisdom and her Servant—who is none other than Seuse himself—discuss various visions in questions and answers. Chapter XII, which is excerpted here, discusses the deification of the soul and the vision of the essence and the abode of God—referred to as 'fatherland' and suggesting that man is only a visitor ("vroemder gast") here on earth—. Beyond the ninth heaven there is a tenth one called the "coelum empyreum" (kingdom of heaven) and "fúrin himel," the 'fiery heaven' for its radiant clarity. Wisdom then explains what is meant by a dowry for the soul: the "liecht der glorie," that is the gift of the vision of God. The Servant then wants to know what is meant by the crown and the lovely wreath Wisdom had mentioned; Wisdom explains that the crown symbolizes the essential reward and the golden wreath a reward which is accidental (notice here the Scholastic distinction beween the so-called «praemium essentiale» and the «praemium accidentale»):

ANTWORT DER EWIGEN WEISHEIT: Der zufallende Lohn besteht in der außergewöhlichen Freude, die die Seele aus den besonderen und ehrwürdigen Werken gewinnt, mit denen sie hier gesiegt hat, wie die hohen Lehrer, die tapferen Märtyrer und die reinen Jungfrauen. Wesentlicher Lohn aber besteht in der schauenden Vereinigung der Seele mit der bloßen Gottheit; denn jene ruht nicht eher, als bis sie geführt wird über

(5) alle ihre Kräfte und ihr Vermögen hinaus in die natürliche Wesenheit der Personen [der Trinität] und die einfaltige Bloßheit des Seins [Gottes]. Und in diesem Gegenüber findet sie dann Genüge und ewige Seligkeit; und je abgeschiedener und lediger das Ausgehen, um so freier das Aufsteigen; und je freier das Aufsteigen, um so näher das Eingehen in die wilde Wüste und in den tiefen Abgrund der weiselosen Gottheit,[26] in die hinein sie ver-

(10) senkt, verschwemmt und vereint werden, so daß sie [fortan] nichts anderes wollen mögen, als was Gott will; und das ist ein und dasselbe Sein, das da Gott ist, und [es besteht darin], daß sie selig sind von Gnaden, wie [Gott] selig ist von Natur.

---

[25]The reference is to earlier chapters of the *Büchlein der Ewigen Weisheit* which contain laments.

[26]weiselosen Gottheit: God who exists in ways different from human existence

Johannes Tauler
Ascendit Jhesus

In dysem euangelio von der wochen vnnd von der zeit / lißt man vnder
andern worten dz vnser her gieng in ein schifflin das was Simonis vnd hieß
jn / daß er das schiff ein wenig auff in die hoehe von dem gestad fuerte.
Vnd saß vnd leret das volck auß dem schiff / vnd sprach zuo Simon /
Fuere das
5   schiff in die hoehe / vnn werffent euwer netz auß zuo fahen. Simon
sprach / Gebieter wir haben alle dise nacht gearbeit / vnd haben nichts
gefangen / Aber in deynem wort so wirff ich das netz auß. Vnn do sy das
theten / do beschlossen sy als vil fisch dz daß netz zerbrach. Nach vil
andern worten so erfüllten sy das schiff als voll das sy wolten versincken.
10   Do fiel sant Peter fur vnsern herren / vnnd sprach / Gee auß von mir
wenn ich bin ein sünder.
Diß schiff dz vnser herr in die hoehe hieß vff fueren / das ist anders nicht
dann des menschen gemuet inwendig vnd sein meinung. Diß schiff fert in
disem sorglichen wuetenden mere diser engstlichen welt / die allweg in
15   einem ueben vnn wueten ist / nun lieb / nun leid / nun sunst / nun so /
Wie sorglich es vmb die steet / deren hertz in diser wuetung steet / mit lieb
oder mit meinung

Johannes Tauler
(c. 1300-1361)

In contrast to Heinrich Seuse and Meister Eckhart, Johannes Tauler came from a humble background. Born in Strasbourg in 1300, he entered the Dominican order at the tender age of fourteen. Nothing indicates that he might have studied under Meister Eckhart; nevertheless, as Eckhart's spiritual disciple, he carefully sought to distance himself from his master's often uncomfortably unorthodox teachings. He recognized his calling as a preacher and «Seelsorger» (pastor) early in his career, leading him to emphasizes the «via purgativa» over the other two steps to the mystical union with the Divine. In his approximately 80 preserved sermons he advocated an active life over a contemplative one, thus becoming the spiritual ancestor of the religious renewal movement based on practical Christian idealism which originated in the Netherlands—under the leadership of Geert Groote—in 1378 and is referred to as the «devotio moderna».

Johannes Tauler was greatly admired by Martin Luther. Indeed, in 1516, Luther discovered and subsequently published as *Theologia Teutsch* a small but pregnant volume by an anonymous author which contained in summary fashion the mystical thought of the past and especially the teachings of the *Imitation of Christ* —presumably written by Thomas a Kempis (†1471)—which Luther had erroneously attributed to Johannes Tauler. The book exerted a profound influence on Luther's early theology.

The following sermon was written for the sixth Sunday after Trinity Sunday, that is, the seventh after Pentecost, and was entitled "Ascendit Jhesus in naviculam qui erat Symonis" (Jesus embarked on a ship belonging to Simon) in which Tauler employs the ship metaphor to circumscribe man's «gemuet inwendig und sein meinung», his purpose and his intentions. The original text used here is based on the 1522 Basel printing of Taulers sermons.

Im Evangelium dieser Zeit von dieser Woche lesen wir unter anderem, daß unser Herr Jesus in ein Schifflein stieg, das dem Simon gehörte, und ihn bat, daß er das Boot ein wenig vom Land abstoße. Und er saß und lehrte das Volk vom Schiff aus; dann sagte er zu Simon: "Fahre
(5) dein Boot hinaus auf die hohe See, und wirf deine Fangnetze aus!" Simon erwiderte: "Herr, wir haben uns die ganze Nacht abgemüht und nichts gefangen. Aber auf dein Wort hin will ich die Netze auswerfen." Und so taten sie und fingen so viele Fische, daß das Netz zu reißen anfing (Luk. 5:8). Nach viel anderen Worten heißt es, daß die Fischer das Boot derart mit Fischen füllten, daß sie (beinahe) versanken.
(10) Da fiel Petrus dem Herrn zu Füßen und sagte: "Geh weg von mir, Herr, denn ich bin ein sündiger Mensch."
Von dieser Barke[27] wollen wir sprechen. Das Schifflein, das unser Herr auf die hohe See fahren hieß—"Duc in altum"[28]—ist nichts anderes als der zu Gott strebende Grund des Menschen und seine Gesinnung. Dieses Schifflein fährt auf dem sorgenbringenden, aufgeregten Meer dieser gefährlichen Welt, die allewege
(15) auf den Menschen einwirkt und ihn erregt; bald durch Freude, bald durch Leid, bald so, dann so. Wie sorglich es um alle die steht, deren Grund mit Neigung und Sinnen sich

---

[27]Barke: barge (a large, flat-bottomed boat)

vnn daran hangt / der das bekent / sein hertz moecht im dorren von leiden.
Wie es hernach geen wirt / daran dencken ir nicht / vnd geeend mit blintheit
/ vnnd mit torheit vmb / wie er euch gekleident vnd
20   gezieren vnd vergessent euwer selbs / vnn des engstlichen vrteils des
ir warten seind / vnd nit wissent weder heüt noch morgen. Vnd wiszten ir in
welchen engsten vnd sorgen es wurd steen / vmb die welt / vnn vmb alle die
do gott in irem grund nicht leüterlichen anhangen
[...]
25   Nun von vnser materi / Fuer das schiff vff in die hoehe. Disz ist der
erst weg (der von not muosz sein vor allen dingen) dasz das gemuet sol
vnnd muosz vffgefuert sein in die hoehe / das ist sein lieb vnn meynung
oder gunst / von allen dem / das gott nicht ist. Wer in disem greülichen mere
nitt wil verderben oder ertrincken / des gemuet muosz von not vfferhaben
30   sein von allen creaturen / sy seyen oder heissen wie man woell.
[...]
Vnser herr saß in den schiff vnnd leret das volck. Gott rastet vnd ruowet
und bericht alle welt vnn all creatur in disen menschen. Kumpt der mensch
in disen grund vnn in diß wesen so seind sicher / es muoß diß netz von nott
zerreissen. Nit wenent / das ich mich deß etwas annemm / das ich
hierzuo
35   kummen sey. Wie wol kein lerer nicht solt leren / das er selber von
leben nicht hat. Doch ist es zuo notturfft gnuog / das er es lieb / vnn meyne
vnn nit darwider thuo. Doch wissent / das es nit anders gesein mag / do der
fisch als vil gefangen waren / do zerreiß das netz. Also wenn der mensch
zuo disem fahen kumpt das der diß eruolgt / so muoß die natur (die
hiezuo ze-
40   kranck ist) von not reissen. Also das der mensch nymmer gesunden
tag gewinnet. Vnnd das lautet gar wol (als sant Hilgart schreibt) Gottes
wonung ist nitt in eim gesunden starcken leib zuo sein. Als sant Paulus
spricht / Die tugent wirt volbracht in der kranckheit. Aber dise kranckheit
kumpt nit von vßwendiger uebung / sunder von der überflüssigkeit deß
über-
45   güß der gotheit / die disen menschen also übergossen hat / daß das der
arm irdisch leychnam nicht erleiden mag. Wann gott hat disen menschen als
gar in sich gezogen das er wirt gantz gotuar / alles das in im ist das wirt in
einer überwesentlicher weyß durchgossen vnd geformt / das got diß
menschen werck wircket / vnnd diß heißt wol ein gottformig mensch. Wann

in solcher Erregung befindet und sogar noch daran hängt—wer das erkennte, dessen Herz könnte vor Leid brechen. Aber was nachkommen wird, daran denkt ihr nicht! In Blindheit und Torheit befangen, kümmert ihr euch nur um Kleidung und

(20) Schmuck. So vergeßt ihr euch selbst und das furchtbare Urteil, das eurer wartet, ob heute oder morgen, wißt ihr nicht. Wüßtet ihr, welch schreckliche Angst und welche Gefahr die Welt bedroht und die, welche Gott nicht lauter in ihrem Grunde anhangen! [...]

(25) Nun denn zu unserem Gegenstand: "Duc in altum—Fahre hinaus auf die hohe See!" Das ist der erste Weg, der vor allem notwendigerweise eingeschlagen werden muß, daß der Seelengrund hinaufgeführt werden soll und muß in die Höhe, daß seine Liebe, sein Sinnen, seine Gunst, weg von allem geführt werden muß, das nicht Gott, sondern Geschöpf ist. Wer also in diesem furchtbaren Meere nicht zugrunde gehen, nicht ertrinken will, der muß notwendigerweise über

(30) alle Geschöpfe, mögen sie sein oder heißen wie immer, erhoben sein.[29] [...]

Unser Herr saß im Schiff und lehrte das Volk: so weilt Gott in diesen Menschen und herrscht und lenkt in ihnen die ganze Welt und alles Geschöpf. Ja kommt der Mensch so recht in diesen Grund und in dieses Sein, so muß das Netz notwendigerweise reißen. Glaubt nicht, daß ich in eigenem Erleben bis dahin

(35) gelangt sei. Gewiß sollte kein Lehrer von Dingen sprechen, die er nicht selbst erlebt hat. Doch zur Not genügt, daß er liebe und das im Sinn habe, wovon er spricht, und ihm kein Hindernis bereite. Doch wisset, daß es nicht anders sein kann.[30] Als so viele Fische ins Netz gegangen und gefangen worden waren, fing das Netz zu reißen an. Gelingt dem Menschen ein solcher Fang, daß er (in diesem Grund in dieses Wesen gelangt) dann muß des Menschen Natur (die hierzu zu

(40) schwach ist) reißen, derart, daß dieser Mensch nie einen gesunden Tag mehr sieht. Das fügt sich gut zu Sankt Hildegard[31] Worten: "Gott nimmt seine Wohnung nicht in einem starken und gesunden Leibe"; und Sankt Paulus sprach: "Die Tugend vollendet sich in der Schwachheit." Diese Schwachheit aber schreibt sich nicht von äußerer Übung her, sondern vom dem

(45) Überfließen der strömenden Gottheit, das diesen Menschen so überflutet hat, daß der arme irdische Leib das nicht ertragen kann. Denn Gott hat den Menschen so ganz in sich gezogen, daß der Mensch ganz gottfarben wird. Alles, was in ihm ist, wird in einer über alles Sein hinausgehenden Weise durchtränkt und überformt, daß Gott selbst die Werke dieses Menschen wirkt. Und das nennt man mit Recht einen gottförmigen Menschen. Denn

---

[29]By employing the ship and sea metaphors Tauler seems to describe here the first step towards the mystical attainment of the Divine, the «via purgativa», in terms of an "vfferhaben sein," or the rising above all creatures.

[30]This passage reveals Tauler as the humble teacher who refuses to place himself on the self-righteous pedestal of an effete preacher.

[31]Hildegard von Bingen (1098-1179), the first German mystic

50   wer den menschen recht sehe / der sehe jn als gott / nicht dann von
gnaden. Wann got lebt / vnd weiset / vnd wirckt in im all seine werck / vnn
gebrauchet sein selbs in im. Gott hat ir ere / sey haben ir schiff in die
hoehe gefuert / vnnd haben ir netz wol außgeworffen / wann sy haben vil
gefangen.

55   Als das schiff nun also kumpt in die hoehe vnd tieffe / so versinckt daß
schiff mitt dem netz / vnn zerbricht allessampt. Wann das ist wol recht / das
ein eygenheit zerbrochen vnd zerrissen werd. Wann sol ein ding etwas
werden das es nicht ist / so muoß es deß entwerden das es ist.

[...]

Dz ist ein anzeygung das der mensch in disem also fellt in sein grundloß
nicht. Vnd würt zuomal klein widerin got (des es auch alles ist) als ob er es

60   nie gewunn vnd wirt mitt allem dem als / bloß als da nichts ist vnnd
nye nichts gewan. Vnn also versinckt das geschaffen nicht in das
vngeschaffen nicht / das ist / das man nicht versteen oder geworten mag.

Adam Petri dem Christlichen
leser/ Christū liebban/ vnd mit leben
nachuolgen.

Als dañ mein sondere
neygung bißhar allzeyt gewesen/vnd no-
ch ist /der heyligen schrifft liebhabern nutz
vnd fürderung höher zů schetzē/ dañ alles
das so mir sunst zů eroberung zeitlichs gů
ts villeicht weyter het mögen reychē. Har
umb ich mich alweg geflissen hab gůte vß
erleßne bücher an tag zů bringe/ die einem
frōmen Christen nit allein tröstlich sunder
auch ganz heylsam werendt. Vnder den ich yetz kürtzlich aber eyns
(als du die sichst)erkundt/vnd neüwlichen vff fleissigest meines ver
mögens getruckt hab/ Namlich dise hochtreffenliche im Euangelio/
Paulo/vnd andern bewerten heyligen letern/wol gegründte predig/
vnd vß der massen lieblich vnd geystlich leren des andächtigen/weyt
berümpten der heyligen geschrifft leters Joannis Tauleri. In wöl
chen on zweyffel finden wirst den waren grund Christlicher volkom/
menheyt/vnd des rechten lebendigen glauben/der yetz garnach al
tenthalb erloschen were/bett vns derbarmhertzig got (der seyn sunn
scheynen laßt über gůt vnd böß/vnd rechnet vff die gerechten vnd vn
gerechten)nit so gnediglich in disen zeyten angesehe/vnd diß oder an
derley bücher vnd leren nit geoffenbaret. Vß wölchen/mag ein ye
der/iung vnd alt/gelert vnd vngelert/schöpffen vnd vernemen/wie
er Christliche ordnung verstan/vnd dero geleben vnd volgen sol/ In
sonders wie man im geyst leben vnd sich mit got versünen mag/ dur
ch ersůchung eygner gewissen vnnd vfferhebung des gemüts in
Gott. Dise vnd andere geystliche frucht vnd heylsame vnder
weysung/wirstu (o Christlicher leser) vnd mengklich so dz
bůch durchlißt/on allen zweyffel befinden/gůter hoff
nung vnd zůuersicht/du vnd andere/werden di
se mein arbeyt vnd trüwlich angeker-
ten fleyß/ danckbarlich vnd im be
ste vffnemmen. Datū zů Ba
sel/ Anno M.D.xiiij.

(50) wer diesen Menschen recht betrachtet, sähe ihn als Gott—nur von Gnaden versteht sich—, denn Gott lebt und west und wirkt in ihm alle seine Werke und hat in diesem Mensch an sich selbst seine Freude. In solchen Menschen findet Gott seinen Ruhm. Sie haben wahrlich ihr Schiff in die Höhe geführt, ihr Netz ausgeworfen und viel gefangen. (55) Kommt das Schiff an die Stelle des hohen Meeres, wo dies am tiefsten ist, so versinkt das Schiff mitsamt dem Netz, und alles bricht auseinander. Mit Recht wird die (menschliche) Eigenheit zerbrochen und zerrissen. Denn: soll ein jeglich Ding werden, was es nicht ist, so muß das, was es ist, zunichte werden.

[...]

Das ist das eine; das andere ist, daß der Mensch hierbei in sein grundloses Nichts fällt, er wird so klein, so gar nichts, daß er all dem entfällt, was er je und je von Gott empfing, und das gänzlich wieder Gott zurückgibt, dem es (ja) auch gehört, als wenn er es (60) nie erhalten hätte; und er wird mit all dem so nichts und bloß, ebenso wie das, was nichts ist und nie irgend etwas empfing. Da versinkt das geschaffene Nichts in das ungeschaffene Nichts: aber das ist etwas, was man weder verstehen noch in Worten auszusprechen vermag.

❡ Am. VI. Sontag
nach der heiligē Tryualtigkeit die erſt
predig/Wie das geiſtlich ſchifflin(das
iſt des menſchen gemŭt inwendig vñ
ſein meinūg)in die hōhe vffgefŭrt mŭß
werden von allem das got nit iſt/zŭm
erſten durch heilig betrachtunge/dar=
nach durch leidenhafftige gelaſſenheit.
In beraubūg alles troſts vñ ſŭſſigkeit/
vnd zŭ letſt wie es verſinckt in das vn=
geſchaffen nicht/das iſt/das man nitt
verſtan oder gewoꝛten mag. Alles gar
ſubtil vnd übertreffenlich hoch vñ lieb=
lich.Gezogen vff das heŭtig ewange=
lium. Luce. v. Cum turbe irruerent in
Jeſum ꝛc.

Ⓝ dyſem
euangelio von der
wochen vnnd von
der zeit/lißt mā vn
der andern woꝛten
dz vnſer herr gieng
in ein ſchifflin das was Simonis/vnd
bieß jn/daß er das ſchiff ein wenig auff
in die hōhe von dem geſtad fŭrte. Vnd
ſaß vnd leret das volck auß dem ſchiff/
vnd ſpꝛach zŭ Simon/Fŭre das ſchiff
in die hōhe/vñ werffent euwer netz auß
zŭ fahen.Simon ſpꝛach/Gebieter wir
haben alle diſe nacht gearbeit/vnd ha=

Medieval Drama

The history of German drama proper, as an increasingly more sophisticated form of poetic expression, does not begin until the seventeenth century. However, a considerable amount of 'drama' is found in the later Middle Ages, both in the form of religious performances («geistliches Drama») and secular celebrations («weltliches Drama»). These two forms of medieval German drama developed alongside each other.

During the Christian era, the echoes of the old fertility rites continued to live on in the pre-Lenten activities (carnival) in the Latin countries and in the «Fastnacht» of the urban centers of late medieval Germany, Austria, and Switzerland. To this day—in Cologne, Munich, Mainz, and Basel—they are as lively as ever. The glorious anticipation of the coming spring manifests itself in dances, rituals, and unrestrained parades in which colorful and grotesque masks have always dominated. As soon as the rites became more articulate, the shrovetide plays, or «Fastnachtspiele», made their appearance. Originally, they consisted of rhymed characterizations of particular masks or figures (ridiculing a certain type or profession); later, they used literary anecdotes or hardened into political satires determined by the conflicts of the time (anti-Turkish or anti-Catholic skits). It was true popular entertainment in its origins as well as in audience participation, and although literary materials were used at times, the mode of presentation always remained crude, if not vulgar, and delighted in the physiological and scatological aspects of human life. Drunkards, gluttons, shrews, and betrayed husbands recur with a certain monotony and predictability. There is little plot; instead, a revue-like structure of repetitive motifs is preferred.

Surviving as an element within literary comedy, the shrovetide plays were rediscovered by the generation of the «Sturm und Drang» and transmitted to the Romantics, who employed them as formal possibilities for their literary satires. In the early twentieth century, the German youth movement opposed what it termed the middle-classs ossification of the contemporary theater, resuscitated the popular and 'realistic' qualities of the shrovetide plays once again, and staged the old texts with a great deal of artless enthusiasm. The developing «Laienspielgruppen» who stressed the collective participation of untrained actors in homespun performances carried the heritage of the «Fastnachtspiel» into the youth groups of both the radical Left and the Right. Brecht's «Lehrstücke» may owe as much to these impulses as do the «Spielscharen» of the Hitler Youth.

The «geistliche Drama» originated more or less in the antiphonal tropes of the Easter liturgy, known as the "Quem quaeritis"-trope[1] and is illustrated below by the excerpts from the *Osterspiel von Muri*. The Easter plays («Osterspiele») were originally short scenes at the sepulcher of Christ and were presented before the main altar or in a side chapel. The dialogue was in Latin and the play's chief interest for the lay audience probably lay in their music. Later the Easter plays were gradually expanded so that they took in not only the Nativity (»Weihnachtsspiel», «Dreikönigsspiel»), the Passion of the Lord, and the Resurrection but often the entire life of Christ and events from the Old Testament which prefigured it. Comic scenes were also introduced, of which the best known are the «Salbenkrämer» ('ointment merchant'), or «Quacksalber» ('quack') scene, in which the selling of the ointment to the three Marys is accompanied by slapstick comedy, and the boasting of the soldiers who guard the sepulcher. Only men were permitted to participate as actors. Before their full development and probably as a result or their increasingly profane

---

[1] "Quem quaeritis in sepulcro, o cristicolae?"   "Wen suchet ihr im Grab, ihr Christinnen?"

"Jesum Nazarenum crucifixum, o coelicolae."   "Jesus von Nazareth, den Gekreuzigten, ihr Himmlischen."

"Non est hic: surrexit, sicut praedixerat.   "Er ist nicht hier, er ist auferstanden, wie er vorausgesagt.

Ite, nuntiate, quia surrexit de sepulcro!"   Gehet und meldet, daß er vom Grab auferstanden ist!"

character, the plays were moved outside the church, since it was important for those who produced the plays that they be presented to a large audience.

The Passion plays consist of a series of scenes whose unity is provided by the Christian doctrine they illustrate and which are best understood when interpreted allegorically. They were often called cycles and the best known are the Alsfelder (c. 1500), the Donaueschingen (c. 1500), the Luzern (c. 1476), and the Frankfurt (1493). It should be remembered that the growth of these plays was a long process of additions and modifications. None of these plays has survived due to the secularizing influence of Humanism. However, they were resuscitated to a degree during the Baroque period, especially in the Catholic southern regions, and passion plays of Oberammergau, Erl, and Selzach near Solothurn are still performed today. There are also shorter plays on one theme, such as the *Spiel von den klugen und törichten Jungfrauen* (1322), the only play in which the intervention of the Virgin does not save a sinner, and the play of *Theophilus* about a priest who sold his soul to the Devil but repented and was saved by the Virgin.

Osterspiel von Muri

V

Antonius:

      Lieber paltenere,

      hastu iht buhsen lere,

      dar in so tuo uns balsama

      vnd nuwe aromata

100 eines phundes gewiht,   100

      völlechlih vnd minder niht!

      daz wellen wir dir gelten wol.

Institor:

      Die drie buhsen die sint vol

      (daz spriche ih uf min truwe)

105 der selben salben nuwe.   105

      vb ir die choffen wellent,

      so wil ih dc ir cellent

      dar vmbe mit gedinge

      mir zwencic shillinge.

110 dez enlaze ih niht en ort.   110

Maria M[agdalena:]

      Wir wen niht velshen din wort:

      nim hin die phenninch gar

      vnd gib vns die buhsen har!

      wir wellen vurbaz cheren.

Osterspiel von Muri
(c. 1250)

The *Osterspiel von Muri* (c. 1250) represents the oldest religious play written entirely in German. The play was discovered at the monastery of Muri[1] 1840—hidden between the wooden covers of a bible—hence its Alemannic characteristics.[2] Unfortunately, both the beginning and the end are missing. The work still echoes the style and imagery of the courtly epic; it employs realistic devices, for instance the replacement of the chorus of women and the chorus of angels by individuals, Maria Magdalena and 'die andere' Maria, resp. 'Der' Engel. The selection excerpted below clearly illustrates its provenience: the Easter trope, *Quem quaeritis*, which probably was originally intoned by two choirs.

(V)

Maria Magdalena:[3]

Lieber Krämer, / hast du etwa leere Büchsen, / dann gib uns Salböl hinein / und frische Spezereien[4]
(100) von einem Pfund Gewicht, / reichlich und nicht weniger! / Wir wollen sie dir gut bezahlen.

Der Krämer:

Die drei Büchsen, die sind gefüllt / (das sage ich bei meiner Treu')[5]
(105) mit der frischen Salbe da. / Wenn ihr sie kaufen wollt, / so will ich, daß ihr zahlt / dafür als Preis / mir zwanzig Schillinge.
(110) Ich lasse davon kein Stück nach.

Maria Magdalena:

Wir wollen deinen Preis nicht mindern: / nimm hin die ganzen Pfennige / und gib uns her die Büchsen! / Wir müssen weiterkommen.

---

[1]in Aargau, Switzerland

[2]"d<u>c</u>" for 'daz'; "w<u>c</u>" for 'waz'; "s<u>v</u>n" for 'sullet'; "h<u>a</u>r" for 'her'; "ir welle<u>nt</u>" for 'ir wellet'; "phennin <u>ch</u>" for 'phenninc'; "<u>ch</u>omen" for 'komen.'

[3]Since the *Osterspiel von Muri* manuscript was probably a prompter's copy, editors of the text have arrived at the conclusion that "Antonius" merely represents the name of the male actor who played the role of Maria Magdalena.

[4]Spezereien: spices, fragrances

[5]Since the «Salbenkrämer» (Lat. institutor) provided the comic element in the Easter plays, anything he says or does is intended to be humorous and also typical, as, for instance, his 'generous' remark in 115.

Institor:
115 Vrowe, ih wil uh eren.   115
    dar wider mac ih niht sin,
    do []rt ez nie dar vmbe min.

Maria M[agdalena:]
    Owe nu gat vns sorge zvo
    hute an disem morgen vrvo!
    — — — — — — — — —
120 wir mugen heben eine   120
    —nu sin wir ce chleine—
    der uf dc grap ist geleit,
    er ist swere vnde breit:
    wie sol er chomen danne?
125 want uns von cheinem manne   125
    niender helfe mac gevromen.

Maria:
    Got sol uns ce helfe chomen.
    vf des helfe svn wir gan []

VI
[Antonius:]
    — — — — — — — — —
    vnd ist so chranh vnser chraft,
    daz ih mir vurhte sere.
    doh sun wir diner lere
    volgen vnd niht verzagen.
  5 ih han doh ie gehoret sagen,   5
    swer sih an gottes hulde lat,
    daz der ein senftez wesen hat.

Der engel:
    Ir gutv wip, wen suochent ir
    (daz sulent ir besheiden mir)
 10 alsus vrv in diesem grabe   10
    mit soliher ungehabe?
    gant vurbaz und enzagent niht,
    want uh von mir nih geshiht!
    ir sulent haben uwer bet.

Der Krämer:
(115) Ihr Frauen, ich will euch beschenken: / ich will damit zufrieden sein, / doch ich habe es nicht dafür bekommen.

Maria Magdalena:
O weh, jetzt naht uns Sorge / heute an diesem frühen Morgen!
——
(120) wie wir allein (den Stein) abheben sollen /—wir sind ja zu schwach—, / der auf dem Grabe liegt, / er ist schwer und groß: / wie soll er von der Stelle gebracht werden?
(125) Denn von keinem Menschen / will uns Hilfe kommen.

Eine andere Maria:
Gott wird uns zu Hilfe kommen; / im Vertrauen darauf wollen wir gehen []

(VI)

Maria Magdalena:
——
und sind so schwach unsere Kräfte, / daß ich mich sehr fürchte. / Doch müssen wir deiner Weisung / folgen und dürfen nicht verzagen.
(5) Habe ich doch stets sagen gehört, / wer immer sich auf Gottes Huld verläßt, / daß der ein sanftes Leben hat.

Der Engel:
Ihr guten Frauen, wen[6] suchet ihr / (das sollt ihr mir sagen)
(10) so früh an diesem Grabe / mit solchen Klagen? / Geht weiter und verzaget nicht, / denn durch mich geschieht euch nichts: / euere Bitte soll erfüllt werden.

---

[6]Here begins the «Quem quaeritis»-trope.

Antonius:

15 Ihesum von Nasaret,   15
    den unser uursten viengen
    vnd an daz cruce hiengen.
    des ist hvte der dritte tac,
    daz er in todes banden lac,
20 want er den tot vershulte nie,   20
    den suchen wir gemeine hie,
    als ih dir gecellet han.

Der engel:

    Da von ih wol gesagen chan.
    sit uwer rede ist also,
25 vurhtent niht vnd wesent vro!   25
    want des ir also geruchent
    vn in hie suchent,
    der [] ist hvte erstanden
    von des todes banden.
30 dc ist diu rehtiv warheit.   30
    sehen wa er wc geleit!
    ir sulent snellichlihe gan,
    daz sunt ir d[]en lan,
    vnde sagent in besunder
35 vnd den anderen daz wunder,   35
    daz Jesus erstanden ist:
    si svlen chomen sunder vrist
    hin ce Galilea []

Maria Magdalena:

(15) Jesus von Nazareth, / den unsere Fürsten gefangennahmen / und an das Kreuz schlugen. / Heute ist es der dritte Tag, / daß er in Todesbanden lag,[7]
(20) obwohl den Tod er nicht verdiente; / den suchen wir zusammen hier, / wie ich dir erzählt.

Der Engel:

Davon kann ich wohl berichten. / Da es sich so verhält,
(25) fürchtet euch nicht und seid froh! / Denn der, den ihr so begehrt / und den ihr hier sucht: der [] ist heute erstanden / von des Todes Banden.
(30) Das ist die rechte Wahrheit. / Seht, wohin man ihn gelegt! / Eilends sollt ihr gehn, / das sollt ihr dem Petrus wissen lassen, / und berichtet ihm besonders
(35) und auch den anderen das Wunder, / daß Jesus erstanden[8] ist: / sie sollen kommen ohne Säumen / nach Galiläa []

---

[7]in Todesbanden liegen: lit. 'to be entangled by the cords of death' (cf. Psalm 116).
[8]erstanden: rose (from the dead)

Shrovetide plays

The chronology of shrovetide plays such as *Ein Vastnachtspil* is rather difficult to ascertain in view of the fact these plays of the fifteenth century are mostly anonymous and because any manuscripts discovered by scholars, even if dated, did not necessarily permit the conclusion that they were originals and not merely copies of a work with a much earlier date of origin. Scholars have agreed to treat any kind of chronological information as relative and to determine the age of a play simply by the degree of dramatic independence it reveals.

All we know about the following play is that it was probably written during the middle of the fifteenth century. It possesses a revue-like (in the form of «Einzelvorträge»), rather simple 'dramatic' structure with a series of individual speeches directed at the audience. The actors were all men, which added greatly to the plays's burlesque character; they were often earthy to the point of being bizarre. It is not always possible to translate these highly specific innuendoes into an acceptable idiom; often they are best left to the reader's imagination. The following shrovetide play was purposely included in the anthology without an accompanying synoptic translation because the play is quite accessible with the aid of the footnotes provided in the text, and because it represents a fairly good idea of what the secular medieval drama was like.

The shrovetide play experienced its greatest success during the sixteenth century in the hands of Hans Sachs. Although Hans Folz (fl. 1479-c. 1515) and Hans Rosenplüt (c. 1400-1470) contributed to the genre during the fifteenth century, both the problems of authorship (only one play can be attributed to Rosenplüt with certainty and only ten to Folz) and chronology seem insurmountable. Hans Rosenplüt's shrovetide plays are all of the revue type, whereas Folz's plays were trendsetters in the development of moderately dramatic plays, so-called «Handlungsspiele».

The plays were always performed without a stage and hardly any props. The 'stage' was the dance floor at an inn or at a festivity, and the plays were intended solely as burlesque entertainment. As in the play below (K 9 in Keller's *Fastnachtspiele aus dem 15. Jahrhundert*), after greeting the innkeeper, a spokesman, the «Vorläufer», also referred to as «Praecursor» or «Ausschreier», introduces the company of exclusively male amateur actors to the assembled patrons. After asking the audience's indulgence for any—of course intended—crudities, the 'play' begins and a group of travelling journeymen («Handwerksburschen») tell their tall, absurd stories about their adventures. At the end the «Ausschreier» also bids farewell. Asides are frequent in the plays; their purpose is to both silence a noisy crowd and to interject a certain degree of anticipatory suspense. As is the case with *Der Ackermann aus Böhmen*, reading the play out loud will considerably enhance intelligibility.

Ein Vastnachtspil

Got gruß den wirt und sein gesind,
Sein zarte frauen und seine kind,
Got gruß die zarten hausdiern,[1]
Die kan uns praten kuten und piern,[2]
5 Man sagt, sie kun gut suppen machen

---

[1]zarten hausdiern: lovely housemaids
[2]kuten: quinces

Und auch gut pletz und krapfen pachen.[3]
Ich hab groß lieb zu ir getragen,
Und hab irs doch nie turren sagen.[4]

Nu schweigt und habt eur ru,
10 Und horet uns ein kleine weil zu!
Und ob ir uns nicht tut zustoren,[5]
So wert ir große wunder horen,
Hab wir erfaren in fremden landen,
Do wir gar lang sein irr gestanden.[6]
15 Itlicher[7] waiß do wunders vil
Und wer das eben merken wil,
Die vasnacht machet vil lappen,[8]
Das sich mancher macht zu eim ackertrappen.[9]
Nu merkt ir wol, wer nerrisch tut,
20 Das helt man im heut als vergut.[10]

Das sprich ich auch vil tummer knecht,
Itlicher zeit tut man ir recht.
Die vasnacht[11] hat ein solchen siten,
Das groß andacht wirt vermiten,[12]
25 Die vasnacht kan vil narren machen
Und das man irs schimpfs mug lachen.[13]
Solch narren man heut gern sicht,
Der man am karfreitag[14] gert nicht;
Wer es aber am karfreitag wolt anfahen,
30 Mit kamerlaugen wurd man im zwahen.[15]

Hor, kamerlaugen woll wir nicht,
Ein iede zeit die hat ir pflicht,

---

[3]pletz und krapfen bachen: bake cookies and donuts

[4]turren sagen: to dare say

[5]"Und ob ir uns nicht tut zustoren": and if you will not interrupt us

[6]where we roamed a long time

[7]Itlicher: everybody

[8]lappen: fools

[9]ackertrappen: boor, yokel

[10]helt vergut: pardon, that is, all this crazy conduct will be forgiven today because it is shrovetide.

[11]vasnacht: literally means 'Lent's Eve,' that is, Shrove Tuesday («mardi gras»)

[12]not much time is spent in church

[13]shrovetide can also make you laugh at all its foolery

[14]Karfreitag: Good Friday

[15]anyone behaving like this on Good Friday would be doused with urin

Wenn[16] heut gefelt es uns gar wol,
35 Des man sich am palmtag[17] must schemen;
Darumb sult irs in gut aufnemen,[18]
Ob wir ein tail zu grob hie spinnen.[19]
Heut tut mangem weisheit zurinnen,[20]
Und der sich tut zu narren machen,
40 Das man sein müg in schimpf lachen.[21]

Die weisheit laß wir anstan,[22]
Ein anders woll wir fahen an.
Hie sein wol gewandert knaben,
Die sich gar wol versucht haben;[23]
45 Ir itlicher also besunder[24]
Hat gesehen manichs wunder;
Und das ein ider sagen soll,
Villeicht geviel es der Elsen wol,
Das sie im gibt zu lon ein kranz,
50 Wenn er zu ir kumpt an den tanz.

Wol her, Hainz von Trewetzen[25]
Und Kunz von Tramin ge zu der Metzen
Und Gundelwein von Tribilant

---

[16]Wenn: for

[17]palmtag: Palm Sunday

[18]gut aufnemen: accept favorably

[19]even if our performance might turn out to be rather coarse

[20]many will lose their common sense today

[21]so that one can make a cooperative fool of him

[22]laß wir anstan: we will push aside

[23]ll. 43f.: we are a bunch of well-travelled fellows with lots of experience

[24]each one of them

[25]The following represents the introduction of the cast, all with names or handicaps that are intended to make the audience snicker knowingly. "Trewetzen" suggests a place name of whose ludicrous implication we are no longer aware; the same holds true of "Kunz von Trawin" and "Herman Hans von Trimatei," obviously a name mocking the practice of noblemen of carrying several distinctive names; also "von" used in the names of these bawdy characters as well as the fact that practically all the names are tongue twisters—probably enunciated with labored grimaces—certainly are intended to mock people of noble heritage. "Metze" is a nickname for Margarete, here the meaning is 'whore.' "Gundelwein von Tribilant" or "Tribetant" suggests a person who idles his time away, probably in taverns; "Rubenschlunt von Safferei" fittingly describes the name's owner as a drunkard of some proportion. "Fullendrussel Wissmirdasgeseß" is self-explanatory: he is both a glutton and as a result often caught with his pants down. "Piersieder von dem Gefreß" suggests a brewer who also enjoys stuffing himself. We can already anticipate what sort of stories they will have to tell.

Und Heinz Gotz mit der lamen hant[26]

55 Und du Herman Hans von Trimatei

Und du Rubenschlunt von Safferei

Und Fullendrussel Wissmirdasgeseß

Und Piersieder von dem Gefreß,

Last horen, was euch sei geschehen,

60 Was ieder wunders hab gesehen.

Ich kam gen Trebetzen gezogen,

Ein ku was auf ein paum geflogen,

Die tet sich solicher arbeit fleißen,[27]

Das sie kund gut fladen[28] scheißen,

65 Die puchen[29] unter den paumen

Ein ros, das scheiß gut pflaumen;

Kunz von Tramin an der Metschzen,

Wilt du fladen essen zu Trebezschzen?

Ich Cunz von Tramin an der Mezschzen

70 Ich weiß dir, Heinz von Trebezschzen,

Zu Tramin an der Metschz ein maier,[30]

Der legt alle tag dreu große aier,

Ir iedes als ein padhuetlein,[31]

Die pußen dir den hunger dein.[32]

75 Daran gibt er dir auch die susse,[33]

Die ist dir gut fur die schusse.[34]

[...]

Ich Herman Hans von Tribetei

Ich weiß noch vil mer, dann eur drei.

95 Zu Tributei do ist ein fraue,

Die hat ein schweinsmuter, ein saue;

---

[26]The play dates from the middle of the fifteenth century and the reference here simply mocks the idea of a knight with a lame hand; it could not have been intended to ridicule the legendary Götz von Berlichingen «mit der eisernen Faust» who was not born until 1480.

[27]went to a lot of trouble

[28]fladen: cow chips

[29]puchen: bake

[30]maier: tenant farmer

[31]als ein padhuetlein: the size of a bathing cap

[32]those will still your hunger

[33]susse: liquid excrement

[34]gut fur die schusse: will cure your lumbago («Hexenschuß»)

Die sau scheißt solchen driokes,[35]
Wer des bei dreien pfunden eß,
Das wer ein erznei dafur,
100 Das an seim leib nichts erschwur.

Von Sauferei ich Rubenschlunt
Mir wart die abenteuer kunt,
Ich hab vier gens gesehen doch,
Das die prieten einen koch,
105 Dem ran schmalz auß der arskerben.[36]
Wen der hust wolt verderben,[37]
Der nem des schmalz in seinen munt,
Das machet in pald gesunt.
Der koch was an gelt gar reich
110 Und was dem koch am heumarkt geleich.[38]

Ich Fretendrussel von Wischmirsgeseß[39]
Ich weiß ein arznei, wer der eß,
Die wurd im ein gute erznei pringen,
Das er gar sußleich[40] wurd singen.
115 Die erznei kumt von einen winden,[41]
Die die feigenklauber[42] auf der gaßen finden.
Die kugelein sein gar gesunt,
Zu der stimm nimst du sie in den munt.[43]
[...]

Ir habt all groß kunst erfarn,
Ich wil mich mit andern sachen bewarn,
Auf ein ander kunst wil ich mich wegen.
130 Ich waiß ein frauen, die tut fegen
Mit irer laugen, die sie macht,
In funf tagen und in funf nacht,[44]

---

[35]driokes: «Theriak», a medieval poison antidote which was believed to prevent boils and other kinds of sores.
[36]who had fat dripping from his bottom
[37]he who is in danger of dying from coughing
[38]he looked like the cook down at the haymarket
[39]Notice the gross association of 'one who wipes his mouth' with the nobiliary name 'Wipe-my-bottom.'
[40]sußleich: sweetly
[41]winden: 'wind'
[42]feigenklauber: collectors of horse droppings
[43]l. 118: 'they are great for improving one's voice'
[44]The 'lady' uses her urine to scrub ("fegen") the floors with.

Piß die laugen gewint farb und smack.
Wem sie domit zwecht[45] kopf und nack,
135 Dem macht sie gel und kraus sein har
Und nimt nicht schwefel noch eierklar.[46]

Ir tut euch all groß kunst unterwinden.
Ich sach ein mait ein igel schinden[47]
Mit iren zarten linden hentlein;
140 Das sich die mait nit stach darein,
Das dunkt mich doch hie besunder
Zwar das allergroste wunder.
Und welche mait woll junkfrau sein,
Die mach den palk fur ir fensterlein,
145 So kan ir kein pruchmais geschaden,
Sie woll in dann gern lassen in ir gaden.[48]

Nu hort und schweigt do hinten![49]
Man spricht, ein igel sei pos[50] zu schinten.
[...]

Nu hort zu, ich muß euch sagen
Und meinen großen kumer klagen.
Ich hab ein schone stolze tocken,[51]
170 Die trag ich des nachts zu dem rocken.[52]
Ein muter und ein tochter thun mir zilen,[53]
Die wolten mit meiner tocken spilen.
Die tochter spilt der tocken mit mir,
So kumt die muter gelaufen schir
175 Und findet uns beide auf eim haufen

---

[45]zwecht: washes

[46]What is interesting about this 'experiment' is how they bleached (actually, 'make yellow') and curled hair in the fifteenth century: with sulfur and eggwhite.

[47]l. 138: I watched a girl skin a hedgehog («Igel»)

[48]The girl uses the rather smallish skin of a hedgehog to prevent suitors—here identified with the word "pruchmeise" which is a common word for the male member—from entering through her bedroom window!

[49]This is an aside to the audience.

[50]bos zu schinten: apparently somebody objects, saying that hedgehogs are 'difficult to skin.'

[51]tocken: doll

[52]rocken: spinning room, a favorite place for young men to ogle and socialize with girls

[53]tun mir zilen: have designs on me

So hebt sich dann ein schlahen und raufen.[54]
Die muter spricht: Du faige[55] haut!
Ich wolt auch gern sein ein praut.
Also spilen sie mit mir der tocken
180 Und das ich oft ge zu dem rocken.

Die kurzweil[56] die ist nu volpracht.
Herr wirt, das sei zu guter nacht,
Und nemt vergut unsern schimpf,
Ziht unser torheit in einen gelimpf![57]
185 Wir meinen, wer heut nerrisch tut,
Das halt man im doch alles vergut,
Und gebt uns urlaub, es ist zeit,
Wann wir mußen noch ziehen weit.
Und wolt niemant nach uns fregen,
190 So weist sie hin gen Erlestegen[58]
Oder hinuber zu dem tauben etlein,[59]
Da sol heint[60] unser herberg sein.

---

[54]The true meaning of "tocken" is clear now as both daughter and mother vie for the young man's sexual favors.

[55]faige haut: confounded wench

[56]kurzweil: now that the 'show' is over the «Vorläufer» bids farewell to the innkeeper—plays such as these were almost always performed in inns—and the audience.

[57]Pardon us for our foolery

[58]Erlestegen: name of a place

[59]tauben etlein: deaf old man

[60]heute

Oswald von Wolkenstein
(c. 1377-1445)

With Oswald von Wolkenstein the long list of poet-knights comes to an end. He may well be considered the most important German lyrical poet between Walther von der Vogelweide and Goethe. Born as the second son of a South Tyrolean nobleman in Val Pusteria between 1376 and 1378, he decided to seek knightly training abroad, partly out of a spirit of adventure and partly out of necessity. As he sets out, he received "drei pfenning in dem peutel und ain stücklin brot," symbolic going-away gifts, the former as an assurance against rainy days, and the latter to still any yearning for his homeland. As well documented as Oswald's later life is, the first twenty-four years of his life can only be gleaned from his poetry, together with all the pitfalls of poetic autobiography. Little else is known about his early years, except what he tells us in the poem "Es fuegt sich" (I)

His poetry is distinguished by a new, more realistic—often coarse and bawdy—but still highly subjective and often autobiographical approach. He continues to rely on earlier courtly images and and «topoi» and dwells mainly on three major themes: adventure, love, and religion. What might still be classified as "fictional naturalism" in Neidhart von Reuental (Wehrli), now becomes a personal record of events and people in an almost portrait-like fashion that is often obscure and rather specific in its erotic details. F. Banta (*JEGP* **66**) best sums up Oswald's position when he states that he "loved life and loved women" (75), that he approached life "through the senses," hardly through the intellect, in a language that could be devout or delicate, boisterous or bawdy (59). However, one can not take offense at language that reflects the mores of the age. The scores for many of his poems have been preserved in the two major manuscripts, one of which, manuscript B (the so-called Innsbrucker Wolkenstein-Handschrift B), also contains an individualized portrait of the poet who had lost his right eye while still a youth—a first in the history of German literature.[1]

In reading the catalogue of places Oswald claims to have visited,[2] one can easily become rather sceptical. However, it was quite common for a young man during Oswald's time to travel far and wide. Between 1409 and 1410, he went on a pilgrimage to the Holy Land. His motive is not entirely clear. Some contemporaries treated such pilgrimages as a form of retreat, some others merely to be dubbed knights of the Holy Sepulchre, some to escape boredom, political strife, or economic difficulties. Oswald's poem "Var, heng und lass" adds another motif: in this poem, a lover sets out for the Holy Land to prove his love to his lover.

[1]The miniature 'portraits' of the poets in the *Weingartner*, as well as the *Große Heidelberger Liederhandschrift* are merely typifications and do not represent realistic portraits. For accuracy's sake it ought to be mentioned that manuscript A also contains illustrations, though no individual portrait of Oswald.
[2]Prussia, Lithuania, Turkey, Sweden, Denmark, the Low Countries, France, Spain, England, Scottland, and as far away as Arabia and Persia, to name a few.

Oswald von Wolkenstein

I 1 Es fuegt sich, do ich was von zehen jaren alt   I 1
     ich wolt besehen, wie die welt wär gestalt.
     mit ellend, armuet mangen winkel haiss und kalt
     hab ich gepaut pei cristen, kriechen, haiden.
  5 Drei pfenning in dem peutel und ain stücklin prot   5
     das was von haim mein zerung, do ich loff in not.
     von fremden freunden so hab ich manchen tropfen rot
     gelassen seider, dass ich want verschaiden.
     Ich loff zu fuess mit swärer puess, pis das mir starb
 10 mein vater zwar, wol vierzen jar, nie ross erwarb,   10
     wann ains raubt, stal ich halbs zumal mit valber varb
     und des geleich schied ich davon mit laide.
     Zwar renner, koch so was ich doch und mastallär,
     auch an dem rueder zoch ich zue mir, das was swär,
 15 in Kandia und anderswa auch wider här.   15
     vil mancher kitel was mein pestes klaide.

  2 Gen Preussen, Littwan, Tartarei, Türkei, über mer,   2
     gen Lampart, Frankreich, Ispanien mit zwaien küngesher
     traib mich die minn auff meines aigen geldes wer,
 20 Rueprecht, Sigmund, paid mit des adlers streiffen.   20
     Franzoisch, mörisch, katlonisch und kastilian,
     teutsch, latein, windisch, lampertisch, reuschisch und roman,
     die zehen sprach hab ich gepraucht, wann mir zeran;
     auch kund ich vidlen, trummen, pauken, pfeiffen.

Oswald von Wolkenstein
(c. 1377-1445)

(I) In this poem, Oswald von Wolkenstein assesses his life and and his achievements, doing so with the pride and glee of the self-assured and accomplished artist: "Ich Wolkenstain leb sicher klain vernünftiklich" ('Ich Wolkenstein, ich leb gewiss nicht sehr vernünftig'). The poem is often referred to as Oswald's «Altersklage», or elegy, not because he wrote it as a chronologically old man, but because of the way contemporaries looked at the various stages in a man's life: at age 40, one is already at the verge of old age (Kühn).

(1) Es kam dazu, daß ich, an die zehn Jahre alt, / mir ansehn wollte, / wie die Welt beschaffen ist. / In Not und Armut, manchem heißen, kalten Land / hab ich gehaust bei Christen, Heiden, Orthodoxen.[3]
(5) Drei Pfennig in dem Beutel und ein Stückchen Brot, / das nahm ich mit daheim, auf meinem Weg ins Elend. / Bei Fremden, Freunden ließ ich manchen Tropfen Blut, / ich glaubte mich zuweilen schon dem Tode nah. / Ich lief zu Fuß, als sei's zur Buße. Dann verstarb
(10) mein Vater. Vierzehn Jahre, immer noch kein Pferd. / Nur eins mal halb gestohlen, halb geraubt— ein Falber.[4] / Auf gleiche Weise wurd ichs leider wieder los! / War Laufbursch,[5] war sogar mal Koch und Pferdeknecht, / und auch am Ruder zog ich, es war reichlich schwer,
(15) bei Kreta und auch anderswo, und dann zurück. / So mancher Kittel war mein bestes Kleid.

(2) Nach Preußen, Litauen. Zur Krim; Türkei; ins Heilge Land; / nach Frankreich, Lombardei und Spanien. Mit zwei Königsheeren / (ich zog umher im Liebesdienst, doch zahlte selbst!)
(20) mit Ruprecht, Sigmund[6]: beide mit dem Adlerzeichen. / Französisch und arabisch, spanisch, katalanisch, deutsch, / lateinisch, slawisch, italienisch, russisch und ladinisch[7]—/ zehn Sprachen habe ich benutzt, wenn's nötig war. / Auch konnt ich fiedeln, flöten, trommeln und trompeten.[8]

---

[3]the Greeks (Greek Orthodox)

[4]Falber: roan horse

[5]Laufbursch: messenger

[6]King Ruprecht (1400-1410) from the Palatinate in whose ill-fated Italian campaign of 1401 Oswald supposedly participated; Oswald served King Sigismund (1410-1437) on diplomatic missions to various countries, including France, England and Scotland.

[7]ladinisch: Ladin, a Rhaeto-Romanic dialect spoken in southeastern Switzerland, northern Italy, and the Tyrol.

[8]An indication that Oswald at least occasionally accompanied himself.

25 Ich hab umbvarn insel und arn, manig lant   25
   auff scheffen gross, der ich genoss von sturmes pant,
   des hoch und nider meres gelider vast berant;
   die Swarze Se lert mich ain vass begreiffen,
   Do mir zerprach mit ungemach mein wargatin.
   30 ain kauffmann was ich, doch genas ich und kam hin, 30
   ich und ain Reuss; in dem gestreuss haubtguet, gewin
   das suecht den grund und swam ich zue dem reiffen.

3 Ain künigin von Arragun was schön und zart,   3
  dafür ich kniet zu willen raicht ich ir den part,
  35 mit hendlein weiss pand sie darin ain ringlin zart   35
  lieplich und sprach: "non maiplus disligaides."
  Von iren handen ward ich in die oren mein
  gestochen durch mit ainem messin nädelein,
  nach ir gewonhait sloss si mir zwen ring darein,
  40 die trueg ich lang, und nent man sie racaides.   40
  Ich suecht ze stunt künig Sigmunt, wo ich in vant.
  den mund er spreutzt und macht ain kreutz, do er mich kant;
  der rueft mir schier: "du zaigest mir hie disen tant?"
  freuntlich mich fragt: "tuen dir die ring nicht laides?"
  45 Weib und auch man mich schauten an mit lachen so; 45
  neun personier künklicher zier die waren do
  ze Pärpian, ir pabst von Lun genant Petro,
  der römisch künig der zehent, und die von Praides.

4 Mein tummes leben wolt ich verkeren, das ist war,   4
50 und ward ain halber beghart wol zwai ganze jar.   50
   mit andacht was der anvank sicherlichen zwar,
   het mir die minn das ende nicht erstöret.
   Die weil ich rait und suechet ritterliche spil
   und dient zu willen ainer frauen, des ich hil,
   55 die wolt mein nie genaden ainer nussen vil,   55
   pis das ain kutten meinen leib betöret.
   Vil manig ding mir do gar ring in handen gieng,
   do mich die kappen mit dem lappen umbevieng.
   zwar vor und seit mir nie kain meit so wol verhieng,

(25) Ich habe Inseln, Halbinseln und manches Land umfahren / auf Schiffen, deren Größe mich bei Sturm beschützte; / so bin ich auf den Meeren hin und hergereist. / Das Schwarze Meer, es lehrte mich ein Faß umklammern, / als (großes Pech!) die Brigantine[9] unterging. (30) Da war ich Kaufmann, kam davon mit heiler Haut, / ich und ein Russ[10]; in dem Getöse fuhr mein Kapital / samt Zins zum Meeresgrund; ich aber schwamm zur Küste.

(3) Die Königin von Aragon[11] war zart und schön; / ergeben kniete ich und reichte ihr den Bart, (35) mit weißen Händen band sie einen Ring hinein, / huldvoll und sprach: "Non mais plus disligaides."[12] / Die Ohrläppchen hat sie mir eigenhändig dann / durchbohrt, mit einer kleinen Messingnadel; / nach Landessitte hängte sie zwei Ringe dran. (40) Ich trug sie lang; man nennt sie dort «racaides». / Sobald ich König Sigmund fand, ging ich zu ihm—/ er riß den Mund auf, schlug ein Kreuz, als er mich sah / und rief mir zu: "Was zeigst du mir denn für ein Zeug?" / Und freundlich dann: "Tun dir die Ringe auch nicht weh?" (45) Die Damen, Herren schauten mich da an und lachten—/ neun Diplomaten, Vollmachtträger, seinerzeit / in Perpignan;[13] ihr Papst von Luna, namens Pedro, / als zehnter König Sigmund; auch die Frau von Prades.

(4) Ich wollt mein schlimmes Leben ändern (ja, das stimmt!); (50) zwei Jahre lang war ich ein halber Laienbruder.[14] / Die Andacht machte da den Anfang, ganz gewiß, / doch kam die Liebe dann dazwischen, störte mich. / Ich zog sehr viel umher, war aus auf Ritterspiel; / ich diente einer Dame—den Namen nenn ich nicht. (55) Sie wollte mir auch nicht ein Quentchen[15] Huld gewähren, / eh mich die Kutte nicht zum Narren machte.[16] / Ich hatte hübsche Chancen, alles ging ganz leicht, / solange ich den Mantel mit Kapuze trug. / Davor, danach hat kaum ein Mädchen mir soviel gewährt,

---

[9]Brigantine: two-masted ship

[10]Russian

[11]Queen Margareta of Aragon, born in the Catalan town of Prades, the young widow of King Martin I of Aragon

[12]'do not ever untie it'

[13]City in southern France where King Sigismund was supposed to meet King Ferdinand I of Castile and Aragon and the schismatic Pope Benedict XIII (Peter of Luna)

[14]halber Laienbruder: a Beghard, that is a member of a lay brotherhood dating to the thirteenth century; Oswald may be alluding here to his pilgrimage to the Holy Land (c. 1409).

[15]Quentchen: slighest amount of

[16]that is, she insisted that he dress in monastic garb ("Kutte" means cowl, a cloak with a hood; here, the grey attire of pilgrims).

60 die meine wort freuntlich gen ir gehöret.   60
   Mit kurzer snuer die andacht fuer zum gibel auss,
   do ich die kutt von mir do schutt in nebel rauss.
   seit hat mein leib mit laidvertreib vil mangen strauss
   geliten und ist halb mein freud erfröret.

5 65 Es wär zu lang, solt ich erzelen all mein not.   5
      ja zwinget mich erst ain ausserweltes mündlin rot,
      davon mein herz ist wund pis in den pittern tot.
      vor ir mein leib hat mangen swaiss berunnen;
      Dick rot und plaich hat sich verkert mein angesicht,
70   wann ich der zarten dieren hab genumen pflicht,   70
      vor zittern, seufzen hab ich oft empfunden nicht
      des leibes mein, als ob ich wär verprunnen.
      Mit grossem schrick so pin ich dick zwai hundert meil
      von ir gerost und nie getrost zu kainer weil;
75   kelt, regen, sne tet nie so we mit frostes eil,   75
      ich prunne, wenn mich hitzt der lieben sunne.
      Won ich ir pei, so ist unfrei mein mitt und mass.
      von meiner frauen so muess ich pauen ellende strass
      in wilden rat, pis das genad lat iren hass,
80   und hulff mir die, mein trauren käm zu wunne.   80

6 Vier hundert weib und mer an aller manne zal   6
   vand ich ze Nyo, die wonten in der insel smal;
   kain schöner pild besach nie mensch in ainem sal:
   noch mocht ir kaine disem weib geharmen.
85 Von der ich trag auff meinem ruck ain swäre hurt,   85
   ach got, west sie doch halbe meines laides purt,
   mir wär vil dester ringer oft, wie we mir wurt,
   und het geding, wie es ir müest erparmen.
   Wenn ich in ellend dick mein hend oft winden muess,
90 mit grossem leiden tuen ich meiden iren gruess,   90
   spat und auch frue mit kainer rue so slaff ich suess,
   das klag ich iren zarten, weissen armen.
   Ir knaben, mait, bedenkt das lait, die minne pflegen,
   wie wol mir wart, do mir die zart pot iren segen.
95 zwar auff mein er, west ich nicht mer ir wider gegen, 95
   des müest mein aug in zähern dick erwarmen.

7 Ich han gelebt wol vierzig jar leicht minner zwai   7
   mit toben, wüeten, tichten, singen mangerlai;
   es wär wol zeit, das ich meins aigen kinds geschrai

(60) da fanden meine Worte nicht so freundliches Gehör. / Und schnurstracks flog die Andacht gleich zum Schädel raus, / als ich die Kutte von mir warf, im Nebel draußen. / In Liebesdingen ist seither mein Stand recht schwer; / mir ist die Lust, die Freude halbwegs abgekühlt.

(5) (65) Erzählen, was ich alles litt, das führte wohl zu weit. / Bin erstmals hörig einem schönen, roten Mund; / das brach mir fast das Herz, war nah am bittren Tod. / Ich kriegte vor ihr manchen Schweißausbruch—/ sehr rot und bleich war wechselweise mein Gesicht, (70) wenn ich der Schönen meine Aufwartung gemacht. / Vor Zittern, Seufzen war ich oft nicht mehr bei mir, / da schien es mir, als wär ich ausgebrannt. / Verzweifelt war ich fortgerannt, zweihundert Meilen weit / und mehr, und hab doch nirgends Trost gefunden. (75) Viel schlimmer noch als Kälte, Regen, Schnee: der Schüttelfrost.[17] / Ich brenne, wenn die Sonne ihrer Liebe scheint. / Bin ich bei ihr, so ist es mit Verstand, Vernunft vorbei. / Sie ist es, die mich hilflos, in die Ferne treibt, / ins Unheil jagt—bis Gnade ihren Haß aufkündet.
(80) Ach, hälf sie mir: aus Trübsal würde Glück.

(6) Ich sah vierhundet Frauen, ohne einen Mann / auf Nios;[18] die wohnten auf der kleinen Insel. / So Schönes hat kein Mensch im Saal auf einem Bild gesehn—/ und doch: es reichte keine an die Frau heran, (85) die mir die allzu schwere Bürde aufgehuckt.[19] / Ach Gott, wär ihr nur halbwegs meine Last bewußt, / viel leichter wäre mir zu Mut, bei allem Schmerz, / ich hätte Hoffnung, daß sie sich erbarmt. / Wenn in der Ferne ich oft meine Hände ringe,[20] (90) wenn ich mit Schmerzen misse ihren Gruß, / wenn früh und spät ich keine Ruhe find im Schlaf, / so sind daran die zarten, weißen Arme schuld. / Verliebte Burschen, Mädchen, denkt an dieses Leid! / Mir ging's noch gut, als sie den Abschiedssegen gab. (95) So glaubt mir: wüßte ich, ich sehe sie nicht mehr, / mir würden meine Augen oft von Tränen naß.

(7) Ich habe vierzig Jahre (minus zwei) gelebt / mit wüstem Treiben,[21] Dichten, vielem Singen; / es wär jetzt an der Zeit, daß ich als Ehemann

[17]Schüttelfrost: chills
[18]Greek Island whose male population is at sea most of the year
[19]that is, the one who loaded this all-too-heavy burden on his shoulders
[20]ringen: to wring
[21]wüstes Treiben: riotous, dissolute living

100 elichen hört in ainer wiegen gellen.   100
    So kan ich der vergessen nimmer ewikleich,
    die mir hat geben muet auff diesem ertereich;
    in all der welt kund ich nicht vinden iren gleich.
    auch fürcht ich ser elicher weibe pellen.
105 In urtail, rat vil weiser hat geschätzet mich,   105
    dem ich gevallen han mit schallen liederlich.
    ich Wolkenstain leb sicher klain vernünftiklich,
    das ich der welt also lang beginn zu hellen.
    Und wol bekenn, ich waiss nicht, wenn ich sterben sol,
110 das mir nicht scheiner volgt wann meiner werche zol.
    het ich dann got zu seim gepot gedienet wol,
    so vorcht ich klain dort haisser flammen wellen.

II Mein sünd und schuld euch priester klag   II
    an stat, der alle ding vermag,
    grob, lauter, schamrot, vorchtlich das sag
    durch andacht nasser augen,
  5 Und hab ain fürsatz nimmermer   5
    mit fleiss ze sünden, wo ich ker.
    diemüetiklich mit willen, her,
    gib ich mich schuldig taugen.
    An dem gelauben zweifel ich,
 10 pei gotes namen swer ich vast,   10
    mein vater und mueter erenrich
    vertragen hab mit überlast.

  2 Raub, stelen, töten ist mir gach   2
    leib, er und guet dem menschen nach,
 15 pan veir, vast tuen ich ungemach,   15
    valsch zeuknuss ist mir eben.
    Spil, fremder hab wird ich nicht vol,
    zaubrei, lug untreu tuet mir wol,
    verräterschaft, prand gib ich zol.
 20 hochvertig ist mein leben,   20
    Von geitikait ich selten rue,
    spot, zoren, unkeusch ist mir kunt,
    vil essen, trinken spat und frue,
    träg, neidig als der esel und hunt.

(100) aus einer Wiege Kinderschreien hörte. / Doch niemals werde ich die Frau vergessen können, / die mir den frohen Sinn fürs Leben gab. / Ich fand auf dieser Welt noch keine, die ihr gleicht. / Auch fürcht ich ziemlich das Gekeif von Ehefrauen.

(105) Gericht und Rat—was ich dort sagte, schätzte mancher Weise, / dem ich gefiel, wenn ich ihm hübsche Lieder sang. / Ich Wolkenstein, ich leb gewiß nicht sehr vernünftig—/ mir liegt zu sehr daran, daß ich der Welt gefalle / und seh doch wohl: ich weiß nicht, wann ich sterben muß.

(110) Und: daß mir dann nur gute Taten Wert verleihn. / Wär ich bloß dem Gebot des Herrn gefolgt—/ ich bräucht die Höllenflammen kaum zu fürchten.

(II) This «Beichtspiegel» or model confession follows the tradition of practical religious poetry («geistliche Gebrauchsliteratur»).   The poem addresses the established penitential topics in individual strophes, summarizing them in strophe 6: the Ten Commandments (strophes 1/2), the seven deadly sins (2), other people's sins (3), ignoring acts of mercy (3), ignoring the seven gifts of the Spirit (4), disregard for the seven sacraments (4), abuse of the five senses (5), and offenses against the seven beatitudes (6). The poem illustrates the older Oswald's didactic and religious endeavors on behalf of his fellow man. It must not be taken entirely literally as a personal confession, but partly as Oswald's method to hold up a mirror to his contemporaries as well as his age. Strophe 6 appears here in Wachinger's translation.

(1) Ich klag Euch, Priester, meine Sünd und Schuld / in Stellvertretung des Allmächtigen. / Ich sage offen, klar, voll Scham und Furcht, / die Augen von Zerknirschung[22] naß:
(5) ich hab den Vorsatz, willentlich nie mehr / zu sündigen, wo immer es auch sei. / Mit Demut und aus freiem Willen, Herr, / bekenne ich mich schuldig in der Beichte: / ich hege Zweifel an dem Glauben,
(10) ich fluche oft bei Gottes Namen, / und meinen Eltern, die ich ehren sollte, / hab ich das Leben schwer gemacht.

(2) In Rauben, Stehlen, Töten bin ich groß, / will Leben, Ehre und Besitz von anderen,
(15) beachte nie die Fast- und Feiertage, / falsch Zeugnis geben fällt mir leicht. / Im Spielen, Raffen[23] bin ich unersättlich, / bin untreu, falsch, benutze Zauberei, / Verrat begehe ich und lege Feuer.
(20) Voll Hoffahrt[24] ist mein Leben. / Die Habgier[25] läßt mir selten Ruh, / und Spott, Zorn, Unzucht sind mir wohlbekannt, / und Prassen,[26] Saufen, früh und spät. / Bin eselsträge, hundescharf.[27]

---

[22]Zerknirschung: contrition
[23]im Raffen bin ich unersättlich: my rapacious disposition knows no limits
[24]Hoffahrt: excessive pride
[25]Habgier: greediness
[26]Prassen: carousing
[27]eselsträge: lazy as a donkey; hundescharf: envious like a dog

3 25 Die sünd ich haiss, die sünd ich rat,   **3**
      die sünd ich lieb und leich ir stat,
      günstlich nicht understen die tat,
      tailhaft an rüglichs melden.
      Den plossen hab ich nie erkent,
  30 armen durst, hungers nicht gewent,   30
      krank, tot, gevangen, ellend hent
      kain parmung nicht mag velden.
      Unschuldigs pluet vergossen han,
      die armen leut beswär ich ser,
  35 ich kenn die sünd von Sodoman,   40
      verdienten lon nicht halb gewer.

4 Die weishait gots, vernunft und kunst   **4**
      götleicher rat, gots sterk, inprunst,
      götleiche vorcht, götleiche gunst,
  40 götleich lieb, güet nie kande.   40
      Den priester ich smäch, mein e zerprich,
      mein tauff und firmung übersich,
      gots leichnam ich nim unwirdiklich,
      ölung, peicht, puess tuet mir ande.
  45 Unwillig armuet, übelhait   45
      treib ich durch zeit verloren,
      das gots recht an parmherzikait
      ich hass nach gunst mit zoren.

5 Mein sehen, hören süntlich prauch,   **5**
  50 mein kosten, smecken lustlich slauch,   50
      mein greiffen, gen, gedenk verdauch
      unfrüchtikleich dem herren,
      Der himel und erd beschaffen hat,
      und was darinn wonleichen stat,
  55 der gab mir Wolkenstainer rat,   55
      auss peichten solt ich leren
      Durch mein gesank vil hofeleut
      und mangen ungewissen mensch,
      die sich verirren in der heut,
  60 recht als in Pehem tuent die gens.   60

6 Darumb hab ich die zehen pot,   **6**
      die siben todsünd, michel rot,
      die fremden sünd an allen spot
      bekant durch reulich schulde,

(3) (25) Zur Sünde treibe ich, verleite ich, / begehe Sünden, schaff Gelegenheiten,[28] / verhindre nicht die Sündentaten, / ich nehme teil, verschweige sie. / Die Nackten hab ich ignoriert,
(30) den Armen Durst und Hunger nicht gestillt. / Wer krank, gefangen, sterbend, heimatlos—/ ich habe ihm Erbarmen nie gezeigt! / Vergossen hab ich unschuldig Blut, / den Bauern bürd ich große Lasten auf.[29]
(35) Auch treibe ich die Sodomie. / Verdienten Lohn entrichte ich nur halb.

(4) Erkenntnis, Weisheit, Wissen Gottes, / sein Rat und seine Stärke, seine Inbrunst,[30] / und Gottesfurcht, das Denken über Gott
(40) und Gottes Liebe, Güte: alles ist mir fremd. / Den Priester höhne ich und brech die Ehe, / gedenke nicht der Taufe und der Firmung, / das Sakrament empfange ich unwürdig, / verachte Ölung,[31] Buße, Beichte.
(45) Ertrage keine Armut, tue Böses, / vergeude so die Lebenszeit. / Bin ohne Mitleid, hasse drum voll Zorn / die göttliche Gerechtigkeit, die gnädig ist.

(5) Mein Sehen, Hören brauche ich zur Sünde,
(50) mein Schmecken, Riechen zum Genuß, / mißbrauch Berühren, Gehen, Denken, / dem Herrn erweis ich nicht Tribut. / Der Himmel, Erde einst erschuf, / und was sich darin eingerichtet,
(55) der gab mir, Wolkenstein, den Rat, / ich sollt ein Beispiel geben in der Beichte[32] / in meinem Lied für viele dort am Hof, / und manchen Menschen, die, verwirrt, / die Richtung ganz verloren haben,
(60) so wie in Böhmen die Hussiten.[33]

(6) Darum habe ich die zehn Gebote, / die sieben Todsünden, alle miteinander, / und die fremden Sünden in ganzem Ernst / und in Reue über meine Schuld gebeichtet,

---

[28]schaff Gelegenheiten: encourage others to commit sins.

[29]This may well be an allusion to the so-called «Gravamina» which were, among others, complaints by the peasants about the many kinds of abuse suffered at the hands of noblemen. Note, however, that the original text has "armen" and not "gepawren."

[30]Inbrunst: religious ardor

[31]das Sakrament: holy communion; Ölung: extreme unction

[32]This clearly corroborates what was said above in the introduction to this poem.

[33]Hussiten: the followers of the Czech reformer and first president of the University of Prague John Hus. Hus had condemned the practice of indulgences, private confession, the hierarchy of the Church, monasticism, the influence of German professors at Czech universities, and demanded communion under both species («Laienkelch»). He was burned at the stake at the Council of Constance in 1415.

65 Die hailgen werch der parmung rain,   65
   die gab des hailgen gaistes stain,
   vier rueffend sünd, fünf sinn verain.
   o priester, gebt mir hulde!
   Durch hailikeit der siben gab
70 sprecht ablas meiner sünde,   70
   acht sälikait ir nempt mir ab,
   das ich in got erzünde.

III 1 Es leucht durch graw die vein lasur   III
      durchsichtiklich gesprenget;
      plick durch die praw, rain creatur,
      mit aller zier gemenget.
    5 Preislicher jan, dem niemand kan nach meim verstan   5
      plasnieren neur ain füesslin,
      an tadels mail ist er so gail. wurd mir zu teil
      von ir ain freuntlich grüesslin,
      so wär mein swär auff ringer wag
10 vollkomenlich geschaiden,   10
   von der man er, lob singen mag
   ob allen schönen maiden.

 2 Der tag scheint gogeleichen hel,   2
    des klingen alle auen,
15 darin mang vogelreich sein kel   15
   zu dienst der rainen frauen
   Schärfflichen pricht, süesslichen ticht und tröstlich flicht
   mit strangen heller stimme.
   all plüemlin spranz, des maien kranz, der sunnen glanz
20 des firmaments hoch klimme   20
   Dient schon der kron, die uns gepar
   ain frucht keuschlich zu freuden.
   wo wart kain zart junkfrau so klar
   ie pillicher zu geuden?

3 2 5 Das wasser, feuer, erd und wint,   3
      schatz, kraft der edlen staine,
      all abenteuer, die man vint,
      gleicht nicht der maget raine,
      Die mich erlöst, täglichen tröst. si ist die höst
30 in meines herzen kloster.   30

(65) dazu die reinen Werke heiliger Barmherzigkeit, / die edelsteingleichen Gaben des Heiligen Geistes, / die vier himmelschreienden Sünden[34] und alle fünf Sinne. / O Priester, schenkt mir Gnade! / Bei der Heiligkeit der sieben Gaben,
(70) sprecht mir Vergebung meiner Sünde zu! / Nehmt von mir mein Vergehen gegen die acht Seligkeiten, / damit ich in Gott entbrenne.

(III) Contrary to the many similar praises of the Virgin Mary during the Middle Ages in which God is portrayed as the bridegroom and lover, Oswald's praises are rendered in highly personal terms and do not follow the familiar pattern.

(1) Das Grau durchschimmert zart Azur, / luzide eingeschmolzen. / Beschaue es, reine Kreatur, / auch du so schön erschaffen:
(5) von der Erscheinung könnten wir, soweit ich seh, / nicht mal ein Füßlein nach-gestalten—
(10) derart ist sie vollkommen! Erhielt ich / von ihr ein freundlich Grüßlein, / so wöge alle Last ganz leicht, / ich würde von ihr[35] frei, durch sie. / Nur Ehre, Lob kann man ihr singen, / weit mehr als allen schönen Frauen.

(2) Der Tag strahlt jubilierend hell, / am Bach die Wiesen klingen,
(15) dort singt so manche Vogelschar, / der schönen Frau zu dienen / arpeggierend,[36] schön im Text, hoffnungspendend, / die hellen Stimmen dicht versträhnt. / Und Blumenblüte, Maienkranz und Sonnenglanz,
(20) des Firmamentes hohe Kuppel—/ die ganze Schönheit preist die Frau, / die keusch den Sohn gebar, / zu unserm Heil. / Wo hätte eine Jungfrau je / mit Recht so hohes Lob verdient?

(3) (25) Und Wasser, Feuer, Erde, Wind, / und Glanz und Wirkungskraft der Edel-steine,[37] / und alle Wunder, die man sieht—/ es reicht doch nichts an sie heran, / die mich erlöst, mich täglich tröstet: ja, sie ist / die Höchste hier
(30) im Herzenskloster

---

[34]die vier himmelschreienden Sünden: the four most heinous sins mentioned in ll. 33-36: to spill innocent blood, to suppress the peasants, to commit homosexual acts, and to cheat people.
[35]that is, the burden
[36]arpeggierend: from «arpeggio», notes of a chord played in quick succession instead of simultaneously
[37]Wirkungskraft der Edelsteine: potency of precious stones

ir leib so zart ist unverschart. ach rainer gart,
durch wurz frölicher oster
Ste für die tür grausleicher not,
wenn sich mein haupt wird senken
35 gen deinem veinen mündlin rot,   35
so tue mich, lieb, bedenken!

IV 1 Frölich, zärtlich, lieplich und klärlich, lustlich, stille, leise,
in senfter, süesser, keuscher, sainer weise
wach, du minnikliches, schönes weib,
reck, streck, preis dein zarten, stolzen leib!
  5 Sleuss auff dein vil liechte euglin klar!   5
taugenlich nim war,
wie sich verschart der sterne gart
in der schönen, haitern, klaren sunnen glanz!
wolauff zue dem tanz!
10 machen ainen schönen kranz   10
von schaunen, praunen, plawen, grawen,
gel, rot, weiss, viol plüemlin spranz.

2 Lunzlocht, munzlocht, klunzlocht und zisplocht, wisplocht,
[freuntlich sprachen
auss waidelichen, gueten, rainen sachen
15 sol dein pöschelochter, roter munt,   15
der ser mein herz tiefflich hat erzunt
Und mich fürwar tausent mal erweckt,
freuntlichen erschreckt
auss slaffes traum, so ich ergaum
20 ain so wolgezierte, rote, enge spalt,   20
lächerlich gestalt,
zendlin weiss darin gezalt,
trielisch, mielisch, vöslocht, röslocht,
hel zu fleiss waidelich gemalt.

Ganz unversehrt ihr zarter Körper. Reine Frau, / laß wirken alle Ostermacht,[38] / bewahre uns vor schlimmer Not! / Wenn sich mein Kopf einst senken wird
(35) zu deinem schönen, roten Mund—/ gedenke meiner, Liebes!

(IV) Oswald wrote this poem between 1411 and 1415 at at time when his poetry was brimming with images of unbridled suggestiveness. The poem is set at dawn, suggesting perhaps a «Tagelied», if it were not for the absence of the watchman and formulae suggesting separation and return.

(1) Fröhlich, friedlich, lieblich und zärtlich, läßlich,[39] sacht[40] gemach / und sanft und süß und frisch und rein erwach / du schönes, liebevolles Weib, / streck, reck, zeig den zarten, stolzen Leib,
(5) mach deine strahlend hellen[41] Augen auf, / und sieh, in deiner Morgenwonne, / wie nun erlahmt der Sterne Lauf / im Glanz der hellen, heitren, klaren Sonne. / Wohlauf nun zum Tanz!
(10) Binde einen schönen Kranz / aus blauem, violettem, / rotem, gelbem, weißem, / lichtem Blütenglanz.

(2) Schmuslich, koslich, küßlich und zünglich, lüstlich sei die Sprache für manche herrlich üppig schöne Sache:[42]
(15) nur davon sei dein schwellend roter Mund bewegt. / Er hat mein Herz in Liebesglut versetzt, / hat mich gewiß schon tausendfach ergötzt, / hat meine Lust erregt / aus Schlaf und Traum: / hier sah ich bald
(20) den wohlgeformten, sanften Spalt, / zum Lächeln wie gemacht, / darin der Zähne Pracht: / füllig, rosig, lipplich, lecklich—/ mit zartem Pinsel dargebracht!

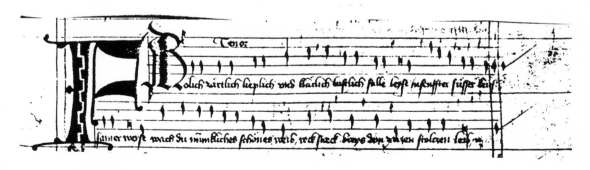

---

[38]Ostermacht: Easter mystery
[39]läßlich: pleasing
[40]sacht: ever so gently
[41]Banta points out that "in medieval poetry we are not told whether the beloved's eyes are blue or green, large or widely set, mischievous or dreaming, but only that they are 'luminous'" (JEGP 66, 62).
[42]All the descriptive adjectives employed her by Oswald to express erotic talk ("schmuslich": 'nuzzling'; "koslich": 'caressing') are practically all «hapax legomena», that is, words that only appear once. The same holds true of the adjectives used to describe the lady's sensuous lips in l. 23.   Kühn's translation superbly captures this mood.

3 25 Wolt si, solt si, tät si und käm si, näm si meinem herzen
     den senikleichen, grossen, herten smerzen,
     und ain prüstlin weiss darauff gesmuckt,
     secht, slecht wär mein trauren da verruckt.
     Wie möcht ain zart seuberliche diern
  30 tröstlicher geziern   30
     das herze mein an allen pein
     mit so wunniklichem, lieben, rainen lust?
     mund mündlin gekust,
     zung an zünglin
     […]

V 1 "Simm Gredlin, Gret, mein Gredelein,   **V**
     mein zarter bül, herz lieb gemait,
     dein züchtlich er an mir nicht weich!"
     "Halt wie es get, mein Öselein,
  5 in deiner schül treu stetikait,   5
     die wil ich leren ewikleich."
     "Die wort sol ich behalten mir
     und schreiben in meins herzen grund
     von deinem röselochten munt."
  10 "Mein hort, das selb ist wol mein gier,   10
     wann ich wil nicht wencken.
     Gedenck, liebs Öselein, an mich,
     dein Gredlin sol erfreuen dich."

2 "Du kanst mich nicht erfreuen bas,   **2**
  15 wann das ich läg an deinem arm,   15
     verslossen als ain kleusener."
     "in deiner pflicht wurd ich nicht lass,
     an sainlich träg mach ich dir warm
     und ist mir das ain klaine swer."
  20 "Hab danck, mein trauter aidgesell,   20
     das sol ich dir vergessen klain,
     wann du bist wol, die ich da main."
     "An wanck von mir kain ungevell,
     herzlieb, nicht enwarte!"
  25 "danck so hab die zarte."   25

(3) (25) Wollt sie, möcht sie, tät sie und käm sie, nähm sie meinem Herz / den sehnsuchts-schweren,[43] herben Schmerz, / die weißen Brüste fest an mich gedrückt—/ das Leid wär fort, ich wär entzückt! / Welch Mädchen sonst, so zart und fein
(30) könnt so beglückend für mich sein, / für dieses Herz: es nimmt den Schmerz / und weckt die reinen, reichen, reifen Lüste: / der Mund den Mund geküßt, / Zung an Zünglein

[...]

(V) Though the preceding poem may have been almost too explicit and may have been written for a lover, the following poem reveals Oswald's tender feelings toward his wife Margarete, to whom he was almost certainly married by 1417 and who would bear him seven children. Oswald wrote several poems in praise of his wife, of which the one below is perhaps the finest because of the reciprocal nature of the responses. Kühn suggests that the poem may have been sung privately among friends and relatives. Moreover, its intimate tone provides us with a privileged glimpse of Oswald and Margarete's intimate relationship. In order to retain the responsive character, the poem is broken up accordingly, beginning with Oswald's opening address.

(1) "He, Gretchen, Grete, Gretelein, / du schöne Freundin und Geliebte, / bleib mir und deinem Ansehn treu."

"Das liegt an dir, mein Ösilein,[44]
(5) für immer will ich bei dir lernen, / was treue Ehebindung ist."

"Was jetzt dein roter Mund gesagt, / das werde ich nie mehr vergessen, / das wird im Herzen eingraviert."

(10) "Mein Schatz, dasselbe wünsch ich mir. / Schwanken ist mir fremd.
/ Denk nur an mich, liebs Ösilein, / dein Gretchen wird dich dann erfreun."

(2) "Die schönste Freude ist für mich,
(15) wenn ich in deinen Armen liege—/ der größte Glückspilz bin ich dann!"

"Dabei werd ich nicht träge sein, / sehr rührig heize ich dir ein, das ist mir wahrlich keine Last!"

(20) "Sehr gut, du mein Verbündeter, / das werde ich dir nicht vergessen; / ich liebe ja nur dich allein. / Nichts Schlimmes brauchst du, Liebster, / von mir je zu befürchten."

(25) "Dank sei dir, mein Gutes."

---

[43]sehnsuchtsschwer: describes the pain of yearning for one's lover
[44]Ösilein: affectionate diminutive for 'Oswald'

"zart liebster man, mir ist so wol,
wenn ich dein brust umsliessen sol."

3 "Vor aller freud tröst mich dein herz,   3
   dorzu dein wunniklicher leib,
30 wenn er sich freuntlich zu mir smucket."   30
   "Gesell, so geud ich wol den scherz,
   und gailt sich fro dein ainig weib,
   wenn mir dein hand ain brüstlin drucket."
   "Ach frau, das ist mein zucker nar
35 und süsst mir alle mein gelid,   35
   seid du mir haltst günstlichen frid."
   "Getraw mir sicherlichen zwar,
   Öslin, gar an ende!"
   "Gredlin, das nicht wende!
40 kain wenden zwischen mein und dir   40
   sei uns mit hail beschaffen schier."

"Mein lieber Mann, mir ist so wohl, / wenn ich die Arme um dich lege."

(3) "Dein Herz, das gibt mir höchste Freude, / dazu dein wunderschöner Körper,
(30) wenn er sich zärtlich an mich schmiegt."

"Mein Freund, ich gurre[45] vor Vergnügen, dein einzig Weib, es ist voll Lust,
wenn deine Hand die Brüste drückt."

"Ach Frau, das gibt dem Affen Zucker,[46]
(35) das fährt mir süß in alle Glieder—/ bewahr mir deine Liebesgunst!"

"Du kannst mir ganz vertrauen, / Öslein, und für immer."

"Gretchen, bleibe auch dabei—
(40) es soll sich zwischen uns nichts ändern; / nur so hält sich dies Glück."

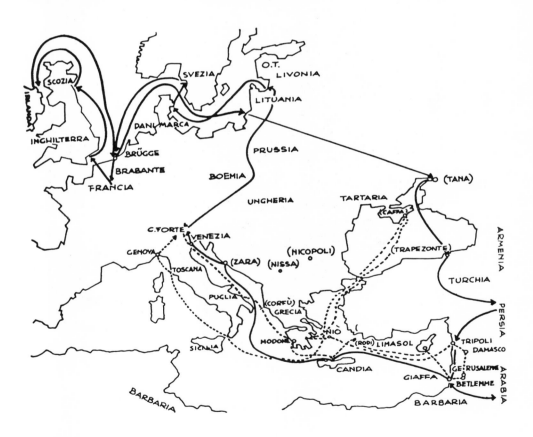

---

[45]gurren: to coo, 'purr'

[46]das gibt dem Affen Zucker: 'you delicious treat'

Johannes von Tepl
(c. 1355-c. 1414)
Der Ackermann aus Böhmen

Der *Ackermann aus Böhmen* has received a great deal of attention by various scholars—attention perhaps out of proportion to the work's intrinsic value, although it is admittedly a well wrought piece of prose and its subject is deserving of interest. There are several reasons for its popularity. Most important, it was 'rediscovered' at a time when there was great interest in the Renaissance as a period sharply divided from the Middle Ages. Although the work was known to Gottsched, and an edition was published by Friedrich von der Hagen, real interest in it began to revive only in the late nineteenth century. Konrad Burdach devoted a lifetime of scholarship and twenty volumes to a detailed study of the work in an attempt to prove that it was the first humanistic work written in German. Unfortunately his whole approach was one-sided, and in his anxiety to prove his point, he neglected the medieval aspects of the work and advanced some untenable theses about the author. A great many of these errors were corrected by Arthur Hübner, but the controversy about how much the work owes to the medieval and how much to the Renaissance tradition continues, even though we no longer think of the two periods as sharply divided. Taken all in all, it can be stated that the Ackermann's assessment of the situation is thoroughly modern («neuzeitlich») in that he perceives himself temporarily cut off from the Divine order, and to that degree he conceives himself—and together with him, man in general—as possessing an autonomous existence in the spiritual sense. Another reason for its popularity among scholars is the allusive nature of the style. Classical, biblical, medieval, and folklore references abound and these, with the legal aspects of the work, presented scholars with an opportunity for an almost unlimited amount of footnotes.

This thorough research has disentangled from apparently conflicting evidence the name and to some degree the activities of the author. He is variously described in the manuscripts and other documents as Johannes von Tepl, Johannes von Saaz, und Johannes von Schüttwa. We now know that Johannnes was born in Schüttwa, in Bohemia, between 1350 and 1360, that he studied at the University of Prague before becoming a schoolmaster in Tepl and later a headmaster and public official in Saaz. After 1411 he appears to have been an official in Prague. The most important document that pertains to him is a dedicatory letter that he sent with a copy of the *Ackermann* to Peter Rothirsch of Prague, a letter that is unfortunately undated except for the notation "St. Bartholomew's Eve," but had certainly been written prior to 1404.

We do know that Johannes von Tepl was married twice, and that his first wife died on August 1, 1400. Could he have written the dialogue in honor of her memory? This is a matter of conjecture; we cannot assume this to be so, but one must bear in mind that the prayer at the end (chapter 34) specifically refers to her death, though the *Ackermann* bears many of the marks of a formal exercise.

The «Streitgedicht» (Lat. altercatio) was a very popular form of writing in classical times and in the Middle Ages. There are several such poems in the idylls of Theocritus, a Greek pastoral poet of the third century B.C., and his imitators; in the Middle Ages we find numerous disputes between Winter and Summer, the Body and the Soul, Water and Wine, etc. The arguments advanced tended to be formalized, and the whole genre is learned and usually rather uninspired. The *Ackermann* stands far above most examples of the type, since it is at one and the same time learned and lively and deals with a subject of more than routine interest. The author has deliberately made frequent use of legal forms and phraseology, so that the work appears as a serious charge against Death by an aggrieved person. With considerable skill he varies the attitudes of the two participants. The Ploughman is at first emotional and personal and an easy mark for the sarcasm and apparent reasonableness of Death. But as the work progresses, his approach changes.

The Ploughman ceases to think in terms of his own personal loss and argues against Death's alleged role as cleanser and purifier of the world. He sees Death as the enemy of mankind and of all true life, and as his arguments become less personal, Death appears to resent him more and plays into his hands by describing life itself as an unworthy business. Thus by the end of the dialogues the roles are reversed. The Ploughman has accepted his own loss but will not accept the fact that all the beauty in life must die, while Death sees the Ploughman's speeches as a personal attack on himself.

The highly polished rhetoric of the dialogue is apparent at a first reading. All the devices listed in the school books are there—repetition, metaphor, hyperbole, litotes, apostrophe, metonymy, and the rest. Proverbs are especially frequent at the beginning of the various speeches. On the other hand, there are relatively few references or quotations from the literature of classical antiquity, although reminiscences and indirect references are common. Less rhethorical are the numerous commonplace and even popular expressions which give the language a great deal of force.

The rhythm of the work is closely related to the Latin prose rhythm of the «cursus». In Cicero's time it had been customary for prose to have certain rhythmic «clausulae» or sentence endings which followed prescribed patterns of long and short syllables. During the Middle Ages a practice arose, largely in the papal chancelleries, of using sentence endings of the same kind based on word stress. These were regularized into specific groupings for the ends of sentences (and sometimes even for the entire sentence) known as the «cursus velox» (xxx xx xx), the «cursus planus» (xxx xx), and «cursus tardus» (xxx xxx). The reader can follow the rhythm and also see what the language of southeastern Germany was like as it moved from the medieval to the modern period.[1] There is no umlaut in this dialect; the sound /ä/ is represented by *e* , /ü/ is either *u* or *ie*. Where modern German would have *u* we often find *v*, and double consonants still appear as single consonants. Reading the original out loud is a rather interesting and rewarding experience; although some of the nouns and verb forms may be unfamiliar, reading the original in this fashion provides a surprisingly easy understanding .

DER ACKERMAN. DAS III. CAPITEL.

Ich bins genant ein ackerman, von vogelwat ist mein pflug, vnd wone in Behemer lande. Gehessig, widerwertig vnd widerstrebend sol ich euch immer wesen: wann ir habt mir den zwelften buchstaben, meiner freuden hort, aus dem alphabet gar freissamlichen enzucket; ir habt meiner wunnen
5   lichte sumerblumen mir aus meines herzen anger jemerlich ausgereutet; ir habt mir meiner selden haft, mein auserwelte turteltauben arglistiglichen entfremdet: ir habt vnwiderbringlichen raub an mir getan! Weget es selber, ob ich icht billich zurne, wute vnd klage: von euch bin ich freudenreiches wesens beraubet, tegelicher guter lebetage enterbet vnd aller wunnebringen-
10   der rente geeussert. Frut vnd fro was ich vormals zu aller stunt; kurz vnd lustsam was mir alle weile tag vnd nacht, in geleicher masse freudenreich, geudenreich sie beide; ein iegliches jar was mir ein gnadenreichs jar. Nu wirt zu mir gesprochen: schab ab! bei trubem tranke, auf durrem aste, betrubet, swarz vnd zersorend beleib vnd heul on vnder-

---

[1]It should be noted that Johannes von Tepl wrote in the dialect employed by the imperial chancery in Prague which was to be the basis for Luther's translations of the Bible.

3

Der Ackermann:

Ich bin genannt ein Ackermann. Vom Vogelkleid ist mein Pflug; ich wohne im Böhmerland.[2] Gehässig, widerwärtig und widerstrebend will ich Euch gegenüber immer sein. Denn Ihr habt mir den zwölften Buchstaben,[3] meiner Freuden Hort, aus dem Alphabet gar schrecklich ausgerissen; Ihr habt mir meiner Wonnen
(5) lichte Sommerblume jammervoll aus meines Herzens Anger ausgejätet; Ihr habt mir meines Glückes Halt, meine auserwählte Turteltaube[4] arglistig entwendet; Ihr habt unwiederbringlichen Raub an mir begangen. Erwägt selber, ob ich mit Fug Euch darum zürne, wüte und klage: durch Euch bin ich des freudenreichen Daseins beraubt, um tägliche, gute Lebenstage und allen wonnenbringen-
(10) den Gewinn gebracht. Frisch und froh war ich vormals zu jeder Stunde; kurz und fröhlich war ich Tag und Nacht, in gleicher Weise voll Freude und Wonne; jedes Jahr war für mich ein gnadenreiches Jahr. Nun wird zu mir gesprochen: Kratz ab. Bei trüben Gedanken, auf dürrem Aste, finster und verdorrend bleib und jammere ohne Unter-

---

[2]In accordance with legal procedure, the Ploughman identifies himself and presents the formal charges. He is a "ploughman with the pen," a roundabout, but not uncommon, way of saying that he earned his living with the quill, that is, as a clerk. He is from Bohemia, and Death has robbed him of his wife. Note that the charge against Death is not of having killed the Ploughman's wife, but of having deprived him of something he had to which he felt he was entitled.

[3]In the Latin alphabet the twelfth letter is M, since J is not a separate letter. The ploughman's wife's name was Margareta, as he tells us in his concluding prayer for the repose of her soul.

[4]Many of these expressions of endearment are derived from the «Minnesang» tradition and the veneration of the Virgin Mary (mariolatry); the image of the turtledove has its origin in the *Song of Songs* (2:12). Walther von der Vogelweide, too, uses similar images in his praise of women, as for instance in his Christmas poem "Ez gienc eines tages als unser hêrre wart geboren," where he refers to Irene, the wife of Philip of Swabia, as "rôs âne dorn, ein tûbe sunder gallen," i.e. 'Rose ohne Dornen, Taube ohne Galle' (l. 9).

15 laß! Also treibet mich der wint, ich swimme dahin durch des wilden meres flut, die tunnen haben vberhant genumen, mein anker haftet nindert. Hiervmb ich on ende schreien wil: Ir Tot, euch sei verfluchet!

DER TOT. DAS XXIV. CAPITEL.

[...]

Dein kurze vernunft, dein abgesniten sinne, dein holes herze wellen aus leuten mer machen, dann sie gewesen mugen. Du machest aus einem menschen, was du wilt, es mag nicht mer gesein, dann als ich dir sagen wil mit vrlaub aller reinen frawen: Ein mensche wirt in sunden empfangen, mit
5   vnreinem, vngenantem vnflat in muterlichem leibe generet, nacket geboren vnd ist ein besmiret binstock, ein ganzer vnlust, ein vnreiner mist, ein kotfaß, ein wurmspeise, ein stankhaus, ein vnlustiger spulzuber, ein faules as, ein schimelkaste, ein bodenloser sack, ein locherete tasche, ein blasebalk, ein geitiger slunt, ein stinkender leimtigel, ein vbelriechender
10   harnkrug, ein vbelsmeckender eimer, ein betriegender tockenschein, ein leimen raubhaus, ein vnsetig leschtrog vnd ein gemalte begrebnuß. Es merke

(15) laß! Also treibt mich der Wind, ich schwimme dahin durch des wilden Meeres Flut, die Wogen haben Oberhand gewonnen, mein Anker haftet nirgends. Darum will ich ohne Ende schreien: Fluch über Euch, Tod! [5]

In answer to these accusations Death expresses surprise that they are made at all.   He then offers a justification of his office; he is the reaper, the agent of God who must make room on earth for new growth. The Ploughman's complaint is at first made only on grounds that he has suffered irreparable loss. He relates in detail his wife's merits and virtues and speaks of the happiness she had brought him. Gradually he shifts his ground, however, and accuses Death of destroying all good things in the world. He rejects the plea that Death serves as God's agent.   Death now finds himself forced to attack life on earth as disgusting and uses many of the arguments of medieval asceticism to show that life is not worth living and women in particular are nothing better than snares.[6] He thus gives the Ploughman an advantage, for he is now able to point out that man is God's finest handiwork and can therefore not be as useless and foul as Death alleges.

24
Der Tod

[...] Deine kurze Vernunft, dein gestutzter Sinn, dein hohles Herz will aus Menschen mehr machen, als sie sein können. Mach aus einem Menschen, was du willst, er kann doch nicht mehr sein, als Ich dir sagen will mit Verlaub aller reinen Frauen: ein Mensch wird in Sünden empfangen, mit
(5) unreinem unnennbarem Unflat im mütterlichen Leib ernährt, nackt geboren und beschmiert wie ein Bienenkorb[7]: ein ganzer Unrat, ein Kotfaß, ein Wurmfraß, ein Stankhaus, ein widerwärtiger Spülzuber,[8] ein faules Aas,[9] ein Schimmelkasten,[10] ein Sack ohne Boden, eine durchlöcherte Tasche,[11] ein Blasebalg,[12] ein gieriger Schlund, ein übelriechender
(10) Harnkrug, ein übelduftender Eimer, ein betrüglicher Puppenschein,[13] ein lehmiges Raubhaus,[14] ein unersättlicher Löschtrog[15] und ein gemaltes Trugbild.[16] Es erkenne,

---

[5]The last sentences of his speech echo biblical language.

[6]In the arguments that follow, Death reflects the decidedly masculine outlook of the Middle Ages which refused to accept women as equals except in those rare cases of highly educated women.

[7]cf. Psalm 51:5: man is born in a state of impurity.

[8]widerwärtiger Spülzuber: disgusting dish pan

[9]faules Aas: lit. 'rotting carrion.'

[10]Schimmelkasten: 'musty box'

[11]This and the preceding 'epithet' refer to male and female anatomy

[12]Blasebalg: lit. bellows

[13]betrüglicher Puppenschein: deceptive farce

[14]lehmiges Raubhaus: lit. 'sticky house of robbery,' that is, she takes and keeps anything she can keep her fingers on

[15]unersättlicher Löschtrog: 'hard to satisfy'

[16]gemaltes Trugbild: painted illusion

wer da welle: ein iegliches ganz gewurktes mensche hat neun locher in
seinem leibe, aus den allen fleusset so vnlustiger vnd vnreiner vnflat, das
nicht vnreiners gewesen mag. So schones mensche gesahestu nie, hestu
15   eines linzen augen vnd kundest es inwendig durchsehen, dir wurde
darab grawen. Benim vnd zeuch ab der schonsten frawen des sneiders
farbe, so sihestu ein schemliche tocken, ein schiere swelkenden blumen vnd
kurze taurenden schein vnd einen balde fallenden erdenknollen. Weise mir
ein hantvoll schone aller schonen frawen, die vor hundert jaren haben gele-
20   bet, aus genumen der gemalten an der wende, vnd habe dir des keisers
krone zu eigen! Laß hin fliessen lieb, laß hin fliessen leit! Laß rinnen den
Rein als ander wasser, von Eselsdorf weiser gotling!

DER ACKERMAN. DAS XXV. CAPITEL.

Pfei euch, boser schandensack! wie vernichtet, vbel handelt vnd vneret ir
den werden menschen, gotes aller liebste creature, damit ir auch die gotheit
swechet! Aller erste prufe ich, das ir lugenhaftig seit vnd in dem paradise
nicht getirmet, als ir sprechet. Weret ir in dem paradise gefallen, so wesset
5   ir, das got den menschen vnd alle dinge beschaffen hat, sie allzumale
gut beschaffen hat, den menschen vber sie alle gesetzet hat, im ir aller
herschaft befolhen vnd seinen fussen vndertenig gemachet hat, also das der
mensche den tieren des ertreichs, den vogeln des himels, den fischen des
meres vnd allen fruchten der erden herschen solte, als er auch tut. Solte
10   dann der mensche so snode, bose vnd vnrein sein, als ir sprechet,
werlich so hette got gar vnreinlichen vnd gar vnnutzlichen gewurket. Solte
gotes almechtige vnd wirdige hant so ein vnreines vnd vnfletiges
menschwerk haben gewurket, als ir schreibet, ein streflicher vnd gemeiligter
wurker were er. So stunde auch das nicht, das got alle dinge vnd den men-
15   schen vber sie alle zumale gut hette beschaffe. Herre Tot, lasset ewer
vnnutz klaffen! Ir schendet gotes aller hubschestes werk. Engel, teufel,
schretlein, klagemuter, das sint geiste in gotes twange wesend: der mensche
ist das aller achtberst, das aller behendest vnd das aller freieste gotes
werkstuck. Im selber geleiche hat es got gebildet, als er auch selber in der
20   ersten wurkung der werlte hat gesprochen. Wo hat ie werkman
gewurket so behendes vnd reiches werkstuck, einen so werkberlichen
kleinen kloß als eines menschen haubet? In dem ist kunstenreiche kunst
allen gotern

wer da wolle: ein jeder vollständig geschaffene Mensch hat neun Löcher in seinem Leib; aus allen fließt so widerwärtiger und unreiner Unflat, daß es nichts Unreineres geben kann. Einen schönen Menschen wirst du nie sehen: hättest du auch

(15) die Augen eines Luchses und könntest du in ihn hineinsehen, dir würde davor grauen. Nimm und zieh der schönsten Frau des Schneiders Farbe ab, so siehst du eine schmähliche Puppe, eine rasch welkende Blume und kurz dauernden Glanz und einen bald zerfallenden Erdklumpen![17] Weise mir eine Handvoll Schönheit aller schönen Frauen, die vor hundert Jahren gelebt

(20) haben, ausgenommen die gemalten an der Wand, so sollst du des Kaisers Krone besitzen! Laß fahren die Liebe, laß fahren das Leid! Laß rinnen den Rhein, wie andere Gewässer, du weiser Bursche aus Eselsdorf![18]

25
Der Ackermann:

Pfui, Ihr böser Schandsack![19] Wie vernichtet, behandelt übel und verunehrt Ihr den edeln Menschen, Gottes allerliebstes Geschöpf, wodurch Ihr auch die Gottheit schmäht! Jetzt erst erkenne ich, daß Ihr ein Lügner seid und nicht im Paradies geschaffen, wie Ihr sagt. Wäret Ihr im Paradies geworden, so wüßtet

(5) Ihr, daß Gott den Menschen und alle Dinge durchaus gut geschaffen und den Menschen über sie alle gesetzt hat, ihm die Herrschaft über sie alle verliehen und sie seinen Füßen untertänig gemacht hat, also daß der Mensch über die Tiere des Erdreichs, die Vögel des Himmels, die Fische des Meeres und alle Früchte der Erde herrschen sollte, wie er es auch tut. Sollte

(10) dann der Mensch so verächtlich, böse und unrein sein, wie Ihr sagt, wahrlich, so hätte Gott gar unreinlich und unnütz gewirkt. Sollte Gottes allmächtige Hand ein so unreines und unflätiges[20] Menschenwerk geschaffen haben, wie Ihr sagt, ein schmählicher Schöpfer wäre er. Dann würde auch das nicht gelten, daß Gott alle Dinge und den Men-

(15) schen über sie alle besonders gut geschaffen hätte. Herr Tod, lasst Euer nutzloses Kläffen![21] Ihr schändet Gottes allerfeinstes Geschöpf. Engel, Teufel, Kobolde,[22] Geister, die den Tod ankündigen, das sind alles Geister in Gottes Gewalt; der Mensch ist das allervornehmste, das allergeschickteste und das allerfreieste Werkstück Gottes. Ihm selber gleichend, hat es Gott gebildet, wie er es selber auch bei

(20) der Schöpfung der Welt ausgesprochen hat. Wo hat je ein Handwerker ein so geschicktes und reiches Werkstück gewirkt, eine so kunstvolle kleine Kugel wie das Menschenhaupt? In ihm sind kunstreiche, allen Geistern

---

[17]Erdklumpen: clod of earth

[18]Eselsdorf: 'hicksville'

[19]Schandsack: derogatory reference to male anatomy

[20]unflätig: filthy

[21]nutzloses Kläffen: futile bark

[22]Kobold: gremlin

ebentewer verborgen: da ist in des augen apfel das gesichte, das aller
gewissest gezeuge, meisterlich in spiegels weise verwurket; bis an des
25   himels klare zirkel wurket es. Da ist in den oren das ferre gewurket
gehoren, gar durchnechtiglichen mit einem dunnen felle vergitert zu prufung
vnd vnderscheit mancherlei susses gedones. Da ist in der nasen der ruch
durch zwei locher ein vnd aus geend, gar sinniglichen verzimmert zu
behegelicher senftigkeit alles lustsames vnd wunnesames riechens, das da
30   ist nar der sele. Da sint in dem munde zene, alles leibfuters tegeliches
malende einsacker; darzu der zungen dunnes blat den leuten zu wissen
bringend ganz der leute meinung; auch ist da des smackes allerlei koste
lustsame prufung. Dabei sint in dem kopfe aus herzengrunde geende sinne,
mit den ein mensche, wie ferre er wil, gar snelle reichet; in die gotheit vnd
35   darvber gar klimmet der mensche mit den sinnen. Allein der mensche
ist empfahend der vernunft, des edelen hortes. Er ist allein der lieblich kloß,
dem geleiche niemant dann got gewurken kan, darinnen also behende werk,
alle kunst vnd meisterschaft mit weisheit sint gewurket. Lat faren, herre
Tot! ir seit des menschen feint: darvmb ir kein gutes von im sprechet!

DER TOT. DAS XXVIII. CAPITEL.

Loben on ende, schenden one zil, was sie vurfassen, pflegen etlich leute.
Bei loben vnd bei schenden sol fuge vnd masse sein; ob man ir eines
bedurfe, das man sein stat habe. Du lobest sunder masse eeliches leben;
iedoch wellen wir dir sagen von eelichem leben, vngeruret aller reinen fraw-
5   en: als balde ein man ein weib nimpt, als balde ist er selbander in vnser
gefengnuß. Zuhant hat er einen hantslag, einen anhang, einen hantsliten, ein
joch, ein

unbegreifliche Wunderkräfte. Da ist in dem Augapfel das Gesicht, der allergewisseste Zeuge, meisterlich nach Spiegels Art gebildet; bis an des
(25) Himmels Klarheit reicht es. Da ist in den Ohren das weitreichende Gehör, gar vollkommen mit einer dünnen Haut versperrt, zur Wahrnehmung und Unterscheidung mancherlei holder Töne. Da ist in der Nase der Geruch, durch zwei Löcher ein- und ausgehend, gar sinnreich ausgestaltet zu behaglicher Annehmlichkeit[23]
(30) aller lieblichen und wonniglichen Düfte. Da sind in dem Mund Zähne, die alle Nahrung alltäglich zermahlen. Dazu teilt der Zunge dünnes Blatt den Menschen alle Meinung mit. Auch ist da die angenehme Geschmacksempfindung von allerlei Nahrung. Dazu sind in dem Kopf Gedanken, die aus dem Grund des Herzens kommen, mit denen der Mensch im Nu reichen kann, soweit er will; bis zur Gottheit, sogar
(35) darüber, klimmt der Mensch mit den Gedanken. Der Mensch allein hat die Vernunft zu eigen, den edlen Hort. Er ist allein die liebliche Gestalt, desgleichen niemand außer Gott allein zu bilden vermag, worin alle geschickten Werke, alle Kunst und Meisterschaft mit Weisheit gewirkt sind. Laßt fahren, Herr Tod! Ihr seid des Menschen Feind; darum sagt Ihr nichts Gutes von ihm.[24]

When the Ploughman requests advice on a second marriage, Death raises many familiar antifeminist arguments, to which his opponent replies by citing the honorable characteristics of women. He adds that Death's power will cease when life on earth ceases and that from Death will come Life.

28
Der Tod:

Viele Leute loben ohne Ende, schmähen ohne Ziel, was immer sie auch unternehmen. Beim Loben und Schmähen soll Fug und Maß sein, daß man es richtig zur Hand hat, wenn man eines von ihnen braucht. Du lobst über alle Maßen das eheliche Leben. Jedoch wollen Wir dir sagen vom ehelichen Leben, ungeachtet aller reinen Frau-
(5) en: sobald ein Mann ein Weib nimmt, sobald sind sie beide in Unserem Gefängnis. Alsbald hat er auch eine Verpflichtung, einen Anhang, einen Handschlitten,[25] ein Joch, ein

---

[23]behagliche Annehmlichkeit: pleasant enjoyment

[24]The language of this passage is deliberately reminiscent of the Book of Genesis, since the Ploughman's whole argument rests on the fact that Death was not created by God in Paradise but 'dropped' there—in the fashion animals give birth to their young.   Death came as a result of man's fall from grace, so that the Ploughman's argument is tenable.   The praise of man as God's finest creation anticipates many similar passages in Renaissance and Baroque literature, of which the most famous are the speech in Hamlet II, 2 ("What a piece of work is a man! How noble in reason! how infinite in faculties! in form and moving, how express and admirable! in action, how like an angel! in apprehension, how like a god! the beauty of the world! the paragon of animals!"   But even in Shakespeare there are still medieval throw-backs, as when he lets Hamlet conclude: "And yet, to me, what is this quintessence of dust?").   Angelus Silesius (1624-1677) reiterates the same ideas when he states in an aphorism: "Das größte Wunderding ist doch der Mensch allein: Er kann / nach dem er's macht / Gott oder Teufel sein."

[25]Handschlitten: 'person who will not pull his or her weight'

kumat, ein burde, einen sweren last, einen fegeteufel, ein tegeliche rostfeile,
der er mit rechte nicht enberen mag, die weile wir mit im nicht tun vnser
genade. Ein beweibter man hat doner, schawer, fuchse, slangen alle tage
10   in seinem hause. Ein weib stellet alle tage darnach, das sie man werde:
zeuchet er auf, so zeuchet sie nider; wil er so, so wil sie sust; wil er dahin,
so wil sie dorthin—solches spiles wirt er sat vnd sigelos alle tage. Triegen,
listen, smeichen, spinnen, liebkosen, widerburren, lachen, weinen kan sie
wol in einem augenblicke;   angeboren ist es sie.   Siech zu arbeit, gesunt zu
15   wollust, darzu zam vnd wilde ist sie, wann sie des bedarf. Vmb
werwort finden bedarf sie keines ratmannes. Geboten dinge nicht tun,
verboten dinge tun fleisset sie sich allzeit. Das ist ir zu susse, das ist ir zu
sawer; des ist ir zu vil, des ist ir zu wenig; nu ist es zu fru, nu ist es zu
spate—also wirt es alles gestrafet. Wirt dann icht von ir gelobet, das muß
20   mit schanden in einem drechselstule gedreet werden; dannoch wird
das loben dicke mit gespotte gemischet. Einen man, der in der ee lebet, kan
kein mittel aufhaben: ist er zu gutig, ist er zu scharpf—an in beiden wird er
mit schaden gestrafet;
25   er sei nur halb gutig oder halb scharpf, dannoch ist da kein mittel:
schedelich oder streflich wirt es ie. Alle tage newe anmutunge oder keifen,
all wochen fremde aufsatzunge oder muffeln, alle monat newen vnlustigen
vnflat oder gramen, alle jar newes kleiden oder tegeliches stafen muß ein
beweibter man haben, er gewinne es, wo er welle. Der nacht gebrechen sei
30   aller vergessen; von alters wegen schemen wir vns. Schonten wir nicht
der biderben frawen, von den vnbiderben kunden wir vil mere singen vnd
sagen. Wisse, was du lobest: du kennest nicht golt bei bleie!

DER ACKERMAN. DAS XXIX. CAPITEL.

Frawenschender mussen geschendet werden, sprechen der warheit meister.
Wie geschicht euch dann, herre Tot? Ewer vnuernunftiges frawenschenden,
wie wol es mit frawen vrlaub ist, doch ist es werlich euch schentlich vnd
den frawen schemlich. In maniges weisen meisters geschrifte findet man,

Kummet,[26] eine Bürde, eine schwere Last, einen Fegeteufel, eine tägliche Rostfeile,[27] die er gemäß dem Recht nicht loswerden kann, solange Wir ihm nicht Unsere Gnade gewähren. Ein beweibter Mann hat tagtäglich Donner, Hagelschauer, Füchse, Schlangen[28] (10)   in seinem Hause. Ein Weib trachtet alle Tage danach, daß sie der Mann wird: zieht er hinauf, so zieht sie hernieder; will er dies, so will sie das; will er hierhin, so will sie dorthin: solchen Spieles wird er überdrüssig und bleibt immerzu sieglos. Trügen, überlisten, schmeicheln, spinnen, liebkosen, widersprechen, lachen, weinen kann sie wohl in einem Augenblick; es ist ihr angeboren. Krank zur Arbeit, gesund zur (15) Wollust, dazu zahm oder wild ist sie, je nach Bedarf. Um Widerrede zu finden, bedarf sie keines Beistandes. Gebotene Dinge nicht zu tun, verbotene Dinge zu tun, darauf ist sie jederzeit bedacht. Dies ist ihr zu süß, das ist ihr zu sauer; dies ist zuviel, das ist zu wenig; nun ist es zu früh, nun ist es zu spät—also wird alles getadelt. Wird je etwas von ihr gelobt, das muß (20) mit Schanden auf einer Drechselbank[29] gedreht werden. Auch da noch wird das Loben sehr mit Spott vermischt. Einem Mann, der in der Ehe lebt, kann kein Mittelweg helfen: ist er zu gütig, ist er zu scharf, um beides wird er mit Schaden gestraft; (25) sei er auch halb gütig und scharf, dennoch gibt es da keinen Mittelweg: schädlich oder sträflich wird es stets. Tagtäglich neue Zumutung oder Keifen,[30] allwöchentlich befremdende Aufsässigkeit oder Muffeln;[31] allmonatlich neuerliche Untat oder Schrecken; alle Jahre neue Kleider oder täglichen Zank warten auf einen beweibten Mann, er mache es, wie er wolle. Von den nächtlichen Ärgernissen[32] wollen Wir erst (30) gar nicht anfangen; um Unsers Alters willen schämen Wir Uns. Wollten Wir nicht die tüchtigen Frauen schonen, von den untüchtigen könnten Wir noch viel mehr singen und sagen. Darum sei dir bewußt, was du lobst! Du kannst nicht Gold von Blei unterscheiden.

29
Der Ackermann:

"Frauenschänder müssen geschändet werden", sagen der Wahrheit Meister.[33] Was geschieht Euch nun, Herr Tod? Euer unvernünftiges Schmähen der Frauen, wiewohl es mit Verlaub der Frauen geschieht, ist doch wahrlich für Euch eine Schande und für die Frauen eine Schmach. In manches weisen Meisters Schriften findet man,

---

[26]Kummet: horse-collar

[27]tägliche Rostfeile: lit. daily rust file, that is 'a daily source of irritation'

[28]"Füchse" and "Schlangen" are allusions to craftiness and deception.

[29]Literally 'turning-lathe,' here the meaning is that the type of wife described by Death constantly twists words and manages to be disparaging even when she seemingly praises something.

[30]unreasonable demands or nagging

[31]befremdende Aufsässigkeit oder Muffeln: alienating insubordination or sulking

[32]"Von den nächtlichen Ärgernissen wollen Wir erst gar nicht anfangen": not to mention 'conjugal frustrations'

[33]The following is a praise of women in the vein of the «Minnesänger».

5   das one weibes steure niemant mag mit selden gesteuret werden; wann weibes vnd kinder habe ist nicht das minste teil der irdischen selden. Mit solcher warheit hat den trostlichen Romer Boecium hin geleget Philosophia, die weise meisterin. Ein ieder abentewerlicher vnd sinniger man ist mir des gezeuge: kein mannes zucht kan wesen, sie sei dann gemeistert mit frawen
10   zuchte. Es sage, wer es welle: ein zuchtiges, schones, keusches vnd an eren vnuerrucktes weib ist vor aller irdischer augelweide. So manlichen man gesach ich nie, der rechte mutig wurde, er wurde dann mit frawen troste gesteuret. Wo der guten samenung ist, da sihet man es alle tage: auf allen planen, auf allen hofen, in allen turnieren, in allen herfahrten tun die frawen
15   ie das beste. Wer in frawen dienste ist, der muß sich aller missetat anen. Rechte zucht vnd ere lernen die werden frawen in irer schule. Irdischer freuden sint gewaltig die frawen; sie schaffen, das in zu eren geschicht alle hubscheit vnd kurzweil auf erden. Einer reinen frawen fingerdrowen strafet vnd zuchtiget vur alle waffen einen frumem man. One
20   liebkosen mit kurzer rede: aller werlte aufhaltung, festung vnd merunge sint die werden frawen. Iedoch bei golde blei, bei weizen raten, bei allerlei munze beislege vnd bei weiben vnweib mussen wesen; dannoch die guten sullen der bosen nicht engelten: das gelaubet hauptman vom berge!

DES FURSTEN REDE VON VIL SELDEN, DES ALMECHTIGEN GOTES VRTEIL. DAS XXXIII. CAPITEL.

Der lenze, der sumer, der herbest vnd der winter, die vier erquicker vnd hanthaber des jares, die wurden zwistossig mit grossen kriegen. Ir ieder rumte sich seines guten willen mit seiner wurkung in regen,

(5) daß ohne die Führung der Frauen niemand Glück erlangen kann; denn eine Frau und ein Kind zu haben ist ein beträchtlicher Teil des irdischen Glückes. Mit solcher Wahrheit hat dem trostreichen Römer Boëthius die Philosophie, die weise Meisterin, Frieden gebracht.[34] Ein jeder außerordentliche und gedankenreiche Mann ist mir dafür ein Zeuge: keines Mannes

(10) Zucht kann bestehen, sie sei denn gemeistert durch Frauenzucht. Es sage, wer es wolle: ein züchtiges Weib geht aller irdischen Augenweide[35] vor. Ich habe noch nie einen so männlichen Mann gesehen, der recht voll Mutes war, der nicht durch Frauenzuspruch gelenkt worden wäre. Wo die Edeln sich versammeln, da sieht man es alle Tage: auf allen Plätzen, allen Höfen, bei allen Turnieren, bei allen Heerfahrten tun die Frauen

(15) das Beste. Wer in den Diensten einer Frau steht, der muß sich aller Missetat enthalten.[36] Rechte Zucht und Ehre lehren die edeln Frauen in ihrer Schule. Die Frauen haben Gewalt über irdische Freuden: sie bewirken, daß ihnen zu Ehren alle höfische Tat und Kurzweil auf Erden geschieht. Einer reinen Frauen Fingerdrohen straft und züchtigt den wackeren Mann mehr als alle Waffen. Ohne

(20) Schönfärben und in kurzen Worten: aller Welt Erhaltung,[37] Mehrung und Festigung sind die edeln Frauen. Jedoch muß es neben Gold Blei, neben Weizen Kornrade,[38] neben allerlei Münzen Fälschungen und neben Weibern Unweiber geben.[39] Dennoch sollen die guten nicht für die bösen entgelten. Das glaubt mir, Ihr Maulheld."[40]

Death's reply is the standard exhortation to prepare for the uncertainty of the time and place of death by living a pure life.   At this point God renders his judgment.

33
Das Urteil Gottes:

Der Frühling, der Sommer, der Herbst und der Winter, die vier Beleber und Erhalter des

---

[34]Boëthius was a Roman philosopher and statesman (c. 480-524, A.D.) who, while awaiting his execution, wrote *De consolatione philosophiae*, a series of diatribes on stoicism, cynicism, and Platonic and Aristotelian metaphysics.

[35]Augenweide: pleasure for the eyes

[36]Walther von der Vogelweide, "Ein niuwer sumer, ein niuwe zît," 47f.: "swer guotes wîbes minne hat, der schamt sich aller missetat."

[37]Frauenlob, Spruch **387**: "O reine wip, ufhaltunge aller werlde."

[38]Kornrade: corn-cockle,   a purple-red weed in grainfields

[39]Walther von der Vogelweide, "Zwo fuoge han ich doch, swie ungefüege ich sî," l. 57: "under frowen sint unwîp."

[40]Maulheld: loud mouth

wintween, ... vnd wolte ieglicher in seiner wurkung der beste sein. Der
lenze sprach, er
5   erquickte vnd machte guftig alle fruchte; der sumer sprach, er machte
reif vnd zeitig alle fruchte; der herbest sprach, er brechte vnd zechte ein
beide in stadel, in keller vnd in die heuser alle fruchte; der winter sprach, er
verzerte vnd vernutzte alle fruchte vnd vertribe alle gifttragende wurme. Sie
rumten sich vnd kriegten faste; sie hetten aber vergessen, das sie sich ge-
10   waltiger herschaft rumten, die in von got verlihen was. Ebengeleich tut
ir beide. Der klager klaget sein verlust, als ob sie sein erbrecht were; er
wenet nicht, das sie im von vns were verlihen. Der Tot rumet sich
gewaltiger herschaft, die er doch allein von vns zu lehen hat empfangen.
Der klaget, das nicht sein ist, diser rumet sich herschaft, die er nicht von im
15   selber hat. Iedoch der krieg ist nicht gar one sache: ir habet beide wol
gefochten; den twinget leit zu klagen, disen die anfechtung des klagers die
warheit zu sagen. Darvmb, klager, habe ere! Tot, habe sige! seit ieder
mensche dem tode das leben, den leib der erden, die sele vns pflichtig ist zu
geben.

Jahres, stritten sich gewaltig.[41] Jeder rühmte sich seines guten Willens in Regen, und in allerlei Ungewittern, und jeder wollte in seinem Wirken der beste sein. Der Frühling sagte, er

(5) belebe und mache alle Früchte üppig. Der Sommer sagte, er mache alle Früchte reif und erntefertig. Der Herbst sagte, er führe alle Früchte und bringe sie in Scheuer, Keller und in die Häuser. Der Winter sagte, er verzehre und nütze alle Früchte und vertreibe alles giftige Gewürm. Sie rühmten sich und stritten heftig. Sie hatten aber vergessen, daß sie sich eigener

(10) Herrschergewalt rühmten. Ebenso tut ihr beide. Der Kläger klagt seinen Verlust ein, als ob der sein Erbgut wäre; er bedenkt nicht, daß es von Uns verliehen war. Der Tod rühmt sich eigener Herrschergewalt, die er doch allein von Uns zu Lehen empfangen hat. Jener klagt ein, was nicht sein ist; dieser rühmt sich einer Macht, die er nicht aus sich

(15) selber hat. Jedoch ist der Streit nicht ganz unbegründet. Ihr habt beide gut gefochten: den zwingt sein Leid zu klagen, diesen der Angriff des Klägers, die Wahrheit zu sagen. Darum Kläger, habe Ehre! Tod, habe Sieg! Jeder Mensch ist dem Tod das Leben, den Leib der Erde und die Seele Uns zu geben schuldig.[42]

---

[41]It is appropriate that God should conclude the debate by referring to another famous «Streitgedicht», the *Conflict of the Seasons*.   Technically both the Ploughman and Death are guilty of the sin of pride, since they have claimed for themselves what really belongs to God.   Death is granted the victory because in the nature of things he must win.   He has a function to perform and natural law is on his side.   The Ploughman gains honor because he has debated better.

[42]The work ends with a series of prayers by the Ploughman for his wife's soul.   It is interesting to note that the work was most probably divided into thirty-three chapters because of the association of the number 33 with the life of Christ.   Others utilizing the number were St. Augustine (*Contra Faustum manichaeum*), Cassiodorus (†c. 580 [*Institutiones*]), Gottfried of Viterbo (†1190 [*Pantheon*]).   Notice also that Dante's *Divine Comedy* is divided into 1+33+33+33=100 cantos.

O, vulpis abulacio nu in der werlde blycket;
Sic hominum est racio ghelik dem vosse gheschicket.

Reineke Fuchs

The Low German version of the conflict between Isegrim the wolf and Reynard the fox represents the last of the medieval beast epics. Stories about animals are, of course, common in all cultures, and the fables of Aesop were known, in Latin versions, throughout the Middle Ages. The beast epic, however, has certain qualities that set it apart. The conflict between the wolf and the fox is always the central issue but in many versions there are incidents in which neither appears. Although the fox may suffer an occasional setback, he is generally triumphant due to his superior cunning, which defeats the wolf's greater physical strength. The court of king lion is the stage on and around which the various scenes are played.

The earliest beast epics centered on an incident that can be found in Aesop, namely the sickness of the lion who is cured by the prescription of the fox, a prescription that involves the flaying of the wolf and the use of his skin to keep the lion warm during his fever. Since this incident was used in a poem by Paulus Diaconus in the early ninth century, it is clear that it was known in western Europe, even though it does not appear in any of the Latin versions of Aesop. The early Latin beast epics, *Exbasis captivi* ('Escape of the Captive') of about 940 and the brilliant anticlerical satire *Ysengrimus* by Nivardus of Ghent (c. 1148), both use this central incident, but both add a large number of other episodes in which Reynard torments and, in the *Ysengrimus*, ultimately destroys the wolf.

The French *Roman de Renart* apparently began to appear about 1170, and there were constant accretions to the basic stories. Although it is possible to arrange the various incidents so that they form a continuous narrative, there is no evidence that the authors thought of them in this way. The French versions introduce a new core story—a trial scene in which Reynard is condemned for his numerous crimes against the other animals but succeeds in escaping by a trick.

The earliest German version of the beast epic is to be found in the fragments of a poem by Heinrich der Glichezaere of Alsace (c. 1180), entitled *Isengrîmes nôt.* Although only 685 lines of this work survive, a reworking, dated about 1240, shows that the poem fell into three parts, the first a description of incidents in which Reynard was defeated, the second an account of the numerous defeats of Isengrim, and the third a version of the sick lion theme. This German version was not, as might be expected, the basis for the Low German versions of the fifteenth century. These are derived from several works in Middle Dutch which are based on incidents from the *Roman de Renart.* The earliest, *Von den vos Reynaerde,* written about 1269, describes the trial of Reynard, his acquittal because he revealed the whereabouts of an imaginary treasure, and his subsequent criminal behavior. This version was later expanded, principally by an account of a judicial combat between Isegrim and Reynard. This expanded form, often called *Reinaert II*, appeared in a prose version printed at Gouda[1] in 1479 and in another printed version at Delft in 1485. In 1487 there appeared in Antwerp a rhyming verse version, of which only a fragment is extant, which formed the basis for the most famous of all works written in Low German, *Reynke de vos,* an anonymous translation of the Middle Dutch Antwerp edition into Low German. It was first printed in Lübeck in 1498 and reprinted in Rostock in 1517. These editions were reprinted repeatedly and were even used by Protestants and Catholics as means of propaganda by the insertion of moralizing comments.

One of the more remarkable aspects of the development of the beast epic is that it was concentrated in northwestern Europe. This fact may well be responsible for the large amount of social criticism and satire found in it. The Latin *Ysengrimus* was bitterly anticlerical and particularly antimonastic. It is interesting to note that already before the second half of the sixteenth century versions appeared with either Catholic or Protestant notes.

---

[1]The Gouda version is the basis for Caxton's (c. 1422-1491; first English printer) Middle English work.

Karl Langosch's verse rendition was chosen in order to challenge the readers of this anthology, to expose them to the vagueries and intricacies of a poetic translation, poetic license and all, and to make them once again realize the value of relatively faithful and less 'bardic' translations in combination with an original text. Also, it may be interesting to discover the many similarities between Low German and Modern English. To only mention a few: "he" for 'er,' "leet" for 'lassen,' "over" for 'über,' "wyve" for 'Weib,' that is, 'Frau,' etc.

Id gheschach up eynen pynxste dach,
Datmen de wolde unde velde sach
Grone staen, myt loff unde gras,
Unde mannich fogel vrolich was
5 Myt sange, in haghen unde up bomen;   5
De krüde sproten unde de blomen,
De wol röken hir unde dar;
De dach was schone, dat weder klar.

Nobel, de konnynck van allen deren,
10 Held hoff, unde leet den uthkreyeren   10
Syn lant dorch over al.
Dar quemen vele heren myt grotem schal,
Ok quemen to hove vele stolter ghesellen,
De men nicht alle konde tellen:
15 Lütke de kron, unde Marquart de hegger;   15
Ja, desse weren dar alder degger
(Wente de konnynck myt synen heren
Mende to holden hoff myt eren,
Myt vrouden unde myt grotem love
20 Unde hadde vorbodet dar to hove   20
Alle de dere, groet unde kleyne)
Sunder Reynken den vos alleyne;
He hadde in den hoff so vele myßdan,
Dat he dar nicht endorste komen, noch gan.

25 De quad deyt, de schuwet gern dat lycht;   25
Alzo dede ok Reynke, de bözewycht:
He schuwede sere des konnynges hoff,
Dar in he hadde seer krancken loff.

Do de hoff alsus anghynck,
30 En was dar neen, an alleyne de grevynck,   30
He hadde to klagen over Reynken den voß,
Den men held seer valsch unde loß.
[…]

Reineke Fuchs

The epic begins with a declaration of peace issued by Nobel the lion, king of the beasts, throughout his entire kingdom so that the animals can come to his court without fear of being attacked:

Pfingsten war's,[2] daß man die Felder / grünen sah und auch die Wälder, / Gras und Laub sie frisch bedecken; / Auf den Bäumen, in den Hecken /

(5) Sangen Vögel fröhlich-laut; / Hier die Blume, dort das Kraut / Sprossen schon mit süßem Duft— / Schön war der Tag und klar die Luft. / Der Tiere König, der Nobel hieß,

(10) Wollt Hoftag halten, und er ließ / Im Land ihn künden überall. / Viel Herren kamen mit lautem Schall, / Viel stolze Mannen zum Hof gefahren / Die alle nicht zu zählen waren,

(15) Wie Lütke, der Kranich, den man dort sah, / Und Markwart der Häher.[3] Sie waren da / Vollzählig—denn der König war / Willens, Hof mit seiner Schar / Zu halten mit Freude, Ruhm und Ehr;

(20) Zu sich geladen hatte er / Die Tiere alle, groß und klein— / Doch ohne Reineke Voss allein; / So frevelnd hatte er sich benommen / Am Hof, durft nicht mehr dorthin kommen. /

(25) Wer böses tut, scheut gern das Licht, / Auch Reineke tat's, der Bösewicht; / Der scheute den Hof des Königs sehr, / Dahin zu laufen war nicht sein Begehr. / Sobald der Hoftag so begann,

(30) Hatt nur nicht der Dachs, sonst jedermann / Schwer über Reineke Voss zu klagen, / Der ihnen falsch schien und verschlagen.

There the wolf and several other animals launch an attack on Reineke the fox as a thief and adulterer. Reineke is not present, and his reputation is defended by Grimbart the badger ("Dachs"), who, while admitting some of the deeds, says that they are no worse than those of Reineke's accusers. Just as he is making headway with his defense, Henning the rooster appears and accuses Reineke of the murder of one of his numerous wives. A sad funeral procession confirms his allegations. The king takes council as to how he should punish Reineke and sends Braun the bear with a letter summoning Reineke to court. Unfortunately the bear allows himself to be tempted by the promise of honey in a tree and is trapped; he manages to escape, losing a great deal of his skin. Hinze the cat is sent to deliver another invitation and suffers a similar fate. Finally, Grimbart the badger persuades Reineke that he had better come to court. On the way Reineke makes a mock confession and receives a light penance from Grimbart. His conduct during the journey to court indicates that his repentance will hardly be of long duration. In spite of a vigorous defense, Reineke is condemned to be hanged, and his enemies, with great glee, prepare to make an end of him. He asks to make a last confession and in the course

---

[2]Pentecost was a time when the Imperial Diets were held and all sorts of festivities connected with courtly life took place.

[3]Häher: jay

"Ik krech denne nauwe den mynsten rebben;
Nochtan, eer ik den mochte hebben,
Hadden se dat flesch al aff ghegnagen;
2030 Dar myt moste ik my vordragen.   2030
Doch, god danckes, ik haddes neen noet,
Wente ik hebbe noch den schat so groet,
Beyde an sulver unde an golde,
Dat den eyn waghen nicht dregen scholde
2035 To seven werff unde so wech voren."   2035
De konnynck begunde hir na to horen,
Alze he den schat horde nomen,
Unde sprack: "Van wanne is de yu ghekomen?
Segget yd nu, ik mene den schat."

2040 Reynke sprack: "wat hulpe my dat,   2040
Dat ik yu des nicht en sede?
Wente ik en neme des nu yo nicht mede.
Ik wylt yu seggen, nu gy yd my heet.
Wer dorch leff, noch dorch leet
2045 Schal dat nu lenger blyven vorholen,   2045
Wente de schat was ghestolen.
It was bestelt, men scholde yu morden,
Hadde de schat nicht ghestolen worden.
Gnedighe here, merket gy dat?
2050 Dyt makede de vormaledyede schat.   2050
Dat de schat sus ghestolen wart,
Des dede myn vader eyne quade vart
Van desser werlde to ewygem schaden;
Doch was yd nutte to yuwen gnaden."
[...]
He sprak: "Myn here vader hadde ghevunden
Des mechtygen konnynges Emerykes schat
2140 In eyneme vorholentlyken pat;   2140
Unde do he hadde sus groten gud,
Wart he so stolt, unde hoghe van moed
Und helt alle deren in unwerdicheyt
Myt syner gecklyken hochfardicheyt,
2145 De to voren syne ghesellen waren.   2145
He leeth Hyntzen den kater varen
In Ardenen, dat wylde lant,
Dar he Brunen den baren vant;
He enboet eme dar syne hülde

of implicating the wolf for his share in his misdeeds—making the wolf look like a bad partner in crime for sharing the kill with his family (l. 1029) and not with him—Reineke introduces a new element:

Kaum konnt ich die kleinste Rippe haben; / Bevor ich die aber bekam, mich zu laben, / Da hatten sie gänzlich das Fleisch durch Benagen

(2030) Vertilgt und zwangen mich, das zu ertragen. / Doch Gott sei Dank! Ich litt nicht Not: / Mir stand ein Schatz ja zu Gebot, / So groß an Silber und an Gold, / Daß ihn kein Wagen tragen sollt,

(2035) Der siebenfach beladen wär." / Da horchte der König staunend her, / Als er von einem Schatz vernommen, / Und sprach: "Wo ist er Euch hergekommen? / Ihr müßt mir's sagen, den Schatz mein ich."

(2040) Reineke sprach: "Wie sollt es für mich / Schon nützlich sein, Euch's nicht zu sagen? / Ich kann ihn doch nicht mit mir tragen. / Ihr habt's befohlen, drum teil ich's Euch mit. / Ob ich nun Gutes, ob Böses erlitt',

(2045) Das bleibt Euch nicht länger verhohlen. / Jener Schatz war nämlich gestohlen. / Doch hört, man wollte Euch ermorden, / Wär nicht der Schatz gestohlen worden. / Gnädiger Herr, gebt Ihr darauf acht?

(2050) Das hat der Schatz doch fertiggebracht. / Freilich, daß er gestohlen ward, / Bracht meinem Vater schlimme Fahrt / Aus dieser Welt zu ewigem Schaden; / Doch war's von Nutzen für Euer Gnaden."

There is immediate interest in the royal couple when the treasure is mentioned, and in a short while Reineke is allowed to come down from the gallows to tell his story. In order to lend credence to his lies, he does not hesitate to implicate friends as well as enemies, and the chief villain in the plot he describes is his father:

Er sagte: "Mein Herr Vater fand / Des mächtigen Emmerich[4] Schatz
(2140) An einem verborgen liegenden Platz, / Gewann, als er so großes Gut / Besaß, so hohen und stolzen Mut / Und hielt in minderer Wertigkeit / Die Tiere durch törichte Hochfahrenheit,

(2145) Die vormals seine Gesellen waren. / Hinze den Kater ließ er fahr Ardennen, das wilde Land, / In dem er Braun den Bären fand; / Und er entbot ihm die Huld: er sollte

---

[4]"Emmerich" is the historical Ermanarich, king of the Ostrogoths, whose kingdom collapsed under the onslaught of the Huns in 375.

2150 Unde dat he in Vlanderen komen scholde,   1250
      Eft he konnynck wolde wesen.
      Do Brun unde Hyntze den breff hadden lesen,
      He wart kone, vrolych, unde unvorverd,
      Wente he des lange hadde begherd.
2155 He reysede in Vlanderen, altohant,   2155
      Dar he mynen heren vader vant;
      He entfenck ene wol, unde sande tor stunt
      Na Grymbart, dem wysen, unsen vrunt,
      Unde na Ysegrym ok, alzo vort;
2160 Desse veer handelden mannich wort;   2160
      Hyntze de kater was de vyfte.
      Dar lycht eyn dorp, dat heeth Yfte;
      Twysschen Yfte unde Ghent
      Hadden se sus dyt perlement
2165 In eyner dusteren, langen nacht.   2165
      Nicht myt god, men des duvels macht
      Unde myt mynes vaders ghewelde,
      De se dwanck myt syneme gelde,
      Sworen se dar des konnynges doet;
2170 Eyn yslyk deme anderen syne hulde boet.   2170
      Se sworen up Ysegrymes hövede vorware
      Alle vyve, dat Brun de bare,
      Den wolden se to konnynge maken
      Unde voren en in den stoel to Aken
2175 Unde setten eme up de krone van golde.   2175
      Were yemant, de dyt keren wolde,
      Van des konnynges vrunden efte magen,
      De scholde myn vader al voryagen,
      Myt syneme schatte dat umme dryven,
2180 Myt umme to kopen, myt breve to schryven.   2180
      Dyt krech ik to wetten alzo:
      Id gheschach up eynen morgen vro,
      Dat Grymbart den wyn dranck unghespart,
      Dar van he vrolyck unde drunken wart,
2185 Unde sede dat hemelyken syneme wyve.   2185
      He sprack: 'See, dat dyt by dy blyve!'
      Se swech so lange, vorstad my recht,
      Dat se yd myneme wyve ok heft ghesecht.
      Se swor er, dar se weren to samen.
2190 By der dryer konnynge namen,   2190
      By erer ere unde truwe,
      Wer dorch leff, noch dorch ruwe,

(2150) Nach Flandern kommen, wenn er wollte / König werden. Als Braun dies Wort / Mit Hinze gelesen, da ward er sofort / Ohn' zu erschrecken, kühn und froh; / Er wünschte es ja schon lange so.

(2155) Alsbald zog er ins flandrische Land, / In dem er meinen Herrn Vater fand. / Als der ihn freundlich aufgenommen, / Ließ er den klugen Grimbart kommen. / Unseren Freund, und den Wolf auch sofort.

(2160) Sie sprachen zu viert da manches Wort; / Als Jüngster war Hinze der Kater zugegen. / Ifte, ein Dorf, ist dort gelegen. / Zwischen diesem Ifte und Gent / Hielten die fünf das Parlament

(2165) In einer dunklen, langen Nacht. / Mit Gott nicht, nein, durch des Teufels Macht / Sowie durch meines Vaters Zwang, / Dem das mit seinem Gelde gelang, / Verschworen sie sich zum Königsmord

(2170) Und gaben einander das Ehrenwort. / Auf Isegrims Haupt verschwuren sie sich,[5] / Die Fünft zusammen einträchtig, / Braun den Bären zum König zu küren / Und ihn auf den Thron nach Aachen[6] zu führen,

(2175) Aufs Haupt ihm zu setzen die Krone von Gold. / Wenn ein Verwandter des Königs wollt / Oder dessen Freund das zerschlagen, / So sollte mein Vater sie alle verjagen, / Mit seinem Schatze das hintertreiben

(2180) Mittels Bestechung und Briefeschreiben.[7] / Auf folgende Weise erfuhr ich es doch: / Früh war es eines Morgens noch, / Als Grimbart Wein trank ohne Maß, / Wovon er fröhlich und trunken dasaß;

(2185) Heimlich verriet er das seinem Weibe, / Doch bat er: 'Sieht, daß dies bei dir bleibe!' / Sie schwieg so lange, bis sie es doch wagte / Und das dann meinem Weibe auch sagte. / Sie schwur ihr dabei hoch und hehr

(2190) Bei der drei heiligen Könige Ehr,[8] / Weder aus Liebe noch aus Reue

[5]Instead of swearing on the Bible they swear an oath on the badger's head, a travesty of judicial practices and also a blasphemy.
[6]Charlemagne's favorite residence. The coronation of the German kings used to take place at the cathedral of Aachen since the Carolingian days.
[7]"hintertreiben mittels Bestechung und Briefeschreiben": use the treasure to bribe and blackmail
[8]ll. 2189ff.: She swore by the relics of the Three Wise Men, whose shrine is at Cologne Cathedral.

Nemande scholde se seggen vort;
Men myn wyff helt nicht ere wort.
[...]
De konnynck unde de konnygynne,
2360 Se hopeden beyde up ghewynne.   2360
Se nemen Reynken up eynen ort
Unde spreken: "Segget uns nu vort,
Wor gy hebben den groten schat."

Reynke sprack: "Wat hulpe my dat,
2365 Scholde ik nu wysen myn gud   2365
Deme konnynge, de my hangen doet
Unde lövet den deven unde mordeneren,
De myt legende my besweren
Unde wyllen my vorretlyken myn lyff aff wynnen?"
2370 "Neen, Reynke", sprack de konnygynne,   2370
"Myn here schal yu laten leven
Unde yu vruntlyken vorgheven
Alto malen synen övelen mod.
Gy scholen vort an wesen vroet
2375 Unde myneme heren alle tyd ghetruwe."   2375
Reynke sprack: "myn leve vruwe,
In dem dat my de konnynck nu
Dyt vast loven wyl vor yu,
Dat ik mach hebben syne hülde.
2380 Unde alle myne bröke unde schülde,   2380
Ok allen unmod, my wylle vorgheven,
So is neen konnynck nu in deme leven
So ryke, alze ik en maken wyl
(Wente des schattes is boven mathe vyl)
2385 Unde eme wysen, wor de lycht."   2385
[...]

Trüg sie's an Dritte weiter fort. / Mein Weib jedoch hielt nicht ihr Wort."

Needless to say, Reineke hears the story from his wife. He spies on his father, finds where the treasure is buried, and takes it away. Many nobles join the plot, but when they come to collect their share, the treasure cannot be found; Reineke's father hangs himself in fury, and the plot collapses. Reineke's story is full of detail; he has no qualms about incriminating relatives and friends, and he succeeds in arousing the greed of the royal couple.

Der König und die Königin /
(2360) Erhofften beide großen Gewinn. / Sie führten zum abgelegenen Ort / Den Fuchs und sprachen: "Sagt uns sofort, / Wo kam der große Schatz denn hin?" / Reineke sagte: "Welcher Gewinn

(2365) Für mich, auf den Schatz den König zu lenken, / Der danach trachtet, mich zu henken, / Der lieber Dieben und Mördern glaubt, / Die mich mit Lügen beschweren, mein Haupt / Mir durch Verrat zu nehmen gedenken!"

(2370) Die Königin sprach: "Nein, Reineke. Schenken / Wird Euch der König doch das Leben / Und wird Euch freundlich alles vergeben, / Was ihm schuf Groll und grimmen Mut.[9] / Von nun an seid doch klug und gut,

(2375) Zeigt meinem Herrn stets treuen Sinn!"[10] / Der Fuchs sprach: "Geliebte Königin, / Will mir vor Euch der König nun / Darüber ein festes Versprechen tun, / So daß ich in seiner alten Huld

(2380) Wieder bin und er meine Schuld, / Vergehn, allen Groll mir will vergeben, / So wird kein König in diesem Leben / So reich, wie ich ihn zu machen begehr—/ Der Schatz ist maßlos groß und schwer.
(2385) Ich werd ihm zeigen, wo er ist."

Although the king is suspicious, he allows himself to be persuaded, but threatens that he will take grim revenge on Reineke's family if he commits another crime. He then hears where the treasure is hidden, at Krekelput, near Husterlo, and the exact spot in Flanders is described. When the king protests that he has never heard of these two places, Reineke calls in Lampe the hare to confirm it. Lampe is far too frightened not to do so. The fox says that he cannot go with the king to find the treasure because he has been excommunicated and has to make a pilgrimage to make peace with the pope. In spite of this obvious deception the greedy king formally forgives him, heaps honors upon him, and arrests his accusers. The male and female wolf have the skin torn from their paws to provide the fox with pilgrim's shoes—in other words, they are flayed like common criminals. Reineke then sets out on his 'pilgrimage,' accompanied by the hare

[9]whatever annoyed and enraged him
[10]The fact that it is the queen who speaks and not the king shows her in control and adds to the carricature of Nobel whom the author intended to represent the establishment.

"Id is nu eyne varlyke tyd;
Wente de prelaten, de nu syd,
3865 Se ghan uns vore, so men mach seen;   3865
Dyt merke wy anderen, groet unde kleen.
We is, de des nicht enlovet,
Dat de konnynck ok nicht mede rovet?
Ja, ysset, dat he yd nicht en nympt sulven,
3870 He leth yd doch halen, by baren unde wulven.   3870
Doch menet he al, he doet myt recht.
Neen is, de eme de warheyt secht
Edder de dor spreken: "yd is ovel ghedan',
Nicht syn bychtfader, noch de kappellan.
3875 Wor umme? wente se ghenetens al mede,   3875
Al were yd ock men to eyneme klede."
[...]
Dat ghelt heft nu de overen hant.
3990 Men vyndet nu selden eynes vorsten lant,   3990
Dar nicht de papen boren den tollen;
Se raden over dorpere unde mollen.
Desse de werlt erst vorkeren.
Wan sus de meenheyt dat quadeste leren
3995 Unde seen, dat desse sus hebben wyver,   3995
So sundygen se myt en, des to ryver.
Eyn blynde sus den anderen leydet,
Unde werden sus beyde van gode ghescheydet.
[...]
Eyn gud pape, wol ghelerd,
De is aller ere werd;
Men eyn ander van quadem leven,
De kan vele quader exempele gheven.
4025 Prediket ock sodanen vaken dat beste,   4025
So spreken doch de leyen int leste:
'Wat ysset, dat desse predyket efte leret,
Wente he sulven is vorkeret?
Der kerken deyt he sulven neen gud,

and Bellin the ram. In fact, he takes them to his house, where he kills the hare and sends back his head to court in the ram's satchel. The ram is accused of murder, and Nobel hands him and his family over to the wolf and the bear—after the latter have been released from prison—in an effort to both punish the ram and to appease the executioners.

Here ends the second book. In the third book the king decides to besiege Reineke's castle. Warned by Grimbart Reineke decides to appear before the king instead. He mockingly confesses his numerous misdeeds to Grimbart on their way to the court and, in an attempt to exonerate himself, he condemns the Church for condoning the king's greed for her own selfish reasons:

Es ist jetzt eine furchtbare Zeit. / Seht die Prälaten, ach, wie weit
(3865) Vermögen sie uns Vorbild zu sein! / Das merken wir anderen, Groß und Klein. / Gibt's etwa jemand, der nicht glaubt, / Daß auch der König selbst mitraubt? / Ja, wenn er es selber nicht gestohlen,

(3870) So ließ er's durch Bären und Wölfe holen. / Doch glaubt er, er tut es zu Recht. Sie wagen / Ja allesamt nicht die Wahrheit zu sagen, / Zu tadeln: 'Ihr habt eine Sünde getan', / Sein Beichtvater nicht noch der Kaplan.

(3875) Warum? Weil sie sich mit daran laben, / Und wär's nur, um Tuch für ein Kleid zu haben.'

Aside from violating their vow of celibacy, the clergy have joined ranks with the lords in taxing the people. Because of their bad example they are responsible for the general decline of morality and religion:

Das Geld hat jetzt die Oberhand.
(3990) Es gibt kaum eines Fürsten Land, / Wo nicht die Pfaffen den Zoll verwalten / Und über Dörfer und Mühlen schalten. / Die Welt wird erst durch sie verkehrt; / Sie haben den Menschen das Schlimmste gelehrt, / Weil sie sich mit solchen Weibern versehen,

(3995) So daß sich jene noch mehr vergehn. / Wo Blinder so den Blinden lenkt, / Da werden beide von Gott verdrängt.

The sale of indulgences, and with them the issue of good works («Werkheiligkeit») addressed in l. 4032 —which was to figure so prominently in Luther's attack on the traditional Church—is seen as endangering the future of the Church; untoward materialism and greed have replaced spirituality:

Ein guter Pfarrer, wohl gelehrt, / Der ist auch aller Ehre wert; / Ein andrer aber mit schlechtem Leben, / Der kann manch böses Beispiel geben.

(4025) Predigt ein solcher auch noch so gut, / So sprechen die Laien doch voll Wut: / 'Was nützt es, daß er predigt und lehrt, / Wenn er sich selber nicht daran kehrt? / Er selber legt nichts für die Kirche an,

4030 Men to uns sprickt he: "Ya, legget men uth.   4030
       Buwet de kerken, dat is myn raet,
       So vordene by gnade unde aff laet."
       Ya, synen sermoen slut he alzo,
       Sulven lecht he dar weynich to
4035 Edder ock wol nichtes myt allen,   4035
       Scholde ock de kerke dar nedder vallen.'
       Sodanen holt dyt vor de wyse:
       Schone kledere, unde leckere spyse,
       Grote bykummerynge myt wertlyken dyngen;
4040 Wat kan sodanen beden efte syngen?"   4040
       […]
4065 "Wat spricktmen van des paweses legaten,   4065
       Van abbeten, provesten efte anderen prelaten,
       Beghynen, nonnen, ya we se ok syn?
       Id is al: Gevet mi dat iuwe, latet my dat myn.
       Men vyndet manckt teynen nauwe seven,
4070 De recht in ereme orden leven: 4070
       So swack is nu de gheystlyke stad."
       […]
4150 "Wente ick to Rome den loep wol weet,   4150
       Wat ik schal laten efte doen.
       Dar is ock myun oem Symon,
       De mechtich is, unde seer vorheven;
       He helpet deme gherne, de wat mach gheven.
4155 Her Schalkevunt is dar ock eyn here,   4155
       Ock doctor Grypto, unde der noch mere,
       Her Wendehoyke, myt her Lozevunde,
       Dyt synt alle dar unse vrunde.
       Ik hebbe gelt vor hen ghesant,
4160 Hir mede werde ick best bekant.   4160
       Ja, schyth, men secht vuste van citeren,
       Dat gelt ysset al, dat se begheren.
       […]

(4030) Uns sagt er jedoch: Ja spendet man / Und baut und baut die Kirche![11] Das rat ich und bitt, / Gnade und Ablaß verdient ihr damit. / So pflegt er seinen Sermon zu beenden / Und selbst gar wenig dazu zu spenden,

(4035) Ja, nicht mal das kleinste Scherflein Geld, / Wenn auch die Kirche darüber zerfällt.' / Manchem scheint das die beste Weise: / Schöne Kleider und leckere Speise, / Kräftiger Umgang mit weltlichen Dingen. / Was kann schon solcher beten und singen?

[...]

(4065) Wie heißt es bei des Papstes Legaten, / Bei Äbten, Pröpsten und andern Prälaten,[12]/ Beghinen,[13] Nonnen, und was sie auch sein: / 'Gebt mir das Eure, laßt mir, was mein!' / Es wird unter zehn kaum sieben geben,

(4070) Die recht in ihrem Orden leben; / Der geistlich Stand ist so schwach und lax."

The author of the poem presents the reader with the many contemporary grievances (cf. fn. 11) which would ultimately lead to the Reformation. Worse yet is what is going on in Rome:

(4150) In Rom kenn ich ja den Betrieb; / Was dort zu tun ist, weiß ich schon. / Simon[14] befindet sich dort, mein Ohm, / Ist ein sehr hoher und mächtiger Mann; / Er hilft dem gerne, der zahlen kann.

(4155) Herr Schalkfund schreitet als Herr einher, / Auch Doktor Greifzu und andere mehr, / Herr Drehdenmantel und Listigfund,[15] / Alle sind sie mit mir im Bund. / Ich habe Geld vorausgesandt,

(4160) Damit mach ich mich bestens bekannt. / Ach, Quark,[16] man spricht wohl vom Zitieren, / Doch ist es das Geld, wonach sie gieren.

[...]

---

[11]This is clearly a reference to one of the most serious «Gravamina» of the fifteenth century, that is, the Peter's pence, which was originally only an annual feudal tax paid by England in recognition of the pope's assumed function as the supreme feudal lord.

[12]Papal envoys, abbots, provosts, and other prelates

[13]Beghinen: members of lay sisterhoods who had not taken final vows and were not attached to any convent

[14]Simon: an allusion to the practice of simony, the buying or selling of sacred or spiritual things, such as ecclesiastical offices. This had been a problem as far back as the infant church and one of the major issues of the Cluniac Reform Movement of the tenth and eleventh centuries which, originating from the Benedictine abbey of Cluny, ultimately laid the foundation for a powerful medieval papacy.

[15]The names enumerated here reflect on particular vices found among the curial clergy, such as "Greifzu," and "Niegenug," which are self-explanatory, or "Drehdenmantel" ('one who trims his sails to the wind,' an opportunist and parasite).

[16]Quark: nonsense

"De pawes is eyn old kranck man,
He nympt syck nenes dynges meer an,
4195 Alzo datmen syner nicht vele acht.   4195
Men alto male des hoves macht
Heft de cardinal van Unghenöghe,
Eyn man, yunck, mechtich, van behendem töge.
Ick kenne eyne vrouwen, de heft he leeff,
4200 De schal eme bryngen eynen breff,   4200
Myt der byn ick seer wol bekant;
Ja, wat se wyl, dat blyft neen tant.
Syn schryver heth Yohannes Partye,
He kennet wol olde münte und nye;
4205 Horkenauweto is syn kumpan,   4205
De is des hoves kurtesan.
Slypenundewenden is notarius,
 In beyden rechten eyn bacalarius;
Wo desse noch eyn yar dar blyft,
4210 He wert mester in practiken schrift.   4210
Moneta unde Donarius
Synt twey richter, int sulve hus;
Wem desse twey aff seggen dat recht,
Deme blyftet ock wol alzo ghesecht."
[...]
Unde yd was in eyneme wynter kold,
Juwe vader lack kranck in groten plagen,
Men moste ene boren unde dragen.
5305 Alle de arsten twysschen hir unde Romen   5305
De leet he halen, unde to syck komen;
Se gheven ene over altomalen.
Int leste leet he mynen vader halen,
He klagede em seer syne noet,
5310 Wo he kranck were, wente in den doet.   5310
Dyt entfermde myneme vader seer,
He sprack: "O konnynck, myn gnedyghe heer,
Mochte ik yu myt myneme lyve baten,
Here, lövet my, dat wolde ik nicht laten

Der Papst ist ein alter, kranker Mann, / Der nimmt sich keiner Sache mehr an,
(4195) So gibt man wenig auf ihn acht. / Doch liegt des Hofes ganze Macht / Beim Kardinal von Niegenug, / Mächtig, jung, mit listigem Zug. / Ich bitt eine Frau, die dieser liebt,

(4200) Daß sie ein Schreiben ihm übergibt; / Mit der bin ich sehr gut bekannt; / Ja, was sie will, das bleibt kein Tand. / Sein Schreiber heißt Johannes Partei, / Der kennt alle Münzen, ob alt oder neu.[17]

(4205) Horchgenauzu ist sein Kumpan, / Der ist des Hofes Kurtisan.[18] / Schleifundwenden ist dort Notar, / In beiden Rechten Bakkalar.[19] / Er wird, kann er ein Jahr noch bleiben,

(4210) Meister der juristischen Schreiben. / Zwei Richer, die auch dorthin kamen, / Sind Donar und Moneta mit Namen; / Ist einmal das Recht von diesen zwei / Aberkannt, so bleibt es dabei.

Here ends the third book. The remainder of the poem is in many ways a repetition of the earlier books. There are another court scene and another trial scene. Again the fox tells of his numerous misdeeds and also how Reineke's father once cured the king's father. This, the story of the sick lion, is the central theme of earlier beast epics, such as the Latin *Ysengrimus*. Here it is relegated to the previous generation of animals. Still it permits us a glimpse at how the author viewed the conditions at contemporary courts where guile and flattery, and not qualification, are the real criteria for promotion and titles.

Es war in einem Winter kalt, / Als Euer Vater krank sich plagen / Und man ihn heben mußt und tragen.

(5305) Von hier bis Rom die Ärzte all, / Die holte und rief er zu seinem Fall. / Sie gaben ihn auf, sie alle zumal, / Bis meinen Vater er zu sich befahl. / Er klagte laut ihm seine Not,

(5310) Er wäre krank bis auf den Tod. / Das schmerzte meinen Vater sehr. / 'König, gnädiger Herr', sprach er, / 'Glaubt mir, könnt ich mit meinem Leben / Euch nützen, ich würde es gerne Euch geben.

---

[17] The secretary is named "Partei" for his apparent partiality which, of course, is helped by proper donations.
[18] "Horchgenauzu" ('informer, ' 'spy') is the most influential courtier ("Kurtisan") at the curia.
[19] "in beiden Rechten Bakkalar": with a baccalaureate in both civil and canon law («utriusque iuris»); "Schleifundwenden" (probably referring to the notary's fraudulent activities) is equally versed in canon and civil law. He is flanked by two judges whose names are 'money' ("Moneta") and 'corruptness' ("Donar": he who takes advantage of his position to gain money) and whose sentences cannot be appealed.

5315 Maket yuwe water, hir is eyn glas.'   5315
    Juwe vader, de vele kranclyk was,
    Dede, so eme heet myn vader;
    He klagede, he kreghe yo lenck yo quader.

    Dyt sulve ok up deme speygel stunt,
5320 Wo yuwe vader wart ghesunt.   5320
    Wente myn vader sprack: 'Wyl gy ghenesen,
    So mod dat yummer entlyk wesen
    Eynes wulves lever van seven yaren,
    Here, hir an moghe gy nicht sparen,
5325 De schole gy eten, efte gy synt doet,   5325
    Wente yuwe water töghet al bloet;
    Dar hastet mede vor alle dynck.'
    De wulff stunt mede in deme rynck,
    He horde vast to, yd hagede eme nicht.
5330 Juwe vader sprack, des syd berycht: 5330
    'Horet, her wulff, schal ick ghenesen,
    So mod yd yuwe lever wesen.'

    De wulff sprack: 'Here, ick segget vorwar,
    Ik byn noch nicht olt vyff yar.'

5335 Do sprak myn vader: 'Yd helpet nicht, neen,   5335
    Ik wylt wol an der lever seen.'
    Do most de wulff tor koken ghan,
    Unde de lever wart eme uth ghedan.
    De konnynck ath se, unde ghenaß
5340 Van aller kranckheyt, de in eme was,   5340
    Unde danckede des sere myneme vader
    Unde gheboet syneme ghesynde alle gader,
    Dat eyn yslyk mynen vader doctor hethe
    Unde dyt nemant by syneme lyve lethe."
    [...]
    Sus is nu Reynke hoch gheeret,
6830 So hir myt korte is gheleret.   6830
    Eyn yslyk schal syk tor wyßheyt keren,
    Dat quade to myden, unde de dögede leren.
    Dar umme is dyt boek ghedycht,
    Dyt is de syn, unde anders nicht
6835 Fabelen unde sodaner bysproke mere   6835
    Werden ghesath to unser lere,
    Uppe dat wy undöget scholen myden

(5315) Laßt Euer Wasser ins Glas hier hinein!" / Darauf ging Euer Vater ein; / Er klagte, es würde mit ihm immer, / Je länger es währte, nur um so schlimmer. / Wie Euer Vater ward gesund,

(5320) Das tat auch jener Spiegel kund.[20] / 'Wenn Ihr', so sprach mein Vater frei, / 'Genesen wollt, schafft schnell herbei / Die Leber des Wolfs von sieben Jahren— / Herr, hieran dürft Ihr nimmer sparen!

(5325) Verzehrt sie! Oder Ihr seid tot, / Denn Euer Harn ist blutig rot. / Damit beeilt Euch auf Eure Weise!' / Der Wolf stand mitten in diesem Kreise; / Er hörte es wohl, doch gefiel es ihm nicht.

(5330) Es sprach Euer Vater, vernehmt den Bericht: / 'Hört, Herr Wolf! Soll ich mein Leben / Behalten, so müßt Ihr die Leber geben. / Der Wolf sprach: 'Herr, glaubt mir fürwahr , / Ich bin noch nicht einmal fünf Jahr.'

(5335) 'Nein', sprach mein Vater, 'das wird doch gehn, / Ich werd's schon an der Leber sehen.' / Zur Küche mußte der Wolf, und mitten / Vom Leib ward ihm die Leber geschnitten. / Der König aß sie und genas

(5340) Von aller Krankeit, die in ihm saß. / Er dankte meinem Vater sehr; / Dem ganzen Hofstaat sagte er, / Daß jeder ihn nunmehr Doktor hieße / Und keiner bei seinem Leben das ließe."

The incident is typical for the utter selfishness of all the characters in the beast epic. Other stories are told of Reineke's exploits and, as before, he is able to persuade the king to let him go. Isegrim's only recourse is to challenge Reineke to a duel («Zweikampf»). Reineke prepares for this by shaving off his coat and greasing himself, but even so, in a travesty of a judicial combat, he is almost beaten and is ultimately victorious only because of his foul tactics. The lion calls off the ordeal to save Isegrim from further punishment. Although he has won by unfair means, Reineke is surrounded by well-wishers and showered with honors. Evil has triumphed—but not over good, which does not exist at the court of Nobel. The only way to succeed is to be utterly selfish and amoral, as the author observes in his sarcastic epilogue:

So ist nun Reineke hochgeehrt,
(6830) Damit ist hier in Kürze gelehrt: / Jeder soll nach Weisheit trachten, / Der Tugend folgen, das Böse verachten. / Deswegen schrieb man dieses Gedicht, / Sein Sinn ist das und anders nicht. /

(6835) Solche Fabeln und Märlein mehr / Werden geboten zu unserer Lehr, /

---

[20]The reference here is to a magic mirror of which Reineke had told earlier.

Unde leren wyßheyt to allen tyden.
Dyt boek is seer gud to deme koep,
6840 Hir steyt vast in der werlde loep; 6840
Wultu wetten der werlde stad,
So koep dyt boek, dat is rad.
Alsus endyget syk Reynkens ystorien.
God helpe uns in syne ewygen glorien!
Anno domini MCCCCxcviii. Lübeck.

Damit wir uns der Laster erwehren, / Uns immerfort zur Weisheit kehren. / Das Buch ist gut und nützlich zum Kauf,

(6840) Willst du den Zustand und den Lauf / Der Welt erfahren—das steht hier. / Kauf nur das Buch, das rat ich dir.[21] / So endet von Reineke Voss die Geschichte. / Es helfe uns Gott zum ewigen Lichte!

---

[21]It would be interesting to speculate about who added this sentence: the original author, perhaps out of a sense of moral rectitude, or the printer, who would have been interested in more mundane rewards.

BIBLIOGRAPHY OF TRANSLATIONS

Hildebrandslied in: *Althochdeutsche Literatur*. Mit Proben aus dem Altniederdeutschen. Ausgewählte Texte mit Übertragungen und Anmerkungen. Herausgegeben, übersetzt und mit Anmerkungen versehen von Horst Dieter Schlosser. Erweiterte Neuausgabe [Frankfurt: Fischer, 1980]

Heliand: "Bergpredigt," "Stillung des Seesturms," "Bekenntnis des Thomas," "Verleugnung des Petrus" in: *Althochdeutsche Literatur*. Mit Proben aus dem Altniederdeutschen. Ausgewählte Texte mit Übertragungen und Anmerkungen. Herausgegeben, übersetzt und mit Anmerkungen versehen von Horst Dieter Schlosser [Frankfurt: Fischer, 1970]

Otfried: *Evangelienbuch* ("Prolog") in: *Althochdeutsche Literatur*. Mit Proben aus dem Altniederdeutschen. Ausgewählte Texte mit Übertragungen und Anmerkungen. Herausgegeben, übersetzt und mit Anmerkungen versehen von Horst Dieter Schlosser [Frankfurt: Fischer, 1970]

Ludwigslied in: *Althochdeutsche Literatur*. Mit Proben aus dem Altniederdeutschen. Ausgewählte Texte mit Übertragungen und Anmerkungen. Herausgegeben, übersetzt und mit Anmerkungen versehen von Horst Dieter Schlosser [Frankfurt: Fischer, 1970]

Melker Marienlied in: *Epochen der deutschen Lyrik*, herausgegeben von Walther Killy. Bd. 1: Gedichte von den Anfängen bis 1300. Nach den Handschriften in zeitlicher Folge herausgegeben von Werner Höver und Eva Kiepe [München: DTV, 1978]

Heinrich (von Melk?), "Von des tôdes gehugede" in: *Deutsche Dichtung des Mittelalters*. Herausgegeben von Michael Curschmann und Ingeborg Glier. Bd. I: Von den Anfängen bis zum hohen Mittelalter [München: Carl Hanser, 1980]

Pfaffe Konrad: *Das Rolandslied* in: Dieter Kartschoke, *Das Rolandslied des Pfaffen Konrad* [Frankfurt: Fischer, 1971]

Das Nibelungenlied in: *Das Nibelungenlied*. Mittelhochdeutscher Text mit Übertragung. Herausgegeben, übersetzt und mit einem Anhang versehen von Helmut Brackert. 13. Auflage [Frankfurt: Fischer, 1986]

Hartmann von Aue: *Iwein* in: Hartmann von Aue, *Iwein*. Text der siebenten Ausgabe von G.F. Benecke, K. Lachmann und L. Wolff. Übersetzung und Anmerkungen von Thomas Cramer. 3. durchgesehene und ergänzte Auflage [Berlin: Walther de Gruyter, 1981]

Wolfram von Eschenbach: *Parzival* in: Dieter Kühn, *Der Parzival des Wolfram von Eschenbach* [Frankfurt: Insel, 1986]

Gottfried von Straßburg: *Tristan* in: Gottfried von Straßburg, *Tristan*. Nach dem Text von Friedrich Ranke neu herausgegeben, ins Neuhochdeutsche übersetzt, mit einem Stellenkommentar und einem Nachwort von Rüdiger Krohn. 3. durchgesehene Auflage [Stuttgart: Reclam, 1984]

anonymous: "Stetit puella," "Chume, chume," "Tougen minne" in: *Bibliothek des Mittelalters*, Bd. 13: *Carmina Burana*. Mit den Miniaturen aus der Handschrift und einem Aufsatz von Peter und Dorothee Diemer. Herausgegeben von Benedikt Konrad Vollmann. Texte und Übersetzungen. Mit Illustrationen herausgegeben von Walter Haug. Kunsthistorische Beratung: Peter und Dorothee Diemer, Wolfgang Walliczek [Frankfurt: Deutscher Klassiker Verlag, 1987]; "Der walt in grüener varwe stât" in: *Epochen der deutschen Lyrik*. Herausgegeben von Walther Killy. Bd. 1: Gedichte von den Anfängen bis 1300. Nach den Handschriften in zeitlicher Folge herausgegeben von Werner Höver und Eva Kiepe [München: DTV, 1978]; "Du bist mîn" in: *Deutsche Dichtung des Mittelalters*. Herausgegeben von Michael Curschmann und Ingeborg Glier. Bd. I: Von den Anfängen bis zum hohen Mittelalter [München: Carl Hanser, 1980]

Der von Kürenberg: "Ich zôch mir einen valken," "Ich stuont mir nehtint spâte," "Wîp unde vederspil diu werdent lîhte zam" in: *Epochen der deutschen Lyrik*. Herausgegeben von Walther Killy. Bd. 1: Gedichte von den Anfängen bis 1300. Nach den Handschriften in zeitlicher Folge herausgegeben von Werner Höver und Eva Kiepe [München: DTV, 1978]

Dietmar von Eist: "Slâfest du, vriedel ziere?" "Uf der linden obene dâ sanc ein kleinez vogellîn" in: *Epochen der deutschen Lyrik.* Herausgegeben von Walther Killy. Bd. 1: Gedichte von den Anfängen bis 1300. Nach den Handschriften in zeitlicher Folge herausgegeben von Werner Höver und Eva Kiepe [München: DTV, 1978]

Meinloh von Sevelingen: "Ich bin holt einer vrowen," "Mir erwelten miniu ougen einen kindeschen man," "So wê den merkaeren! die habent mîn übele gedâht" in: *Epochen der deutschen Lyrik.* Herausgegeben von Walther Killy. Bd. 1: Gedichte von den Anfängen bis 1300. Nach den Handschriften in zeitlicher Folge herausgegeben von Werner Höver und Eva Kiepe [München: DTV, 1978]; "Die lügener in dem lande, swer der eine wil bestân" in: *Deutsche Dichtung des Mittelalters,* herausgegeben von Michael Curschmann und Ingeborg Glier. Bd. I: Von den Anfängen bis zum hohen Mittelalter [München: Carl Hanser, 1980]

Friedrich von Hausen: "Mîn herze und mîn lîp diu wellent scheiden," "Ich denke underwîlen" in: *Deutsche Dichtung des Mittelalters.* Herausgegeben von Michael Curschmann und Ingeborg Glier. Bd. I: Von den Anfängen bis zum hohen Mittelalter [München: Carl Hanser, 1980]

Reinmar der Alte: "Des er gert, daz ist der tôt," "Swaz ich nu niuwer mære sage," "Ich wirbe umbe allez, daz ein man" in: *Deutsche Dichtung des Mittelalters.* Herausgegeben von Michael Curschmann und Ingeborg Glier. Bd. I: Von den Anfängen bis zum hohen Mittelalter [München: Carl Hanser, 1980]

Heinrich von Morungen: "Leitliche blicke unde grôzlîche riuwe," "Vil süeziu senftiu tôterinne" in: *Heinrich von Morungen.* Herausgegeben von Carl von Kraus. 2. Auflage [Carl Hanser Verlag, 1950] "In sô hôher swebender wunne," "Owê sol aber mir iemer mê" in: *Epochen der deutschen Lyrik.* Herausgegeben von Walther Killy. Bd. 1: Von den Anfängen bis 1300. Nach den Handschriften in zeitlicher Folge herausgegeben von Werner Höver und Eva Kiepe [München: DTV, 1978]

Hartmann von Aue: "Dem kriuze zimet wol reiner muot," "Ich var mit iuweren hulden, herren unde mâge," "Maniger grüezet mich alsô" in: *Hartmann von Aue. Lieder.* Mittelhochdeutsch/Neuhochdeutsch. Herausgegeben, übersetzt und kommentiert von Ernst von Reusner [Stuttgart: Reclam, 1985]

Walther von der Vogelweide: Reichssprüche, "Diu krône ist elter danne der künec Philippes sî," "Philippes künec, die nâhe spehenden zîhent dich," "Der in den ôren siech von ungesühte sî," "Ahî wie kristenlîche nû der bâbest lachet," "Swelch herze sich bî disen zîten niht verkêret," "Ich wolt hêrn Otten milte nâch der lenge mezzen," "Ich hân mîn lêhen, al die werlt, ich hân mîn lêhen," "Aller werdekeit ein füegerinne," "Frouwe, vernemt dur got von mir diz mære," "Muget ir schowen waz dem meien," "So die bluomen ûz dem grase dringent," "Ein niuwer sumer, ein niuwe zît," "Saget mir ieman, waz ist minne?" "Nemt, frouwe, disen kranz!" "Under der linden an der heide," "Dêswâr, Reinmâr, dû riuwes mich," "Owê war sint verswunden alliu mîniu jâr!" All underlined poems are in: Joerg Schaefer, *Walther on der Vogelweide.* Werke. Text und Prosaübersetzung (synoptisch), Erläuterung der Gedichte, Erklärung der wichtigsten Begriffe [Darmstadt: Wissenschaftliche Buchgesellschaft, 1972]. The remaining poems are taken from *Epochen der deutschen Lyrik.* Herausgegeben von Walther Killy. Bd. 1: Von den Anfängen bis 1300. Nach den Handschriften in zeitlicher Folge herausgegeben von Werner Höver und Eva Kiepe [München: DTV, 1978]

Neidhart von Reuental: "Der walt mit loube stât," "Ein altiu diu begunde springen" in: Dieter Kühn, *Herr Neidhart* [Frankfurt: Insel, 1981]; "Owê, sumerwünne" in: *Die Lieder Neidharts.* Text und Prosaübersetzung (synoptisch), Erklärung der wichtigsten Begriffe. Herausgegeben, dargestellt und erläutert von Siegfried Beyschlag. Edition der Melodien von Hans Brunner[Darmstadt: Wissenschaftliche Buchgesellschaft, 1975]

Das Schneekind in: *Schwankerzählungen des deutschen Mittelalters.* Ausgewählt und übersetzt von Hanns Fischer. 2. Auflage [München: Carl Hanser, 1968]

Konrad von Würzburg: *Herzmaere* in: Konrad von Würzburg, *Heinrich von Kempten, Der Welt Lohn, Das Herzmäre.* Mittelhochdeutscher Text nach der Ausgabe von Edward Schröder. Übersetzt, mit Anmerkungen und einem Nachwort versehen von Heinz Rölleke [Stuttgart: Reclam, 1968].

Wernher der Gärtner: *Helmbrecht* in: Wernher der Gärtner, *Helmbrecht.* Mittelhochdeutsch/Neuhochdeutsch. Herausgegeben, übersetzt und erläutert von Fritz Tschirch [Stuttgart: Reclam, 1978]

"Granum Sinapis" in: *Epochen der deutschen Lyrik.* Herausgegeben von Walther Killy. Bd. 1: Gedichte von den Anfängen bis 1300. Nach den Handschriften in zeitlicher Folge herausgegeben von Werner Höver und Eva Kiepe [München: DTV, 1978]

Meister Eckhart: "Die rede der unterscheidunge" in: *Meister Eckhart. Deutsche Predigten und Traktate.* Herausgegeben und übersetzt von Josef Quint. 6. Auflage [München: Carl Hanser, 1985]; "Von dem Schauen Gottes" in: *Meister Eckehart. Schriften.* Aus dem Mittelhochdeutschen übertragen und eingeleitet von Hermann Büttner [Köln: Eugen Diederichs Verlag, 1959]; "Iusti vivent in eternum" in: *Meister Eckhart. Deutsche Predigten und Traktate.* Herausgegeben und übersetzt von Josef Quint. 6. Auflage [München: Carl Hanser, 1985]

Heinrich Seuse: Büchlein der ewigen Weisheit in: *Eckhart, Tauler, Seuse.* Ein Textbuch aus der altdeutschen Mystik. Ausgewählt, übersetzt und mit Einführung, Erläuterungen und Bibliographien herausgegeben von Hermann Kunisch [Hamburg: Rowohlt, 1958]

Johannes Tauler: "Ascendit Jhesus" in: *Johannes Tauler: Predigten.* Vollständige Ausgabe in zwei Bänden. Übertragen und herausgegeben von Georg Hofmann, Einführung von Alois M. Haas. [Einsiedeln: Johannes Verlag, 1979]

Osterspiel von Muri in: *Das Innsbrucker Osterspiel. Das Osterspiel von Muri.* Mittelhochdeutsch und Neuhochdeutsch. Herausgegeben, übersetzt, mit Anmerkungen und einem Nachwort versehen von Rudolf Meier [Stuttgart: Reclam, 1974]

Ein Vastnachtspil in: Adelbert von Keller, *Fastnachtspiele aus dem 15. Jahrhundert.* Bd. I [Stuttgart: Bibliothek des Litterarischen Vereins, 1853]

Oswald von Wolkenstein: "Es füegt sich, do ich was von zehen jaren alt," "Mein sünd und schuld euch priester klag," "Frölich, zärtlich, lieplich und klärlich, lustlich, stille, leise," "Es leucht durch graw die vein lasur," "Simm Gredlin, Gret, mein Gredelein" in: Dieter Kühn, *Ich Wolkenstein.* Eine Biographie. Neue, erweiterte Ausgabe [Frankfurt: Insel, 1980]; strophe **VI** of "Mein sünd und schuld euch priester klag" in: *Oswald von Wolkenstein.* Lieder. Mittelhochdeutsch und Neuhochdeutsch. Auswahl. Herausgegeben, übersetzt und erläutert von Burghart Wachinger [Stuttgart: Reclam, 1977]

Johannes Tepl: *Der Ackermann aus Böhmen* in: Johannes von Tepl, *Der Ackermann aus Böhmen.* Originaler Text und Übertragung. Übertragung, Nachwort und Anmerkungen von Felix Genzmer. Durchgesehene und bibliographisch erneuerte Ausgabe. Bibliographie von Wolfgang Mieder [Stuttgart: Reclam, 1984]

Reineke Fuchs in: *Reineke Fuchs.* Das niederdeutsche Epos "Reynke de vos" von 1498 mit Holzschnitten des Originals. Übertragung und Nachwort von Karl Langosch [Stuttgart: Reclam, 1984]

LIST OF ILLUSTRATIONS